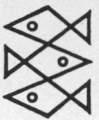

Rudolf Treichler

Die Entwicklung der Seele im Lebenslauf

Stufen, Störungen und Erkrankungen
des Seelenlebens

Fischer Taschenbuch Verlag

Perspektiven der Anthroposophie

Herausgegeben von
Johannes M. Mayer und Wolfgang Niehaus

12.–14. Tausend: Dezember 1986

Überarbeitete Ausgabe
Veröffentlicht im Fischer Taschenbuch Verlag GmbH,
Frankfurt am Main, Juni 1984

Lizenzausgabe mit freundlicher Genehmigung
des Verlages Freies Geistesleben, Stuttgart
© 1982 Verlag Freies Geistesleben, Stuttgart
Umschlaggestaltung: Jan Buchholz/Reni Hinsch
Gesamtherstellung: Clausen & Bosse, Leck
Printed in Germany
1480-ISBN-3-596-25544-9

Inhalt

Vorwort

Der *Lebenslauf* und die Entwicklung des Menschen beschäftigt in zunehmendem Maß die Menschheit unserer Zeit. Man erkennt oder fühlt, daß die Krisen und Probleme des menschlichen Lebens besser verstanden und gemeistert werden können, wenn man sie in ihrem Werden erfaßt, wenn man sich frägt, wann und wie sie entstanden sind. Man kann auch besser planen und Entschlüsse fassen, wenn man erst zum Ursprung zurückschaut, um dann den Bogen aus der Vergangenheit über die verwirrende Gegenwart hinweg zur Zukunft zu schlagen.

Beschäftigt man sich mit dem Lebenslauf des Menschen, so erkennt man Entwicklung darin. Hier soll auf den Zusammenhang des Lebenslaufes mit der *seelischen Entwicklung* eingegangen werden. Man stellt bestimmte Gesetzmäßigkeiten in dieser Entwicklung fest, die man kennen muß, um mit ihren Krisen und Störungen besser fertig zu werden. Man beobachtet, daß die Störungen – unter Mitwirkung anderer Faktoren – das Ausmaß *seelischer Erkrankungen* annehmen können. Das große Gebiet der Psychiatrie tut sich auf, für das in dieser Schrift gleichfalls die Ansätze zu einem erweiterten Verständnis gezeigt werden sollen.

Das ist heute auch aus praktischen Gründen notwendig, da seelische Entwicklungsstörungen und Erkrankungen in ständigem Zunehmen begriffen sind. Auf dem 22. Internationalen Kongreß für Allgemeinmedizin Marburg 1977 wurde mitgeteilt, daß heutzutage ungefähr jeder dritte Patient, der einen Arzt für Allgemeinmedizin aufsucht, psychisch krank ist. Denkt man außerdem an die vielen Menschen mit leichteren seelischen Störungen, die nicht zum Arzt oder zum Psychotherapeuten gehen, so ist heute eigentlich jeder mitfühlende Nebenmensch in seinem Rahmen als Helfer aufgerufen. Wirklich helfen aber kann man nur, wenn man etwas vom Wesen der betreffenden Entwicklungsstörung oder Erkrankung erfaßt hat. Ein Eindruck von diesem Wesen soll hier vermittelt werden.

Die vorliegende Schrift wendet sich an Ärzte, Heilpädagogen, Pädagogen, Seelsorger und Psychologen, letzten Endes jedoch an alle, denen die seelische Entwicklung des Menschen am Herzen liegt und die – bei sich oder bei anderen – mit den Störungen dieser Entwicklung zu tun haben. Das Verständnis für das hier Dargestellte vertieft sich bei den Lesern, die über einige Grundkenntnisse in der anthroposophischen Menschenkunde verfügen. Für diejenigen, bei denen das nicht zutrifft, werden zum Erwerb dieser Grundlagen eine größere Anzahl von Quellen vor allem aus dem Werk Rudolf STEINERs angeführt, aus denen auch der Verfasser geschöpft hat. Die Verarbeitung und Beurteilung der hier geschilderten Zusammenhänge wird um so fruchtbarer, je mehr diese menschenkundlichen Grundlagen mit einbezogen werden. Systematische psychologische oder psychiatrische Kenntnisse werden nicht vorausgesetzt, doch wird auch in dieser Hinsicht zum weiteren Verständnis und zur Ergänzung des Vorgebrachten im Text auf entsprechende Werke verwiesen.

Darüber hinaus knüpfen die folgenden Darstellungen an andere Autoren an, denen sie Hinweise, Ergänzungen oder Bestätigungen verdanken. Hineingearbeitet wurden außerdem Gedanken und Erfahrungen mancher Kollegen und Kursteilnehmer, mit denen der Verfasser, teilweise jahrzehntelang, in der Friedrich-Husemann-Klinik, im Rahmen der Psychiatrischen Hochschulwochen am Goetheanum sowie verschiedener Ärztetagungen, Seminare und Gruppen zusammengearbeitet hat. In besonderer Dankbarkeit fühlt sich der Verfasser Friedrich HUSEMANN verbunden, dem ersten anthroposophischen Psychiater, Gründer und Leiter der später nach ihm benannten Friedrich-Husemann-Klinik. Ihren Impuls erhielt die Schrift durch die Not der seelisch Kranken und Entwicklungsgestörten, denen der Verfasser zu helfen versuchte und die in seinen Dank mit eingeschlossen seien. Der tiefste Dank gilt Rudolf STEINER, dem Schöpfer der Anthroposophie, welche dem hier vorgelegten Beitrag zu einer erweiterten Psychologie und Psychiatrie zugrunde liegt.

I.
Grundlegendes zum menschlichen Lebenslauf

Der Lebenslauf des Menschen ist nicht ein Geschehen, das bloß abläuft. Durch die Erinnerung beschworen, kann man zunächst den eigenen Lebenslauf als ein zeitliches Gebilde wahrnehmen, als einen gewachsenen und gegliederten Organismus, der eine Entwicklung hat. Dieselbe Entdeckung kann man bei anderen Lebensläufen machen. Aus jedem Lebenslauf tritt uns ein Mensch entgegen mit einem lebenslangen Werden. Beschreiben wir für uns, für die Welt einen solchen Lebenslauf, so wird eine Biographie daraus. Bevor jedoch eine Biographie geschrieben werden kann, »schreibt« sie der Mensch selbst durch sein Leben in die Welt ein, der Biograph schreibt eigentlich nur diese »Urschrift« ab.[1]

Leben hat auch die Pflanze, hat auch das Tier, doch wird hier die Biographie nicht von der einzelnen Pflanze, vom einzelnen Tier »geschrieben«. Das Leben der *Pflanze* wird ganz vom Kosmos bestimmt. Insbesondere ist es die Sonne, nach der sich die Pflanze orientiert; ihr Licht läßt – beim Vorgang der Assimilation – die Pflanzengestalt sich aus der Luft verdichten.

Das *Tier* emanzipiert sich bis zu einem gewissen Grad von der Außenwelt, indem es in seinem sich abschließenden Organismus das Leben des Kosmos verinnerlicht. Dadurch wird es möglich, daß das Tier von innen auf die Welt reagiert, daß eine *Seele* durch seinen Leib empfinden und agieren kann. In der Seele des Tieres, das nicht mehr wie die Pflanze dem Licht der Sonne offensteht, leuchtet das Licht des Bewußtseins auf.

Doch ist das einzelne Tier dabei immer noch in seine Gattung eingebunden, als deren Glied es erscheint. Der einzelne Löwe reagiert als Gattungswesen und nicht als Einzelwesen. Die seelischen Regungen des einzelnen Tieres gehen nicht von einem Mittelpunkt in ihm selber aus, sondern fluten von der Gattung her durch das Tier hindurch, erfüllen sein seelisches Leben, impulsieren und lenken unwiderstehlich sein Dasein.

Erst der *Mensch* läßt die Veranlagung eines Mittelpunktes erkennen, von dem aus ein individuelles Leben möglich wird. Zum Bewußtsein der Seele tritt das Selbstbewußtsein des *Ich*, des Kerns der Seele, zu dem alle ihre Erlebnisse in Beziehung treten, von dem alle ihre Handlungen ausgehen. Während das ichlose Tier vom »Gruppen-Ich« seiner Gattung bestimmt wird, hat jeder Mensch sein eigenes Ich.[2] Damit hat das Licht des Bewußtseins ein Zentrum bekommen, ein Zentrum, das zunächst wie ein Funke in der Seele aufleuchtet. Das »Gottesfünklein« des MEISTER ECKHART, das in jeder Menschenseele glüht, wird zur inneren Sonne, wenn GOETHE dichtet[3]:

> »Und das selbständige Gewissen
> Sei Sonne Deinem Sittentag.«

Die Bezeichnung »Gottesfünklein« deutet schon darauf hin, daß sich durch das Ich des Menschen Göttliches verkörpern kann, daß er, wenn er aus seiner inneren Sonne heraus lebt, im Einklang mit der göttlich-geistigen Welt sein Leben gestaltet. Aber auch seine innere Sonne ist wieder nur ein Funke des göttlichen Lichtes. »Das Ich nimmt in sich die Strahlen des Lichtes auf, das als ewiges Licht in dem Menschen aufleuchtet.« In individueller Form lebt durch das Ich der Geist in der Seele des Menschen.[4]

Hinter jedem Lebenslauf wird das Wesen des Menschen sichtbar. Während die Pflanze lebendiger Leib ist, läßt das Tier einen beseelten lebendigen Leib erkennen. Beim Menschen tritt das Ich hinzu, durch das sich Geist manifestiert. Nur ein Wesen, das sich aus Leib, Seele und Geist aufbaut, ist imstande, mit seinem Ich einen Lebenslauf im beseelten Erdenleib zu gestalten und seine Biographie in die Welt einzuschreiben.

LEBENSLAUF UND RHYTHMUS

Die Gliederung des zeitlichen Gebildes »Lebenslauf« erfolgt – wie überall, wo etwas wächst – durch verschiedene Rhythmen. Der wichtigste Rhythmus des menschlichen Lebens ist der *Siebenjahresrhythmus*.

Ungefähr alle sieben Jahre bemerkt der Mensch, daß sich im Leben grundlegend etwas ändert. Beim beginnenden Zahnwechsel gegen das 7., bei der Pubertät gegen das 14. Jahr fällt das am meisten auf, doch kann, wenn man aufmerksam ist, dieselbe Beobachtung das ganze Leben hindurch gemacht werden. Die Formulierung »ungefähr alle sieben Jahre« bedeutet dabei nicht eine wissenschaftliche Ungenauigkeit, sie hängt vielmehr mit dem Wesen des Rhythmus zusammen. Während nach L.

KLAGES der *Takt* zu einer Wiederholung von gleichen Zeitabschnitten führt, ist der *Rhythmus* durch die Wiederholung von ähnlichen Zeitabschnitten charakterisiert.[5] Schwankungen gehören also auch zum Siebenjahresrhythmus des menschlichen Lebens dazu. Am wichtigsten sind die Verfrühungen und Verspätungen, die durch die Entwicklung der Menschheit und durch die Individualität des Menschen hervorgerufen werden. So ist die Vorverlegung des Zahnwechsels und der Pubertät ein menschheitliches Phänomen, während die zeitlichen Variationen der Entwicklungsperioden im späteren Leben mehr mit Wesen und Schicksal der einzelnen Individualität zusammenhängen.

In einem seiner grundlegenden Vorträge zur seelischen Entwicklung, die unter dem Titel »Metamorphosen des Seelenlebens« erschienen sind, bemerkt STEINER, daß es sich bei den Angaben zu den Jahrsiebten um »Durchschnittszahlen« handle.[6] Auch wenn man dies berücksichtigt, so ist es doch richtig und fruchtbar, wenn man stets den Siebenjahresrhythmus als den Urrhythmus des menschlichen Lebens im Auge hat. Nach den umfassenden Ausführungen von W. HOERNER spielt die Zahl 7 im gesamten Kosmos eine dominierende Rolle. Sie führt im Rahmen der Siebentagewoche zu einem »Rhythmus der Seele«, bei dem jeder Tag der Woche einem der 7 Planeten, die mit der Seele in Beziehung stehen, zugeordnet ist.[7a] Die Zahl 7 ist jedoch nicht nur für die Planeten und für das Seelenleben von Bedeutung, sie gliedert auch eine Reihe von biologischen Rhythmen.[7b] Andererseits bildet das Jahr mit seinen 12 Monaten den Rhythmus des physischen Leibes[7c], dessen Geburtstag jedes Jahr wiederkehrt. Indem sich der Siebener-Rhythmus des Lebens und der Seele mit dem Jahresrhythmus des physischen Leibes vereinigt, entsteht der Siebenjahresrhythmus, der Wesen und Erscheinung des Menschen in der physischen Welt miteinander verbindet.

◆

SIEBENJAHRESRHYTHMUS UND ENTWICKLUNG

Das Wesen des Menschen ist also nicht mit einemmal da, es tritt durch das Element der Zeit erst allmählich in Erscheinung; dies macht seine Entwicklung aus. Dabei ist jedoch nicht an ein »Auswickeln« von schon Vorhandenem zu denken. Indem sich das Menschenwesen mit der Welt der Erscheinungen auseinandersetzt, kommt es zu einer Weiterbildung, im Sinn von GOETHE

13

zu einer »Steigerung«, die aus dem Erlebnis und aus der Verarbeitung von gegensätzlichen Elementen, von Polaritäten hervorgeht.

Keine Entwicklung jedoch verläuft kontinuierlich. Der die menschliche Entwicklung gliedernde Siebenjahresrhythmus führt zu Stufen im Lebenslauf, die neue Möglichkeiten mit sich bringen und durch Verwandlung von Altem Neues entstehen lassen.[8] Mit Recht betont daher W. BÜHLER, daß es sich beim Rhythmus nicht so sehr um eine Wiederholung von Ähnlichem in ähnlichen Zeitabschnitten, sondern mehr um ein »lebendiges Wiedererstehen des Ähnlichen« handelt.[9] Das Wiedererstehen bringt die Möglichkeit der Steigerung mit sich, bei der zugleich das Wesen vollkommener als zuvor in Erscheinung tritt. Indem durch den rhythmischen Wechsel der Polaritäten diese zum Ausgleich kommen, entsteht immer neu der »Raum« für das stufenweise Erscheinen des Wesens.

Man kann die Perioden im Lebenslauf nach biologischen Gesichtspunkten betrachten. Man entdeckt dann, »daß die fundamentalsten Lebensvorgänge nach den Erkenntnissen der modernen Biologie periodisch verlaufen«. Alle sieben Jahre »staut sich« beim Menschen »die Welle des individuellen Lebens«.[10] Sie staut sich vor *Knotenpunkten* der Entwicklung, die zu Krisenpunkten werden können. Man muß sie kennen, um einen Lebenslauf beurteilen und um sich und anderen in Krisenzeiten weiterhelfen zu können. Meist erst nach der Krise kann man dann feststellen, daß aus dem Knotenpunkt des Lebenslaufes, ähnlich wie aus dem Knotenpunkt einer Pflanze, Neues hervorgegangen ist.

Zu diesem biologischen Aspekt fügt STEINER den geisteswissenschaftlichen hinzu, indem er das, was sich alle sieben Jahre vollzieht, als »Geburt« bezeichnet.[11] Erst durch dieses Bild wird die Entwicklung des menschlichen Wesens ganz erfaßt. Wie bei der physischen Geburt, so wird auch bei den weiteren, alle sieben Jahre sich vollziehenden Geburten nicht nur von einem Schoß eine neue Frucht hervorgebracht. Es tritt neues Wesen in Erscheinung, das nicht allein aus dem Schoß des Alten erklärt werden kann. Für eine geisteswissenschaftliche Betrachtungsweise ist das Kind nicht nur ein Produkt seiner Eltern, es kommt nicht nur aus dem Schoß der Mutter heraus, es kommt auch an. Es steigt herab aus dem Schoß einer geistigen Welt, in der es vor der Geburt als eigenes Wesen geweilt hat, und verkörpert sich in der irdischen Leibesfrucht des mütterlichen Schoßes.

Auch bei den folgenden Geburten verkörpert sich Wesen sowohl im Leib als auch im Leben des sich entwickelnden Menschen. Man erlebt: Es kommt nicht nur Neues aus Vergangenem heraus, es kommt Neues in das Leben herein. Man spricht mit Recht von einem neuen »Einschlag« der Entwicklung, durch den sich etwas im eigenen Dasein, in der Welt verwirklichen kann, das je nach der Dimension dieses Daseins für einen kleineren oder größeren Teil der Welt von Bedeutung, ja notwendig ist.

Dieses Neue ist jedoch nichts Fremdes, von außen Übernommenes, es hat sich ganz mit dem eigenen Wesen verbunden. Indem sich das menschliche Wesen stufenweise im Lebenslauf verkörpert, trägt es den neuen Einschlag als einen Bestandteil seines eigenen Seins in die Erscheinungswelt. Bei großen Persönlichkeiten kann sich die »Selbstverwirklichung« im Lebenslauf mit der Verwirklichung von Tendenzen und Zielen der Menschheitsentwicklung verbinden und durchdringen.

Auch der Siebenjahresrhythmus wird nicht von außen übernommen, dieser Rhythmus entspricht vielmehr der Gliederung des Menschenwesens selbst. So werden wir Jahrsiebte einer vorwiegend leiblichen, einer vorwiegend seelischen und einer vorwiegend geistigen Entwicklung kennenlernen. Aber auch jedes einzelne Jahrsiebt innerhalb dieser Dreigliederung hängt mit einer weiteren Gliederung des menschlichen Wesens zusammen. STEINER prägt in diesem Zusammenhang den Ausdruck »Wesensglieder«.[11] Dieses Bild deutet darauf hin, daß es sich hier nicht um Teilung oder Einteilung des Wesens handelt, sondern eben um Gliederung, bei der die einzelnen Teile nicht isoliert nebeneinander bestehen. Wie bei der Dreigliederung in Leib, Seele und Geist, so durchdringen sich auch bei den weiteren Untergliederungen die Kräfte der einzelnen Wesensglieder, die jeweils in einem Wesensglied ihr Zentrum haben. Und so wie durch die Gliedmaßen unseres Leibes, so wird auch durch jedes Wesensglied in besonderer Weise Welt ergriffen und gestaltet.

Das Geburtsgeschehen im menschlichen Leben wird konkret und zugleich wesenhaft in dem Sinn, daß sich bei jeder Geburt ein Wesensglied des Menschen verkörpert. Und so wie schon während des embryonalen Daseins das Ich den wachsenden physischen Leib mitgestaltet, so ist auch bei den folgenden Geburten an der Entwicklung der neuen »Frucht« stets auch das Ich beteiligt. Im Rahmen der seelischen Entwicklung wird dieser Tatsache eine besondere Bedeutung zukommen.

RHYTHMUS UND ENTWICKLUNGSPSYCHOLOGIE

Am Rhythmus scheiden sich die Geister. Einige Zeit nach R. STEINER ist R. GUARDINI besonders auf das Wesen der rhythmischen Lebensphase eingegangen. Nach ihm sind diese Phasen »Lebensgestalten, die man nicht voneinander ableiten kann«.[12] Phasenhaft verkörpert sich Neues im Lebensorganismus, weshalb nicht eine Phase aus der anderen zu erklären ist.

Zahlreiche Forscher, die eine rhythmische Gliederung im Lebenslauf wahrnahmen, sind auf den *Siebenjahresrhythmus* gestoßen. Schon die Griechen kannten ihn: Das menschliche Leben wurde in Heptomaden, in zehn Phasen von je sieben Jahren eingeteilt.[13] Nach J. BOEHME und PARACELSUS begann man sich Anfang des zwanzigsten Jahrhunderts im Rahmen der modernen Wissenschaft für den Siebenjahresrhythmus zu interessieren (SWOBODA 1904 später KLAGES und HELLPACH).[14] M. MOERS beschreibt sechs Lebensphasen, die im Prinzip dem Siebenjahresrhythmus folgen.[15] H. KÜNKEL charakterisierte vierzehnjährige Perioden im menschlichen Leben.[16] In jüngster Zeit hat Gail SHEEHY in ihrem Bestseller aufgrund vieler lebendiger Beobachtungen und eines gesunden Gefühls festgestellt, daß »unser inneres Lebenssystem« »beharrlich einen eigenen Rhythmus entwickelt«.[17a] Sie fragt sich, ob man der Volksweisheit trauen dürfe, »daß uns Erwachsene alle sieben Jahre ›das Jucken und Kribbeln‹ überkommt?«[17b] Sie schreibt sogar von »vielfachen statistischen Erkenntnissen zum Siebenjahresrhythmus«[17c], geht jedoch dann in ihren zahlreichen Darstellungen nicht auf diesen Rhythmus ein.

Während andere Forscher zwar keinen Siebenjahresrhythmus, aber doch, wie Ch. BÜHLER[18], bestimmte Phasen im Lebenslauf feststellen, ist für R. OERTER Entwicklung ein »komplexes Geflecht von Ursache-Wirkungs-Zusammenhängen«, die keiner bestimmten Altersstufe zuzuordnen sind.[19] OERTER schildert dabei »nur Tatbestände, die experimentell oder quantitativ (d. h. statistisch) belegt werden können«.[20] Ihm folgen andere Autoren, die wie er das *Verhalten* des Menschen psychologisch untersuchen – und dabei stehenbleiben (»Verhaltenspsychologie«). Man hat den Eindruck, daß jener Forschungsrichtung vor lauter Einzelheiten der Blick für das

Ganze des Lebenslaufes und seiner Rhythmen verlorengegangen ist. (Eine ausführlichere Schilderung und Einordnung der verschiedenen Richtungen in der Lebenslaufforschung gibt B. LIEVEGOED in seinem grundlegenden Buch: Lebenskrisen – Lebenschancen.[13])

Da die Zahl 7 im Lebenslauf nur zu Richtwerten, nicht zu Fixpunkten der Entwicklung führt und der Siebenjahresrhythmus die verschiedensten Schwankungen erkennen läßt, erhebt sich die Frage, ob ein solcher Rhythmus überhaupt durch die Zahlenmethodik der Statistik zu erfassen ist. Da es sich jedoch bei den Siebenjahresperioden um Richtwerte einer geistigen Ordnung handelt, kann der Siebenjahresrhythmus auf jeden Fall als Grundprinzip des menschlichen Lebens erkannt und gehandhabt werden. Dieses Leben kommt ja selbst – das wurde schon angedeutet – aus dem Geist, verkörpert Geist und erhebt sich wieder zum Geist, was im folgenden darzustellen sein wird. Eine geistige Ordnung des Lebenslaufes wird vom Leben selbst gefordert. Für eine Biographik, welche diese Ordnung mit dem Leben verbindet, wird der Lebenslauf zum *Kunstwerk*.[21]

II.

Entwicklungsstufen des Seelenlebens

Das Leben der Seele im irdischen Dasein beginnt mit dem ersten Atemzug. Nun ist die Seele in das Leben des selbständig gewordenen Leibes eingezogen, an dessen Werden sie – zusammen mit dem Ich – zuvor schon gearbeitet hatte. Und in diesem Leben beginnt sie sich jetzt zu regen, ihm dient ihr eigenes Dasein. Damit hängt es zusammen, daß die Seele selbst vorerst nicht in dem Maß wie später zur Erscheinung kommt, daß die Entwicklung eines selbständigen Seelenlebens noch nicht einsetzen kann.

Wir erleben kleine Kinder wie von Seele umwoben und durchdrungen. Der kleine Leib inmitten ist wie ein Samenkorn, aus dem einmal die Seele aufblühen wird. Noch ist sie vorwiegend am und im Leib tätig und kann daher auch in der Sphäre des Leibes erlebt werden; sie selbst empfindet man als noch verhüllt. Wie der Leib im embryonalen Dasein vom Mutterleib umhüllt war, so ist die im Leib tätige Seele, von STEINER als »Astralleib« im engsten Sinne bezeichnet, vor ihrer »Geburt« von einer »Astralhülle« umgeben, aus der sie dann mit der Pubertät in ein freieres Dasein entlassen wird.[11] Und nicht nur Schutz genießt der Astralleib durch diese Mutterhülle. So wie früher der hüllende Leib der Mutter, so vermittelt nun die astralische Hülle zwischen dem Kosmos, der Umwelt und der Tätigkeit der Seele im Leib, aus der uns diese Seele entgegenschimmert, manchmal auch entgegenblitzt oder entgegenleuchtet.

Die ersten zwei Jahrsiebte des Lebenslaufes sind somit als *Vorstadien der Seelenentwicklung* zu bezeichnen. Sie können als solche hier kürzer behandelt werden, um so mehr, als sie in pädagogischen Zusammenhängen schon vielfach dargestellt worden sind.

Das 1. Jahrsiebt ist das Entwicklungsjahrsiebt des *physischen Leibes,* der ja mit seiner Geburt noch lange nicht »fertig« ist. Erst nach der Geburt werden wesentliche Strukturen und Organe gebildet bzw. weitergebildet. So entsteht die weiße Substanz des Gehirns, die eigentliche körperliche Grundlage für das Denken, im wesentlichen erst nach der Geburt (»Markreifung«). Erst im 8. Lebensjahr ist die Reifung des Gehirns »soweit vollendet, daß keine signifikanten anatomischen Unterschiede gegenüber dem Nervensystem des Erwachsenen mehr bestehen«.[22] Erst gegen das 7. Jahr sind die Anlagen der zweiten Zähne im wesentlichen fertig gebildet und können von nun an im Zahnwechsel allmählich aus dem Kiefer heraustreten.

Damit sind die letzten Organe des physischen Leibes geschaffen, eine schöpferische Tätigkeit im eigenen Leib ist abgeschlossen, die sich in dieser Art nie mehr vollziehen wird. Jeder weitere Aufbau in den Organen, durch den ihr ständiger Abbau ausgeglichen werden muß, wird ein Nachschaffen, nicht mehr ein Neuschaffen sein. Und nun erst hat das Kind einen eigenen Leib gebildet: aus dem »Modelleib«, den es von der Vererbung geliefert bekam und bis jetzt wie ein Modell benützt hat. Gegen das 7. Jahr treten zum Abschluß dieses Geschehens »die eigenen Zähne des Menschen« »an die Stelle der vererbten«.[11]

Der biographische Sinn von *Kinderkrankheiten* wird sichtbar: Eine Kinderkrankheit kann dem Kind helfen, den vererbten Leib mit seinen eigenen Kräften zu durchdringen.[23] Das Gesicht, der Blick eines von Masern genesenen Kindes bringt mehr von seiner den Leib gestaltenden individuellen Seele zum Ausdruck, als dies vor der Krankheit zu beobachten war. Das Kind blickt wacher und zugleich persönlicher in die Welt. Das ist jedoch nur der Anfang einer weiteren Durchseelung (und Durchichung) des physischen Leibes, die sich, wie wir sehen werden, bis zum Erwachsenenalter fortsetzt. Ebensowenig ist die Auseinandersetzung mit der *Vererbung* jetzt zu Ende. Das vererbte Modell hat auch für das spätere Leben seine Bedeutung. Eine schwache Individualität wird sich auch nach dem ersten Jahrsiebt nach ihm richten, eine starke wird dies weniger tun. Wie Rudolf STEINER ausführte, wirkt die Vererbung vom physischen Leib bis auf den im physischen Leib tätigen Astralleib, d. h. bis auf die Gestaltung »seelischer Eigenschaften«.[4b]

Von da aus kann die Mitwirkung vererbter Anlagen bei der Entstehung seelischer Erkrankungen im Erwachsenenalter verstanden werden (vgl. das Kapitel: Psychiatrische Krankheitsbilder im Lebenslauf, S. 172ff.).

Das Jahrsiebt des physischen Leibes ist auch für die Entwicklung der selbständig gewordenen *Seele* von grundlegender Bedeutung. In diesem Leib wird die Seele später ein *Instrument* haben, das ihrem Leben dient.[24] Für Form und Struktur dieses Instrumentes ist das 1. Jahrsiebt entscheidend. Auch später wird Wachstum des Leibes stattfinden, »aber dieses Wachstum geschieht in aller Folgezeit aufgrund der Formen, die sich bis zu der angegebenen Zeit herausgebildet haben«.[11] Je nachdem, wie diese Formen gebildet werden, hat es die Seele später leichter oder schwerer, ihr eigenes Leben zu gestalten.

Für die Bildung des Leibes ist jedoch nicht nur das Wesen des Kindes verantwortlich, sondern auch die *Umwelt*. Die Verantwortung der Welt ist sogar am größten im 1. Jahrsiebt, wo das Kind, aus dem Schoß des Kosmos, der Mutter herausgetreten, sich der irdischen Welt anvertraut hat. Wenn auch die geistige Welt weiter das Kind geleitet, so ist dieses doch bei seiner irdisch-schöpferischen Tätigkeit jetzt mehr als jemals später auf seine irdische Umgebung angewiesen, von der ja sein physischer Leib ein Teil ist.

Indem die aufbauenden (oder abbauenden) Einflüsse der Welt auf den Leib des Kindes einwirken, verbinden sie sich mit der im Leib tätigen Seele, die zwischen Leib und Welt vermittelt. Die Seele nimmt diese Einflüsse durch die Sinne wahr, und was sie so wahrnimmt, das wirkt unmittelbar gestaltend in den Leib hinein. Schon von hier aus kann verstanden werden, daß das Kind mit seiner Seele vor allem im Kopf lebt, wo die Sinne zentriert sind, von wo aber auch die »Gestaltbildung des Menschen« ausgeht.[25] Letzterer Prozeß wird durch das gleichfalls im Kopf zentrierte Nervensystem ermöglicht, das, die Eindrücke aus den Sinnen nach innen vermittelnd, einerseits der Entstehung des bewußten Vorstellungsbildes, andererseits der unbewußt bleibenden Gestaltbildung dient. Beim Kind liegt der Akzent zunächst auf der bildenden Tätigkeit des Nervensystems; dessen ablähmende und abbildende Tätigkeit, die zur Vorstellung führt, wird erst später allmählich in den Vordergrund treten.

Im 1. Jahrsiebt ist das Kind, wie vielfach zu beobachten ist, ein »nachahmendes Wesen«.[25] Auch diese *Nachahmung* vollzieht sich jedoch selten bewußt. Und nicht nur seelische und körperliche Regungen ahmt das Kind unterbewußt nach, der Sinneseindruck, der ihnen zugrunde liegt, führt zu einer Art organischer Nachahmung in der Gestaltung seines Leibes. Mit allem, was in seiner Umgebung geschieht, schwingt die Seele des Kindes durch die Sinne mit und läßt dieses Mitschwingen, kaum vom Bewußtsein kontrolliert, in den Leib einmünden. Der Kopf des Kindes, von dem aus »die Gestalt durchseelt, die Gestalt durchgeistigt wird«[25], ist – anders als beim Erwachsenen – ein vorwiegend lebendiger Kopf, von dem aus sich die Seele mit dem Leben des Leibes verbindet, von dem aus sie sich in Leib und Welt vortastet.

Die eben zitierte Durchgeistigung des Leibes vom Kopf aus deutet auf das *Ich* des Kindes hin, das in und mit der Seele zusammenwirkt. Dieses Ich, ebenfalls vom Kopf aus tätig, hatte zunächst zur Aufrichtung, zum aufrechten Gang des Kindes geführt, der im 1. Jahrsiebt, ähnlich bei einer Marionette, vom Kopf aus gehalten und gesteuert wird.[26] Um das 3. Jahr, wenn das Kind beginnt, »ich« zu sich zu sagen, glänzt ein erstes Ichbewußtsein im Kopf auf. Was das Kind von nun an durch seine Sinne aufnimmt, wird zugleich von diesem Ichbewußtsein aufgenommen und kann daher auch vom Ich wieder innerlich wahrgenommen, d. h. erinnert werden. Und von nun an prägt das langsam immer bewußter werdende Ich alle seelischen Äußerungen des Kindes.

Das Jahrsiebt 7–14

Mit dem Ende des 1. Jahrsiebts geht die organschaffende Tätigkeit im physischen Leib zu Ende, schöpferisch bildende Kräfte werden nunmehr frei. Sie gehören dem Organismus der Bildekräfte an, der die gestaltenden Impulse von Seele und Ich über das Nervensystem dem physischen Leib vermittelt hat. Die übergeordnete Ganzheit, die »Entelechie«, von der DRIESCH annahm, daß sie hinter den einzelnen Formen des physischen Leibes stehe und sie zum Organismus integriere[26a], wird konkret in dem von STEINER beschriebenen Wesensglied, das er *Lebensleib* oder *Ätherleib* nennt. »Leib« bedeutet dabei, daß die Bildekräfte – beim Astralleib die seelischen Kräfte – eine sinn-

21

lich nicht wahrnehmbare »Gestalt« angenommen haben[27], daß sie einen Organismus bilden. Die Bezeichnung »Äther« weist auf den Ursprung der Bildekräfte hin: auf den Erdenumkreis, auf den »Äther«, so wie die Bezeichnung »*Astralleib*« auf die übersinnliche, durch die Sterne sich andeutende Welt, aus der die Seele mit der Geburt zur Erde steigt, in die sie sich mit dem Tod wieder erhebt.

Das Freiwerden von Bildekräften aus physischer Tätigkeit deutet auf ein Freiwerden des Bildekräfteorganismus vom physischen Leib, deutet auf die zweite Geburt im Lebenslauf. Um das siebte Jahr wird der *Ätherleib* geboren, das Jahrsiebt des Ätherleibes ist eingeleitet. Im Kopfbereich führt diese Geburt am weitesten aus dem Leib heraus. Dort sind inzwischen die Anlagen der zweiten Zähne fertig geworden, dort wird nunmehr das Gehirn vollends »reif«, dort zieht sich von nun an entschiedener das Leben vor dem Bewußtsein zurück. Das wacher gewordene Kind ist lernfähig geworden und kann die Schule besuchen.

Mit der zwischen Seele und Leib vermittelnden Tätigkeit des Ätherleibes hängt es zusammen, daß nun die Bildekräfte des physischen Leibes der Seele zugänglich werden. »Gestaltungs- und Wachstumskräfte« verwandeln sich in »Denkkräfte«. STEINER drückt es sogar so aus, daß die »Denkkräfte des Menschen die verfeinerten Gestaltungs- und Wachstumskräfte sind«.[28] Das berechtigt dazu, nun auch das Formprinzip der früher leibschöpferischen Bildekräfte in das Seelenleben hinein zu verfolgen, wo sich das, was um das 7. Jahr begonnen hat, in weiteren Verwandlungsprozessen fortsetzt.

METAMORPHOSE VON WACHSTUMSKRÄFTEN IN DENKKRÄFTE

Der physische Leib baut sich aus *Zellen* auf, deren »eigensinniges Leben« jedoch bis zu einem gewissen Grad überwunden werden muß, damit die Gestalt des Organismus und seiner Organe entstehen kann.[29] Diese Überwindung durch den »Menschenbildeprozeß« vermittelt der Ätherleib, der jedoch andererseits die Zellen wachsen läßt, der sie braucht, um vom physischen Leib »aufgenommen« zu werden. »Kein Wesen … kann ohne Zellen einen Ätherleib haben.«[30] Im fließenden Geschehen der leiblichen Bildung sind die Zellen selbst immer »Endzustände«[31], auf die sich der Ätherleib stützt und die er zugleich in die Bildung physischer Organe integriert.

Auch im fließenden Leben der Seele gibt es Endprodukte, die sich zu seelischen Organen zusammenfügen können: Es sind die *Vorstellungen,* in denen sich das Urteilen der Seele »zuspitzt«. Aus dem Urteil »die Rose ist rot« wird die Vorstellung: »die rote Rose«.[32a] Das *Urteilen,* das vor der fertigen Vorstellung aus der erlebenden Seele aufsteigt, hat mehr Seinscharakter als die bewußtere Vorstellung, die sich von ihm ablöst, als Bild in der Seele weiterlebt und in der Erinnerung neu vorgestellt werden kann. Wie der Leib aus Zellen, so baut sich das Seelenleben aus Vorstellungen auf, die gleich den Zellen ein gewisses »Eigenleben« besitzen und zugleich dem Verstehen des Neuen dienen. In diesem Zusammenhang spricht STEINER von früher gebildeten »Vorstellungsmassen, die dieses Verstehen möglich machen«.[32b] Im Unterschied zu den räumlichen Zellgebilden sind die Vorstellungen jedoch nicht ständig da, sondern tauchen immer neu in der Erinnerung auf. Mit dieser Einschränkung bilden sie die geformteste Substanz des Seelenlebens, vergleichbar dem, was die Zellen im leiblichen Dasein darstellen. Und so wie die Zellen zu Organen zusammengefügt werden, die – durch Ernährung und Atmung – Inhalte aus der körperlichen Außenwelt verarbeiten, so fügen sich die Vorstellungen in der Seele zu Organen, mit denen seelisch-geistige Weltinhalte verarbeitet werden können.

Durch die Zusammenfügung von einzelnen Vorstellungen kommt es zunächst zu »Vorstellungskomplexen«. Was man gelernt hat, zu einem Vorstellungskomplex hat werden lassen, das »schläft« beim Vergessen ein, um dann im Erinnern wieder »aufzuwachen«.[33] Solche Vorstellungskomplexe werden beim Lernen dann zu den Organen, durch die wir Weltinhalte nicht nur wiedererkennen, sondern verarbeiten, d. h. verstehen lernen.

Im *Erinnern* kann mehr zum Vorschein kommen, als was wir vergessen haben; wir können durch die Erinnerung mehr vom Gegenstand erfassen als durch die Wahrnehmung. Zum Beispiel haben wir einzelne Vorstellungen von der Gestalt, dem Wachstum der Pflanze gewonnen. Ein Organ, aus den einzelnen Vorstellungen gebildet, ist in uns entstanden, durch das wir erinnernd die Pflanze als Ganzes verstehen lernen. Nach dem Vergessen können wir sogar feststellen, daß der wieder aufgetauchte Vorstellungskomplex, das alte Organ, sich verwandelt hat. Ein neues, weiterentwickeltes Organ ist entstanden, durch das wir Neues vom Wesen des Gegenstandes erfassen können.

Im Unterschied zu den Organen des physischen Leibes sind diese Organe, deren wir uns beim Denken bedienen, viel lebendiger und beweglicher, wie dies dem Wesen des Ätherischen entspricht; sie werden eigentlich immer neu. In diesem Sinne kann man das Goethe-Wort verstehen: »Jeder neue Gegenstand, wohl beschaut, schließt ein neues Organ in uns auf«.[34]

Zusammenfassend ergibt sich: Es sind dem Ursprung nach dieselben Bildekräfte, die vorher Zellen wachsen ließen und sie in körperliche Organe integrierten, die nach ihrer Verwandlung Vorstellungen wachsen und in die Bildung von seelisch-geistigen Organen einmünden lassen. Durch die Metamorphose der Bildekräfte hat der Ätherleib zwischen dem körperlichen und dem seelischen Bereich vermittelt. Die mit dem 7. Jahr erreichte Entwicklungsstufe kann man nach FUCKE die »*Vorstellungsreife*« nennen.[35]

DAS GEFÜHLSLEBEN

Während sich der Ätherleib im Kopfgebiet am weitesten aus dem physischen Leib löst, bleibt er im mittleren und unteren Bereich des Organismus mehr mit dem physischen Leib verbunden. Das erkennt man daran, daß diese zwei Bereiche mehr körperliches Leben behalten als der Kopf und daß die seelischen Äußerungen, die von hier aus durch die partielle Geburt des Ätherleibes entstehen, weniger bewußt sind; sie vollziehen sich mehr in einem traumhaften oder schlafenden Bewußtsein, wie es im Gefühls- und Willensleben des mittleren und unteren Organismus waltet. Damit im Zusammenhang kommt es im 2. Jahrsiebt zur »Entwicklung«, zur »Umbildung« von übernommenen Neigungen, Gewohnheiten, Temperamenten.[11]

GRUHLE zitierend führt KÖNIG an, daß wir uns beim *Temperament* im »Zwischenreich zwischen Körper und Seele«, d. h. im Bereich des Ätherleibes befinden. »In frühesten Kindheitsjahren« wird »das eigentliche Temperament« von einer anderen (wohl vererbten) »Temperamentsfarbe« verdeckt, die allmählich vergeht. »Ende des zweiten Jahrzehnts enthüllt sich ganz deutlich das bleibende Temperament«[36], das zu seiner endgültigen Ausgestaltung offenbar noch der selbständig werdenden Seele des Jahrsiebts 14–21 bedarf. Schon »in den unteren Schulklassen spielen die Temperamente der Kinder eine oft ausschlaggebende Rolle«.[37] Sie werden zur Grundlage des Seelenlebens. Einerseits prägen sie die Konstitution des Körpers,

24

andererseits das Leben der Seele, ihr Tempo, das »Wie« ihrer Prozesse.

Im Jahrsiebt 7–14 begründen sie vor allem das *Gefühlsleben,* das jetzt nach dem Wahrnehmungsleben des Jahrsiebts 0–7 seelisch zu dominieren beginnt. Das Kind ist jetzt »ganz seinem seelischen Erleben hingegeben«. Es schwankt zwischen »Sympathie und Antipathie, Freude und Leid, Angst und Mut«.[38] Manche Kinder werden überempfindlich, STEINER charakterisiert bei ihnen ein ständiges »seelisches Wundsein«.[39] Andere werden mehr unempfindlich, u. U. stumpf-apathisch.[38]

Während des 2. Jahrsiebts erleben wir Seele und Ich im mittleren Bereich des Organismus, im *rhythmischen System,* in das diese Wesensglieder aus dem Kopf hinabgestiegen sind. Das Kind lebt jetzt stärker in seinen rhythmischen Vorgängen. Während es »vorher plastisch tätig war (individuelle Leibesgestaltung) an seinem eigenen Leibe, fängt es jetzt an, ein Musiker zu werden, ein unbewußter, der nach dem Innern hinein arbeitet«[40]. In diesem körperlich-seelischen Musizieren wird die sich verinnerlichende Seele tätig. Der Ätherleib hebt sich, obgleich er im rhythmischen Menschen stärker als im Kopf organisch gebunden ist, vom 7. Jahr an der Seele entgegen und vermittelt ihr die Beziehung zum körperlichen Atemgeschehen. Es kommt zur »*Atemreife*«, ein Begriff STEINERs, den H. MÜLLER-WIEDEMANN in seinem grundlegenden Buch zum 2. Jahrsiebt näher verfolgt hat. Ein neues Denken wird durch die Atemreife möglich.[41]

Vor allem wird nun die *Lunge* zum Instrument der fühlenden Seele. Bei jeder Einatmung verbindet sich der Astralleib, der primär im Luftelement lebt, tiefer mit dem physischen Leib, in dem der bildende Ätherleib tätig ist. Bei jeder Ausatmung löst er sich wieder mehr von ihm los und gibt sich der Umwelt hin. So schwingt in der Atmung die fühlende Seele zwischen Leib und Welt, zwischen Lunge und Welt hin und her, wobei ihr die Gefühlserlebnisse an der Welt durch den Leib bewußt werden. Bei jeder Entstehung eines Gefühls geht »eine Modifikation des Atmungsrhythmus« vor sich, »durch die in der Seele ein Gefühl auflebt«.[42] Auf diese Weise kommt es zu den vielen, von Sympathie oder Antipathie getönten Gefühlen und Gefühlsnuancen, die bei der Begegnung mit der Welt entstehen. In seiner Vereinseitigung führt das Lungen-Seelenleben zu einer betonten Sensibilität der Welt gegenüber, wie sie bis zu einem gewissen Grad für einen Teil der Kinder im 2. Jahrsiebt normal ist.[43]

Auch dieses Seelenleben präsentiert sich im Jahrsiebt 7–14 noch nicht in der freien Form wie später. Immer noch erlebt man eine Hülle, die über dem Seelenleben liegt, wenn sie auch gegenüber dem 1. Jahrsiebt dünner geworden ist. Es handelt sich um die schon erwähnte Mutterhülle, die, außer mit dem physischen Leib, in einem innigen Zusammenhang mit dem Ätherleib steht. In ein ätherisches Weben taucht – bei der Atmung rhythmisch – der Astralleib immer wieder ein und nimmt in sein freieres Dasein etwas davon mit. Deshalb handelt es sich statt der bewußteren Sensitivität des Erwachsenen hier noch mehr um unterbewußte Neigung, Gewohnheit. Das kommt auch in der leibnäheren Bezeichnung »seelisches Wundsein« zum Ausdruck, die STEINER für die übermäßige Sensitivität des Kindes gebrauchte.[39]

AUTORITÄT UND ICH

Indem die Seele in das Innere des Leibes einzusteigen beginnt, erfährt sie selbst Verinnerlichung. Nicht mehr das unmittelbare Mitschwingen der Nachahmung ist nun Prinzip der Entwicklung und der Erziehung. Aus dem Mitschwingen wird von innen her ein Nachstreben, das vom Gefühl entbunden wird. Nachgestrebt wird der liebevollen *Autorität,* deren Einflüsse sich auch körperlich auf die Mitte des Organismus richten und dem Kind bei deren Durchseelung helfen. Durch das Nachstreben antwortet das im Inneren des Kindes erwachte Gefühl der *Liebe,* das von der Lunge zum Herzen, dem Organ der Liebeskraft, hinweist. Damit wird zugleich vom Zentrum des Leibes und vom keimhaften Zentrum der Seele, vom fühlenden Ich aus, ein erstes Gleichgewicht gesucht zwischen der einseitigen Hingabe bei der Sympathie und dem einseitigen Sich-Verschließen bei der Antipathie.

Rudolf STEINER war das Erziehungsprinzip der liebevollen Autorität so wichtig, daß er, wie manchmal schon berichtet, bei jedem Besuch in der Stuttgarter Waldorfschule an die versammelten Schüler die Frage richtete, ob sie ihre Lehrer lieb hätten. Der als Schüler mitanwesende Verfasser empfand im Rückerleben einen Unterschied zwischen dem gemeinsamen Ja der Volksschulklassen und dem Ja der Oberklassen jenseits des 14. Jahres. Während die Schüler des Jahrsiebtes 7–14 rückhaltlos auf die Frage antworteten, blieb bei einigen älteren, kritisch gewordenen Schülern die Frage dem einen oder anderen Lehrer gegenüber bestehen. Sie konnte auch als Aufforderung erlebt werden, eine neue positive Beziehung zum einen oder anderen Lehrer zu knüpfen – als Aufforderung auch, sich ein Urteil zu bilden über die pädagogische Bedeutung jener Frage Rudolf STEINERs.

Wie im 3. Jahr des 1. Jahrsiebts das *Ich* der Entwicklung einen besonderen Akzent gab, so meldet sich auch im Jahrsiebt 7–14 das Ich als eigenes Wesensglied. Während das Ich des 3. Lebensjahres im Leben des Kopfes aufglänzte, während es am Anfang des 2. Jahrsiebts noch ganz in das rhythmische System, in das Gefühlsleben eingebettet ist, verbindet es sich im *9. / 10. Jahr* entschieden mit dem unteren Pol, dem Stoffwechselpol des Organismus.[44] Das ist an einer Reihe von Vorgängen im physischen Leib abzulesen. Die Aufrichtekraft des Ich, die früher vom Kopf aus zur Wirksamkeit kam, wirkt nun von unten nach oben: das Kind richtet sich von unten nach oben auf. Die Erwärmung des Organismus, in der gleichfalls das Wirken des Ich zum Ausdruck kommt, vollzieht sich nun vom Stoffwechsel aus.[26] Ein stärkeres Wirken des Ich vom Stoffwechsel, vor allem von der Leber aus, zeigt auch das Verhalten des Blutzukkers, der, das im Leibe lebende Ich tragend, vom 9. Jahr an neu anzusteigen beginnt.[45]

Seelisch beobachtet man, daß das Kind sich mehr aus der Welt herausgelöst erlebt, daß es sich ihr mehr gegenüberstellt als vorher, wobei Kritik und oppositionelle Willensregungen sich melden können. Doch kann dieser Vorgang auch in dumpfer Apathie untergehen, die für das 2. Jahrsiebt, wenn sie auftritt, hier ihre physiologische Wurzel hat. Im ganzen ist das Erlebnis von Vereinsamung charakteristisch, ein Erlebnis, das sich mit Trauer zu verbinden pflegt. Um so wichtiger ist nun die liebevolle Autorität des Erziehers, der Eltern, die sich an das *Herz* des Kindes wendet, wenn das Kind in den Tiefen seines Organismus zu versinken droht. Vom Herzen aus wird die Verbindung zur Welt neu geknüpft und dem Ich ein neuer Halt angeboten, der allerdings von innen her ergriffen werden muß.

Im Hinblick auf die neue Einschaltung des Ich ist noch auf einen weiteren Unterschied zum Erscheinen des Ich im 3. Jahr hinzuweisen. Während das Ich vom 3. Jahr aus in die Zukunft leuchtet, nimmt es im 9. Jahr die Zukunft vorweg. Es bereitet dem tiefer sich verkörpernden Astralleib den Weg, dessen Ziel

im unteren Menschen, die Pubertät, erst am Ende des Jahrsiebts 7–14 erreicht wird.

Während das Ich hier schon anfängt, willenshaft Zukunft zu
ergreifen und damit auch das Willensleben des Jahrsiebts 14–
21 vorbereitet, kommt es zu einer Rückwirkung dieses Ich-
Schrittes im Gefühlsleben. Es ist ein neues, dichteres *Ichgefühl*,
das im Kind erwacht: das Einsamkeitserlebnis, mit dem Gefühl
der Trauer sich verbindend, spielt sich vor allem im Fühlen ab
und wird durch das Gefühl der Liebe überwunden. Als ein äußeres Zeichen des Gefühlslebens im 2. Jahrsiebt und seiner
Zentrierung im Herzen kann die Tatsache gesehen werden, daß
in der Zeit des 9./10. Jahres das Herz »eine sprunghafte Steigerung seiner Leistung und seiner Größe erfährt«.[45] Und in dieser
Zeit entdeckt nun auch körperlich das Kind sein Herz.[41]

Das Jahrsiebt 14–21

Die Jahrsiebte 0–7 und 7–14 waren als Vorstadien der Seelenentwicklung zu bezeichnen, das Jahrsiebt 14–21 werden wir als
Einleitung, als Ouvertüre dieser Entwicklung erleben. So wie
wir in mancher Ouvertüre die Hauptmotive der nachfolgenden
Oper entdecken, so begegnen wir im 3. Jahrsiebt den hauptsächlichen seelischen Elementen, die in den folgenden Jahrsiebten eine Rolle spielen werden.

Das Jahrsiebt 14–21 ist das Jahrsiebt des *Astralleibes,* der mit
der Pubertät geboren wird. Ein neues, persönlicher wirkendes
Seelenleben tritt aus seiner Hülle hervor, das jedoch noch nicht
eine Persönlichkeit, ein Ich als Kern hat. Das Ich geht noch in
der Seele auf, aber es durchdringt sie nun in neuer Art. Aus den
ersten willenshaften Regungen im 9./10. Jahr wird ein willens-
haftes Ringen des Ich, ein Ringen mit den erwachenden Kräften des neuen Seelenlebens, an dessen Ende das Eingreifen des
mündig gewordenen Menschen in die Welt stehen wird.

Zunächst erlebt das Ich die problematisch und dramatisch
werdenden *Polaritäten des Astralleibes,* die nach seiner Geburt
in Erscheinung treten. Schon gegen das 12. Jahr – mit dem Beginn des neuen Längenwachstums beim sogenannten zweiten
Gestaltwandel – stößt das Kind zum begrifflich-abstrakten
Denken vor.[41] Der lebendige Kopf hat nun viel von seinem Leben verloren und stellt sich dem unteren Pol des Organismus
gegenüber, wo zugleich ein neues Leben beginnt. Der Pubertie-

rende neigt einerseits dazu, sich kritisch der Welt gegenüberzustellen, indem er sich in Abstraktionen ergeht. Andererseits reagiert er von seinem unteren Wesenspol her emotional, leidenschaftlich, unter Umständen auch triebhaft auf die Welt. Während er sich einerseits kühl, schlaff, apathisch verhalten kann und dabei kein Glied mehr rühren mag, gibt er sich andererseits starken Bewegungsimpulsen hin, die bis zu Bewegungsstürmen führen können. Einmal zieht er sich von der Welt in seine Stube zurück, er führt das Einsamkeitserlebnis seines 9. Jahres willentlich herbei, ein anderes Mal stürmt er in die Welt hinaus und frönt einem ausgesprochenen Wandertrieb.

Die innerlich gefühlshafte Weltbeziehung, die Schwankungen brachte, aber doch die Beziehung zur Welt auf die Dauer aufrecht erhielt, ist einer rationalen oder emotionalen Einstellung zur Welt gewichen, wobei auch Kombinationen beider Elemente zu beobachten sind. Das angeführte Schwanken zwischen Sympathie und Antipathie im 2. Jahrsiebt ist zu einer elementaren Akzentuierung des unteren oder oberen Wesenspoles geworden, die sich in triebhafter Lust oder Unlust, in emotionaler Auflösung oder rationaler Erstarrung ausdrücken kann. C. G. JUNG[46] schildert im Zusammenhang mit der Pubertät eine ausgesprochene »Entzweiung mit sich selbst«, eine »dualistische Phase«. Er gebraucht hier sogar den Begriff einer »seelischen Geburt«, ohne ihn jedoch in Verbindung mit den körperlichen Vorgängen zu sehen, wie sich dies aus der anthroposophischen Menschenkunde ergibt.

Eine äußere Ergänzung findet diese innere Entzweiung in der jetzt erfolgenden Loslösung von den Eltern, die sich Hand in Hand mit der Loslösung des Astralleibes von seiner Mutterhülle und vom physischen Leib vollzieht. Bei vielen Pubertierenden ist es ein normales Übergangsstadium, daß sie sich mit ihren Eltern »entzweien«, und man braucht, wenn es sich nur um ein solches Übergangsstadium handelt, nichts Besonderes dagegen zu tun.

DIE ZWEI GESCHLECHTER

Die verschiedene Entwicklung der *zwei Geschlechter,* wie sie mit der Pubertät beginnt, bringt eine neue Polarität. Während der Jüngling die Extreme stärker ausbildet und erlebt, bewahrt das Mädchen mehr von seinem mittleren System und dessen Gefühlsleben. Mit der Betonung der Mitte, auch anatomisch von der Pubertät an am weiblichen Organismus ablesbar, mit der Gefühlsbetontheit der Seele verbindet sich beim Mädchen die Tendenz, aus inneren Bildern heraus zu leben und zu urteilen.[47] Das Mädchen neigt mehr zum Tagträumen als der Jüngling[47a], wie dies gleichfalls für das 2. Jahrsiebt charakteristisch ist. Wenn der Jüngling sich nach einem Mädchen sehnt, so sehnt er sich zugleich nach einem Teil seines eigenen Wesens, den er verloren hat, nach seiner eigenen Mitte, aus der er sich nach oben und nach unten herausbewegt.

Auf den *Mann* wirkt stärker die Erde, auf die *Frau,* die sich weniger tief im Leib und auf der Erde verkörpert, wirkt – durch ihre Mitte – stärker der Himmel ein.[48] Im weiblichen Wesen kann der Mann deshalb einen Nachklang der verlorengegangenen kosmischen Verbundenheit erleben, wie sie in der Kindheit des Menschen und der Menschheit vorlag. Diese Tatsache kommt auch in manchen Märchen, Sagen und Dichtungen zum Ausdruck, z. B. in der Brünhildengestalt der Siegfriedsage, im Gretchen der Faustdichtung. (Auf das Problem der weiblichen Eigenschaften beim Mann, der männlichen bei der Frau, das im Bereich der Wesensglieder eine Klärung erfährt, kann hier nur noch hingewiesen werden. Vgl. dazu, wie auch zu anderen Problemen der zwei Geschlechter Stefan LEBER: Geschlechtlichkeit und Erziehungsauftrag[48a].)

Die Pubertät bringt die »*Erdenreife*«[49], die bei beiden Geschlechtern, beim Jüngling jedoch stärker, eintritt und ein neues Verhältnis zur Erde entstehen läßt. Einen Teil der Erdenreife bildet die Geschlechtsreife, die beim Jüngling und beim Mädchen die Fähigkeit erzeugt, durch ihre körperliche Vereinigung ihresgleichen irdisch hervorzubringen. Die schöpferischen Kräfte, die bis zum 7. Jahr im eigenen Leib tätig waren, können nun für die Zeugung eines anderen Leibes schöpferisch werden. Dabei aber wirkt jetzt nicht nur der Leben vermittelnde Ätherleib, sondern der vom Begehren erfüllte Astralleib, der dem Ich in die Stoffwechselregion gefolgt ist.

Beim männlichen Organismus ist der Astralleib ganz in diese Region eingetaucht, ja hindurchgetaucht. Das zeigt sich an der Lage der jetzt reif gewordenen männlichen Keimdrüsen, die sich außerhalb der Bauchhöhle befinden, und deren Samenzellen mit der Pubertät den Körper verlassen; seelisch drückt es sich in der Art des Begehrens aus, das aktiv zum Partner hinstrebt. Beim weiblichen Organismus bleibt der Astralleib mehr innerhalb der Stoffwechselregion wirksam, aus der er zugleich

eine intensive Verbindung zum rhythmischen System aufrechterhält. Das erwähnte, auf dieses System sich stützende, mehr
empfangende Seelenleben verbindet sich mit einer rhythmischen Gliederung der Fortpflanzungsprozesse (Eisprung und
Regelblutung). Im Bereich der Sprache steigt als Zeichen einer
tieferen Verkörperung die Stimme beim Knaben um eine ganze
Oktave tiefer, während sie beim Mädchen nur um etwa einen
Ton tiefer wird.[50]

Durch seine ausgleichende Tätigkeit zwischen oben und unten, zwischen innen und außen, kann das rhythmische System
dem Menschen am meisten Gesundheit vermitteln. Damit
dürfte es zusammenhängen, daß die Frau, mehr als der Mann
von der Mitte aus lebend, im allgemeinen widerstandsfähiger
und gesünder ist als der Mann. Indem die Frau weniger als der
Mann aus ihrer Mitte in die Welt hinaustritt, wird sie aber auch
weniger in der Welt schöpferisch. Andererseits vollzieht sie von
der Mitte aus ihre Entwicklungsschritte in kürzerer Zeit als der
Mann: besonders in Kindheit und Jugend kann sie ihm um
Jahre voraus sein.[47a]

Nach der Durchseelung und Durchichung der Mitte sind Ich
und Astralleib schon vor der Pubertät vom Stoffwechsel in die
Gliedmaßen vorgedrungen. Das Muskelsystem durchdringend,
sind sie mit dem 12. Jahr – beim Mädchen etwas früher – am
Knochensystem angelangt. Die Begegnung mit ihm führt dazu,
daß nun auch das Denken »Knochen« bekommt, daß ein be-
grifflich und abstrakt werdendes Denken möglich wird. In den
Gliedern wirkt jedoch auch das fließende Blut, das die Willens-
impulse aus dem Stoffwechsel in sich trägt. Dadurch hat die
Eroberung der Glieder zugleich eine willenshafte Komponente. Der Jugendliche bekommt auf willenshafte Weise einen
neuen Anschluß an die Außenwelt.[51]

Das tiefere Eindringen von Ich und Astralleib in den Stoffwechsel führt dagegen in die Region der Geschlechtsorgane,
deren absondernde Tätigkeit als ein Zeichen abgeschlossener
Reife beim männlichen Geschlecht in den Jahren 13–15, beim
weiblichen in den Jahren 12–14 einsetzt.[50] Zugleich beobachtet
man, vermittelt von der inneren Sekretion der Keimdrüsen, ein
»Aufblühen« des ganzen Organismus, der nun auch in seiner
Gestalt einen männlichen oder weiblichen Charakter annimmt.
Im Bereich der Fortpflanzungsorgane kann von da an aus diesem Blühen ein Fruchten werden.

Nachdem der Astralleib so zur Erdenreife geführt hat, schließt sein schöpferisches Entwicklungspensum im Leibe ab, er kann sich zu einem Teil aus ihm erheben. Dieses Mal wird vom Stoffwechsel her der neue Zugang zur Welt gewonnen, der einerseits durch das Begehren des Astralleibes bestimmt wird, andererseits durch die in den Gliedern tätigen Willenskräfte. Bei letzteren wirkt das Ich mit, das, wiederum vorgreifend, schon vom 12. Jahr an zwischen den bald überschießenden, bald sich verkrampfenden Bewegungen eine Mitte sucht, selbst jedoch noch nicht geboren wird.

EMOTIONALES SEELENLEBEN

Der mit dem 7. Jahr freigewordene Ätherleib durchdrang einerseits den physischen Leib und ließ ihn wachsen und reifen, andererseits wendete er sich der Seele zu und bildete ihre Grundlagen aus. Dementsprechend ist es nun der freigewordene Astralleib, der den physischen Leib durchdringt, indem er sein weiteres Wachstum durchseelt und seine Funktionen impulsiert (z. B. die Absonderung der Geschlechtszellen, die Ausscheidung und die Einscheidung im *Nierensystem;* letztere kommt u. a. in der Rückresorption eines großen Teiles des schon gebildeten Urins innerhalb der Niere zum Ausdruck[52]). Und zugleich trägt und hegt der Astralleib in sich das reifende Ich, das beim Knaben mehr auf sich zurückgezogen, beim Mädchen mehr im fühlenden Astralleib gelöst ist.[53] Auch in dieser freieren Daseinsform ist also der Astralleib noch eng dem physischen Leib verbunden, den er nicht nur durch Erlebnisse von der Welt her anregt, sondern von dem er auch Kräfte empfängt. Von nun an wirken die Kräfte der Organe differenzierter auf ihn ein.

Aus dieser Situation geht ein ganz neues Seelenleben hervor. An seinem Ursprung steht die Tatsache, daß der Astralleib nicht nur etwas gewinnt – den neuen Anschluß an die Welt, die neuen Kräfte –, sondern daß er auch etwas verloren hat: den Schutz durch den physischen Leib, aus dem er teilweise herausgetreten ist. Dieser Schutz wirkte sich über die geschilderte seelische Mutterhülle aus, die zwischen Astralleib einerseits und Leib und Welt andererseits vermittelte. Vor der Pubertät »bewahrte die umschließende Astralhülle den Einklang« (der Seele)[54], danach setzten sich die Polaritäten des Seelenlebens durch. Wie wir sahen, hängen diese Polaritäten mit dem unteren und oberen Pol des Menschen zusammen: der Beginn dieser Entwicklung jedoch liegt im unteren Bereich des Organismus, von wo aus die Geburt des Astralleibes eingeleitet wird und ihren Akzent erhält.

Indem sich der freiwerdende Astralleib aus diesem Bereich erhebt, nimmt er zunächst von dort Kräfte in sein freieres Dasein mit. Die im Stoffwechselsystem wurzelnde Kraft des Begehrens – eine Urkraft der menschlichen Seele, die sich auch negativ äußern kann [32a] – verbindet sich im Seelenleben mit dessen Erlebnissen und führt so zu lust- oder unlustvollen Emotionen. Unwillkürliche triebhafte oder leidenschaftliche Seelenbewegungen entstehen wie Gier, Zorn, Haß, Furcht, Scham, die mit innerer oder äußerer Erregung einherzugehen pflegen.[55]

In der Vorstellungsbildung kam, wie geschildert, seelisches Leben zur Ruhe. Es offenbarte sich darin das Prinzip des oberen Menschen, des Kopfes, in dem körperlich alles zur Ruhe kommt. Mit dem Zurücktreten des Lebens im Nervensystem verband sich eine Reduktion von Bewegung. Beim Gehirn geht sie so weit, daß dieses Organ von Bewegungsimpulsen weitgehend bewahrt wird, indem es zum größten Teil in der Gehirnflüssigkeit schwimmt. Wird es dennoch von Bewegung erfaßt, so ergibt sich das Krankheitsbild der *Gehirnerschütterung*, bei der Bewußtlosigkeit auftritt.

Neben den im Spiel sich auslebenden Bewegungstendenzen des rhythmischen Systems beginnt auch im Leben des Kindes vom 7. Jahr an ein rhythmisch gegliederter Ruheimpuls sich durchzusetzen: Das Kind muß während bestimmter Stunden das Stillsitzen im Schulzimmer lernen, das sich mit der Konzentration des Lernens verbindet. Alle diese Phänomene hängen damit zusammen, daß die Geburt, die das 2. Jahrsiebt einleitet, vom Kopf aus ihren Ausgang nimmt.

Im Gegensatz dazu ist der Beginn des 3. Jahrsiebts, des Jahrsiebts der Polaritäten, zeitlich dadurch gekennzeichnet, daß nun zugleich auch eine Polarität zum bisherigen Geschehen auftritt. Gegenüber dem zum Bewußtsein führenden Prinzip des Kopfes, das sich inzwischen verstärkt hat, meldet sich das entgegengesetzte Lebensprinzip des Stoffwechsel-Gliedmaßen-Systems, das von nun an immer stärker wird. Dieses Prinzip heißt »Bewegung«. Was im Kopf Voraussetzung zur Gesundheit ist, die Ruhe, das führt im Stoffwechsel zur Krankheit. Die Darmwindungen sind in ständiger Bewegung, liegen sie still wie die

Gehirnwindungen, so diagnostiziert man das Krankheitsbild der *Darmlähmung.* Zum Leben der Geschlechtszellen gehört es, daß sie wandern: Die Eizelle innerhalb des Organismus, die Samenzelle sogar aus dem Organismus heraus.

Im seelischen Bereich entspricht diesem Bewegungsgeschehen die elementare Seelenbewegung der *Emotion,* die ja auch sprachlich das Element der Bewegung in sich trägt. Von ihr aus ist der seelische Bewegungsdrang, der Wandertrieb des Jugendlichen zu verstehen, Regungen, die keine Unarten, sondern physiologische Begleiterscheinungen seelischer Geburtsvorgänge darstellen. Im Unterschied zu dem spielerisch-rhythmischen Bewegungsgeschehen des 2. Jahrsiebts haben die Bewegungen, die mit oder vor der Pubertät einsetzen, mehr einen dranghaften, emotionalen Charakter.

Allen solchen Bewegungen liegt das Begehren des Astralleibes zugrunde. Im Körper handelt es sich um die »unbewußten Begierden« des organisch tätigen Astralleibes: das Dürsten nach Sauerstoff, das Hungern nach Nahrungsstoffen führt im Stoffwechsel zu den Bewegungen der Stoffe und der Säfte, zum Stoff-Wechsel im Sinne des Wortes.[56] In der Seele kann das jeweilige leibliche Begehren bewußt werden, das am deutlichsten in Form des sexuellen Begehrens eine enge Verbindung mit körperlichen Vorgängen erkennen läßt. Bei jedem solchen Bewußtwerden ist schon eine Verwandlung möglich, die eine Vermenschlichung der animalischen Kräfte mit sich bringt.

Die Geschlechtsorgane sind nur ein Teil des *Urogenitalsystems,* das, wie schon der Name sagt, Genital- und Nierensystem in sich vereinigt. Mit dem Nierensystem hängen alle Emotionen zusammen.[43] Daß jede Erregung sich mit einer Absonderung des Nebennierenmarkes verbindet, ist schon länger bekannt. Nebenniere und Niere bilden jedoch – anatomisch und prozessual – wieder eine Einheit. In der Pubertät beginnt eine neue Tätigkeit des Astralleibes im Urogenitalsystem, in dem der Astralleib dominiert; sie kommt auch in einer neuen Nebennierentätigkeit zum Ausdruck.[50] Vom Urogenitalsystem wird zunächst das Seelenleben nach der Pubertät geprägt. Wird die Seele dabei von ihrer Grundlage aus leicht erregbar und beweglich, so handelt es sich um ein *sanguinisches Temperament,* das im Zusammenhang mit der Niere und dem *Luftorganismus* des Leibes entsteht. Durch das sanguinische Temperament wird der Mensch zum »Luftikus«.[43]

Nach der Pubertät findet nicht nur eine Verwandlung von organisch seelischen Kräften in bewußtere Kräfte des Seelenlebens statt, die auf der untersten Stufe der Befriedigung leiblicher Bedürfnisse dienen. Auch Bildekräfte verwandeln sich, dieses Mal jedoch nicht in Denkkräfte, sondern in Kräfte der *Phantasie*. Auch die Phantasie entsteht durch Verwandlung von Wachstumskräften[57], doch handelt es sich jetzt um die bildenden Wachstumskräfte des unteren Körperbereiches, insbesondere der Fortpflanzungsorgane. Phantasie gliedert sich von der Urkraft der Sympathie ab, die vom unteren Pol des Organismus kommt. Als blutvoll bildende Kraft steigt sie in die Seele auf und mündet belebend in die Vorstellungsbildung ein.[58] Dabei ist die Phantasie – wie der in ihr wirkende Wille – auf die Zukunft gerichtet: »90 Prozent der 12–15jährigen sind der Zukunft zugewandt.«[59] Wunschvorstellungen, von der Phantasie erzeugt, spielen hierbei die Hauptrolle. – Schon das Kind hat natürlich Phantasie, doch wird diese mehr noch vom Ätherleib, von den Bildekräften der Natur bestimmt als nun, wo der selbständig gewordene Astralleib sie ergreift. »Die eigentliche Phantasie wird im Grunde erst mit der Geschlechtsreife aus dem Menschen heraus geboren.«[47]

Die Steigerung und Verwandlung des Sympathiegefühls ist eine Quelle der *Liebe,* die, mit der bildenden Phantasie sich verbindend, zum anderen Menschen (nicht nur zum Geschlechtspartner) hinführt. »Aufhebung der Vereinzelung ist aber der Urimpuls des in der Phantasie schaffenden Eros, der ... zur zwischenmenschlichen Intimität nach der Pubertät heranreifen kann.«[60] In der Seele wird die Kraft der Zeugung zur schöpferisch werdenden Phantasie, die auf einer ersten Stufe sexuelle Vorstellungen erzeugt, durch ihre weitere Verwandlung künstlerische Phantasie werden kann. Und so wie durch die von der Phantasie getragene körperliche Liebe zwischen Mann und Frau ein neuer Menschenleib gezeugt wird, so kann etwas wesenhaft Neues, ein »Geschöpf« auf seelisch-geistigem Gebiet entstehen, wenn sich Mann und Frau, wenn sich zwei Menschen in schöpferischer, von Phantasie beschwingter Liebe miteinander vereinigen.

Das bedeutet jedoch nicht, daß Phantasie und Liebe durch direkte Verwandlung sexueller Begierde, durch Sublimierung sexueller Triebenergie entstehen, wie es die Freudsche Psycho-

analyse sieht.[61] Der Verwandlungsprozeß reicht tiefer, er greift
auf die Bildekräfte der Fortpflanzungsorgane zurück, die nun
für ein Gebilde außerhalb des eigenen Leibes schöpferisch tätig
werden. Er greift zurück auf die seelische Kraft der kindlichen
Liebe, die noch nichts mit Sexualität zu tun hat und nun mit der
Geschlechtsreife für eine neue Entwicklung frei wird.

Die jetzt entstehende geschlechtliche Liebe stellt jedoch nur
eine Komponente der neuen Liebeskraft dar, die sich auf die
ganze Welt richtet.[51] Bei der Frau klingt durch diese Kraft die
bewahrte Mitte stärker und in neuer Form an, beim Mann wird
durch sie die Mitte mehr oder weniger neu gewonnen. Aus der
Mitte, die beide Geschlechter miteinander verbindet, entwik-
kelt sich, was über beide hinausgeht: das Wesen »Mensch«.
(Vgl. die nächsten Kapitel.)

Eine Vorbedingung für die Freiwerdung der Liebeskraft ist
ihre Bildung im Jahrsiebt 7–14. Durch das Erleben der liebevollen Autorität, der nachgestrebt wird, erwacht die eigene
Liebe, die sich während des 2. Jahrsiebts noch wie in einem
»Puppenzustand« befindet.[62] Einen Übergang von diesem
Stadium zur Liebe nach der Pubertät bildet das gefühlvolle
Schwärmen einer übersteigerten Sympathie. Auch hierbei kann
sich eine Polarität einstellen: neben diesem Schwärmen über-
fällt den Pubertierenden der Geschlechtstrieb, beides kann er
erst später in der Liebe vereinigt finden.

Damit sind wir aus dem unteren Bereich des Organismus und
der Seele wieder in die Mitte aufgestiegen, wo wir schon einmal
die Kraft der Liebe entdeckten. Was für ein Seelenleben entfaltet sich von diesem Bereich aus, das in der Liebe dann seine
letzte Steigerung, seine Erfüllung findet?

EMPFINDEN UND URTEILEN

Sie sind die beiden Tätigkeiten, nach deren Entfaltung das Seelenleben des Jahrsiebts 14–21 strebt.

Indem der Mensch sich aus seinem persönlich geborenen
Seelenleben neu der Welt zuwendet, erlebt er zunächst Vereinzelung und Gefährdung. Der Schutz, den seine Seele durch den
physischen Leib erfuhr, betraf ja nicht nur ihr inneres Leben,
sondern auch ihre Beziehung zur Welt. Das Urerlebnis des Exi-
stentialismus: das »Geworfensein« in die Welt (HEIDEGGER,
SARTRE) wird jetzt erstmalig leidvolle Erfahrung im Lebenslauf.
Das Paradieserlebnis der eigenen Nacktheit wiederholt sich in

seelischer Form: Der Jugendliche fühlt sich wie »nackt« gegenüber seiner Umwelt, eine neue Überempfindlichkeit, eine oft verborgene Scham, tritt bei ihm auf. Dagegen hilft ihm letzten Endes nur, wenn er die bedrängende Welt lieben lernt.

Aber bis dahin ist ein weiter Weg. Zunächst steht der Jugendliche überempfindlich der Welt gegenüber und zieht sich in die Unempfindlichkeit vor ihr zurück, was ihm vom kühl beobachtenden Kopf aus ermöglicht wird. Zwischen beiden Polaritäten des Empfindungslebens entfaltet sich das lebendig atmende Empfinden.

Das *Empfinden* ist kein primäres Element der Seele. Empfindung entsteht erst, indem sich das Begehren auf die Welt richtet, aus der ihm die in der Seelenperipherie entstehende Wahrnehmung aus der Welt entgegenkommt. Nach der Vereinigung beider »sind aus Wahrnehmungen Empfindungen geworden«.[32b] Von der intensiven Wahrnehmung eines Baumes behalte ich eine bestimmte Empfindung in mir zurück, die der neu wahrgenommenen Erinnerung an den Baum etwas von ihrem Leben mitteilt. Mit dieser inneren Wahrnehmung, der Erinnerung, entsteht jedoch auch die mit ihr verbundene Empfindung neu, wobei sie einen anderen Charakter annehmen kann.

An anderer Stelle hebt STEINER besonders das Fühlen und Wollen im Empfinden hervor, er spricht vom Empfinden als von einem »wollenden Fühlen« – im Gegensatz zur heutigen Psychologie, welche die Empfindung als Folge eines äußeren Reizes und dessen physiologischer Verarbeitung auffaßt.[33] Die willenshafte Komponente der Empfindung ist dann besonders zu erleben, wenn diese zu einer Willenshandlung führt. Das tritt bei vielen starken Empfindungen ein, die sich aus Sympathie- oder Antipathieerlebnissen gebildet haben (ich empfinde z. B. so starke Sympathie einem Menschen gegenüber, daß es mich drängt, ihn aufzusuchen). – Der Zusammenhang des Empfindens mit dem Fühlen leuchtet unmittelbar ein. Der Unterschied zwischen beiden ist, daß sich das Empfinden der Welt oder dem eigenen Innern zuwendet, während das Fühlen mehr im Innern lebt. Man könnte deshalb das Empfinden auch ein empfangendes Fühlen nennen.

Am Anfang jedoch steht das *Begehren,* das zum Antrieb des Willens wird. Aus der selbständig gewordenen Seele, die im 3. Jahrsiebt eine neue Verbindung mit der Welt sucht, kommt es durch das Begehren zu der oben gekennzeichneten, vom Willen herbeigeführten Weltbegegnung. In der aus ihr entstandenen

Empfindung lebt diese Begegnung fort. Die Wahrnehmung ist dabei seelisch verinnerlicht worden, ist zu eigen geworden, das gestillte Begehren hat sich in Sympathie oder in Antipathie mit einem Inhalt der Welt verbunden. Seele und Welt sind zu einer neuen Vereinigung in der Seele gelangt. Aber schon ist neues Begehren, das zu neuem Wollen drängt, an der Empfindung des Erlebten erwacht und strebt zu einer neuen Weltbegegnung.

Aus solchen Erlebnissen, Begegnungen lebt die Seele des jugendlichen Menschen, wird sie leben bis gegen das Ende der zwanziger Jahre. Wie ein Meer wogen die an der sinnlichen Welt entstehenden, versinkenden und mit den Erinnerungen wiederauftauchenden Empfindungen im Seelenleben auf und ab.[32b] Man kann sie mit dem Meer des Blutes vergleichen, das den Organismus erfüllt und ihm sein Leben vermittelt; die Empfindungen sind das Lebensblut der Seele. Gespeist wird jenes Meer der Empfindungen von den Quellen des Begehrens, die, in die Welt hinausfließend, Welt in sich aufnehmen.

Von Anfang an verbindet sich mit dem Begehren das *Urteilen*. Das kann sich in mehreren Stadien vollziehen. Ein dunkel aus der Seele aufsteigendes Begehren z. B. wird durch das aufhellende Urteilen der Seele als Begehren nach Schönheit erkannt. Dieses wird durch das aus früheren Erfahrungen schöpfende Urteil »In der Natur finde ich Schönheit« in eine bestimmte Richtung gelenkt. Aufgrund einer ersten Wahrnehmung in der Natur, wie etwa der Wahrnehmung eines fernen Blütenbaumes, mit der sich das Begehren verbunden hat, bilde ich mir das neue Urteil, von einer ersten diffusen Empfindung begleitet: »Dieser Blütenbaum ist schön.« Das Begehren, wieder vom Urteil geleitet, drängt den Willen: Das möchte ich mir näher anschauen! Nach dem näheren Anschauen hat das Ich aus der Wahrnehmung nicht nur eine differenzierte *Empfindung*, sondern auch eine bestimmte *Vorstellung* von diesem schönen Blütenbaum gewonnen, die von der Empfindung getragen wird.

Hinter der Vorstellung aber steht der *Begriff* des Blütenbaumes, durch den man überhaupt erst erkennen konnte, daß es sich um einen Blütenbaum und nicht nur um irgend etwas Schönes handelte. Der Begriff wirkte also von Anfang an mit der Wahrnehmung zusammen, wird aber erst später bewußt. Wird der Begriff (vom Baum) lebendig und umfassend, so entsteht die *Idee* (des Baumes).[63] Vorstellung und Begriff leben keimhaft schon im Urteilen, das halbbewußt oder bewußt vom Ich gebildet wird.

Das Urteilen ist jedoch von Anfang an auch mit *Gefühlen* verbunden. ZEYLMANS VAN EMMICHHOVEN nennt das Urteilen direkt »die andere, nach außen gerichtete Seite des Fühlens«.[64] Ganz allgemein begleitet das Gefühl der Überzeugung jedes Urteilen.[65a] In die Vorstellungsbildung mündet deshalb nicht nur das Urteilen, sondern auch das Fühlen ein, das, zusammen mit den neu entstandenen Empfindungen, den Vorstellungsbildern Leben verleiht. Das steigert sich, wenn man bestrebt ist, seine Vorstellungen mit *Liebe* zu durchdringen.[66] In der Tätigkeit des Urteilens aber lebt der *Wille,* der sich auf das Ziel des Urteilens richtet.

Beim Vergessen vermitteln die Vorstellungen der Seele und dem Leib etwas von ihrem Leben, das beim *Erinnern* eine Verdichtung zum Wesenhaften erfahren kann. Die Vorbedingung für dieses Leben ist ein lebendiges und aktives, von Gefühl und Wille erfülltes Urteilen, aus dem sich die Vorstellungen und Begriffe abgliedern. Nur aus dem ganzen Menschen entsteht das eigene Urteil, das im Jahrsiebt 14–21 angestrebt wird, angeregt werden sollte und das zur eigenen Vorstellungsbildung, zum eigenen Denken führt.

Zugleich aber kann der junge Mensch damit beginnen, im Urteilen aus seiner Subjektivität herauszuwachsen. Von der fühlenden Weltverbindung hebt sich, ungeachtet aller Gemeinsamkeit, die urteilende ab. Hinter jedem lebendigen Fühlen lebt das Begehren nach der Welt, jedes wahre Urteilen strebt durch Vorstellungen, Begriffe und Ideen zur *Erkenntnis* der Welt. Nach der Charakterisierung von Chr. LINDENBERG fragt die Urteilskraft nicht wie das Begehren: »Was möchte ich?« Sie fragt auch nicht wie das Vorstellen: »Was weiß ich?« Sie fragt vielmehr: »Was ist wahr?«, »Was ist gut«, »Was ist schön?«[65b] Dabei spricht in der menschlichen Seele der Geist mit.[32a] Der Geist aber spricht durch das Ich. So erhält das Begehren der Seele, das sich auf die Welt richtet, im Urteilen einen Begleiter, durch dessen Tätigkeit das denkende Ich die Seele zu führen lernt. Dabei verwandelt sich das zunächst dunkel drängende Begehren des Jugendlichen in gelenktes und waches *Interesse,* das aktiv den Gegenstand wahrnimmt und zur Verarbeitung der Eindrücke überleitet.

Das Wecken der Interessen für die Welt, dessen entscheidende Bedeutung im Jahrsiebt 14–21 STEINER hervorhebt, setzt an das der »Urteilsfähigkeit« an und wirkt der Fixierung des freigewordenen Astralleibes an den Leib und an die Sexualität entgegen.[67] Das Ziel des jugendlichen Urteilens mag noch fern sein, wird aber doch mehr oder weniger bewußt schon angesteuert: Gesucht wird letzten Endes beim eigenen Urteilen nach dem Wesen des Gegenstandes, nach dem »*Ur-Teil*«, dem Kern seines Seins, aus dem er entstanden ist, aus dem er im Denken wieder erstehen kann.[68]

Das Boot eigenen Urteils schwimmt auf dem Strom des Begehrens, treibend auf ihm lernt der Jugendliche das Steuern. Immer wieder steuert er Buchten an, wo er Vorstellungen von der Welt gespiegelt bekommt, wo Empfindungen erwachen und den Strom seines Begehrens ruhiger und klarer fließen lassen. Als Mündig-Gewordener hat er das freie Meer gewonnen, dessen Strömungen vom Begehren, dessen Fluten nun von den Empfindungen gebildet werden. Im Licht seines Denkens sucht er weiter nach neuen Ufern, nach neuen Vorstellungen, die sich zu Begriffen verdichten, zu Ideen ausweiten. Und je lebensvoller das Meer seiner Empfindungen flutet, je heller das Licht seines Denkens leuchtet, desto mehr kann er neue Ufer gewinnen. Er kann auf ihnen landen, sicheren Fuß fassen, sich ein Herz fassen und den Weg zum Berg seiner Erkenntnis einschlagen. Er kann aber auch an ihnen stranden: Wenn der Sturm ihn verschlägt, wenn er im Dunkel das Ziel verloren hat oder wenn das Meer, das ihn tragen sollte, zu flach wurde. Auf dem Weg zu ihnen kann er untergehen, wenn sein Boot nicht sicher genug gebaut ist.

DER EMPFINDUNGSLEIB

STEINER hat dem Astralleib oder Seelenleib, der um das 14. Jahr geboren wird, außerdem noch den Namen »*Empfindungsleib*« gegeben.[11] Wie schon geschildert wurde, steht dieser Empfindungsleib, durch den wir unmittelbar die Sinneseindrücke empfangen, in enger Beziehung zum physischen Leib.[69] Im Zusammenhang mit dem Wirken der Künste führt STEINER sogar aus, daß ein Teil des Astralleibes, der mit dem Ätherleib verbunden ist, während des Schlafes im physischen Leib verbleibt. Der Schilderung nach handelt es sich dabei um den Empfindungsleib, der dann natürlich in anderer Art tätig wird als im Wachzustand (er dient dann vorwiegend dem Aufbau des Leibes). Der übrige Astralleib – hier wie auch anderswo im Sinn von »Seele« gemeint – trennt sich im Schlaf vom physischen Leibe. (Siehe das Kapitel: Künstlerische Therapie und Wesensglieder.)

Was also um das 14. Jahr geboren wird, ist der Astralleib im engeren Sinn, ist der Empfindungsleib, den in anderer Form auch das Tier hat. Besonders wichtig für unsere psychologischen Untersuchungen ist dabei die Bezeichnung »Empfindung«. Da STEINER jenes Seelenglied, das Anfang der 20er Jahre zur Entwicklung kommt, ebenfalls durch das Wort »Empfindung« charakterisiert, wird damit auch durch die Namengebung die Bedeutung dieses in der Seele entstehenden Elementes unterstrichen. Empfindung ist natürlich gleichfalls schon früher vorhanden, sie erwacht jedoch erst von der Pubertät an aus dem Innern des frei gewordenen Astralleibes zu einem selbständigeren Leben. Dadurch kann allmählich die emotionale Bewegung in lebensvolle Ruhe einmünden, das statische Element der Wahrnehmung sich mit seelischer Bewegung durchdringen. Durch das an der Welt erwachte Empfindungsleben entsteht die Voraussetzung dafür, daß in der immer neu zu erobernden Mitte die »innere Empfindung«, das in sich kreisende »Gefühl« sich bildet.[66]

Das beginnt schon im Empfindungsleib, in dessen Bereich das Ich die nächste Stufe vorbereitet. Aus der spontanen Empfindung der Sympathie einem Menschen gegenüber wird das innerlich gehegte Sympathiegefühl. Aus ihm wiederum kann durch weitere Verbindung mit dem Zentrum der Seele, mit dem Ich, die Kraft der *Liebe* werden. Als neuer Aspekt ergibt sich nun, daß diese Kraft – auf höherer Stufe als die Empfindung – alle Seelenkräfte in sich vereinigt. »Aus all' dem, was das Ich in sich entfalten kann, soll Liebe werden.«[70] Mit dem Begehren von unten, das zum Willen hinführt, mit dem Sympathiegefühl der Mitte verbindet sich in der Liebe das Urteilen, verbindet sich die Erkenntnis (nicht mehr nur die Wahrnehmung), die vom oberen Menschen kommt. Keine Liebe zu einem Gegenstand, zu einem anderen Menschen ohne Wahrnehmung und Erkenntnis. Begehren, Sympathie sind noch nicht Liebe, können aber Stationen auf dem Weg zu ihr werden. In einer ersten Form wird das Ziel erreicht, wenn mehr oder weniger bewußt etwas vom wahren Wesen des geliebten Gegenstandes erkannt wird und sich damit der Willensimpuls verbindet, diesem Wesen zur Erscheinung zu verhelfen – zur Erscheinung in der Erkenntnis oder im irdischen Leben.

Wird im eigenen Wesen eine Vorstellung, eine Idee von der Kraft der Liebe erfaßt, so wird ein *Ideal* daraus, für welches das Herz des Jugendlichen erglüht. Das ist von großer Bedeutung für die Vorbereitung des nächsten Seelengliedes.[6] Aus dessen Mitte, seinem »Herzen« wird das Ich geboren, das in der vorhergehenden Periode an der Bildung dieser Mitte gearbeitet hat.

Das Organ für die Liebeskraft ist, wie schon erwähnt, das *Herz*, das schon im Zusammenhang mit dem Gefühlsleben des 2. Jahrsiebts als Organ des Gleichgewichtes charakterisiert wurde. Das Streben nach Gleichgewicht, bereits in der Lunge zwischen Ein- und Ausatmung tätig, konzentriert sich im Herzen. In seiner Zusammenziehung (Systole) und Ausdehnung (Diastole) klingen die beiden Pole des Organismus an. In der Systole, in der das Herz vom Leben vermittelnden Blut weitgehend verlassen wird, herrscht der abbauende Kopfpol vor. In der Diastole, in der das Herz sich neu mit Blut und Leben füllt, meldet sich der aufbauende Stoffwechselpol. In den Pausen zwischen Systole und Diastole, durch die sich rhythmisch Ruhe mit Bewegung verbindet, greift das Ich ein und führt den Ausgleich zwischen beiden extremen Tendenzen herbei. Durch dieses Schwingen um eine Mitte wird die Grundlage dafür geschaffen, daß das Ich auch in der Seele danach zu streben vermag, Gleichgewicht und Mitte zu erzeugen, damit Neues sich darin verkörpern kann.

Schon der aus dem unteren Organismus sich erhebende Empfindungsleib sucht im Herzen seine Mitte. Auf dem Weg dorthin schließt sich – in der Sphäre der Lunge – das begehrende, emotionale Leben des Astralleibes über das Wahrnehmen zu empfindendem Erleben auf. Aus diesem Erleben kann die Liebe des Herzens werden. Zunächst herrscht jedoch im Jahrsiebt 14–21 neben dem emotionalen Reagieren das Empfinden vor, das im Nierensystem seine Grundlage hat und im Seelenleben der Lunge an der Welt sich entfaltet.

Das Jahrsiebt 21–28

Um das 21. Jahr sehen wir den jungen Menschen als mündig gewordene Persönlichkeit vor uns. Bisher hat die Welt durch das Medium des Elternhauses, der Schule, der Lehrlingszeit erziehend auf ihn eingewirkt. Jetzt steht er »als selbständige, freie Wesenheit der Welt gegenüber«[6], deren Einwirkungen er unmittelbar zu empfinden beginnt. Und er erfährt, wie er in der Auseinandersetzung mit ihr zu sich selber findet. Die Epoche der Erziehung ist damit zu Ende gegangen, die – früher schon vorbereitete – Epoche der *Selbsterziehung* kann beginnen, in dem Sinne, daß sich das »Ich in freiem Wechselspiel mit der Welt den Charakter erarbeiten will«.[6] Nun erzieht die Umwelt nichtmehr direkt, dafür regt sie die Selbsterziehung an. Und nur eine Persönlichkeit, die anfängt, sich selbst zu erziehen, vermag dann auch selbständig in die Welt hinauszuwirken und ist erst dann als mündig zu bezeichnen. Charakteristisch für den Schritt von der Jugendzeit zum jugendlichen frühen Erwachsenenalter um das 20. Jahr wird »der Versuch zu selbständiger Entscheidung, bei der, wenn sie praktisch ist, Verantwortung erstmalig übernommen wird«.[71]

Man kann an diesen und anderen Phänomenen ablesen, daß nun ein neues Wesensglied dem Menschen zur Verfügung steht, das nicht unwillkürlich auf die Welt reagiert wie der selbständig agierende Astralleib, sondern das sich der Welt erkennend gegenüberstellen und aus der Erkenntnis heraus willentlich handeln kann. Das vermag nur das *Ich*, das eigentlich menschliche Wesensglied, das mit dem 21. Jahr geboren wird.

Wie das organische Entwicklungspensum des Astralleibes um das 14. Jahr, so kommt nun das organische Entwicklungspensum des Ich zum Abschluß. Begonnen hatte dieses Pensum damit, daß der Leib sich aufrichtete, d. h. vom Ich aufgerichtet wurde. Dann wuchs der Leib in seine letztlich vom Ich geprägten Formen. Und nun – Anfang der 20er Jahre – geht das Wachstum des Leibes seinem Ende zu: das Gesicht, in dem das Ich seinen sichtbarsten Ausdruck findet, schließt mit seinem Wachstum ab.[72] Man darf sich vorstellen, daß es die ganze individuelle Gestalt ist, aus der das Ich – entsprechend seiner umfassenden Tätigkeit im Leib – nunmehr zu sich findet.

Im Gegensatz zu einer solchen realistischen Auffassung vom Ich sehen manche Psychologen in ihm lediglich einen »imaginären Punkt hinter allem Erlebten«.[73] Konkreter wird die Lebenslaufforscherin Ch. BÜHLER, wenn sie feststellt, »daß es im Flusse des sich verändernden Geschehens und aller Wandlungen, durch die ein Mensch hindurchgehen mag, einen allem zugrunde liegenden Kerngehalt gibt«. Diesen Kerngehalt nennt sie das *Selbst*, jede Entwicklung im Lebenslauf gehe von ihm aus.[74] Bei C. G. JUNG umfaßt das Selbst außer dem bewußten Ich noch den unbewußten Seelenbereich, in dem auch Unpersönliches lebt, wie z. B. die Archetypen: Grundlagen für die Urbilder von Mensch und Welt. Der Ich-Begriff erweitert sich, die Entwicklung der Seele strebt in der »Individuation« dem Selbst zu.[75]

Nach STEINER ist, wie schon angedeutet wurde, das Ich ebenfalls Zentrum der Seele. Es wirkt jedoch außerdem einerseits über das unterbewußte Seelenleben bis in den Leib hinab und öffnet sich andererseits dem Licht des Geistes. Es ist nicht nur ein Glied menschlichen Wesens, sondern auch ein Glied der Welt, letztlich der geistigen Welt, das als höheres Ich in dieser Welt bleibt und aus ihr ständig in das menschliche Sein einstrahlt. Wahrgenommen wird zunächst nur die »Rückstrahlung«: unser niederes Ich, unser Erden-Ich.[76]

Alle menschliche Entwicklung beruht darauf, daß sich die Persönlichkeit immer mehr für die Einstrahlung des höheren Ich öffnet, daß mehr und mehr vom höheren Ich in die Ausstrahlung des Erden-Ich eingeht. Das leibliche Organ, das der Vereinigung von höherem und niederem Ich dient und von dem aus dann das höhere Ich in das Leben einstrahlt, ist das *Herz*.[77] Die Liebe des Herzens, die in ihrer höchsten Steigerung dieses Geschehen verwirklicht, geht also letzten Endes vom höheren Ich aus. Das wahre Wesen des anderen Menschen, mit dem sich das höhere Ich in der Liebe verbinden will, ist dessen höheres Ich selbst.

Mit dieser Charakterisierung kommen wir wieder zu einer Polarität. Das Ich wird im Innern erlebt: bei seiner Entwicklung strebt der Mensch dahin, daß es immer mehr Zentrum seiner Seele werde. Andererseits steht das Ich als Leitstern über der seelischen Entwicklung. In der Antike sprach man vom *Genius,* der über dem Menschen schwebe und ihn leite.[78] Indem der Mensch beim Ergreifen einer Aufgabe »über sich hinaus wächst«, hebt er sich zugleich seinem Genius, seinem höheren Ich entgegen. Während des Schlafes kann sich das vom Leib gelöste niedere Ich mit dem in der geistigen Welt weilenden höheren Ich vereinigen. Am Morgen kann das niedere Ich in Form einer neuen Einsicht, einer neuen Kraft etwas von dieser stattgefundenen Begegnung empfinden und mit sich nehmen.[79]

Am Tag fühlt sich der Mensch dann zunächst wieder von seinem höheren Ich getrennt. Er erkennt, daß auch am Tag Mitte und Umkreis zum Leben des Ich gehören, daß sich dieses Leben zwischen Selbstbehauptung und Hingabe entfaltet.[80] Als Urbild ergibt sich: Aus dem Umkreis, letztlich aus der geistigen Welt strahlt das Ich in die Abgeschlossenheit des menschlichen Innern ein und strahlt aus dessen Mitte wieder in die Welt, letzten Endes in die geistige Welt zurück. Dabei kann durch das Ich zwischen den Polen immer wieder ein Ausgleich, ein Mittleres entstehen. In die Hingabe kann das Zentrum des eigenen Wesens, in die Selbstbehauptung der Umkreis, das andere Wesen mit hineingenommen werden. Erst dadurch entsteht die *Liebe* des Ich, bei der sich die Individualität in der Hingabe nicht aufgibt, sondern sich in Freiheit mit der anderen Individualität verbindet und erfüllt.[80a]

Am zentralsten kommt die »Atmung« des Ich zwischen Punkt und Sphäre im Leben und Erleben des *Herzens* zum Ausdruck. Nicht nur zwischen oben und unten, auch zwischen innen und außen vermitteln Systole und Diastole des Herzens, was körperlich dadurch eine Grundlage erhält, daß das Herzinnere durch das in die Lunge fließende und aus der Lunge kommende Blut mit der Außenwelt verbunden ist. Und auch körperlich wird ein Ineinander vor Augen geführt: Die Zusammenziehung des Herzens verbindet sich mit der Ausdehnung des Blutes, welches das Herz verläßt, die Ausdehnung des Herzens wird begleitet von der Zusammenziehung des Blutes, das in das Herz zurückströmt.

Je kraftvoller und umfassender die seelische, auf die körperlichen Vorgänge sich stützende »Atmung« des Herzens wird, desto kräftiger und reicher wird die Liebe des Ich, durch die Mitte und Umkreis in der oben charakterisierten Art ineinanderklingen.

Durch die Liebe verbindet sich das Ich mit *anderen Ichen*, die in seinen Horizont eintreten. Dies mag durch folgende Zeichnung angedeutet werden (s. S. 46).

Erläuterung: Nach der Einstrahlung des höheren Ich in den Menschen (senkrechter Pfeil) ergibt sich die vom Menschen ausgehende (hier nicht gezeichnete) Ausstrahlung des Erden-Ich während des Erdenlebens, die zum Ich-Kreis, zum (gezeichneten) Horizont des Ich wird. Mit dieser Ausstrahlung verbinden sich andere Ich-Kreise, die für eine kürzere oder längere Zeit in den Horizont des Erden-Ich eintreten, manchmal aber auch nur einmal an dessen Horizont aufleuchten. (Letztere Situation gibt der linke obere Berührungspunkt wie-

45

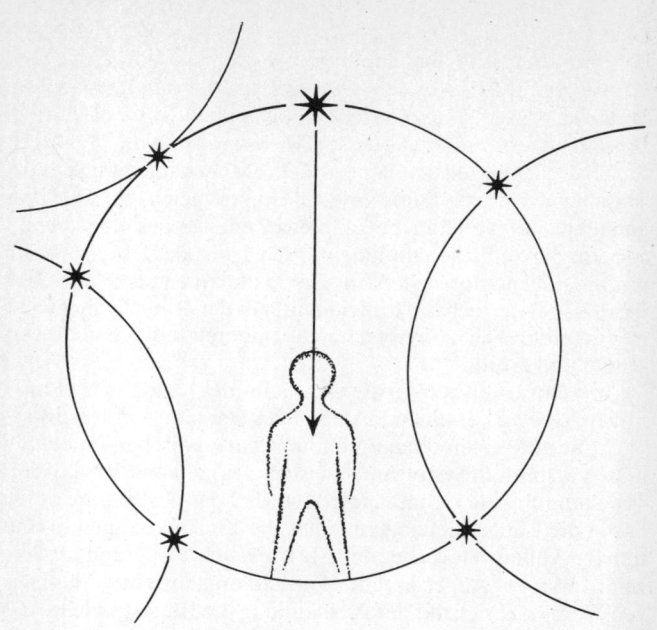

der.) Immer ist die Möglichkeit gegeben, daß die Berührungs-
punkte oder die Schnittpunkte der Ich-Kreise selbst wieder zu
Sternen werden, indem das höhere Ich der Partner in sie einstrahlt. Bei solchen Begegnungen spricht man dann mit Recht
von »Sternstunden« im menschlichen Leben. In der Zeichnung
sind sie für die längerdauernden Begegnungen durch den Stern
der ersten und letzten Begegnung angedeutet; aus diesen
Schnittpunkten kann das höhere Ich des andern und das eigene
höhere Ich besonders hervorleuchten.

Das Zusammenklingen von Biographien, das sich so ergibt,
pflegt im menschlichen Leben einzusetzen, nachdem um das
21. Jahr das Ich geboren ist.

DIE ICH-GEBURT UND IHRE VORBEREITUNG

Vor der Ich-Geburt muß das Ich zu sich finden. Es ist einleuch-
tend, daß bei diesem Akt die zur Mitte strebende Ichtätigkeit

betont wird und daß diese sich nur allmählich in der Liebe für den anderen Menschen aufschließen kann.

Wie beim Kind ist eine vorwiegend egozentrische Einstellung im Jahrsiebt 14–21 zunächst normal. Der Pubertierende braucht das reifende Ich vorerst als Halt in dem Chaos seines Pubertätserlebens, das jeder Mensch bei seiner Entwicklung stärker oder schwächer durchzumachen hat. Der heute vielgebrauchte Begriff der *Identität* taucht auf, das Mit-sich-selbst-identisch-Werden wird erstrebt, d. h. »ein dauerndes inneres Sich-selbst-gleich-Sein«. Während man sich früher mit anderen Persönlichkeiten identifiziert hat, erwacht nun tastend das »Gefühl der Ich-Identität«.[81] Das Ich hat sich auf den Weg begeben, der zum Zentrum der Seele führt, zum ruhenden Pol im bewegten Seelenleben.

So wie sich die Geburt des Astralleibes schon um das 12. Jahr ankündigt, so kündigt sich die Geburt des Ich bereits um das *18. Jahr* an. Die ersten seelischen Stürme haben sich gelegt, die Berufswahl, schon vorher getroffen oder aufgenötigt, wirkt sich aus. Man ist in die *Adoleszenz* eingetreten, die LIEVEGOED von 16/17 bis 21–24 ansetzt und als Übergangsphase charakterisiert. Das »zentrale Problem« dieser Phase ist: »Wer bin ich?«, »Was will ich?«, »Was kann ich?« – Ich-Fragen, in denen das Ich zur Geburt drängt.[82]

Besonders GLAS und LAUENSTEIN haben darauf hingewiesen, daß hier ein anderer als der Siebenjahresrhythmus in den Lebenslauf hineinwirkt: der Rhythmus der sog. *Mondknoten,* d. h. der wandernden Schnittpunkte zwischen Sonnenbahn und Mondbahn.[83] Jeweils »nach 18,6 Lebensjahren sind für den Menschen die Mondknoten wieder am gleichen Himmelsort wie zur Zeit der Geburt«. Eine neue Geburtssituation stellt sich jeweils nach 18 Jahren, sieben Monaten und neun Tagen im menschlichen Leben ein, bei welcher der Mensch nicht nur aus seinem alten Zustand heraustritt, sondern das nahende Hereinwirken von Neuem in seinem Leben empfindet.[84]

Das Geburtsgeschehen, das sich alle sieben Jahre vollzieht, bekommt also alle 18–19 Jahre noch einen besonderen Akzent. Mit 18 Jahren wird der Abschluß der Jahrsiebte leiblicher Entwicklung und die Geburt des Ich eingeleitet. Im 38. Jahr, der nächsten Mondknotenzeit, wird, wie die spätere Darstellung ergibt, die Lebensmitte durchschritten und das Geburtsgeschehen der geistigen Entwicklung Anfang 40 vorbereitet. Mit 56 Jahren, mit dem dritten Mondknoten, beginnt das letzte, besonders schicksalsträchtige Jahrsiebt der neun Lebenslauf-Jahrsiebte. Im 75. Jahr, der Zeit des vierten und meist letzten Mondknotens im menschlichen Leben, ist das biblische Alter von 72 überschritten, der Mensch ist in das Greisenalter eingetreten, und ein neues Tor zum Weiterschreiten in der irdischen Welt oder in die geistige Welt hinein tut sich für ihn auf.

STEINER sprach vom »Tor des Mondes«, durch das bei der Geburt der zunächst von der Vergangenheit bestimmte Mensch die Erde betritt. Er kann nun auf der Erde mit dem Weg seiner Freiheit beginnen: Er kann den Weg zum »Tor der Sonne« einschlagen, das ihn zuletzt in die geistige Welt entläßt.[85] Auch um das 18. Jahr, der Zeit des ersten Mondknotens, schreitet der Mensch, so darf man es wohl sehen, durch ein Mondentor von kleineren Ausmaßen. Das Tor zu den nächsten drei Jahrsiebten, die im Zeichen der Sonne stehen, tut sich für ihn auf.

ICH-GEBURT UND SEELENENTWICKLUNG

Mit der Geburt des Astralleibes um das 14. Jahr ist die Entwicklung der Seele eingeleitet worden. Diese Einleitung vollzog sich jedoch noch im Schatten der Entwicklung des Leibes, die der freigewordene Astralleib zu durchdringen hatte und mit der er sich auseinandersetzen mußte. Darauf deutet auch die geschilderte enge Beziehung hin, die der Astralleib oder Empfindungsleib zum physischen Leib hat, ebenso die Silbe »leib« selbst, die auf das Gestalthafte im Bereich der leiblichen Entwicklung hinweist. Das 3. Jahrsiebt gehört daher noch zu dieser Entwicklungsphase. Erst nach den drei Jahrsiebten dieser Phase kann das 1. Jahrsiebt der *seelischen Entwicklung* beginnen.

Nach der Morgendämmerung des Seelenlebens, die um das 14. Jahr eingesetzt hat, geht um das 21. Jahr die Sonne des Ich für die Seele auf; sie wird über der ganzen Seelenentwicklung stehen. Es gehört zum Wesen der Seele, daß sie sich nicht durch sich selbst, sondern durch das Ich entwickelt. Wie der Ätherleib ist auch die Seele ein mittleres Wesensglied, das sich zwischen Leib und Geist entfaltet. Nachdem sie mit dem 14. Jahr freier vom Leib geworden ist, kann sie mehr und mehr den Geist empfinden und erkennen, zu dem sich ihre Entwicklung erheben will. Da aber der Geist durch das Ich in ihr lebt, geht der Impuls zu ihrer Entwicklung vom Ich aus. Beim *Tier*, das nur einen Astralleib, aber kein Ich hat, ist mit der Pubertät, von der an beim Menschen die Geburt des Ich vorbereitet wird, die Entwicklung zu Ende. Nach der Erlangung der Fortpflanzungsfähigkeit und ihren leiblichen Auswirkungen ereignet sich in seinem Leben nichts wesentlich Neues mehr. Die »Seele« des Tieres bleibt als Astralleib eng mit dem physischen Leib verbunden. Beim Menschen fängt sie mit der Pubertät an, sich von ihm zu lösen. Nach Erlangung der Erdenreife beginnt auf der Erde – zunächst noch im Bereich des Leibes – die Entwicklung der Seele.

Auch die Geburt des Ich um das 21. Jahr ist nicht nur ein Hervorgehen aus einem alten Zustand: aus dem früheren diffusen Leben des Ich in der Seele. Schon in den drei Jahren zuvor drängte Neues durch das Ich in das Leben herein, was sich mit dem Erlebnis des Berufszieles und den ersten Schritten in seine Richtung verband. Aber auch in der Begegnung mit dem anderen Geschlecht wird jetzt schon mehr ein Drittes empfunden, das sich zu den beiden Partnern körperlich oder seelisch dazugesellen will; Verantwortung gegenüber dem ungeborenen Kind, den gemeinsamen Zielen kann sich entwickeln, was dann, bewußt oder unbewußt gewollt, zu manchen Frühehen führt. Aus dem Eros entsteht Liebe[86], bei welcher der Partner nicht nur begehrt, durch Lust und Sympathie genossen, sondern in seinem Wesen geahnt wird. Mit dem Beschreiten des Weges vom »Ich« zum »Du« kann begonnen werden.

In größerem Rahmen ist es die *Gruppe*, die schon im 3. Jahrsiebt eine Rolle spielt, nun aber bewußter gesucht wird. Sie vertritt jenen Teil der menschlichen Umwelt, mit der man sich in Sympathie, aber auch in gemeinsamem Streben verbunden fühlt. Man erlebt die Welt durch das Medium der Gruppe, möglichst in der Gemeinschaft von Gleichaltrigen, Gleichberechtigten. Die »Einpassung in die Gesellschaft seiner eigenen Generation« wird für den Menschen unserer Zeit in den zwanziger Jahren das Ziel.[87]

GLAS gibt eine Reihe von *Beispielen*[83], welche die Einleitung der Ich-Geburt um das 18. Jahr und diese selbst charakterisieren. Aus ihnen geht unter anderem hervor, wie wichtig es ist, daß der im eigenen Urteilen erwachende und sich klärende Wille die Möglichkeit bekommt, sich in der Welt und an der Welt zu entfalten. Das Ich, dessen Wille sich zunächst, vom Begehren impulsiert, als Drang auslebt, kann jedoch auch Widerstände nötig haben, um an ihnen aufzuwachen und zu erstarken.

Das Leben SCHILLERs ist dafür wie auch für andere, eben dargestellte Zusammenhänge ein gutes Beispiel. In seinem 18. Lebensjahr beginnt der Schüler der Karlsschule sich mit dem Stoff zu seinem ersten Drama »Die Räuber« zu beschäftigen. In dieser Zeit ändert sich zugleich sein Wesen, er wird »selbstbewußter, kühner«. Aber erst im 21. Jahr schreibt er dann sein Drama, sein eben geborenes Ich gestaltet ein Ideal seines Lebens: den Kampf um die Freiheit gegen die Tyrannei. Sein eigenes, in der Karlsschule unterdrücktes Streben weckt in ihm den Impuls zu einer allgemein gültigen Gestaltung, der Horizont des Ich hat sich mit dessen Geburt erweitert. Die Gestaltung aber reifte zunächst in der Gruppe aus. Das entstehende Drama vom Räuberhauptmann in den Wäldern wurde den Freunden im Wald oberhalb Stuttgarts vorgelesen. Ein zweites Ideal von SCHILLERs Leben und Dichten taucht auf und wird vom Ich erlebt und gestaltet: das Ideal der Freundschaft.[88]

Auch im Hinblick auf das weitere Leben SCHILLERs wird ein biographisches Grundgesetz deutlich. Die Widerstände und ihre Überwindung gehören zu einem menschlichen Lebenslauf ebenso dazu wie die Geschenke und die Verzichte, die das Leben GOETHEs charakterisieren. Was wäre aus SCHILLER, aus seinem Werk geworden ohne den Widerstand seines Herzogs, ohne das Hindernis »Karlsschule«? Wäre SCHILLER Regimentsarzt geblieben, hätte er dann den Auftrag seines Lebens erfüllen, den Impuls seines Ich verwirklichen können? Was wäre GOETHE ohne die Geschenke, die das Leben ihm darbot, die er zu ergreifen hatte oder auf die er verzichten sollte? Für GOETHE galt es, entschlossen den Reisewagen zu besteigen, den ihm der Herzog Carl-August zur Übersiedlung nach Weimar schickte. SCHILLER dagegen mußte hinter dem Rücken und gegen den Willen seines Herzogs Carl-Eugen die Reise antreten, mit der er das Hindernis auf dem Schicksalsweg seiner Jugend überwand und die Freiheit für das Wirken seines Ich gewann.

Im Leib, der die Anlagen von der Vererbung, von den Eltern her vermittelt, tritt das Ich sein Schicksal an. Aus dem Erlebnis der Unvollkommenheiten und Fehler eines früheren Erdenlebens hat es – wie STEINER mehrfach ausführte – das Schicksal selbst gesucht, um eine weitere Entwicklung auf der Erde beginnen zu können. Auch das Schicksal, das ihm vermeintlich die Umwelt bereitet, ist vor der Geburt gewählt, entworfen, wie die Motive eines Dramas, die dann in der Auseinandersetzung mit dem Stoff, mit dem irdischen Leben, ihre Ausgestaltung erfahren. In die Umwelt, zu der das Ich der 20er Jahre in eine direkte erlebende und handelnde Beziehung tritt, wird das Ich schon durch die physische Geburt hineingeboren wie in einen erweiterten Leib. Dieser Leib, sein »*Sozialleib*«, gehört zu ihm wie der physische Leib, aus dem es sich mit seiner Geburt um das 21. Jahr zu erheben beginnt, um sich als freigewordenes Wesenglied neu in seinem »Sozialleib« zu verkörpern.

Im Unterschied zum Tier handelt es sich also beim Menschen nicht um »Anpassung« *an* die Welt, sondern um Entwicklung *in* der Welt. Der Mensch ist nicht wie das Tier der Umgebung ausgeliefert, die durch den im physischen Leib verbleibenden Astralleib im Verein mit dem Gruppen-Ich sein Leben gestaltet. Der Sinn der langen, relativ beschirmten Jugendzeit des Menschen besteht gerade darin, daß der Mensch in dieser Zeit die Möglichkeit hat, zu sich zu kommen, um sich dann selbständig mit der Welt auseinanderzusetzen. Die Jugendzeit dient der Bildung eines *Freiheitsraumes*, den der erwachsene Mensch mit seinem Leben erfüllen kann.[89]

DIE EMPFINDUNGSSEELE

Das schöperische Wesen des Ich drückt sich schon darin aus, daß das Ich zusammen mit einer Frucht seiner bisherigen Tätigkeit geboren wird. Das 21. Jahr ist auch dadurch ein besonderer Einschnitt im Lebenslauf, daß sich zu diesem Zeitpunkt zwei Geburten ereignen: Außer dem Ich, aber zugleich durch das Ich, wird das erste Wesensglied der Seelenentwicklung, das erste *Seelenglied* geboren: die *Empfindungsseele*.

Zu der Bezeichnung »*Geburt*« im Rahmen der Seelenentwicklung sei hier vermerkt, daß STEINER, auf den dieser Aspekt zurückgeht, in den bisher genannten Veröffentlichungen nur für die Wesensglieder physischer Leib, Ätherleib, Astralleib und Ich den Ausdruck »Geburt« gebraucht hat. In den Jahrsiebten nach dem 21. Jahr wird nach seiner Schilderung, wie in den Jahrsiebten zuvor, jeweils ein Wesensglied »vorzugsweise« ausgebildet.[6] An anderer Stelle wird auch im Zusammenhang mit den Seelengliedern der Ausdruck »Geburt« von STEINER gebraucht[90], ein Bild, das schon die

Geburtswehen der kommenden Jahrsiebte rechtfertigen und das auch hier weiter angewendet werden wird.

Im Hinblick auf die vorbereitende Tätigkeit des Ich, die um das 21. Jahr zur Geburt der Empfindungsseele führt, stellt STEINER allgemein fest, daß diese Tätigkeit sich nicht in einem schematischen Hintereinander vollzieht, d. h. so, daß nur im vorhergehenden Jahrsieb am Wesensglied des nächsten gearbeitet wird. Die Vorbereitung vollzieht sich vielmehr »vom Aufblitzen des Ich an«. Hier beginnen auch schon die »Umbildungen« von bereits Gebildetem, die zur Grundlage des Neuen werden.[11] Das Ich arbeitet also bereits in den drei Jahrsiebten des Leibes an den Vorbedingungen der Seelenentwicklung. Das ist verständlich, denn jede seelische und geistige Entwicklung gründet sich auf bestimmte Voraussetzungen im physischen Leib, in dem von Anfang an das Ich tätig ist. Eine spezielle Vorbereitung der Empfindungsseele jedoch findet im Jahrsieb 14–21 statt. Durch die Umbildung eines Teiles des Empfindungsleibes entsteht in der Menschheitsentwicklung sowie im Leben des individuellen Menschen das erste Seelenglied.[91] Das Ringen des Ich mit den Polaritäten, dem seelischen Chaos der Pubertät, trägt Frucht, die Empfindungsseele wird geboren und kommt im Jahrsieb 21–28 zur Entwicklung.

Noch einmal prägt die *Empfindung* ein Lebensjahrsiebt. Wie schon geschildert, entsteht sie, indem sich Begehren und Urteilen mit der Wahrnehmung verbinden. Nun jedoch wirkt stärker als zuvor das Ich mit, das nach wie vor empfindungsbewegte Seelenleben des jungen Menschen bekommt dadurch mehr *Zentrum*. Man hat den Eindruck von einem Sturm und Drang, dem sich das Ich willentlich hingibt oder durch den es hindurchsteuert. Im »Boot« seines Urteilens, das mit der Pubertät seine Fahrt angetreten und sich freigeschwommen hat, sitzt nun ganz das Ich am Steuer. Im Jahrsieb 14–21 wurde das Steuer zeitweise noch anderen Persönlichkeiten überlassen, zu denen die Seele sich hingezogen fühlte und an denen ihr eigenes Urteil erwachte; sie strebte ihnen nicht nach in der Art wie im Jahrsieb der Autorität (7–14), sie ließ mehr das eigene Urteil durch sie anregen und bestätigen. Jetzt, im Jahrsieb 21–28, vereinigt das Ich seinen Kurs mit dem Kurs von Gleichgesinnten, die sich ähnliche Urteile wie es selber gebildet haben.

Ein grundlegender psychologischer Unterschied zum Empfinden des Empfindungsleibes ergibt sich durch den Vorgang des *Erinnerns*, der schon während der Vorbereitungszeit der

Empfindungsseele einen stärkeren Akzent erhält. Während der Empfindungsleib, den der Mensch mit dem Tier gemeinsam hat, auf die unmittelbare Wahrnehmung reagiert, bildet die Empfindungsseele durch die Tätigkeit des Ich Erinnerungen, die im Hintergrund alles Erlebens und Handelns stehen.[92] Die Richtung des Empfindungsleibes geht daher von außen nach innen, die der Empfindungsseele von innen nach außen.[93] Während das Tier bei seinem passiven Sehen den Empfindungsleib öffnet für das, was in ihn einströmt, sendet die Empfindungsseele den aktiven Blick aus dem Innern nach außen. Vom Empfindungsleib aus öffnete sich zu Anfang des 3. Jahrsiebts das Auge des Jugendlichen für den neuen Anblick der Welt, was bis zu einem passiven Starren werden kann. Aus der keimenden Empfindungsseele wird im Verlaufe des 3. Jahrsiebts der Blick des ringenden Ich in die Welt hinausgesandt.

Die Empfindungen, die vom Ich der Empfindungsseele ausgehen, betonen wieder stärker das Gefühlsleben der Mitte. Im Unterschied zu dem umhüllten Gefühlsleben des 2. Jahrsiebts wird jedoch das Ich durch die Gefühle und Empfindungen direkt mit der Welt verbunden. »Jetzt aber wird das Gefühl zum Schicksal.«[94] Durch das Ich kann das Gefühl der Liebe schöpferisch werden, die Empfindungen werden bewußter, das Urteilen trägt mehr als bisher zur erkenntnisvermittelnden Vorstellung hin, die der Wille des Ich ansteuert. Die Vorstellungen, die Ideen, vorher schon zu *Idealen* geworden, werden nun vom Ich in die Welt hinein getragen. Durch die *Erfahrungen* an der Welt können sie sich umbilden und in die Gesetzmäßigkeit der Welt einordnen. Grundlage hierfür ist wieder der Vorgang des Erinnerns.

Andererseits ist zu betonen, daß die Empfindung das dominierende Element des Jahrsiebts 21–28 bleibt. Und dieses Element muß sich immer neu bilden, das Meer der Empfindungen muß immer neuen Zustrom von den Flüssen des Begehrens, von den Bildern der Welt erhalten. Das geht nicht ohne Strudel und Sturm. In der Empfindungsseele lebt alles, was »erlebt wird an Lust und Leid, an Freude und Schmerz, Trieben, Begierden und Leidenschaften«, kurz alles, »was unter unmittelbarer Anregung der Wahrnehmungswelt erwacht in der Seele. Da ist das Ich noch nicht zum vollen Dasein erwacht.«[91] Im wogenden Meer der Empfindungen stillen sich die Stürme der Emotion, aber diese Stürme bewegen immer neu das Meer und halten es lebendig.

Auch die Empfindungsseele stützt sich noch auf das Urogenitalsystem. Aber entschiedener als bisher erhebt sich jetzt das »empfindungsgemäße Erleben« dieses Organsystems des Astralleibes[95] aus dem emotionalen Leben des unteren Organismus zur Mitte des neuen Fühlens, zur Lunge und zum Herzen. Das Urogenitalsystem wird zu einem Instrument der Seelenentwicklung, nachdem sich in der Pubertät der Astralleib teilweise aus ihm herausgelöst hatte und nun auch noch das Ich in eine freiere Beziehung zu ihm treten kann. Aber auch in diesem Rahmen sind Sympathie und Antipathie weiterhin die bestimmenden polaren Seelenkräfte, die in dumpferer Form als Lust und Unlust in der Einscheidung und Ausscheidung des Nierensystems eine organische Grundlage haben und als entsprechende Empfindungen oder Gefühle im Seelenleben der Lunge sich gestalten.[43]

Auch in der Gebärdensprache drückt sich der Zusammenhang mit dem unteren Bereich des Organismus aus. Man klopft sich gern auf den Bauch, wenn man ganz in der Empfindungsseele lebt.[6] Die mit Vorliebe in den Hosentaschen steckenden Hände weisen gleichfalls darauf hin, besonders wenn die Taschen über dem Bauch angebracht sind.

Das Ich der Empfindungsseele sitzt also wohl am Steuer, hat jedoch das Steuer noch nicht fest in der Hand. Es bedeutet deshalb noch nicht eine krankhafte Störung, wenn es vorübergehend das Steuer aus der Hand verliert. Hinblickend auf das ganze Seelenleben kann man das Ich schon im Zentrum erleben, aber der Funke glimmt erst schwach und unterbrochen. Das Licht des Ich ist den Wogen der Seele, das Ich ist der Peripherie des Seelenlebens hingegeben, wo es von innen erlebend der Welt begegnen kann. – Die *Lebensfrage der Empfindungsseele*, die zur Schicksalsfrage des Jahrsiebts 21–28 wird, lautet: »Wie erlebe ich die Welt und an der Welt mich selbst?«

Das Jahrsiebt 28–35

Gegen das Ende der 20er Jahre, um das 28. Jahr, pflegt sich der Charakter des Seelenlebens abermals zu ändern. Das Stürmen und Drängen hat sich gelegt, der Mensch erscheint einerseits in sich gekehrter, andererseits handelt er überlegter und aktiver als bisher. Es macht sich mehr Gedanken über Erlebnisse und Verhältnisse, die er bisher unmittelbarer hinnahm. Er bewegt die Empfindungen mehr in sich und läßt sie zu Gefühlen reifen.

Diese neue seelische Situation bringt auch eine neue Einstellung zum Leben in der Welt mit sich. »Fast jeder möchte sein Leben ändern«, faßt SHEEHY ihre Beobachtungen zu dieser neuen Phase zusammen.[96] Nicht selten wird der aus Neigung oder Nötigung gewählte Beruf gewechselt, oder der Beruf wird in einem neuen Licht gesehen. In vielen Fällen erfolgt erst jetzt »die letzte und endgültige Berufswahl«. Aber auch die Beziehungen zum anderen Menschen ändern sich – innerlich oder äußerlich. In den USA gingen die bis dahin geschlossenen Ehen am häufigsten dann auseinander, wenn die Männer 30 und die Frauen 28 Jahre alt waren.[96] In Europa ist es nicht viel anders. In den Gemeinschaften, denen sich der junge Mensch angeschlossen hatte, wird darüber geklagt, daß der 30 Jahre alt Gewordene kein Interesse mehr am gemeinschaftlichen Leben hat und sich aus ihm zurückzieht.

LIEVEGOED nennt das Jahrsiebt 28–35 »die organisatorische Phase«. »Die Jugend ist vorbei, jetzt beginnt der Ernst des Lebens.«[86] Der Mann visiert Ziele im praktischen Leben an, für deren Verwirklichung der *Verstand* die Wege organisiert. Von der verheirateten Frau werden ebenfalls größere organisatorische Leistungen verlangt. Die Kinder aus jung geschlossenen Ehen gehen in die Schule, der Haushalt muß mehr als früher organisiert, der Unterricht will oder muß von den Eltern zu Hause mitgemacht werden. Die erst Ende 20 geschlossenen Ehen werden anders, werden mehr vom Verstand gestaltet als bisher. Das gilt auch für die Versorgung der Kinder aus diesen Ehen.

Zugleich jedoch wird in der Ehe wie überhaupt in den zwischenmenschlichen Beziehungen jene Verinnerlichung angestrebt, die oben erwähnt wurde. Man strebt nicht nur zum andern hin, man möchte ihn auch in sich, in sein *Gemüt* aufnehmen. Man ahnt nicht nur, wenn man Liebe entwickelt, das Wesen des andern, man versucht, es in sich zu hegen und zu pflegen wie die Erlebnisse an der Welt, die man denkend und fühlend in sich bewegen will.

Das Ich löst sich – das geht schon aus dieser Schilderung hervor – aus seiner betonten Weltzugewandtheit und damit aus der Seelenperipherie los und beginnt Ende der 20er Jahre einen Weg nach innen. Dabei kann der Zustand des »inneren Gleichgewichtes«[86], den die ichhafte Verinnerlichung mit sich bringt, auch gegenüber der Welt erreicht werden. Der Mensch im Jahrsiebt 28–35, der innerlich ruhigsten Lebensphase, kann zu einem atmenden Austausch mit der Welt gelangen, bei dem er sich ebenfalls im Gleichgewicht erlebt. Bald greift er organisierend von seinem Verstand aus in die Welt ein, bald zieht er sich sinnend, im Gemüt die Welt bewegend, von ihr zurück. Aber das Gemüt strahlt seine Wärme auch nach außen, und der Verstand leuchtet nach innen, wo die »Verständigung des menschlichen Bewußtseins mit sich selbst«, die erste *methodische Selbsterkenntnis* (und Selbsterziehung) einsetzen kann.[97]

Im dichterischen Schaffen SCHILLERs spiegelt sich auch jene Lebenswende. Er schrieb in dieser Zeit sein Ideendrama »Don Carlos«, in dem ein Übergang von der leidenschaftlich bewegten Empfindungsseele, die den Infanten Carlos erfüllt, zu dem neuen Seelenleben geschildert wird, wie es sich im Marquis Posa verkörpert. »Sire, geben Sie Gedankenfreiheit!« Dieses Wort des Marquis charakterisiert das neue, mit Gemütswärme gelebte und vorgetragene Denken, das klarer als bisher den Menschen zur Freiheit führt. Auch die Form dieses ersten Versdramas von SCHILLER läßt das stärkere Walten des später von ihm beschriebenen Formtriebes erkennen, der vom Denkpol des Menschen kommt.

Im Lebensgang von GOETHE leuchtet der Übergang vom 4. zum 5. Jahrsiebt besonders überzeugend auf. 26 Jahre alt, folgt er dem Ruf des Herzogs Carl August nach Weimar, wo er zunächst noch den Stil seiner Sturm- und Drangzeit zusammen mit dem jungen Herzog fortführt. Dann erfolgt allmählich die Umstellung. GOETHE tritt kurz vor seinem 27. Geburtstag in den Staatsdienst ein und beginnt sich für den Bergbau zu interessieren, für die geologische und mineralische, später für die botanische Wissenschaft. Aber auch die gemüthafte Verinnerlichung setzt ein, die in der Liebe zu Frau von STEIN eine schicksalshafte Erfüllung findet. Der ordnende, klärende Einfluß dieser Frau wird eine wesentliche Hilfe für die Entwicklung der nächsten 10 Jahre.[98]

Das Losungswort dieser Entwicklung heißt »Ordnung« im umfassendsten Sinn, den ja auch das Wort »Kosmos« beinhaltet. Von der Einordnung in einen immer weiter sich entfaltenden, natur- und geistumfassenden Kosmos bis zur Ordnung im täglichen Leben reicht der Impuls der neuen Epoche bei GOETHE. Als Beispiel für den Gegensatz zwischen dem Jahrsiebt 21–28 und dem Jahrsiebt 28–35 seien zwei von KÜNKEL [99] zitierte Briefstellen angeführt.

Die erste Briefstelle rührt von dem 23jährigen GOETHE her. »Gestern nachts geschwärmt, heute früh von Projekten aus dem Bett gepeitscht. Oh, es sieht in meinem Kopf aus wie in meiner Stube, ich kann nicht einmal ein Stückchen Papier finden als dieses blaue. Doch alles Papier ist gut, Ihnen zu sagen, daß ich Sie liebe.«

Der zweite Brief wird neun Jahre später von GOETHE geschrieben. Eine Stelle aus ihm lautet: »Halte künftig meine Briefe in Ordnung und laß' sie lieber heften, wie ich mit den Deinigen auch tun werde, denn die Zeit vergeht, und das wenige, was uns übrig bleibt, wollen wir durch Ordnung, Bestimmtheit und Gewißheit in sich selber vermehren.«

Auch wenn der Sturm und Drang sich heute anders äußert und nicht in so viele Empfindungen gefaßt wird, so ist doch die Situation heute im Kern dieselbe wie damals. Das gilt ebenso für die in der zweiten Briefstelle zutage tretende seelische Situation des Jahrsiebts 28–35.

Das neue Seelenleben ist auch dieses Mal so grundlegend anders als das bisherige, daß schon von hier aus die »Geburt« eines neuen Seelengliedes verständlich werden kann. STEINER nannte das neue Seelenglied:

DIE VERSTANDES- ODER GEMÜTSSEELE

Diese Formulierung deutet schon darauf hin, daß jenes Seelenglied nicht aus zwei Teilen besteht, sondern als Ganzes Verstand sowie Gemüt entwickelt. Dieselbe Situation liegt der ebenfalls gebrauchten Bezeichnung: »Verstandes- und Gemütsseele« oder »Verstandes-Gemüts-Seele« zugrunde. Dabei kann sich der Akzent natürlich vom einen zum andern Aspekt dieses Seelengliedes verlagern, immer jedoch wirkt beim Denken das Gemüt und beim Gemüt das Denken mit. Der Verstand dieses Seelengliedes braucht die Wärme des Gemütes, um die Verbindung zum Leben zu bekommen. Schon bei der Entwicklung des Gemütes ist das Denken beteiligt, das im Besinnen zur Beruhigung und Klärung der bewegten Empfindungen, der Begierden und Leidenschaften aus der Empfindungsseele führt.

Während sich das urteilende Denken der Empfindungsseele auch bei seiner Wahrheitssuche noch von Sympathie und Antipathie leiten läßt, strebt das neue Seelenglied über die subjektive Einstellung hinaus zur objektiven *Wahrheit*. Diese wird noch nicht in ihrer geistigen Wirklichkeit erfaßt, Sympathien und Antipathien sind auch noch in der Verstandesseele wirksam, aber die Wahrheit zieht doch schon die Seele an. Sie wird zur Erzieherin der Verstandes-Gemüts-Seele, die nun erst voll das eigene Denken des Erwachsenenseins zur Erscheinung bringt.[100a,b]

Das Sich-Besinnen auf das, was wahr ist in einer Begegnung, einem Erlebnis, kann nur erfolgen, wenn der Mensch »in seinem Innern ... die äußere Anregung fortsetzt«. Wenn wir die Wahrnehmungen nicht nur »in unserer Empfindungsseele wieder aufleben lassen, sondern wenn wir nachdenken darüber, wenn wir uns ihnen hingeben, wenn wir Weiteres erleben, dann bauen sie sich auf, dann gestalten sie sich uns zu Gedanken, zu Urteilen, zum ganzen Inhalt unseres Gemütes«.[91]

Das Ich ist, wie schon bemerkt, in diesem Seelenleben aktiver, kräftiger geworden, dem »Ernst des Lebens« wird die stärkere Arbeit des Ich gerecht. Und diese Arbeit hat überhaupt erst das neue Seelenglied entstehen lassen.

Die *Entstehung* der Verstandes-Gemüts-Seele, wieder eine Folge der umbildenden Ich-Tätigkeit, vollzieht sich in einer tieferen Schicht als die Entstehung der Empfindungsseele. Denken und Gemüt des neuen Wesensgliedes haben nicht nur seelischen Charakter. Sie wirken dauerhafter als die rascher sich bildenden und sich wandelnden Empfindungen. Es handelt sich nicht nur um seelische Kräfte, sondern um Fähigkeiten, die, wie erwähnt, im Ätherleib gründen. Es ist die Fähigkeit zum eigenen Denken, die Fähigkeit zur gemüthaften Verinnerlichung, die Ende der 20er Jahre errungen werden kann. Von hier aus ist die Schilderung STEINERs zu verstehen, daß die Verstandes-Gemüts-Seele aus der Arbeit des Ich am Ätherleib entsteht.[91]

Es ergibt sich damit eine Beziehung zu dem Jahrsiebt 7–14, in dem der Ätherleib sich entwickelt hat. In jener Zeit, in der die Wahrheit noch nicht selbständig erkannt werden kann, ist es von Bedeutung, daß die liebevolle Autorität als Wahrheitsträger erlebt wird.[101] Es wird so die Grundlage im Ätherleib dafür gelegt, daß die Verwandlung der Bildekräfte in Denkkräfte später jene Steigerung erfährt, die ein Organ für das Erfassen der Wahrheit entstehen läßt. Aber auch die gemüthafte Verinnerlichung des Jahrsiebts 28–35 hat eine Beziehung zum 2. Jahrsiebt, in dessen Mitte sich um das 9./10. Jahr durch die Vereinsamung der Keim einer noch verhüllten, gemüthaften Verinnerlichung bilden kann.

DIE BEZIEHUNG ZUM PHYSISCHEN LEIB

Wie zur Welt, so tritt das Ich nun auch zum Leib in ein anderes Verhältnis. Indem sich das Ich von der Welt in das Seeleninnere zurückzuziehen beginnt, verliert es auch die unmittelbare Beziehung zum Leib, durch den es mit der Welt verbunden ist. Das Ende der Jugend wird auch am Leib erlebt, der für das seelische Leben nicht mehr dasselbe hergibt wie früher. Wie wir sehen werden, flacht sich die aufsteigende Kurve seiner Vitalität nunmehr ab, der Leib konsolidiert sich. Damit verlieren sich die elementaren Kräfte, die das Ich der Empfindungsseele aus der Vitalität des Leibes schöpfte. Die Konsolidierung des Leibes ist nicht mehr Quelle, sondern Grundlage für die Verstandes-Gemüts-Seele. Diese Seele beginnt ihren eigenen Weg zu gehen, der nicht mehr dem Weg des physischen Leibes entspricht.[102] Konsolidierung ist nicht Verinnerlichung, doch kann sich diese auf Konsolidierung stützen.

Organisch stützt sich die Verstandes-Gemüts-Seele nicht mehr auf das Urogenitalsystem, dessen intensive Verbindung zur Welt erwähnt wurde, sondern auf das *Leber-Galle-System,* das im Innern des Körpers tätig wird.[43] In der Leber, dem Zentralorgan des in sich kreisenden Wasserorganismus, dominiert nicht mehr der Astralleib, sondern der *Ätherleib,* der aus dem wäßrigen Element heraus plastiziert, nun aber mehr als bisher dem Leben der Seele dient. (Während der Jugendzeit wurde das wäßrige Element schon Grundlage für das entstehende *phlegmatische Temperament.*) In die Lebenstätigkeit der Leber strahlt durch das die Leber durchsetzende Gallensystem das Ich ein, wodurch die Willenskraft des Ich entsteht. (Das *cholerische Temperament,* das im Gallenprozeß wurzelt, ist ein Willenstemperament, das mit dem zum *Feuer* gesteigerten Element der *Wärme* zusammenhängt.[43])

Der *Leber-Mensch* hat im Unterschied zum sanguinischen oder emotionalen *Nieren-Menschen* ein gemüthaftes, phlegmatisches Temperament, mit einem stärkeren willenshaften Einschlag. Bei ihm ist jedoch nur besonders ausgeprägt, was bei jedem Menschen jetzt eintritt: Das Leber-Galle-System wird zur organischen Grundlage für die Entwicklung der Verstandes-Gemüts-Seele, die auf der Arbeit des Ich am Ätherleib beruht. Durch das Gallensystem strahlt ja das Ich nicht nur in die Leber, sondern auch in den Ätherleib ein, für den die Leber das hauptsächliche Organ bildet. Das Gallensystem wird Grundlage für die stärkere Willenstätigkeit des Ich, das In-sich-Kreisen des Wasserorganismus der Leber wird durch das Ich zum In-sich-Bewegen des Gemütes.

Allerdings erstreckt sich die Entwicklung der Verstandes-Gemüts-Seele noch in ein anderes Organgebiet. So wie sich die Empfindungsseele auf das Urogenitalsystem stützt, aber im weltzugewandten Empfindungsleben der Mitte, insbesondere der Lunge, sich entfaltet, so stützt sich die Verstandes-Gemüts-Seele auf das Leber-Galle-System und mündet im Bereich der Mitte in das nunmehr stärker anklingende Leben des Herzens ein.

An das Herz schlägt man sich, wenn das Leben der Empfindungs-Seele in die Verstandes-Gemüts-Seele hinaufwirkt. Auch der »Brustton der Überzeugung« kann damit im Zusammenhang stehen.[6] Bei der Verinnerlichung spielt das Herz die zentrale Rolle. Was bisher vom Kopf aufgenommen worden war und zur Bildung von Empfindungen geführt hatte, das soll nun »Herzenswissen« werden.[103]

Die höchste Form des seelischen In-sich-Bewegens erreicht der Mensch, wenn er etwas in seinem Herzen bewegt. »Maria aber behütete und bewegte diese Worte in ihrem Herzen«, heißt es im Lukas-Evangelium.[104] Das ist reinste Gemütsseelenhaftigkeit, die sich dem Göttlichen geöffnet hat.

Die *Lebensfrage der Verstandes-Gemüts-Seele* können wir folgendermaßen formulieren: »Wie ordnet sich mir die Welt und in der Welt das eigene Leben?«

Das Jahrsiebt 35–42

Bezogen auf ein Leben von 70 Jahren, ist es das 35., bezogen auf ein Leben von 72 Jahren, ist es das 36. Jahr, das die Lebensmitte bildet. In einem erweiterten Umfang kann man die Lebensmitte auch vom 35. Jahr bis Anfang oder Mitte 40 rechnen. Damit wird das Jahrsiebt 35–42 zum Jahrsiebt der Lebensmitte.

Nach ausgedehnten Untersuchungen ergibt sich beim Menschen ein Leistungsgipfel zwischen 30 und 40 mit einer Spitze um Mitte 30 herum.[105] Der Mensch der 30er Jahre ist, wenn alles gutgegangen ist, tüchtig geworden. Was er Ende 20 begonnen hat, wurde durchgeführt, er hat sich seine Stellung in der Welt errungen und wird sich jetzt dessen bewußt. Das gesteigerte Selbstbewußtsein verbindet sich mit dem Erlebnis des eigenen Willens, der das alles geschaffen hat und der zunächst das Gefühl vermittelt, daß das alles so weitergeht.[86]

Wenn man einen Berggipfel erstiegen hat, stellen sich bei vielen Menschen zunächst solche Hochgefühle ein. Man hat es geschafft. Dann aber blickt man um sich, meist wohl erst zurück. Man versucht den Weg zum Gipfel zu verfolgen. Gewiß, man hat den Gipfel erreicht, aber wie war der Weg? Hätte man einen anderen, besseren wählen können? Warum machte man diese Wanderung? Was versprach man sich von diesem Gipfel, welche Aussicht – und welche tut sich nun auf? War das Ganze überhaupt der Mühe wert?

Die Frage nach dem Wert des Erreichten stellt sich, wenn man vom Gipfel der Lebensmitte zurückblickt. Sie wird im Jahrsiebt 35–42 zur Forderung, die man an sich selber richtet: »Man will nicht nur das Richtige tun und getan haben, sondern es soll auch etwas Wertvolles dabei herauskommen.«[106] Damit ist die Frage nach dem Sinn des Lebens, die sich schon dem Jugendlichen stellte, zur Frage nach seinem konkreten *Wert* geworden. Wenn sich der Jugendliche fragte: Welchen Sinn hat das Leben?, so frägt sich nun der Erwachsene: Welchen Wert hat mein Leben bisher gehabt?

Dann blickt man vom Gipfel nach vorne, wo neue Ziele im Dunst der Ferne liegen. Lohnt es sich, und hat man noch die Kraft, sie zu erreichen? Und dann trifft der Blick auf den Horizont, wo alle Wege zu Ende sind. Der Mensch in der Lebensmitte begegnet seinem eigenen Tod. »Kein junger Mensch glaubt wirklich daran, daß auch er einmal sterben wird.« Erst in der Lebensmitte erlebt man im allgemeinen die Gewißheit seines Todes.[107] Die Krisen und Störungen, die aus diesem Erlebnis hervorgehen, sollen später untersucht werden. Zunächst sei auf seine weiterführende Bedeutung hingewiesen.

Die weitere Frage entsteht: Wie weit ist dieser Horizont, den ich da vor mir sehe, noch entfernt? Wieviel Jahre habe ich wohl noch zu leben? Diese Frage aber kann zur Aufforderung werden, nach dem besten Weg zu suchen, der vom Gipfel der Lebensmitte zum Ziel vor dem Horizont hinführt. Der Weg wird bestimmt durch die Frage: Was für einen Wert kann mein Leben für die Welt noch haben? Und dann kann die Frage nach dem Wert zur Frage nach der *Aufgabe* werden, die man nun vom Gipfel deutlicher als früher oder überhaupt erst vor sich sieht. Und plötzlich fühlt man: Da kommt etwas auf mich zu, mehr als ich bisher vor mir sah, oder etwas ganz Neues.

Man entdeckt, daß der Gipfel nicht nur ein Höhepunkt ist, sondern daß er in eine neue Welt emporgetragen hat. Der Blick nach rückwärts und nach vorwärts verbindet sich mit dem Blick nach oben. Und man erlebt: Das Neue, das in mein Leben kommen will, die Aufgabe, die ich bisher als Drang oder als konventionelles oder auch als ideales Ziel oder gar nicht vor Augen hatte, sie kommt nicht aus mir und liegt in ihrem Ursprung auch nicht vor mir. Sie kommt »von oben« und verbindet sich mit allem, was ihr aus meinem Leben entgegenwuchs, was ich jetzt als den wahren Gipfel erkenne. Das abschließende Gipfelerlebnis wird zum Erlebnis einer neuen Geburt, für die sich die Seele auf dem Gipfel geöffnet hat. Man kann, über sich hinauswachsend, etwas Höheres erleben, dem man sich hingibt, mit dem man sich durch seine Aufgabe vereinigt. Dieses Höhere ist letzten Endes ein Strahl des eigenen höheren Ich, durch das sich etwas Neues aus der geistigen Welt im individuellen Leben verwirklichen will. (Bei der Erörterung des »Genius« wurde schon auf diesen Aspekt hingewiesen.)

Der Gipfel der Lebensmitte ist auch für das Ich Endpunkt einer Wanderung. Wie wir sahen, begann diese Wanderung um das 28. Jahr und führte in das Seeleninnere, von seinem immer wirksameren Zentrum aus wurde der Mensch tüchtig in der Welt. Für den Zusammenklang von innen und außen erscheint es bedeutsam, daß in der Lebensmitte das Ich die Seelenmitte erreicht hat – oder erreicht haben sollte. Und nun ist wieder ein Pensum abgeschlossen. Wie früher aus dem Leib, so kann sich das Ich nun aus der Seele erheben, die es durchwandert hat. Das seelische Gipfelerlebnis des Ich führt dazu, daß sich das Ich unmittelbar dem Geist gegenübergestellt findet, aus dem das höhere Ich ihm entgegenstrahlt.

Mit dieser Steigerung des Bewußtseins vom Geist, vom eigenen geistigen Wesen verbindet sich eine Steigerung des Bewußtseins vom Leben in der Welt und von der Welt selbst. Der Mensch in der Lebensmitte, dessen Ich aus der Umhüllung der Seele heraustritt, wird wacher und entwickelt nach allen Seiten mehr Bewußtsein, erst dadurch tritt er von der Lebensmitte an

in seine Reifezeit ein. Denn »die innere Reife kann sich nur bei
solchen Menschen einstellen, die bewußt leben«.[108] Auch von
dieser Situation aus kann man verstehen, daß STEINER dem
neuen Seelenglied den Namen »*Bewußtseinsseele*« gab.

DIE BEWUSSTSEINSSEELE

Die Bewußtseinsseele, in der Lebensmitte geboren, entwickelt
sich im Jahrsiebt 35–42. Zu seinem neuen taghellen Bewußtsein erwacht der Mensch in der Lebensmitte zunächst durch
seine Sinne, durch die das Ich die sinnliche Welt neu in sich
aufnimmt. Der Mensch beginnt »wieder herauszugehen aus
sich«.[91] Nach der atmenden Verinnerlichung durch die Verstandes-Gemüts-Seele ergibt sich wieder eine intensivere Weltbeziehung, wie sie schon früher die Empfindungsseele mit sich
brachte. Im Unterschied zur Weltverbundenheit der Empfindungsseele beobachtet jedoch der Mensch jetzt genauer. Bleibt
er dann nicht an der Oberfläche der Sinneswelt, so beginnt das
oben gekennzeichnete Fragen und Suchen nach den Werten.

Anfang der 30er Jahre hatte man sich nachdenkend innerhalb eines bestimmten, von der Welt gelieferten Wertsystems
bewegt. Das konnten materielle oder höhere Werte sein wie
Wahrhaftigkeit, Gerechtigkeit, Schönheit. Aus seinem Charakter und seiner Stellung in der Welt hat man den einen oder anderen Wert bevorzugt. »Werte sind Bevorzugungen«[109], diese De-
finition von Ch. BÜHLER kann bis zur Lebensmitte berechtigt
sein. Dann fragt man sich: Warum bevorzuge ich diesen oder
jenen Wert? Was steckt dahinter? War Geltungssucht die Trieb-
feder? Was hat Schönheit, die mir das Leben wertvoll machte,
überhaupt für einen Wert? Was ist überhaupt »Schönheit«?

Werte erhalten jetzt jenseits ihrer Bevorzugung einen weiteren Hintergrund. Damit wird die Wertfrage zur Wesensfrage.
Ein Fragen nach dem *Wesen* der Welt verbindet sich mit der
Frage nach dem eigenen Wesen. Das Ur-Teil des Gegenstandes, sein innerstes Wesen, sein Geist-Anteil, früher empfindend, denkend, nachdenkend in der Seele gesucht, in der Seele
bewegt, leuchtet im Zentrum der Seele, im Ich auf. Denn nur
das Ich als geistiges Wesensglied ist imstande, die Frage nach
dem Wesen, nach dem geistigen Kern zu beantworten.

Von ihrem Zentrum aus lebt die Bewußtseinsseele, indem
»das Ewige« in ihr »aufleuchtet«.[100a] Das tritt bei jeder Wesenserkenntnis ein, bei der sich das höhere Ich, in die Bewußt-

seinsseele einstrahlend, inniger mit dem niederen Ich vereinigt und ihm das Wesen eines Gegenstandes aufschließt. Jene Wesenserkenntnis ist die Frucht eines neuen Denkens. Aus dem *Nachdenken* der Verstandes-Gemüts-Seele führt das *Vor-den-ken* heraus, das von innen, vom Wesen des Gegenstandes her, diesen noch einmal entstehen läßt.[100b] Bei einem solchen schöpferischen Vor-denken, von GOETHE als Vernunft-Denken gegenüber dem Verstandes-Denken charakterisiert, verbindet sich der Mensch mit der »schöpferischen Weisheit der Welt«; der in die Zukunft greifende Wille wirkt in das Denken hinein. Und dieser Wille ist es, der am stärksten die Bewußtseinsseele impulsiert.[110]

In der Empfindungs-Seele stand das weltzugewandte *Fühlen* im Vordergrund. In der Verstandes-Gemüts-Seele machte sich stärker das *Denken* geltend, was im Fühlen zur Verinnerlichung, zur Gemütsbildung führte. In der Bewußtseins-Seele wird nun auch das bisher mit Denken und Gemüt vereinigte Wollen selbständig und richtet sich auf das Denken der Verstandes-Seele. Aus dem Nachdenken wird dadurch das Vordenken, während das Wollen zugleich der Verwirklichung geistig erkannter Ziele zu dienen beginnt. Und während das Denken in der Bewußtseins-Seele zu einem neuen Leben erwacht und dabei seine Wachheit noch steigert, läutert sich das Wollen im Licht des Bewußtseins und gewinnt dabei neue Kraft. Im Fühlen, aus der Beschlossenheit des Gemütes heraustretend, wird die Liebe zum Wesen bewußt, die sich mit dem Erlebnis einer neuen, geistigen Freiheit verbindet.

Im Zentrum der Bewußtseinsseele wird die Welt erkannt, das eigene Bewußtsein erwacht am Wesen der Welt und findet so zur Selbsterkenntnis. Nicht indem das Ich wieder in die Seelenperipherie eintaucht, wird die neue Weltbeziehung geknüpft, sondern indem es, aus dem Zentrum der Seele dem höheren Ich folgend, durchstößt zu einer neuen geistigen Weltverbindung. Eine Art Umstülpung vollzieht sich, die im letzten Kapitel weiter verfolgt werden soll. Damit ist das Gemeinsame, worin Welt- und Selbsterkenntnis sich finden, offenbar: Es ist die Welt des Geistes, die in der irdischen Welt wie im Menschen lebt. Der Mensch kann sich selbst nun als bewußtes Glied dieser geistigen Welt erkennen und dadurch zugleich die neue Welterkenntnis gewinnen.

Die Tatsache, daß der Mensch der Lebensmitte etwas in sich
entdeckt, das größer ist als er selbst, hat der Schauspieler Josef
KAINZ, 35 Jahre alt geworden, in folgenden Worten ausge-
drückt: »Ich habe etwas in mir gefunden, das nicht von mir ein
Teil ist, nein, von dem ich Teil bin; das will ich pflegen und
entwickeln, dem will ich ähnlich werden. In dem will ich aufge-
hen.«[111a]

GOETHE erlebt im Jahrsiebt 35–42 die beiden Seiten der Erkenntnis. »In Rom habe ich mich selbst zuerst gefunden«, sagt
er rückblickend 1788.[111b] Hinzu tritt die aus dem Erleben der
antiken Kunstwerke geschöpfte Aussage: »Da ist Notwendigkeit, da ist Gott!«[112a] Beide Aussagen verbinden sich durch die
dritte: »Ich möchte ... meinem Geist die Ewigkeit verschaffen.«[111b]

In den Jahren vor der italienischen Reise, die er, 37 Jahre alt
geworden, im September 1786 antritt, hatte GOETHE sich intensiv mit Botanik beschäftigt. Er tat dies im Stil des Jahrsiebts 28–
35. LINNÉ nach-denkend, studierte er die Ordnungsprinzipien
der Pflanzenwelt, deren Systematik er in sich aufnahm. Während seiner italienischen Reise jedoch dringt er vordenkend
zum Ur-Wesen der Pflanze vor, er entdeckt nach langem vor-
hergegangenem Ringen die »Ur-Pflanze« und kann nun, wie er
schreibt, von ihr aus »noch Pflanzen ins Unendliche erfinden,
die konsequent sein müssen«[112b]. Die Entdeckung der Ur-
pflanze erfolgt durch eine Wesenserkenntnis, die zugleich
Schau ist. Damit eröffnet sich eine neue Dimension für die Bewußtseinsseele, auf die im letzten Kapitel eingegangen werden
soll.

SCHILLER, der Ende der 20er Jahre mit dem Studium der Philosophie und der Geschichte begonnen hatte, vollendet in seinem 35. Jahr als Frucht dieses Bemühens seine »Briefe über die
ästhetische Erziehung des Menschen«. Das philosophische
Ringen SCHILLERs mündet in Wesenserkenntnis ein. Zugleich
steigt seine Lebensaufgabe in das Licht seines Bewußtseins;
man spürt: er identifiziert sich ganz mit seiner Entdeckung, die
zugleich allgemeine Gültigkeit gewinnt.

Für unser weiteres Verständnis der Bewußtseinsseele ist
dabei besonders bedeutsam die Rolle, welche die Mitte bei
SCHILLER spielt. Der vom unteren Pol her kommende »Stoff-
trieb«, der zur »Materie« strebt, erzeugt »Veränderung«, Be-

wegung, »Empfindung«. Der vom oberen Pol her stammende »Formtrieb«, der die Gestaltung anstrebt, trägt aus dem »Reich der Erscheinungen« zur »Ideeneinheit« empor. Hier entsteht das Denken, dort die Affektivität. Beide Triebe vereinen sich in der Mitte zum »Spieltrieb«, der tote Form und empfindendes Leben miteinander verbindet, der zur »lebenden Gestalt«, zur Schönheit führt. »Durch die Schönheit wird der sinnliche Mensch zur Form und zum Denken geleitet; durch die Schönheit wird der geistige Mensch zur Materie zurückgeführt und der Sinneswelt wiedergegeben.«[113] Von dieser immer neu zu bildenden Mitte aus wird der Mensch Künstler in einem umfassendsten Sinn, von hier aus kann er ein freier Mensch werden.

Zahlreiche bedeutende Persönlichkeiten schufen wie SCHILLER ihre Hauptwerke oder die Voraussetzungen zu ihnen in der Lebensmitte. DANTE erlebte seine Wanderung durch die jenseitige Welt, den Inhalt seiner »Göttlichen Komödie«, in der Mitte seiner 30er Jahre. LUTHER schlug seine Thesen, welche die Reformation auslösten, mit 34 Jahren an die Tür der Wittenberger Schloßkirche. BEETHOVEN komponierte in seinem 33., 35. und 37. Jahr die Eroica, den Fidelio und die 5. Sinfonie, Werke, in denen sich der Kern seines künstlerischen Schaffens enthüllte. WAGNER konzipierte in seinem 35. Jahr seine Nibelungendichtung, die zu seinem größten Werk werden sollte. NAPOLEON bestieg im 35. Jahr den Kaiserthron.[114]

Für das Jahrsiebt der Lebensmitte und die Jahrsiebte danach drängt es sich auf, *Genies* als Beispiele für manches zu nehmen, was sich bei den meisten anderen Menschen verborgener und anfänglicher vollzieht. Es hängt das mit der menschheitlichen Tatsache zusammen, daß sich die Bewußtseinsseele erst am Anfang ihrer Entwicklung befindet. Manches von dem, was sich in der Bewußtseinsseele vollzieht, lassen daher nur die herausragenden Persönlichkeiten erkennen, die in ihrem Schaffen etwas von der Zukunft vorwegnehmen.

Die Epoche der Bewußtseinsseele hat mit der Neuzeit begonnen, als für die ganze Menschheit ein neuer Aufbruch begann, als die Menschheit, zunächst durch die Sinne das neue Bewußtsein entwickelnd, in das schöpferische Zeitalter der Entdeckungen und Empfindungen eintrat. Erst von da an war es möglich, daß sich allmählich auch beim einzelnen Menschen die Bewußtseinsseele von der Lebensmitte an entwickeln konnte, wobei sie sich, wie in der Menschheit, erst auf die Außenseite der Welt richtete.[115]

Damit ist es aber auch für jeden Menschen möglich geworden, von seiner Lebensmitte an bewußter als bisher nach dem Wesentlichen zu suchen, wesentlicher zu leben. Man kann versuchen, *Geistesgegenwart* im tiefsten Sinn des Wortes zu entwickeln, indem man, so oft dies möglich ist, die Gegenwart des Geistes auch im Alltag sucht. In diesem Sinn kann jeder Mensch von seiner Lebensmitte an schöpferisch werden. Wenn es ihm auch nicht beschieden ist, in größerem Maßstab in die Welt hinauszuwirken, wenn er auch kein großer Künstler werden kann, ein *Lebenskünstler* im Sinn einer erweiterten Ästhetik nach SCHILLER und GOETHE kann jeder in seiner Lebensmitte werden. Jeder kann danach trachten, die »Idee«, das Besondere seiner Aufgabe im »Stoff« seines Lebens zu erkennen und durch ihn zur Erscheinung zu bringen, einem Bildhauer gleich, der die in einem Marmorblock geschaute Gestalt mit seinem Meißel herausholt.

Der Einwand, der einzelne Mensch werde bei diesem Vergleich zu wichtig genommen, jeder Mensch sei schließlich ersetzbar, trifft nicht das Wesen des individuell verkörperten Ich. Richtig ist, daß eigentlich kein Mensch ersetzbar ist.[100b] Jeder Mensch hat eine spezielle Aufgabe, und sei sie noch so klein, an dem Platz, an dem er steht: in seinem Beruf, in seiner Familie. Und mag das »Was« seiner Arbeit, seines sozialen Wirkens auch ein anderer tun können, das »Wie« dieses Tuns vermag in dieser seinerArt nur er selbst zu leisten. – Die Menschheit ist wie ein großes Gemälde, in dem, wenn es ein wirkliches Kunstwerk ist, keine Farbnuance, kein einziger kleiner Pinselstrich fehlen darf.

So ergibt sich für jeden Menschen im Jahrsiebt 35–42 die *Lebensfrage der Bewußtseinsseele*: »Wie finde ich zum Wesen der Welt und zum eigenen Wesen, und wie kann ich in der Welt mein Wesen verwirklichen?«

DIE BEZIEHUNG ZUM PHYSISCHEN LEIB

Schon die *Entstehung* der Bewußtseinsseele hängt mit dieser Beziehung zusammen. Wieder muß das Ich bei seiner umbildenden Tätigkeit tiefer greifen als zuvor. Dieses Mal sind es Kräfte des physischen Leibes, die das Ich zur Bewußtseinsseele umbildet.[91] Innerhalb des am meisten verfestigten Wesensgliedes, wie es der physische Leib ist, muß das Ich am härtesten arbeiten, wird es am aktivsten. Das kann man sich als eine Voraussetzung für die gesteigerte Aktivität des Ich in der Bewußtseinsseele vorstellen. In der Auseinandersetzung mit den ganz in die Form gegangenen physischen Kräften erringt sich das Ich ferner jene Wachheit, die sich zunächst auf die irdische Welt richtet, die Welt, von welcher der physische Leib ein Teil ist. Es ergibt sich damit eine Beziehung des Jahrsiebts 35–42 zum Jahrsiebt 1–7, was bei den entsprechenden Störungen deutlich werden wird.

Die Beziehung der Bewußtseinsseele zu dem Wesensglied, in dem seine Entstehung wurzelt, besteht, wie bei den anderen Seelengliedern, das ganze Leben weiter. Auch in dieser Hinsicht kommt der Lebensmitte eine besondere Bedeutung zu, wobei der *Abbau* des physischen Leibes die Hauptrolle spielt. Die Lebensmitte ist die Zeit, in der sich der Abbau des physischen Leibes gegenüber seinem Aufbau durchzusetzen beginnt. Vom ersten Atemzug an vorhanden, wurde der Abbau bis zur Lebensmitte vom überwiegenden Aufbau ausgeglichen; jetzt fängt der Aufbau an zurückzutreten, und der Abbau überwiegt. In der Seele wird diese Tatsache zur Grundlage dafür, daß nun der eigene Tod erlebt werden kann.

An manchen physischen Phänomenen ist diese Tatsache abzulesen. Die Vitalkapazität der Lunge zum Beispiel, d. h. ihre Fähigkeit, den belebenden Sauerstoff einzuatmen, hat im 35. Jahr ihren Gipfel.[116] Nach neueren Untersuchungen setzt der Rückgang schon früher ein, aber erst Anfang 40 fällt die Kurve der Vitalkapazität relativ steil ab. Die Leber als »Zentralorgan des Aufbaustoffwechsels« hat das Maximum ihres Gewichtes in der Zeit von 30–40 Jahren, in der zweiten Lebenshälfte verliert sie etwa die Hälfte an Gewicht.[117] Von der Lebensmitte an wird der Mensch meßbar kleiner, nach neueren Forschungen ist schon in den Jahren 28–30 das erste leichte Absinken der Körpergröße festzustellen. Später beugt sich – durch Abflachung der Zwischenwirbelscheiben — dazu noch der Rücken. Der Mensch neigt sich wieder der Erde zu, von der aus sein physischer Leib sich aufgerichtet hatte.[118]

Die *biologische Entwicklungskurve* des Menschen, die sich aus solchen Tatsachen ergibt, beginnt mit der Geburt und hat ihren Scheitelpunkt in der Lebensmitte. Schon Ende 20 flacht sie sich ab, um das 35. Jahr als Richtwert beginnt sie wieder abzusteigen, zuletzt endigt sie mit dem Tod. Wie folgende Zeichnung zeigt, kommt ihr von oben eine andere Kurve entgegen. Es ist die *seelisch-geistige Wesenskurve*, deren tiefster

Punkt zum Scheitelpunkt der biologischen Kurve in engste Beziehung tritt.

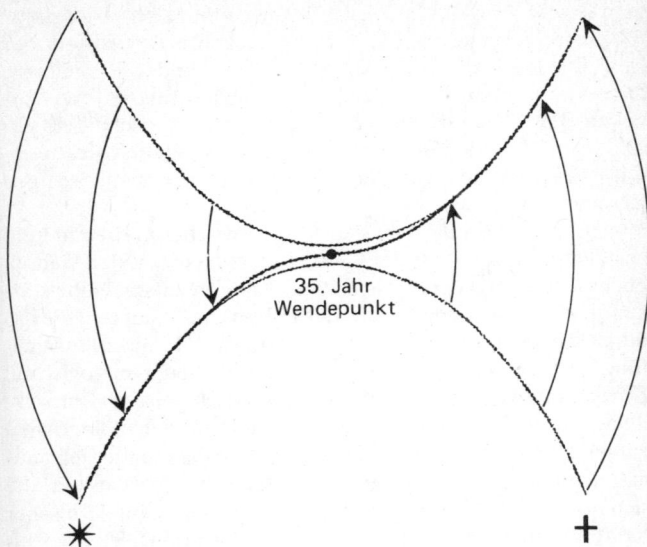

35. Jahr
Wendepunkt

Erläuterung: Der Mensch ist in der Lebensmitte am meisten zu sich gekommen, sein seelisch-geistiges Wesen hat sich durch die Bewußtseinsseele in selbständiger Form am tiefsten im irdischen Bereich verkörpert. Vorher verband sich dieses Wesen mit dem aufsteigenden Leben des physischen Leibes (und durch ihn mit Natur und Kosmos), darauf sollen die Pfeile links hindeuten. Die Richtung dieser Pfeile also bedeutet Aufbau, Inkarnation, welche in der ersten Lebenshälfte vorherrschen. Das Abnehmen des Aufbaus von der Geburt an kommt in der zunehmenden Verkürzung der linken Pfeile zum Ausdruck. (Durch diese und die entsprechenden Pfeile der rechten Hälfte ergibt sich eine Metamorphose der Kurvenskizze von W. HOLTZ-APFEL[118], das Durchorganisieren des Leibes durch das Seelisch-Geistige wird hier durch die Pfeile herausgehoben.) Die höheren Geburtsvorgänge, die Abbau, beginnende Exkarnation schon in der ersten Lebenshälfte anklingen lassen, sind nicht gezeichnet.

In der Lebensmitte, wo Abbau und Exkarnation zu überwiegen beginnen, wird die Bewußtseinsseele geboren. Kein Bewußtsein entsteht ohne Abbau, das zeigen die dominierenden Abbauvorgänge des Gehirns, des Nervensystems, das bei jedem Bewußtseinsakt, bei jeder Wahrnehmung schon Zerfallsvorgänge erkennen läßt. Für das gesteigerte Bewußtsein der Bewußtseinsseele ist es von ausschlaggebender Bedeutung, daß es mit einem Überwiegen des Abbaus einsetzt. Vor der neuen Bewußtseinshelligkeit zieht sich der physische Leib zurück, sein Abbau gibt sie frei. Seine verwandelten Kräfte jedoch erheben sich mit der Bewußtseinsseele zum geistigen Bereich.

In der Lebensmitte sieht sich das Ich zwischen Geist und Leib gestellt. Einerseits ruft der Geist es zu sich empor, der Mensch blickt von seinem Gipfel nach oben. Andererseits zieht ihn stärker als zuvor die Erde an, auf der er Fuß gefaßt hat und die ihn durch die wach gewordenen Sinne festhält.[119] Folgt er der Richtung zum Geist, so wird der Scheitelpunkt der biologischen Kurve zum Wendepunkt für seine seelisch-geistige Entwicklung, die bis Ende der 20er Jahre innerhalb der biologischen Entwicklungskurve verlief. Jene Entwicklung mündet jetzt allmählich in die Kurve seines seelisch-geistigen Wesens ein, die sich nach der tiefsten Verkörperung, nach dem Gipfel irdischer Kraftentfaltung in der Lebensmitte wieder zum Reich des Geistes erhebt.

Schon um das 28. Jahr trennte sich die seelisch-geistige Entwicklungskurve von der biologischen Kurve, behielt jedoch noch ihre aufsteigende Richtung bei. Die Verinnerlichung der Seele vollzog sich auf der Grundlage leiblicher Konsolidierung, von der sie sich zugleich abzuheben begann. Erst in der Lebensmitte gabelt sich die Richtung beider Kurven. Während die biologische Kurve nach abwärts weist, während es leiblich von da an bei allen Menschen mehr oder weniger, langsamer oder schneller bergab geht, geht die seelisch-geistige Entwicklungskurve durch ihren Wendepunkt: im Leben des Menschen kann es jetzt geistig mit neuem Schwung bergauf gehen. Wird jedoch diese Wendung zum Geist nicht oder nur teilweise geleistet, so folgt die seelisch-geistige Kurve auch weiterhin mehr oder weniger der leiblichen. Die Kurve des seelisch-geistigen Wesens entfernt sich von der Kurve der seelisch-geistigen Entwicklung: das Wesen des Menschen wird daran gehindert, in der weiteren Entwicklung zur Erscheinung zu kommen. Das Seelenleben wird dabei in den zunehmenden Abbau des Leibes hineingezogen, was zu den später dargestellten seelischen Störungen oder Erkrankungen der zweiten Lebenshälfte führt.

In der Lebensmitte entscheidet sich nach HAMPE der Mensch darüber, »ob der Rest Welken oder Reifen ist«.[120] Das ist zwar ein erstmaliger, nicht jedoch ein einmaliger Vorgang. Dieser Vorgang wiederholt sich während der ganzen zweiten Lebenshälfte immer wieder oder sollte sich wiederholen. Die Pfeile rechts mögen deshalb andeuten, daß auch nach erfolgter Wendung in der Lebensmitte immer neue Aufschwünge nötig sind, um sich von der niederziehenden Tendenz des Leibes zu lösen. Ist die Wendung nicht oder nur teilweise erfolgt – letzteres dürfte bei den meisten Menschen der Fall sein –, so kann sie durch die Aufschwünge nachgeholt werden. Außerdem sollen die Pfeile, gegen das Lebensende immer länger werdend, auf die fortschreitende Exkarnation der zweiten Lebenshälfte hinweisen, bei der sich immer mehr seelisch-geistige Kräfte aus dem Abbau des Leibes lösen. So wie der längste Pfeil links die Geburt, so zeigt der längste Pfeil rechts zuletzt den Tod an.

Hinsichtlich des physischen Leibes erhebt sich die weitere Frage, welches Organsystem der Bewußtseinsseele als Grundlage dient. Der Zusammenhang von Bewußtsein und Nervensystem weist auf das *Gehirn* hin, die Ausdruckgebärden der Bewußtseinsseele bevorzugen den Kopf. STEINER erwähnt hier die Gewohnheit, den Finger an die Nase zu legen.[6] Auch die Geste der Hand, die beim Denken den Kopf stützt, dürfte hierher gehören.

Vom Kopf aus erhebt sich die Bewußtseinsseele zu ihrem geistigen Leben, zum erkennenden Denken. Wie wir sahen, muß dieses Denken mit Willens- und Gefühlskräften erfüllt werden, um ein lebendiges Denken zu sein. STEINER bezeichnete die *Andacht* als Erzieherin der Bewußtseinsseele.[121] In der Andacht gibt sich der Wille an das Höhere hin und durchdringt sich mit der Liebe zu ihm. Aber die Andacht verbindet sich auch mit Gedanken und mit der Konzentration des Denkens. Sprachlich wird durch die Silbe »dacht« auf diese Komponente hingewiesen. So wirken wie in der Liebe bei der Andacht die Seelenkräfte von unten, von der Mitte und von oben zusammen. Diesem Zusammenwirken dient, wie wir sahen, das *Herz*, dessen Zusammenhang mit der Andacht unmittelbar zu empfinden ist.

Mit dem Herzen befinden wir uns wieder im »Mittelpunkt« unserer Seele, welcher zum eigentlichen Selbst führen

71

kann«.[121] Im Herzen vollzieht sich jene Begegnung zwischen dem niederen und höheren Ich, wie sie am unmittelbarsten die Bewußtseinsseele charakterisiert. Vom Kopf aus lebt die Bewußtseinsseele, ihr Leben jedoch schöpft sie aus dem Herzen. Das Denken des Kopfes muß ersterben, wenn es nicht vom Herzen gespeist wird. Das Licht des Denkens wird zum kalten Licht des Intellektes, der nur die Oberfläche der Welt beleuchtet, wenn es nicht die tiefer dringende Wärme des Herzens in sich aufnimmt, die ihm Wille und Liebe, die ihm Erleuchtung vermittelt. Ohne den bewegenden Willen und die Liebe zum Gegenstand vollzieht sich kein Gedankengang, durch den Erkenntnis angestrebt wird. Vereinigen sich Wille und Liebe in der Andacht, so wird das Denken der Bewußtseinsseele für das höhere Leben aufgeschlossen.

Zusammenfassendes Bild

Zusammenfassend kann sich folgendes Bild für die Entwicklung der Seelenglieder ergeben, das uns zugleich weiterführt. Die *Empfindungsseele* kann mit dem Blattstadium einer Pflanze verglichen werden. Wie die Pflanze durch ihre Blätter, so öffnet sich das Seelenleben durch die Empfindungsseele für die Welt und baut sich wie die Pflanze aus ihr auf. Die sich verinnerlichende *Verstandes-Gemüts-Seele* entspricht im Leben der Pflanze der Blütenknospen- und Kelchbildung. Die *Bewußtseinsseele,* die sich dem Geist unmittelbar öffnet und von der aus Geist in die Welt hinauswirkt, kann mit der lichten Pflanzenblüte verglichen werden, die das Licht der Sonne zurückstrahlt. In der *zweiten Lebenshälfte* will dieses Erblühen der Bewußtseinsseele zum Fruchten werden, durch das der Mensch der Welt etwas von dem zurückgeben kann, was er in der ersten Lebenshälfte von ihr empfangen hat.

Noch in anderer Richtung kann dieses Bild weiterführen, und zwar im Hinblick auf die Frage, was denn mit den beiden anderen Seelengliedern geschieht, wenn die Bewußtseinsseele zum »Blühen« gekommen ist. Besonders die Empfindungsseele, so kann man manchmal hören, werde dann doch nicht mehr gebraucht. Das bedeutet jedoch dasselbe, wie wenn man sagen würde: Die Pflanze hat doch nun ihre Blüte, die Blätter braucht sie deshalb nicht mehr. Würde man sie ihr, von dieser Überzeugung geleitet, wegnehmen, so würde man erleben, daß die Pflanze verdorrt. Etwas ähnliches kann mit dem Seelenleben geschehen, wenn es nicht immer wieder aus den Kräften der Empfindungsseele neues Leben schöpft. Besonders die Empfindungsseele – entsprechend die Verstandes-Gemüts-Seele – kann zum Quell der Erneuerung werden, der ein ganzes Leben lang Kraft spendet. Bei der Entwicklungsstörung der Bewußtseinsseele und im letzten Kapitel wird darauf eingegangen.

Damit diese Belebung in gesundem Sinn eintreten kann, muß die Empfindungsseele, müssen die Seelenglieder in eine Form verwandelt werden, wie sie der jeweiligen Entwicklungsstufe entspricht. Man muß hier unterscheiden zwischen jenen Menschen, deren sich wandelnde Seelenglieder ihrer fortschreitenden Entwicklung dienen, und jenen anderen, die an einem Seelenglied in der ursprünglichen Form festhalten möchten. Weder das Verharren auf einer Lebensstufe noch das Überspringen einer solchen fördert die Seelenentwicklung, die ihre eigene, sich wandelnde Zeitgestalt hat.

Um das 42. Jahr klingen die drei Jahrsiebte der Seelenentwicklung aus, und die geistige Entwicklung des Menschen setzt sich im Lebenslauf durch – oder sollte sich durchsetzen.[122] Da sich diese Schrift mit der seelischen Entwicklung befaßt, schließt hier die Schilderung des Lebenslaufes ab.

III.

Entwicklungsstörungen des Seelenlebens

Entwicklungsstörungen des Empfindungsleibes

Wie sich zeigen wird, entstehen die wesentlichen Störungen
der seelischen Entwicklung und die aus ihnen hervorgehen-
den seelischen Erkrankungen aus den Problemen der sechs
Jahrsiebte bis Anfang der 40er Jahre. Was sich danach vollzieht, sind altersbedingte Metamorphosen der Grundstörung,
auf die im Rahmen dieser Darstellungen noch hingewiesen
werden wird.

Die Entwicklungsstörungen des Empfindungsleibes kann
man, wie diesen selbst, durch eine Polarität gekennzeichnet sehen. Entweder ist der Empfindungsleib schwach, unterentwikkelt, oder er entfaltet ein zu starkes, ausuferndes Leben.

Die *Unterentwicklung* des Empfindungsleibes führt zu dem
Eindruck einer mehr oder weniger ausgesprochenen *Infantilität,* die in dieser Form von der Pubertät an zu beobachten
ist. Der Jugendliche macht einen kindlichen Eindruck, der ins
2. oder auch bis ins 1. Jahrsiebt zurückweist.[123] Er richtet sich
gern nach seiner Umgebung, entweder im nachahmenden Sinn
des 1. Jahrsiebts, oder indem er sich, unter Umständen das
ganze Leben hindurch, an eine Autorität anlehnt, ja, sich an ihr
festklammert. Die Loslösung von den Eltern in der Pubertät
unterbleibt oder vollzieht sich nur teilweise. Im Hinblick auf
das Seelenleben hat man auch weiterhin jenen Eindruck des
»Verhülltseins«, wie er für das Kind von der Pubertät charakteristisch ist.

Das kann das ganze Seelenleben betreffen: Der Jugendliche
ist dann auch in der Entwicklung seiner Intelligenz zurückgeblieben. Es ergibt sich das Bild eines leichteren oder schwereren *Schwachsinns* mit Intelligenzdefekten, der mit oder ohne
feststellbaren Hirnschaden vorkommt. Häufiger ist jedoch nur
das Gefühlsleben, das emotionale und Willensleben betroffen,
bei »altersgemäß entwickelter Intellektualität«[124]. Die Gefühle
wirken kindlich, die Emotionen schwächlich, unter Umständen
reaktiv aufbegehrend, der eigene Wille bleibt schwach bei einer

Neigung zum kindlichen Trotzen. Es kann aber auch eine kindliche Unbekümmertheit ohne solche Reaktionen vorliegen. Um die Geborgenheit der Kindheit festzuhalten, flieht der infantil bleibende Jugendliche das ganze Leben hindurch immer wieder in eine »Schutzzone«, die ihm den »spielerischen Genuß des Daseins gestattet«.[125]

Körperlich findet man oft ebenfalls Zeichen der Unterentwicklung, die vor allem E. KRETSCHMER beschrieben hat.[126] Die Unterentwicklung kann die Fortpflanzungsorgane und die Sexualität betreffen ebenso wie den übrigen Körperbau. Es kann aber auch die körperliche und sexuelle Entwicklung normal sein, ja, letztere kann übersteigert verlaufen, und die seelische Entwicklung kommt dann nicht mit. Die Sexualität kann in diesen Fällen einen triebhaften Charakter annehmen. In unserem Sinn konnte hierbei der Astralleib die Bildungs- und Reifungsvorgänge bis zur Pubertät leisten, doch konnte er sich dann nicht weit genug aus ihnen lösen. Es kommt zu einer schwächlichen Geburt aus dem physischen Leib, was also nicht mit einer schwachen Bildung dieses Leibes verbunden sein muß.

Das *überschießende Leben* des Empfindungsleibes kann aus einer körperlichen oder seelischen Infantilität hervorgehen, ohne daß diese im Kern überwunden ist. Man findet seelisch eine Übersteigerung der geschilderten Pubertätssymptomatik, deren Pole verstärkt hervortreten. Die Tendenz zum Kritisieren wird zur Kritiksucht, wird zum bloßen Negieren, was sich mit einer gesteigerten Tendenz zum Abstrahieren verbinden kann. Die emotionalen Reaktionen ufern aus und führen zu Aggressionen, die sich bis zur Zerstörungssucht steigern können. Das sexuelle Begehren verstärkt sich, ohne daß es sich mit seelischer Liebeskraft verbindet. Oft ist diese Liebeskraft oder doch die Sehnsucht nach ihr durchaus vorhanden, aber sie bleibt auf der Stufe kindlicher Schwärmerei stehen, und die sexuelle Triebhaftigkeit strebt unabhängig von ihr zur körperlichen Befriedigung. Die innere Unsicherheit und Schwäche, die man in solchen Fällen durchfühlt, weist auf die mangelnde Reifung des Seelenlebens hin, das von den neu erwachten Kräften der Pubertät mit fortgerissen wird. Man kann dabei auch das Bestreben spüren, die quälende innere Infantilität durch übersteigerte Aktionen des Empfindungsleibes zu überdecken.

Während hierbei das Überschießen aus einem Mangel hervorgeht, kann dieses Überschießen auch aus einer Überfülle stammen und wirkt dann elementarer. Auch dieses Überschießen, das nicht aus Infantilität kommt, führt jedoch zu einer neuen Art von Entwicklungsverzögerung, wenn es über das 20. Jahr hinaus erhalten bleibt. Nicht nur infantile Elternbindung, auch übersteigerter Elternprotest, kann das ganze Leben hindurch bestehen bleiben und sogar die Gründung einer eigenen Familie verhindern.[127] In sozialer Hinsicht ergeben sich andere Probleme als bei der Unterentwicklung. Während beim kindlich gebliebenen Jugendlichen die Passivität, die gesteigerte Tendenz zur Unterordnung und Anlehnung Schwierigkeiten bereitet, können die überschießenden seelischen Kräfte in kriminelle Handlungen einmünden. Nach einer endgültig bleibenden Lösung von den Eltern und nach einer Flucht aus dem Elternhaus beginnen manche dieser Jugendlichen zu streunen, Diebstähle zu begehen und zu verwahrlosen. Infantile Jugendliche wiederum können durch Verführung und Abhängigkeit auf diesen Weg geraten.

VEGETATIVE STÖRUNGEN

Während auf die einzelnen Neurosen, die aus den geschilderten Entwicklungsstörungen entstehen, hier nicht mehr eingegangen werden soll, sei doch noch ein Blick auf die vegetativen Störungen geworfen, die man bei Jugendlichen in zunehmendem Maß beobachtet und die das ganze weitere Leben hindurch die seelische Entwicklung behindern können.

Auch hier entdeckt man eine Polarität, die wieder durch die Schwäche oder Stärke im Leben des Astralleibes zustande kommt. Wie schon bemerkt, verbindet sich der Astralleib durch das *Urogenitalsystem* mit dem Stoffwechselbereich des Organismus. Nach seiner Geburt aus diesem Bereich durchstrahlt er weiter vom Urogenitalsystem aus den Organismus und bewirkt die unwillkürlichen Bewegungen im Stoffwechsel und im emotionalen Seelenleben.

Ein schwach veranlagter Astralleib führt zu einem schwachen Durchstrahlen des Organismus, zu dem, was man abgekürzt eine *schwache Nierenstrahlung* nennen kann.[43] Der Stoffwechsel und der aus ihm gespeiste Kreislauf werden zuwenig vom Astralleib impulsiert, sie werden träge und schlaff. Im Kreislauf führt dies zu einem erniedrigten *Blutdruck,* der immer eine zu schwache Astralisierung anzeigt, sowie zu einer mangelhaften Durchblutung der Körperperipherie. Konstitutionell findet man vorwiegend einen asthenischen Typus, der ja ebenfalls, wie schon der Name sagt, durch Schwäche gekennzeichnet ist. *Seelisch* beobachtet man gleichfalls Erschlaffung, die sich in einer Tendenz zur Lahmheit oder zum raschen Erlahmen, zur seelischen Erschöpfbarkeit, oder zum schwächlichen (nicht hysterischen) Ausfließen in die Welt äußert.

Bei der *starken Nierenstrahlung* haben wir, einer Übertätigkeit des Astralleibes entsprechend, lebhafte Stoffwechselvorgänge und einen erhöhten Blutdruck mit Neigung zu starkem Pulsieren, zu Wallungen und anderen verstärkten und verstärkt wahrgenommenen Kreislaufprozessen. Konstitutionell findet man hier besonders den stoffwechselbetonten Typus des Pyknikers. *Seelisch* stellen wir ein starkes, unbeherrschtes emotionales Leben fest, das sich anstauen und als Aggression oder Zorn entladen kann.

Körperliche oder seelische *Verkrampfungen* treten bei diesen beiden dynamischen Konstitutionstypen auf. Bei der schwachen Nierenstrahlung des ersten Typus sind sie jedoch Ausdruck eines Mangels, einer Reaktion des schwachen Astralleibes, der versucht, stärker in den Körper einzugreifen und im Krampf, im vorübergehend erhöhten Blutdruck stecken bleibt. Bei der starken Nierenstrahlung des zweiten Typus stellt sich der Krampf aus der Überfülle ein, bei der sich der Astralleib nicht mehr im Körper halten kann und krampfhaft nach einem Halt sucht. Auf dieser Basis entstehen auch die häufigen zwei Formen von *Kopfschmerzen* bis zur Migräne, die, je nach Zugehörigkeit zum einen oder zum anderen Typus, verschieden behandelt werden müssen.

Indem man an solchen und anderen Phänomenen das polare Verhalten des Astralleibes ablesen und sein Erleben bestätigt finden kann, gewinnt man einen ersten Überblick über das Heer der vegetativ-vasomotorischen Beschwerden, die sich bis zur schweren Nervosität, bis zur *vegetativen* oder *Vasoneurose* schon beim Jugendlichen steigern können. Man bekommt auch Richtlinien für ihre medikamentöse Therapie, durch die dann nicht nur Symptome behandelt, sondern der Krankheit an die Wurzel gegangen wird. Und man kann auch die Zuordnung der beiden Gruppen zu den geschilderten Entwicklungsstörungen wie folgt vornehmen.

Wie die Erfahrung lehrt, neigen die infantilen Jugendlichen

mit der Unterentwicklung des Empfindungsleibes mehr zu einer schwachen Nierenstrahlung mit den entsprechenden Symptomen. Auch konstitutionell tendieren diese Jugendlichen mehr zum asthenischen Typus.[123] Die Jugendlichen mit dem überschießenden Empfindungsleib lassen mehr eine starke Nierenstrahlung erkennen. Außerdem ist auf *Übergangsformen* sowie auf *Mischformen* hinzuweisen, die beim Erwachsenen gleichfalls vorkommen. Es ist ferner möglich, daß eine körperlich zu schwache oder zu starke Nierenstrahlung in ihren seelischen Auswirkungen vom Ich her überwunden werden kann. An dem Widerstand gegenüber der konstitutionellen Grundlage können starke Kräfte erwachen, die seelisch zur Überwindung der konstitutionellen Gebundenheit und zur Besserung auch der körperlichen Beschwerden beitragen. Der Jugendliche, dessen Ich noch nicht geboren wurde, ist jedoch dazu noch kaum imstande und braucht vermehrt die Hilfe auch für seine vegetativen Störungen.

DIE STÖRUNGEN DER SEELISCHEN GRUNDKRÄFTE

Die Kraft des Begehrens ist beim kindlich gebliebenen Jugendlichen zu schwach, beim Überschießen der astralischen Kräfte ist sie zu stark. Die richtende und verwandelnde Kraft des *Urteilens* ist in beiden Fällen zu schwach entwickelt. Beim Infantilen, insbesondere beim Schwachsinnigen, liegt das auf der Hand. Beim anderen Typus kann wohl ein betontes Urteilen beobachtet werden, dieses kommt jedoch nicht aus dem zur Erkenntnis strebenden Ich, sondern aus dem übertätigen Astralleib. Die Urteile werden von Sympathie oder Antipathie nicht nur angeregt, geleitet, sondern durch und durch bestimmt und bleiben somit ganz im Subjektiven stecken. Auf diese Weise entstehen weniger Urteile als Vorurteile, oder es entsteht ein Verurteilen ohne vorangegangenes Urteilen.

Beim *Empfinden,* bei dessen Entstehen das Urteilen beteiligt ist, liegt in beiden Fällen ebenfalls Unterentwicklung vor. Immer wieder hört man von Jugendlichen beider Gruppen die Klage, sie würden so wenig empfinden. Oder sie klagen nur über *innere Leere.* Deren Kern ist eine Leere des Empfindungslebens, die sich mit dem Erlebnis eines inneren Erstarrens, ja Ersterbens verbinden kann und manche Jugendliche bis zum Selbstmord treibt. Der Ausdruck »tödliche Langeweile«, auf die STEINER schon 1910 als krankmachenden Faktor hinwies, hat heute eine neue bedrohliche Realität erhalten.[32b]

Man kann solchen Jugendlichen, wenn sie überhaupt noch danach begehren, die schönsten Eindrücke vermitteln – sie empfinden nichts oder kaum etwas. Sie machen die schönsten Reisen, und doch bewegt sich nichts in ihnen. Man spürt: ein Begehren nach Schönheit drängt aus den Untergründen ihrer Seele, aber es verbindet sich offenbar nicht mit den Eindrükken, die den Jugendlichen »kalt« lassen. So kommt es nicht zu der geschilderten Vereinigung von Wahrnehmung einerseits und Begehren andererseits, aus der Empfindung entsteht. Das ist zunächst auch der Grund dafür, daß manche Jugendliche, die noch etwas empfinden, dabei doch nicht mehr differenziert empfinden können. Es zeigt sich dies dann in einer Monotonie der sprachlichen Äußerungen. Die verschiedenartigsten Eindrücke werden mit denselben Worten wie »unheimlich schön« oder »irre schön« zum Ausdruck gebracht, ohne daß danach die Möglichkeit zu einer näheren Charakterisierung besteht.

Die Vereinigung von Begehren und Wahrnehmung jedoch, das sahen wir, kann nur zustande kommen, wenn das Begehren eine bewußtere Beziehung zur Welt bekommt, das heißt, wenn es sich mit erkennendem Urteilen verbindet und dadurch in waches und aktives *Interesse* verwandelt. Nur auf diesem Weg, das wird jetzt im pathologischen Bereich besonders deutlich, ist eine erste Verarbeitung der Eindrücke, eine erste Verinnerlichung möglich, die in der Seele die Bildung differenzierter Empfindungen anregt. Man kann wieder an das Bild vom Blut denken: So wie das Blut im Zusammenhang mit der Ernährung nur entsteht, wenn die Nahrung verdaut wurde, so können sich Empfindungen nur bilden, wenn die Eindrücke einigermaßen »verdaut« worden sind. Geschieht dies nicht, so kommt es trotz reichlichem Angebot von der Welt aus zur seelischen Unterernährung, es kommt zur »Blutarmut« des Empfindungsleibes, später der Empfindungsseele.

Diese Situation kann – häufiger als dies zunächst angenommen wird – zur Grundlage einer *Sucht* werden.

SUCHT ALS ENTWICKLUNGSSTÖRUNG

In jeder Sucht kommt eine Begierde des Astralleibes zum Ausdruck, die den Charakter einer krankhaft zwingenden Gewohnheit angenommen hat. Auch Hunger und Durst sind Begierden, die gewohnheitsmäßig zur Erfüllung streben. Im Unterschied zu solchen leiblichen Begierden handelt es sich bei der Sucht zunächst um eine seelische Begierde, die aber mit ebenso unwiderstehlicher Kraft zur Befriedigung treibt wie etwa ein lebensbedrohlicher Durst. Wie im letzteren Fall, so nimmt auch die seelische Begierde bei der Sucht Triebcharakter an. Gewohnheit aber und Trieb, dem Leben dienend, gründen im Lebensleib[128], der von der Seele zum physischen Leib überleitet. Man erlebt, wie die Begierde in der Sucht die Richtung nach dem physischen Leib einschlägt. Je intensiver sie sich mit dessen Leben, mit dessen Lebensleib verbindet, desto mehr braucht nun auch der physische Leib die Befriedigung der leiblich gewordenen Begierde für sein Leben.

Deutlich wird dies vor allem bei der *Drogensucht,* die, wie bekannt, ein immer brennenderes Problem der Jahrsiebte 14–28 geworden ist, ja schon in das Jahrsiebt 7–14 zurückreicht. Die Häufigkeit nimmt bis Anfang 30 zu; der Anteil der männlichen Jugend ist dabei doppelt so hoch wie jener der weiblichen; das weibliche Geschlecht bleibt also auch hier noch gesünder. Unter den Drogenabhängigen finden sich gehäuft Anzeichen von seelischer Labilität, von innerer Unsicherheit sowie infantile und depressive Züge in der Vorgeschichte. Tendenzen zu einem dissozialen Verhalten in Form von Streunen, Diebstählen usw. werden gleichfalls gefunden; sie verstärken sich unter Einwirkung der Droge.[129]

Im Rahmen der geschilderten Entwicklungsstörung gesehen, kann es sowohl bei Unterentwicklung als auch bei überschießendem Leben des Empfindungsleibes zur Sucht kommen. In der Pubertätskrise des infantilen Jugendlichen mit seinen schwächlichen seelischen Regungen kann der Drang erwachen, stärkere seelische Erlebnisse zu suchen, wie sie der Drogenrausch vermittelt. Der Wunsch, sich den gleichaltrigen Kameraden anzuschließen oder unterzuordnen, ist ein weiterer Impuls, der von dem Gemeinsamkeitserlebnis der Gruppe getragen wird. Der Drogengenuß kann dabei zur Mutprobe werden und so eine Sucht einleiten. Aber auch nur kindliche Neugier kann Anlaß zum Drogengenuß sein.

Beim überschießenden Leben des Empfindungsleibes ist es das Chaos seelischer Kräfte, mit dem der Jugendliche nicht fertig wird und dem er durch die Droge entfliehen möchte. Das kann sich in die Gestalt von Konfliktsituationen kleiden, kann der Ausdruck eines Protestes gegen Eltern, Schule, Establishment sein – von grundlegender Bedeutung ist immer die oben gekennzeichnete innere Verfassung, die mit der seelischen Entwicklungsstörung zusammenhängt.

Diese Verfassung, schon bei der Erörterung der seelischen Entwicklungsstörung gefunden, tritt bei der Sucht besonders deutlich hervor. Wir fanden eine Übersteigerung der seelischen Polaritäten, die sich auch in einem Zuviel oder Zuwenig seelischer Kräfte äußerte. Das Streben nach einem ordnenden, die seelische Labilität allmählich beherrschenden Zentrum, trat zurück. Man kann in solchen Fällen einen weitgehenden »Verlust der Mitte« feststellen, primär ein kunstgeschichtlicher Begriff, der aber auch für den psychologischen und psychiatrischen Bereich Gültigkeit bekommen hat.[130] Beim männlichen Geschlecht wirkt er sich im allgemeinen stärker aus als beim weiblichen.

Von der Mitte der weltzugewandten Seele aus lebt in dem Jahrsiebt 14–28 das *Empfinden,* das Lebensblut der jugendlichen Seele, die heutzutage von Blutarmut bedroht ist. Besonders in der Vorgeschichte von Drogensüchtigen taucht immer wieder die oben geschilderte innere Leere auf[131], deren Kern die Schwäche des Empfindungslebens ist. Die *Langeweile* wird als eine der Ursachen von Drogenmißbrauch angesehen.[129] Das weist auf eine zweite Komponente der Langeweile hin.

Langeweile ist nicht nur Leere, sie ist zugleich, wie NOVALIS es ausdrückte, »Hunger« der Seele.[132] Da dieser Hunger durch die gewöhnlichen Eindrücke, die nicht verarbeitet werden, nicht zu stillen ist, sucht das Begehren nach anderen Eindrücken, die rasch und ohne eigene Anstrengung Erfüllung der inneren Leere und Bewegung in die innere Erstarrung bringen. Solche Eindrücke vermittelt das *rauschhafte Erleben.* In den meisten Fällen erzeugt es jedoch nur emotionale Bewegung und bringt lediglich flüchtige Empfindungen mit sich, welche in der Ernüchterung nach dem Rausch eine um so quälendere Leere hinterlassen.

Das bekannteste Beispiel hierfür ist der »Kater«, der auf die Hochstimmung des Alkoholrausches folgt. Der chronische *Alkoholismus*, beim Erwachsenen die häufigste Suchtkrankheit, ist im Jugendalter noch nicht so verbreitet, nimmt allerdings ständig zu. Bei Jugendlichen tritt die Abhängigkeit vom Alkohol zunächst als »Freizeitalkoholismus« auf, der in der betreffenden Gruppe grassiert. Der Alkoholkonsum ersetzt dabei oft andere Aktivitäten, wie Tanz und Gespräch, und wird als Mittel gegen das Leereerlebnis der Freizeit eingesetzt.[129]

Auch beim Alkoholismus nimmt die Begierde einen immer leiblicheren Charakter an, zuletzt kann der Alkoholsüchtige auch körperlich nicht mehr existieren, ohne zu trinken. Dabei geht das Ich vollends in der Begierdenhaftigkeit der Seele unter, während der Leib, insbesondere das Stoffwechselorgan für Ich und Ätherleib, die Leber, durch den Alkohol sowie durch die eigene brennende Begierde geschädigt wird. Die »Schwelgerei« setzt sich beim Alkoholrausch in das Innere des Organismus fort, wo dann zu intensiv wahrgenommen wird. Insbesondere der Schmeckprozeß der Leber wird zu bewußt und stört die unbewußt verlaufenden Stoffwechselvorgänge.[133]

DROGENSUCHT

Zu einer Drogensucht im weiteren Sinn führt der Mißbrauch von Schlaf- und Beruhigungsmitteln oder von stimulierenden Medikamenten bis zum Mißbrauch bestimmter Psychopharmaka. Hier kann nach einiger Zeit nicht mehr auf die beruhigende, entspannende oder antriebssteigernde, manchmal auch schon berauschende Wirkung verzichtet werden. Eine (heute weit verbreitete) Tablettensucht entwickelt sich mit seelischen und körperlichen Störungen. Sie kann eine Drogensucht im engeren Sinn einleiten, eine Sucht durch ausgesprochene Rauschdrogen.

Beim drogensüchtigen Jugendlichen spielen die Hauptrolle *Haschisch* (»Hasch«), das Harz der Hanfpflanze, *Marihuana,* die zermahlenen Blätter und Blüten des Hanfes, *LSD,* ein Bestandteil des Mutterkorns, und *Meskalin,* aus dem Peyotl-Kaktus. Während beim Haschischrauchen noch die Hochstimmung gesucht und erlebt wird, wie sie in anderer Art der Alkohol und das *Kokain* vermitteln, erzeugt schon der Haschischgenuß außerdem visionäre Erlebnisse und hat deshalb den orientalischen Decknamen: »Blatt der Imagination« erhalten. Aus dem Phantastisch-Märchenhaften führen dann die stärkeren Halluzinogene LSD und Meskalin hinaus und lösen dabei das Erleben des Gegenständlichen auf.[134] Die Farben trennen sich von den Gegenständen, die Formen münden in Bewegungen ein, es kommt zu einem »Wirbelsturm von Formen und Farben«, verbunden mit dem Gefühl der »Ausweitung in den Kosmos«, der Auflösung des Ich in kosmische Harmonie. Dann wieder verdichtet sich eine Flut neuer, intensiv farbiger Bilder. Bei dieser psychedelischen (d. h. Seele und Geist offenbarenden) Ekstase stellen sich »Todes- und Ewigkeitserlebnisse« ein, der Süchtige erlebt sich bei seinen halluzinatorischen Erlebnissen in über-sinnliche Welten versetzt.[135]

Hört oder liest man die Schilderungen solcher Zustände, so erlebt man auch nach dem Rausch starke, ja hymnische Emp-findungen. Auch diese Empfindungen jedoch tragen die seeli-sche Entwicklung nicht weiter, vielmehr entzündet sich an ih-nen nur wieder neues Begehren nach einer Wiederholung des Rausches, nach Flucht aus der grauen, starren Welt. »Nüch-terne Beobachter stellen fest, daß die religiösen Auswirkungen nicht von Dauer sind, die Erlebnisse verflüchtigen sich wieder und werden nicht zum Zentrum oder Motiv des Handelns.«[136] Das hängt psychologisch damit zusammen, daß das Urteilen, die andere zentrale Tätigkeit des jugendlichen Seelenlebens, weitgehend ausgeschaltet wird. Das Begehren wird gerade nur zum Erlebnis des Rausches hingelenkt und nicht zur Verarbei-tung von Eindrücken, zur Erlangung von Erkenntnissen ange-leitet. Die heiße Begierde des Astralleibes wird nicht in das warme Interesse des Ich verwandelt, das die Erlebnisse dauer-hafter gestaltet.

Eine physiologische Sucht, die bis ins Körperliche geht, pflegt sich bei *diesen* Drogen nicht zu entwickeln. Sehr ein-drucksvoll ist jedoch eine Lähmung des Willens durch den wie-derholten Rausch[134], die den Drogenabhängigen vollends un-tüchtig für sein Leben auf der Erde macht. Auf eine körperliche Grundlage der Willenslähmung und anderer seelischer Symp-tome deutet die Feststellung hin, daß sich LSD vorwiegend in Leber und Niere speichert.[135] Man denkt an den Zusammen-hang der Leber mit dem Willen und mit depressiven Zustän-den, die bei Drogenabhängigen häufig zu beobachten sind, so-wie an die mit dem Nierensystem zusammenhängende »Lethar-gie« des emotionalen Lebens, die sogar von einem Befürworter des Haschischrauchens als Folgeerscheinung erwähnt wird.[134]

Die Bemerkung Ernst JÜNGERs: »Die Gefahr liegt in der Person, nicht in der Sache, daher kann jede Neigung Formen der Sucht annehmen«, deutet zweifellos auf eine Wahrheit hin. Auch das Fernsehen, die Sportbegeisterung, das se-xuelle Erleben kann zur Sucht führen, ebenso wie ein zu-nächst weltanschaulich motivierter Zerstörungsdrang. Auch hat eine starke, gereifte Persönlichkeit sicher die Chance,

mit einer Drogensucht allein fertig zu werden und vorübergehend Stimulierungen für ihre schöpferische Tätigkeit
durch den Genuß von Drogen zu erhalten. Ohne auf die Problematik beim Erwachsenen einzugehen, die schon durch
die Worte »vorübergehend« und »Stimulierungen« angedeutet wird, sei für den Jugendlichen der stichhaltige Einwand
von A. SUCHANTKE zitiert: Der Jugendliche ist ja »noch gar
nicht zur Persönlichkeit gereift« und daher viel mehr als der
Erwachsene in Gefahr, drogensüchtig zu werden.[134]

Wenn nun weiter behauptet wird, daß ja die Haschischziga-
rette nicht süchtig mache, bei mäßigem Gebrauch auch nicht
Veränderungen der Persönlichkeit bewirke, so ist immer an die
Möglichkeit zu denken, daß der Haschischgenuß die Hem-
mungsschwelle gegenüber härteren Drogen beim labilen Jugendlichen herabsetzt. Aus dem Haschischraucher wird dann
der »Fixer«, der bald ohne seinen Heroinschuß nicht mehr existieren kann. *Heroin* jedoch, ein Umwandlungsprodukt des
Morphiums, das am raschesten Ängste bannt und Hochstimmung vermittelt, ist das stärkste Suchtmittel, das wir heute kennen, und wirkt zerstörend bis in den physischen Leib. Die kindliche Hilflosigkeit eines dahinsiechenden Heroinsüchtigen, der
bis kurz vor dem Tod nach seiner Spritze jammert, läßt das Ausmaß der Rückentwicklung in eine pathologische Kindheit
erkennen.

SEHNSUCHT UND SUCHT

Besonders durch die von den Halluzinogenen vermittelten Erlebnisse ergibt sich ein neues Motiv für die Drogensucht. Bei
einer Schilderung der »Wunderdroge« LSD wird festgestellt:
»Es herrscht ein seelischer, religiöser oder sogar metaphysi-
scher Hunger bei den jüngeren Leuten, der von den traditionel-
len Religionen einfach nicht gestillt werden kann.« (Allan
WATTS, zit. nach W. BÜHLER[137]) Aus diesem Hunger heraus greifen manche Jugendliche zur Wunderdroge, die ihnen den er-
sehnten Zugang zur übersinnlichen, zur göttlichen Welt er-
schließen soll.

Diese Welt wollen sie, wie BÜHLER hervorhebt, vor allem in
Bildform erleben. Der metaphysische Hunger, der aus der seelischen Leere aufsteigt, ist in erster Linie ein »Bildhunger«. Von
Fernsehen und Kino angeödet, stürzt sich der Jugendliche in
die kosmische Bilderwelt des Drogenrausches. Damit aber

strebt er zum Bewußtsein alter Zeiten zurück, in denen der Mensch noch lebendig-bildhafte Offenbarungen aus der geistigen Welt empfing.[137] Die halluzinatorischen Erlebnisse des Drogensüchtigen stammen aus einer krankhaften Wiederholung des alten Bilderbewußtseins.

In seinem 1922 gehaltenen pädagogischen Jugendkurs hat R. STEINER prophetisch darauf hingewiesen, daß in künftigen Jugendgenerationen statt der früheren Begeisterung viel stärker ein Verlangen, eine Sehnsucht »von unbestimmter Art« leben werde.[138] Diese unbestimmte Sehnsucht hat, wenn sie auftritt, mehr einen Kern als ein Ziel. Im Kern ist sie drängende Sehnsucht nach einer übersinnlichen, einer geistigen Welt. Etwas bewußter geworden, führt dieser Drang in die *Jugendsekten,* wo jedoch nicht in gegenwartsgemäßer, bewußter Schulung Geist vermittelt, sondern wieder ein mehr oder weniger subtiles, rauschhaftes Erleben erzeugt wird, welches ganz gezielt *das Ich ausschaltet.* Immerhin hat dieses Erleben schon manchem Drogensüchtigen geholfen, seine Sucht zu überwinden. Im Hinblick auf die Weiterentwicklung zum Geist wird jedoch dadurch ein Rückschritt erzeugt.

Der zunehmende Drang nach solchen seelischen oder nach körperlichen Ersatzbefriedigungen durch Drogen läßt zweierlei erkennen: Einmal ist festzustellen, daß tatsächlich gegenüber Anfang dieses Jahrhunderts die Sehnsucht des Jugendlichen im allgemeinen unbestimmter, verborgener ist. In manchen Fällen handelt es sich nur noch um die Sehnsucht nach der Sehnsucht, die aus der Seele aufsteigt. Zugleich jedoch wirkt diese tiefer gründende Sehnsucht stärker, elementarer. *Wenn* einmal die tiefste Sehnsucht entbunden ist, dann wendet sie sich mit größerer Selbstverständlichkeit und Unbedingtheit dem Geiste zu, als dies früher der Fall war. Es erhebt sich die Frage: wie kann diese Sehnsucht entbunden, bewußt gemacht werden?

Das Begehren, das aus der Seele des Jugendlichen nach dem Geist verlangt, ist, im Rahmen des Lebenslaufes gesehen, Sehnsucht nach dem Ziel der eigenen seelischen Entwicklung. Das Empfindungsleben der Seele will sich lebendig mit dem Geist verbinden, dem ihre Entwicklung zustrebt, ja, manchmal kann man die innere Leere selbst wie einen stummen Ruf danach erleben. Wird diese dunkle Kraft des Begehrens nicht in das Licht des Bewußtseins gehoben, so kann sich die Sehnsucht zur Sucht verkehren. Im Sehnen sucht die Seele nach einem Ziel, das ihr Erfüllung bringt. Geht das Sehnen in der Begierde unter, so wird das Suchen der Sehnsucht zur *Sucht,* die schließlich im Leibe endet. (Nach seiner sprachlichen Entstehung kommt das Wort »Sucht« von »siech« = krank [KIELHOLZ[131]]. Durch die Laute wird jedoch auch sprachlich auf das Suchen in der Sucht hingedeutet.)

ÜBERSINNLICHE ERLEBNISSE DURCH DROGEN?

Der Drogensüchtige wendet ein: Gerade durch die Ekstase meines psychedelischen Rausches verlasse ich doch meinen Leib und habe Erlebnisse, die man mit Offenbarungen großer religiöser oder künstlerischer Persönlichkeiten vergleichen kann. Wurden nicht früher in manchen Völkern Rauschmittel zu religiösen Zwecken verwendet?[139]

Auf die *Wirkungsweise* der Drogen sei in diesem Zusammenhang nur hingewiesen. In jedem Fall kommt es vom Stoffwechsel, besonders von Leber und Niere aus, nicht nur zu einer seelischen, sondern auch zu einer vitalen Ekstase, d. h. zu einer Lockerung von Kräften des Ätherleibes, die ihr intensives Leben in die Sinnessphäre tragen. Die neue Lebendigkeit und Intensität der Wahrnehmungen findet von hier aus eine Erklärung. Der Mensch kommt jedoch auch mit seiner Seele »außer sich«, d. h. außer seines Leibes, darauf weisen die Erlebnisse des Schwebens, der Ausweitung in den Kosmos hin. Von da aus kann man den Zustand mit einem »außerordentlich gesteigerten Traumerleben« vergleichen[135], bei dem sich die Seele aus dem Leib begibt, wie es STEINER auch für die Situation des Opiumrausches geschildert hat.[140]

Im Unterschied zum Opiumrausch, der mit einer deutlichen Herabsetzung des Bewußtseins einhergeht, wird das Bewußtsein beim Rausch durch die Halluzinogene LSD und Meskalin nicht herabgesetzt, wohl aber verändert. Die Situation gleicht jener bei der entkörpernden schizophrenen *Psychose,* die später besprochen werden soll. Vorweggenommen sei, daß es bei dieser Psychose zu einem partiellen Sterbeprozeß kommt, bei dem nicht nur wie im Schlaf Astralleib und Ich aus dem physischen Leib heraustreten, sondern auch Kräfte des Ätherleibes, die ihr Leben in den seelischen Bereich verpflanzen. Eine entsprechende Situation finden wir beim LSD-Rausch. Wie bei vielen schizophrenen Psychosen tritt dabei keine Trübung, sondern eine Ausweitung, Verlebendigung, Intensivierung des Bewußtseins ein. Das deutet darauf hin, daß der herausgetretene

Astralleib und Ätherleib in seinem entrückten Zustand eine intensive Verbindung mit dem Sinnes-Nerven-System aufrechterhält.

Dabei handelt es sich allerdings mehr um einzelne Seelenkräfte, die Geschlossenheit des Seelenlebens geht zugleich in einer Art Spaltung verloren. Manchmal schaut man sich bei seinen Drogenerlebnissen aus irgendeiner Ecke heraus selber zu.[141] Das rückt solche Rauschzustände vollends in die Nähe schizophrener Psychosen. – Die Halluzinogene sind in der Tat »Wahnsinnsdrogen«, wie man sie auch nennt. Speziell das *Meskalin* erzeugt ausgesprochen schizophrenie-ähnliche Zustände mit entsprechenden Halluzinationen und kann auch eine echte schizophrene Psychose auslösen. (Zur Halluzination vgl. das Kapitel über Schizophrenie.)

Für jeden Rausch, der wie das Opium zur Ekstase führt und eine »Reise« in andere Welten ermöglicht, gilt nach STEINER, daß dabei tatsächlich etwas von der geistigen Welt wahrgenommen werden kann.[140] Im Rausch wie in der Psychose tritt die Seele nicht nur aus dem Leib heraus, sie tritt auch aus der physischen Welt zugleich in andere Welten ein. Doch wird sie dabei von den Kräften ihres eigenen Stoffwechsels, die durch die Droge mobilisiert wurden, verfolgt und durchdrungen. Auf diese Weise werden die übersinnlichen Erlebnisse des Drogensüchtigen durch das Medium seiner Stoffwechselkräfte getrübt, verzerrt und verleiblicht, so daß der Charakter der übersinnlichen Welten ins Sinnliche verkehrt erscheint.

Während die geistige Schulung Erlebnisse vermittelt, die mit Farberlebnissen lediglich zu vergleichen sind[142], wird bei den Halluzinationen des Drogenrausches die Intensität des sinnlichen Farberlebens noch gesteigert. Nicht wie beim geistigen Schulungsweg, der langsam aus dem Leib herausführt, ist hier das aktive Ich der Führer. Der Drogensüchtige überläßt sich statt dessen vollkommen passiv der Wirksamkeit einer berauschenden Substanz, die ihn aus dem Leib herausdrängt, ohne ihn wirklich von ihm freiwerden zu lassen. Und ist die Ekstase zu Ende, so kommt es um so mehr zu dem geschilderten Versinken im Leib, der in Lethargie und Depression als Last oder Gefängnis erlebt wird und dessen von der Seele erzeugte Leiden qualvoll auf die Seele zurückwirken.

Als in früheren Zeiten der Menschheitsentwicklung die Beziehung zum Leib erst errungen werden mußte, kann es sinnvoll gewesen sein, durch Rauschdrogen das bildhafte religiöse Erleben mit dem Leib und seinen Kräften zu verbinden. Heute, wo die Verbindung mit dem Leib inzwischen geknüpft wurde, hat die Rauschdroge ihren religiösen oder weltanschaulichen Sinn verloren.[139]

ZUR ENTSTEHUNG VON ENTWICKLUNGSSTÖRUNGEN UND SUCHT

Es ist verständlich, daß die Entwicklungsstörungen des 3. Jahrsiebts in den vorausgehenden beiden Jahrsiebten wurzeln. Da diese Jahrsiebte auch Grundlagen für das Verständnis aller folgenden Störungen liefern, sei hier etwas auf ihre Pathologie eingegangen.

In der *Vorgeschichte* von Entwicklungsgestörten und Drogensüchtigen, die bis in die erste Kindheit zurückreicht, findet man außer einer gewissen erblichen Belastung in gehäuftem Ausmaß Belastungen durch Familie und Erziehung. In der Familie entwickelt sich zuwenig Kontakt zu den Eltern, die sich ihrerseits zuwenig um die Kinder kümmern. In anderen Fällen erhalten die Kinder zuviel Fürsorge und werden ausgesprochen verwöhnt. Manchmal sind die Eltern selbst schon krankhaft labil, streiten sich viel und nehmen gewohnheitsmäßig Tabletten ein, liefern also den Kindern geradezu das Vorbild für eine Sucht. Das Verhaftetsein vieler Eltern im Materiellen, im Wohlstand als Ziel des Lebens, kommt dazu. Besonders im letzteren Fall wird vom Jugendlichen die Droge auch benutzt, um zu protestieren. In anderen Fällen wird sie als Fluchthelfer angewendet. Als Ziel der Flucht kann eine andere bessere Welt dem Jugendlichen vorschweben, sein Wunschträumen kann durch die Droge eine Pseudoerfüllung erfahren.

Während die Familienverhältnisse eingehend untersucht wurden, findet man den Einfluß der *Schulerziehung* kaum erwähnt. Man darf daraus aber nicht schließen, daß es ihn nicht gibt, eher, daß dieser Einfluß zu allgemein verbreitet ist, als daß er im speziellen Fall deutlich werden kann. In diesem Zusammenhang weist J. LUTZ mit Recht auf »die intellektualistische und vorwiegend auf Leistung eingestellte Schulung« der Kinder hin, die bei der Therapie der Drogensucht zu berücksichtigen sei. Diese Art der Schulung kann außerdem zu einem »Mißverhältnis zwischen Anspruch und Leistung«, zu einer relativen Überforderung des Schülers führen, was die Entstehung einer Drogensucht begünstigt.[131]

Alle diese und andere ungünstige Einflüsse münden in die geschilderten Störungen der Entwicklung ein. Diese Störungen aber zeigen letzten Endes eine Behinderung der *Inkarnation* des Kindeswesens an. Wie wir sahen, vollzieht sich diese Inkarnation, was den Astralleib betrifft, bis zur Erdenreife der Pubertät. Erst dann ist die Seele im unteren Bereich des Leibes und damit auf der Erde angelangt, die vom selbständig gewordenen Ich erst mit dem 21. Jahr betreten wird. Entgegen dieser Richtung bewegt sich der Ätherleib aus dem Leib heraus. Zum Zeitpunkt des 7. Jahres, an dem sich Seele und Ich anschicken, den Leib vom Kopf aus zu durchdringen, löst sich der Ätherleib gegen den Kopf zu immer mehr vom Leibe los.

Die beschriebenen Einflüsse von Familie und Schule wirken sich alle so aus, daß der oben gekennzeichnete Kontrapunkt der Entwicklungsbewegungen gestört wird. Während die Inkarnationsbewegung von Seele und Ich eine Behinderung erfährt, wird die Exkarnationsbewegung des Ätherleibes pathologisch verstärkt.

Familie

In der Familie beginnt dieser Prozeß schon während des Jahrsiebts 0–7, wo das Kind, in der Nachahmung mit seiner Umwelt mitschwingend, die leiblichen Voraussetzungen für die Inkarnation von Seele und Ich, ihre »Einstimmung« in den Leib vorbereiten sollte. Stellt sich von den Eltern her zuwenig Kontakt ein, so leidet darunter das Mitschwingen, die organisch bildende *Nachahmung*. Eine Voraussetzung für sie ist die *Wärme,* in dieser Phase noch intensiv mit dem gestaltenden Nervenprozeß des Kopfes verbunden. Die Wärme des kindlichen Organismus entsteht immer unter der Mitwirkung seelischer Wärme. Die »Nestwärme« der Umgebung verwandelt sich dem Kind teilweise in materielle Wärme, sie schafft nicht nur seelischen Kontakt, sie »brütet« auch den Leib des Kindes aus.[11] Ist sie mangelhaft, so leidet letzten Endes die Formung des Leibes durch das Ich, das in Wärmezuständen lebt und aus ihnen gestaltet. – Das nachahmende Mitschwingen wird jedoch auch gestört, wenn der Kontakt das Kind nicht mehr losläßt, wenn das Nest »überhitzt« ist. Dann ziehen sich Seele und Ich in seelische Kälte zurück, was eine spätere übersteigerte Opposition und Kritiksucht vorbereiten kann. Oder die im Materiellen verhafteten, labilen, sich streitenden Eltern wirken so negativ auf das Kind, daß es sich deshalb zurückzieht. Oder die Labilität der Eltern geht im Mitschwingen auf das Kind über und verhindert die gesunde Inkarnation durch Seele und Ich.

In allen diesen Fällen bleiben dann jenseits des 7. Jahres Seele und Ich zu sehr im Kopf stecken, da sie am Beschreiten des Weges in den Leib hinein gehindert wurden. Dasselbe bewirkt die intellektuelle Schulerziehung.

Schulerziehung

Schon 1959 stellte de RUDDER fest: »Das Schulkind steht vor einem in den einzelnen Fächern fast ins Unermeßliche angewachsenen Wissensstoff.«[143] Heute noch mehr als früher bleibt nichts anderes übrig, als den Wissensstoff mehr oder weniger einzutrichtern. Das aber führt zu dem viel zitierten »Leistungsdruck«, der zum »Leidensdruck« für das Kind wird. Die übermäßige Beanspruchung des Kopfes engagiert Seele und Ich wiederum einseitig in diesem Bereich, wobei der Leistungsdruck seinerseits dazu beiträgt, daß die Seele nicht mehr die volle Kraft für ihren Weg in den Leib hinein entwickelt. Auf diesem Weg sollte die liebevolle *Autorität* Führer sein. Das aber kann ein Lehrer, der hauptsächlich Wissensstoff vermitteln muß, nur in einem eingeschränkten Maß oder gar nicht leisten. So kommt es statt zum Nachstreben je nach Begabung zunächst entweder zu infantiler Unterordnung oder zu intellektueller Altklugheit.

Die Tendenz, vom Kind zu früh, also schon im Jahrsiebt 7–14, eigenes Urteil zu verlangen, die sich mit dem Eintrichtern von Kenntnissen zu verbinden pflegt, läßt das Kind zusätzlich entweder in die Infantilität frühkindlicher Stufen der Nachahmung ausweichen[144], oder sie führt zum intellektuellen Reproduzieren von Urteilen und Vorstellungen der Erwachsenen. Das infantile Kind plappert nach, der altkluge, intellektuelle Schüler reproduziert, was er in seinem geschulten Gedächtnis parat hat.

Wahre menschliche Bildung aber, auch das wird heute teilweise erkannt, entsteht nur, wenn der ganze Mensch, d. h., wenn außer dem Denken Gefühls- und Willensleben, körperlich rhythmisches und Stoffwechsel-Gliedmaßen-System durch die Schule angesprochen werden. Erst dadurch entwickelt sich das eigene Urteilen, in dem Gefühl und Wille tätig sind. Erst dann können sich eigene Vorstellungen von den Urteilen abgliedern, können sich die Vorstellungsorgane des Lernens bilden. Nicht nur mangelhaft gewecktes Interesse, auch der Mangel an solchen Organen behindert beim jugendlichen Menschen die Verarbeitung der Eindrücke. Wer sich nicht schon aus eigenem Interesse etwas mit griechischer Kultur befaßt hat, der kann mit den Eindrücken einer Griechenlandreise meist nicht viel anfangen, der hat »kein Organ dafür«. Es kommt jedoch auch vor, daß ein erstes *Interesse* durch eine solche Reise geweckt wird, dann kann man nach der Reise den Lernprozeß nachholen.

Eine menschengemäße Erziehung, wie sie die Pädagogik Rudolf STEINERs anstrebt, wirkt bildend nicht nur auf die Seele, sondern auch auf den Leib. Sie beläßt und belebt dem Leib jene Bildekräfte, die er für sein weiteres Leben nötig hat, die er braucht auch für die leiblichen Grundlagen des Gefühls- und Willenslebens. Wird in der Erziehung die Exkarnation dieser Kräfte einseitig betont, werden zuviel Bildekräfte für die Tätigkeit des Kopfes engagiert, so kommt es zu der angedeuteten Störung im Kontrapunkt der Entwicklungsbewegungen. Die Fixierung von Seele und Ich im Kopf verbindet sich mit einer Übersteigerung der Metamorphose von Bildekräften im Kopfgebiet.

Jede Fixierung von Seele und Ich im Kopf jedoch bedingt an sich schon ein Zurückbleiben von Gefühls- und Willensbildung, während der Intellekt zu früh und zu stark entwickelt wird. Zum so entstehenden Zurückbleiben in der Charakterentwicklung tritt eine Beschleunigung im intellektuellen Bereich. Letztere aber bedeutet immer auch zu frühe Spezialisierung und »Einbuße an Bildekräften«.[145] Und infolge der überschießenden Verwandlung von Bildekräften in Denkkräfte leidet nicht nur das Leben des Leibes, der nicht vollständig ausreifen kann, sondern auch das Leben des Denkens. Das Denken verliert seine Bildsamkeit, dafür wird seine Tendenz zur Abstraktion, die mit der Pubertät auftritt, übersteigert. Es entsteht eine weitere Voraussetzung für ein zu frühes und zu intensives Ersterben des Denkens im Kopf, das dann im Jahrsiebt 14–21 und auch weiterhin sich als zu schwach erweist, durch Urteilen das Begehren zu lenken und zum Empfinden und Erkennen zu führen.

Ein weiterer Gesichtspunkt ist, daß auf diese Weise auch die heute immer stärker werdende »unbestimmte Sehnsucht«, die schon in der frühen Jugend sich melden kann, in der Erziehung nicht berücksichtigt und befriedigt wird. Die abstrakten Begriffe aus der Schulerziehung setzen sich in der Seele des Jugendlichen fest und werden ein zusätzliches Hindernis für die Befriedigung der Sehnsucht nach dem Geist im späteren Leben.[146] (Weitere Ausführungen, besonders auch hinsichtlich körperlicher Auswirkungen, im Kapitel über Schizophrenie.)

EMOTIONALE UND ORGANISCHE REVOLTE

Beim infantilen Jugendlichen, dessen Astralleib unterentwikkelt bleibt, konnte sich schon dieser Astralleib nicht voll inkarnieren. Aber auch die überschießende oder überschießend werdende Entfaltung des Astralleibes ist mit einer unvollständigen Inkarnation verbunden. Die berichtete Schwäche des Willens, der Urteilskraft und des Empfindungslebens zeigt an, daß – im Zusammenhang mit der behinderten körperlichen Entwicklung – auch der Astralleib nicht ausgereift ist, daß er nicht voll in das Stoffwechsel- und rhythmische System einziehen konnte und sich beim Überschießen in krankhafter Form wieder aus ihm löst. Dabei unterliegt er der in ihm veranlagten Polarität, die vom unteren Pol aus zum emotionalen Protest führt.

Instinktiv wendet sich der Jugendliche mit der Pubertät aus den überschießenden Kräften seiner Seele gegen das, was in den Jahrsiebten vorher geschah oder versäumt wurde. Er hat das »Establishment«, gegen das er sich wendet, am eigenen Leibe erlebt. Die *emotionale Revolte* der Pubertät ist also nicht allein aus der Polarisierungstendenz dieser Zeit zu verstehen, die erziehende Umwelt ist in hohem Maß daran beteiligt. Eine solche Revolte kann und sollte daher aufrüttelnd auf die Umwelt wirken. Für den Jugendlichen selbst jedoch bleibt sie, wie jede bloße Revolte, unproduktiv, wenn sie in diesem Stadium steckenbleibt, wenn es nicht gelingt, die ihr zugrunde liegende Sehnsucht nach dem Geist zu entbinden.

Aber die Revolte braucht nicht auf die Seele beschränkt zu bleiben. Außer der emotionalen Revolte ist – zunächst beim Drogensüchtigen – eine *organische Revolte* festzustellen. Die Kräfte des Ätherleibes, herausgezogen aus dem physischen Leib und für den Kopf mißbraucht, leben sich nun in der durch den Rausch gelockerten Seele aus, wo sie zur pathologischen Verlebendigung führen. Die ihnen aufgezwungene Richtung aus dem Leib heraus beibehaltend, streben sie durch das Erlebnis des Rausches letztlich nach ihrer kosmischen Heimat. Eine weitere Entstehungsbedingung für die Sucht beim Jugendlichen – auch für seine Todessucht – wird sichtbar. Mancher Jugendliche empfindet es selbst, daß die Sucht seinem tiefsten Leben entspringt und daß er durch sie nach seiner wahren Heimat sucht, von der dieses Leben einmal ein Teil war.

Im folgenden sollen nach der Schilderung einer seelischen Störung jeweils Beiträge zu einer entwicklungsorientierten Therapie gegeben werden, die sich, was die Jahrsiebte betrifft, auch überschneiden können. Hierbei wird in der Hauptsache die *seelisch-geistige Therapie* dargestellt, die medikamentöse und heileurythmische soll nur gestreift werden. (Sie ist ausgeführt in dem psychiatrischen Kapitel des Verfassers in: Husemann/Wolff: Das Bild des Menschen ... II/2.[43]) Die seelisch-geistige Therapie kann auch dem Nicht-Arzt Anregungen vermitteln, seinem Nebenmenschen oder sich selbst zu helfen. In schwereren Fällen ist es jedoch immer notwendig, einen Arzt zuzuziehen. – Da in diesem Kapitel keine einzelnen Krankengeschichten besprochen werden sollen, werden auch keine individuellen Therapien, sondern nur Richtlinien der Therapie aufgezeigt, wie sie sich in der Praxis bewährt haben.

Vor jeder Therapie, heißt es, steht die *Diagnose*. Das gilt nach wie vor, doch ist damit keine Schablonendiagnose, keine Etikette gemeint, mit der man das individuelle Krankheitsbild verdeckt. Die hier gemeinte Diagnose einer anthroposophisch orientierten Medizin sollte den ganzen individuellen Menschen mit seinem Krankheitsbild umfassen. Es handelt sich also zunächst darum, möglichst genau und einfühlsam den Kranken zu beobachten und zu untersuchen, um dann auf dem Hintergrund des Menschenwesens mit seinen Wesensgliedern und seiner Entwicklung eine erste Einordnung vorzunehmen.

Bei einer solchen, auf das Verhalten aller Wesensglieder gerichteten Diagnose entdeckt man, daß die *Therapie* schon in der Pathologie enthalten ist und aus ihr »herausgearbeitet werden muß«, wie das STEINER gefordert hat. Die Therapie entspringt der »Essentia«, dem Wesen der Krankheit selbst, sie wird zur »Essenz«, durch welche die Krankheit geheilt werden kann. Man entdeckt ferner, daß zwar jeder Mensch seine eigene Krankheit hat, daß aber andererseits jede Krankheit ein objektives Wesen ist, das aus dem Hintergrund der Menschheitsentwicklung hervortritt.[147]

Auch bei der Therapie weisen die Entwicklungsstörungen des Jahrsiebts 14–21 (wie auch die späteren Störungen der Entwicklung) zunächst in die ersten zwei Jahrsiebte zurück. Dabei erkennt man wieder, daß die beste Therapie in der *Prophylaxe* besteht. Die geschilderten Entwicklungsstörungen sind heute so verbreitet, daß die Therapie mit ihnen allein nicht fertig wird. Wenn nicht in der Familie und in der Schule ein Bewußtsein dafür entsteht, was zur Verhütung von Entwicklungsstörungen zu geschehen hat und was nicht geschehen dürfte, so bleiben viele leichter entwicklungsgestörte Kinder unbehandelt, und manche leichteren Formen nehmen ernstere Ausmaße an.

Prophylaxe und Therapie zugleich ist im Jahrsiebt 14–21 eine *Schulerziehung*, welche die Urteilsfähigkeit schult, die geistigen Interessen, die Empfindungen weckt und so wahre Bildung vermittelt. Dabei ist davon auszugehen, »daß jeder bis zu seinem 18. Lebensjahr das Recht auf Bildung und Ausbildung hat«. Hingewiesen sei in diesem Zusammenhang auf das beispielhafte Modell der Hiberniaschule, eine Waldorfschule mit zwölf Klassen und verschiedenen handwerklichen Ausbildungsgängen.[148]

Die Versäumnisse der ersten beiden Jahrsiebte ergeben zugleich die hauptsächliche Richtlinie für die *Therapie*. Die Richtlinie heißt: Nachholen, das Ziel ist Nachreifung.

Nachholen und Nachreifen

Zunächst sollte der Jugendliche in der Klinik wie in der Sprechstunde etwas von der menschlichen Wärme erleben, die er in der *Familie* entbehrt oder in pathologischem Ausmaß erfahren hatte. Er sollte zunächst zu einem gesunden seelischen Mitschwingen gebracht werden, besonders wenn er kindlich geblieben oder in kindliche Hilflosigkeit zurückgefallen ist. Damit verbindet sich bald das Nachholen der Autorität. Viele Jugendliche, die den Einstieg in das Jahrsiebt 14–21 nicht vollständig geleistet haben, suchen im Grunde noch die liebevolle Autorität des Jahrsiebts 7–14, die sie in dieser Form entbehrten. Das kann sich durchaus hinter Opposition und Protest verbergen. Auch die Eltern können noch einiges nachholen, wenn sie, vom Therapeuten entsprechend beraten, unter Umständen mittherapiert werden, was in manchen Fällen notwendig ist. In jedem Fall können sie lernen, mehr Verständnis für die gegenwärtige Situation ihres Kindes aufzubringen.

Im Rahmen der *Schulerziehung* kann der menschenkundliche und ärztliche Aspekt helfen, mit schulischen Schwierigkeiten besser fertig zu werden. Für den Therapeuten ergibt sich hier ein neuer Aspekt des Nachholens. Entwicklungsgestörte Jugendliche haben wahre Bildung versäumt, auch in dieser Hinsicht liegt ein Nachholbedarf bei ihnen vor. Der Hinweis auf Nachhilfestunden kann in solchen Fällen förderlich sein, Nachhilfestunden zunächst jedoch nicht mit dem Ziel, dem schlechten Schüler die fehlenden Kenntnisse zu verschaffen, sondern sein Interesse für diese Kenntnisse zu wecken.

Sind Nachhilfestunden solcher Art nicht möglich oder nicht ausreichend, so muß der Therapeut, wie auch schon beim familiären Nachholen, einspringen. Kein Arzt kann einen *Pädagogen* ersetzen, doch muß seine Therapie in solchen Fällen eine pädagogische Komponente entwickeln, entsprechend der Tatsache, daß andererseits heute das Erziehen ein therapeutisches Element enthalten muß.[149] In der *Heilpädagogik,* die sich vor allem den Entwicklungsstörungen und seelischen Krankheitsbildern der ersten zwei Jahrsiebte widmet, liegt die vollkommenste Verbindung von Heilen und Erziehen vor. Darüber hinaus kann ein *heilpädagogisches Prinzip* im weiteren Sinn ins Auge gefaßt werden, das bei der Behandlung auch der späteren Entwicklungsstörungen und seelischen Erkrankungen mitwirken sollte.

Ein Teil der *Gesprächstherapie* in Sprechstunde oder Klinik besteht in solchen Fällen darin, daß man mit dem Patienten ein kleines Bildungspensum absolviert. Man läßt ihn z. B. eine Lektüre referieren, zu der man ihn vorher angeregt hat. Man läßt ihn schildern, was er am Tag vorher in der Natur beobachten konnte und was ihn vielleicht zu naturwissenschaftlichen Studien anregen kann. Man empfiehlt ihm, ein *Tagebuch* zu führen, das nicht nur die Geschehnisse des Tages festhält, sondern auch die Empfindungen und Gedanken, die sich aus seinem erwachten Urteilen ergeben haben. Nicht zuletzt läßt man ihn künstlerisch arbeiten, schaut sich die Bilder an, die er gemalt hat, läßt sich, wenn möglich, seine musikalischen Übungen vorspielen usw. Alles das braucht nicht soviel Zeit in Anspruch zu nehmen wie Nachhilfestunden, wichtig ist, daß überhaupt etwas davon geschieht.

Kein Arzt kann ferner einen *Seelsorger* ersetzen. Am besten ist hier die Zusammenarbeit mit einem Pfarrer, der auf die Sehnsucht des Jugendlichen nach religiösen Erlebnissen eingehen kann. Man erfährt, daß manchmal geradezu ein Hunger nach kultischen Eindrücken besteht. Es kann aber sein, daß auch auf religiösem Gebiet der Therapeut einmal einspringen muß. Er kann dann, wenn der Weg zum Pfarrer nicht oder noch nicht möglich ist, auf entsprechende Lektüre hinweisen und mit dem Patienten darüber sprechen.

In schwereren Fällen, bei denen die Sehnsucht nur zu ahnen und nicht durch das Wort zugänglich ist, kann auch nur wenig klar geurteilt und warm empfunden werden. Das gilt vor allem für jene Jugendlichen, bei denen die Entwicklungsstörung zu einer Drogensucht geführt hat. Man kann in solchen Fällen sowie in Fällen von schwerer Entwicklungsstörung nicht einfach die innere Leere mit schönen und wertvollen Inhalten anfüllen und damit ein Erstarken des Urteilens und eine Neubelebung der Empfindungen erreichen. Wenn man so vorgeht, erreicht man eher das Gegenteil. Der Jugendliche, der das Angebotene nicht verarbeiten kann, verzweifelt noch mehr und zieht sich in Opposition zurück. Man muß hier ganz behutsam vorgehen und wenige, »leicht verdauliche« Seelennahrung anbieten, die erst einmal das Interesse weckt. Durch solche diätetischen Gesichtspunkte vermeidet man eine Überladung der Seele, die manchmal ebenso reagiert wie ein kranker Magen, wenn man ihn mit guten Speisen füllt.

Indem man dem Patienten diesen oder jenen Inhalt anbietet, ist es gut, wenn man an frühere Interessen anknüpft. Man kann auch den Patienten jeden Abend eine *Erlebnisrückschau* vornehmen lassen, die dann Grundlage für ein Tagebuch wird. Der Patient sollte sich, auf seinen Tag zurückblickend, fragen, was denn noch am ehesten ein wenig Eindruck auf ihn gemacht hat, wo ein erstes Urteil sich einstellte, wo er irgend etwas empfinden konnte. Daran kann man dann anknüpfen. Besonders wirksam für die Anregung des Empfindungslebens ist die einfache *künstlerische Übung,* die der Patient, ohne gleich etwas Besonderes erreichen zu wollen, möglichst rhythmisch durchführen sollte.

Das Entbinden der Sehnsucht verlangt zunächst nach dem *Fragen.* Viele entwicklungsgestörte Jugendliche (wie auch manche Erwachsene) müssen erst überhaupt wieder fragen lernen. Dazu sollten die Fragen des Therapeuten anregen, der sich nicht nur vor einer Fülle von übernommenen Inhalten, sondern ebenso vor einer Fülle von eigenen Antworten hüten muß. Antworten zur Unzeit können jede Frage im Keim ersticken und werden dann noch intensiver abgewiesen als die neutraleren Inhalte der Bildung. Erst durch das Wecken von Fragen werden Sehnsucht und Interesse entbunden. So wird auch den oft übernommenen Urteilen und dem Verurteilen des Intellektes entgegengewirkt, eine Art des Urteilens, die ein großes Hindernis für die Förderung der Entwicklung darstellt. Erst durch das eigene Fragen wird das Urteil zu einem eigenen Urteil, das sich auf den Weg zu einer Erkenntnis begibt.

Man kann in solchen Fällen zum Beispiel fragen, was der Jugendliche in der Welt nicht richtig findet, was er anders haben möchte, wie er sich einen oder seinen Beruf, wie er sich einen Partner vorstellt usw. Gelingt es, möglichst lang auf dem Weg des Fragens zu bleiben, so entdeckt man, daß dieser Weg selbst schon zu Antworten führt, oder daß eine Antwort dann zur Bestätigung dessen wird, was der Jugendliche schon vorher »irgendwie« gewußt hat und was vielleicht der tiefste Quell seiner Sehnsucht gewesen ist.

Entwickeln sich schon im Jahrsiebt 14–21 – vor allem in dessen zweiter Hälfte – neurotische Störungen, wie sie beim Jahrsiebt 21–28 besprochen werden, so gilt auch hier – mit gewissen Abwandlungen – die für das Jahrsiebt 21–28 später dargestellte Therapie.

Die hier skizzierten therapeutischen Richtlinien finden ihre Ergänzung durch *medikamentöse Therapie* und *Heileurythmie* (einiges dazu am Ende des nächsten Kapitels). Beide Therapien greifen – die eine durch die Substanz, die andere durch die Bewegung – am tiefsten in das Leben des Leibes und seiner Organsysteme ein, wo die leibliche Grundlage der seelischen Störungen zu suchen ist. So ist bei Drogensüchtigen z. B. besonders die Leber zu behandeln, die oft Störungen erkennen läßt. Ohne die oben referierte Behandlung der Seele vom Ich des Therapeuten aus kann jedoch die Entwicklung der Seele nicht entscheidend gefördert werden. Und ohne eine solche gezielte Förderung besteht kaum Aussicht darauf, eine schwere Entwicklungsstörung, eine Drogensucht grundlegend zu beeinflussen.

Wenn sich die Entwicklungsstörungen aus dem Jahrsiebt 14–21 in die Periode der Empfindungsseele fortsetzen, so erhalten sie durch das inzwischen geborene Ich einen besonderen Akzent. Die Störung kann deutlicher hervortreten, und das Ich kann sich mehr mit ihr auseinandersetzen. Die *Prognose* kann sich dadurch verbessern, die Therapie gezielter angewandt werden. Andererseits ergeben sich auch Hindernisse für die Ich-Geburt durch die Entwicklungsstörung des Empfindungsleibes, was die Prognose wieder ungünstiger gestalten kann.

Den Ausschlag gibt immer das Ich. Ist der entwicklungsgestörte Jugendliche als Persönlichkeit ansprechbarer geworden, so ergeben sich mehr Möglichkeiten. Wird durch die weitere Zunahme der Entwicklungsstörung, durch Sucht oder Psychose, das Ich mehr oder weniger ausgeschaltet, so verschlechtern sich die Aussichten der Therapie. Im allgemeinen gilt die Regel: Je länger eine Entwicklungsstörung dauert und je später die Therapie einsetzt, desto ernster wird die Prognose. Das sollte den Therapeuten nicht lähmen, sondern zu einem neuen zusätzlichen Ansporn für ihn werden. Dann kann er auch erleben, daß selbst bei schwereren Störungen überraschend eine positive Wendung sich einstellen kann. Bei der Beurteilung der Therapie hat man jedoch zu berücksichtigen, daß Entwicklungsstörungen auch spontan in eine Nachreifung einmünden können.

Wenn die Pubertät und die Entwicklung im Jahrsiebt 14–21 nicht behindert war, kann es trotzdem zu einer schwachen Ich-Geburt und einer Unterentwicklung der Empfindungsseele kommen. Wir erleben dann beim Jugendlichen in den 20er Jahren eine Fortsetzung seiner Pubertätsproblematik, seiner emotionalen Labilität, seiner seelischen Polaritäten, Symptome, die im 3. Jahrsiebt physiologisch waren, nun aber pathologisch werden. Der Jugendliche hat das Steuer nicht in die Hand bekommen, er läßt sich weiter von den Stürmen der Emotion, von den Wogen seiner Empfindungen bestimmen, ohne durch Sturm und Drang hindurch lenken zu können. Gegenüber dem ichhaften Eindruck, den der gesunde Sturm und Drang der vollentwickelten Empfindungsseele erweckt, hat man den Eindruck eines haltlosen seelischen Stürmens und Drängens. Statt von einem infantilen kann man nun von einem bleibenden *juvenilen Charakter* sprechen, wie ihn viele Neurotiker haben. Solche Neurotiker wirken – unter Umständen das ganze Leben hindurch – auch äußerlich viele Jahre jünger, als es ihrem Alter entspricht.[108] (Die unglückliche Bezeichnung »Neurose« wird aus Gründen der Verständigung hier ebenfalls gebraucht und später charakterisiert.)

Einige Bedingungen für diese Entwicklungsstörung liegen in der Erziehung durch Schule und Umwelt im Jahrsiebt 14–21, durch die zuwenig die eigene Urteilsbildung angeregt und an den Willen des ringenden Ich appelliert worden war. Aber auch zuwenig Ideale wurden in den Empfindungsleib eingepflanzt, die der Empfindungsseele jetzt Halt geben könnten und die lebensnotwendig für den jungen Menschen sind.

Häufiger als im Jahrsiebt 14–21 bilden sich die seelischen Störungen im Jahrsiebt 21–28 mehr aus der unmittelbaren Weltbegegnung. Es entsteht nach K. HORNEY »Der neurotische Mensch unserer Zeit«[150].

DER NEUROTISCHE MENSCH UND DIE ANGST

Die Probleme des neurotischen Menschen unterscheiden sich oft nur durch ihre krankhafte Steigerung und Ausgestaltung von den Problemen, die der sogenannte gesunde Mensch unserer Zeit mit der Welt hat. Solch ein Problem ist z. B. der Wettbewerb, dem sich der junge Mensch nach dem Eintritt in die Welt ausgesetzt sieht sowie die damit verbundene Angst vor Mißerfolgen. Heutzutage spielt die Wettbewerbsangst ja schon in der Schule eine ziemliche Rolle, manche Schüler werden besonders nach dem 14. Jahr von ihr geplagt. Das kann sich bei der unmittelbaren Weltbegegnung steigern.

Angst ist eine Grundkraft der Seele, ist im Kern eine aus dem Astralleib aufsteigende Emotion, die der Mensch mit dem Tier gemeinsam hat.[55] Sie spielt heutzutage – mehr als früher – eine große Rolle.

ZEYLMANS VAN EMMICHHOVEN stellt fest: »Man übertreibt nicht, wenn man behauptet, daß sehr vieles im menschlichen Zusammenleben von der Angst bestimmt wird.«[151] Im Hinblick auf die *Neurosen*, d. h. auf jene seelischen Erkrankungen, bei denen eine gestörte Umweltbeziehung im Vordergrund steht, prägt HORNEY den Begriff der *Grundangst*. Diese bildet den vielfach schon in der Kindheit gelegten Boden, aus dem eine Neurose hervorwachsen kann. Die Grundangst wird begleitet von einem »alles durchdringenden Gefühl von Einsamkeit und

Hilflosigkeit in einer feindseligen Welt«[152]. Der neurotische Mensch hat in vermehrtem Ausmaß diese Angst, sie kann den ganzen Grund seiner Seele erfüllen und sich jederzeit in *Furcht* verwandeln, d. h. in Angst vor etwas, in »konkretisierte Angst«, wie man die Furcht nennen kann.[153] Dabei braucht dann das, wovor man sich fürchtet, nicht besonders furchterregend sein, das wesentliche ist die Grundangst, aus der bei jedem kleinen Anlaß die Furcht hervorgeht.

Der sprachliche Zusammenhang von »Angst« und »Enge« bestätigt die Empfindung, die man bei jeder Angst haben kann: Die Seele fühlt sich in die Enge getrieben. Beim Tier erfolgt aus dieser Situation die Flucht, bei welcher der Astralleib des Tieres den Leib mit sich zieht. Kommt es beim Menschen nicht zu einer solchen, auch bei ihm möglichen animalischen Reaktion, so ist doch ebenfalls eine Flucht, besser ein Rückzug zu beobachten: Das im Blut lebende Ich zieht sich ins Innere des Leibes zurück, und das Blut folgt ihm nach. Der Rückzug kann so weit gehen, daß dabei das *Herz* erreicht wird. Das Erblassen des Gesichtes in der Angst setzt sich ins »Gesicht« des Herzens fort, dessen in der Peripherie verlaufende Kranzgefäße sich ebenso zusammenziehen wie die Gefäße des Gesichtes beim Erblassen. In der Angst kann der Mensch bis in sein Herz hinein »erblassen«, was durch Beklemmungsgefühle in der Herzgegend spürbar zu werden pflegt.[43]

Der schon geschilderte Zusammenhang zwischen dem Herzen und dem Ich läßt die Frage akut werden: Hat nun die Angst auch das Ich erfaßt? Vergegenwärtigt man sich das Wesen des Ich, das letztlich aus der geistigen Welt in Seele und Leib einstrahlt, so ist diese Frage, was den Kern des Ich betrifft, zu verneinen. Ebenso wie Lust und Unlust kann Angst nur der Astralleib haben. Das Ich kann sich ihr unterordnen, die Flucht des Astralleibes wird dann zum Rückzug des Ich. Seine Einstrahlung geht dabei im Seelenleben unter, auch ein weiteres Einstrahlen in das Seelenleben kann behindert werden. Das Licht des Ich wird in der Angst verdunkelt, seine Kraft wird geschwächt, nicht jedoch in seinem Dasein von der Angst durchdrungen wie das Leben der Seele, das unter Umständen nur noch aus bebender Angst zu bestehen scheint.

Eine Bestätigung für diese Auffassung ist die Tatsache, daß das Ich etwas aus der Angst machen kann. Der Rückzug des Ich kann zur Sammlung, zur Konzentrierung seiner Kräfte werden, aus der heraus das Ich in der Seele *Mut* entwickelt, und zwar in einer Art oder Stärke, wie das vor der Angst nicht möglich war. Wahrer Mut entsteht immer durch Überwindung einer Angst, wobei auch die Gefahr der Tollkühnheit, das andere Extrem, bestanden werden muß. Zwischen Angst, die über die Wahrnehmung oder die Vorstellung des Kopfes das Seelenleben einengt, und Tollkühnheit, die aus dem unteren Bereich des Organismus dem Menschen zu Kopf steigt, wird der Mut des Herzens geboren.

Je mehr die Angst dem Menschen ans Herz geht, desto tiefer gründet der Mut. Das ist bei der Todesangst, der eigentlichen Herzangst zu erleben, die, wenn sie bestanden wird, den tiefsten Lebensmut ermöglicht. Das Ich, zum Herzen zurückgezogen, hat im Erleben den Tod durchschritten. »Angst enthüllt die Nichtigkeit«, formulierte HEIDEGGER.[55] Das gilt in letzter Steigerung für die Todesangst, die nicht Angst vor dem Sterben, sondern Angst vor dem Nichts, Angst vor der Vernichtung des Ich ist. Hier erwacht für das Ich der Impuls, sich seines Ursprungs zu besinnen und im Nichts des Irdischen das All des Geistes zu finden. Während nach außen die Grundangst zur Furcht, zur Lebensangst wird, steigert sie sich nach innen zur Todesangst und kann damit zu einem neuen Lebensanfang für das Ich werden. Letzteres beginnt im Lebenslauf mit der Ich-Geburt und erhält einen besonderen Akzent in der Lebensmitte, wo der Mensch im Lebenslauf seinem Tod begegnet.

Hinter der Grundangst aber steigt die *Urangst* auf. Es handelt sich dabei um das Urerlebnis des Menschen, der die Vertreibung aus dem Paradies seiner kosmischen Urverbundenheit erlebt und den Weg in die Enge des irdischen Daseins einschlägt. Aus dieser Urangst ist beim Menschen, der nun auf der Erde seßhaft geworden ist, die Grundangst geworden. Auch die Grundangst weist somit auf den göttlich-geistigen Ursprung des Menschen hin, zu dem sein Ich durch die Angstüberwindung neu in Beziehung treten kann.

VOM SEELENLEBEN DES NEUROTISCHEN MENSCHEN

Hinter beiden Ängsten, die aus der Grundangst entstehen: der Todesangst und der Furcht vor dem Leben, tut sich das *Nichts* auf: draußen als Weltenleere erlebt [154], drinnen als innere Leere, die schon nach einem teilweisen Vernichtungserlebnis, nach einer Schwächung des Ich in der Seele sich meldet. Dabei kann der Kranke auch dem anderen Extrem erliegen und in Tollkühnheit oder Aggression aus der Angst ausbrechen. Wir erleben jetzt das ganze neurotische Seelenleben, nicht nur das Leben der Empfindungen als ein Meer, das viel weniger als das Empfindungsmeer zur Ruhe kommen kann. Dabei werden wieder die schon geschilderten polaren Kräfte des Seelenlebens bestimmend. Entweder gibt sich die Empfindungsseele lustvoll der Welt hin, oder sie zieht sich in Unlust vor ihr zurück. Im neurotisch gewordenen Seelenleben können sich übersteigerte Hingabe und übersteigerte Selbstbehauptung miteinander abwechseln. Manchmal findet man auch ein gleichzeitiges Wirken von Polaritäten: Hinter einem fanatischen Machtstreben kann sich Unsicherheit und ein Gefühl von Minderwertigkeit verbergen, wie auch umgekehrt.

Man kann hier außer der seelischen Tendenz zum Schwanken zwischen Polaritäten den Willen des Ich zum Erzeugen eines Gleichgewichtes durchspüren. Auch beim Errichten einer *Fassade*, die man der Welt zuwendet, ist das Ich beteiligt. Bei solchen und ähnlichen Ich-Tätigkeiten ist das Ich jedoch in Wirklichkeit dem Seelenleben unterworfen, z. B. der Angst, sich zu verlieren, der Scham vor der Welt. Auch beim Errichten einer Fassade dient ja das Ich einer Täuschung und handelt nicht aus der Wirklichkeit, wie es im Grund von ihm erstrebt wird. Und bei dem Abwechseln von Polaritäten führt das Ich keinen wirklichen Ausgleich herbei, es dient vielmehr einer überschießenden Reaktion der Seele, der es Persönlichkeitscharakter verleiht (*sog. Überkompensation*). Es ist damit in die Situation des persönlichen Seelenlebens im Jahrsiebt 14–21 zurückgefallen, als es sich noch nicht zu sich erheben konnte. Durch das Erden-Ich, die *persona*, wie die Maske des antiken Schauspielers genannt wurde, versucht nicht mehr das höhere Ich zu sprechen, vielmehr spricht jetzt nur noch die Angst, der Wunsch der Seele durch das Ich hindurch. Das Ich selbst, das eigentlich Zentrum der Seele werden sollte, ist Maske für das Seelenleben geworden. (Es gibt auch eine Fassade aus Rücksicht, diese ist hier nicht gemeint.)

Auch das Geschehen der *Verdrängung*, das auf eine Realität im Seelenleben hinweist[80], ist im Kern keine Leistung des Ich oder eines Über-Ich, wie es FREUD annahm.[155] Das Vergessen, nach STEINER das »Einschlafen eines Vorstellungskomplexes«, wurde schon erläutert. Dieses Einschlafen braucht sich jedoch nicht nur spontan zu vollziehen, es kann auch gesucht, herbeigeführt werden. Dem Drang eines konfliktreichen, noch nicht verarbeiteten Vorstellungskomplexes, der in der Erinnerung aufsteigen möchte, wirkt ein negativer, aus Antipathie entspringender Drang der Seele entgegen. Dieser negative Drang führt ein neues, dumpfes »Einschlafen« des Erinnerungskomplexes herbei, ähnlich einer Schlaftablette, die ein dumpfes Einschlafen des ganzen Menschen erzeugt. Das Ich wirkt insofern mit, als es sich krampfhaft auf andere Vorstellungen wegkonzentriert und den Angst oder Scham erzeugenden Vorstellungskomplex dadurch unterdrücken hilft. Der negative, unterdrückende Drang der Seele braucht jedoch nicht nur einen Vorstellungskomplex zu betreffen, er kann sich auch auf eine emotionale Seelenregung richten und dadurch die entgegengesetzte heraufbeschwören: Die unterdrückte Seelenregung der Minderwertigkeit schlägt in Machtstreben um.

Man kann in solchen Verdrängungen eine individuelle Metamorphose dessen sehen, was sich nach STEINER durch »Generationen hindurch« in der Menschheit vollzogen hat. In das »Unterbewußtsein, welches im Ätherleib aufleuchtet«, »hat der Mensch hinuntergedrängt, was er selber dargelebt hat, an Trieben, Begierden, Leidenschaften« ... Aber dieses Hinuntergedrängte verbirgt zugleich das Göttliche, das ebenfalls im Unterbewußtsein lebt.[154] Und das ist letztlich auch der Quellgrund, aus dem die Sehnsucht nach dem Göttlichen hervordrängt. Man kann es auch so ausdrücken, daß sich das Unterbewußtsein zu einem höheren Bewußtsein auszuweiten beginnt, daß ein Bogen »nach oben« zu einem Überbewußtsein geschlagen wird, in dem das höhere Ich bewußt erfahren werden kann.

Durch ständiges Verdrängen kann der Mensch versuchen, seine Triebe und Begierden zu ertöten. Vor diesem »Ertöten« im Sinn einer falschen Askese hat STEINER ausdrücklich gewarnt.[156] Man solle die seelischen Kräfte nicht unterdrücken, sondern läutern, verwandeln. Aus dem dumpfen *Zorn* kann durch Läuterung ein edler Zorn werden, der durch ein Unrecht, eine Torheit in der Welt entflammt wird. Durch Verwandlung des edlen Zorns aber entsteht *Liebe*.[91] Liebe will nicht nur, wie der edle Zorn, etwas in der Welt oder im eigenen Leben anders haben, im schöpferischen Tun kann sie selbst umgestaltend wirken. Eine solche Verwandlung kann nur das Ich leisten, das in das seelische Geschehen eingreift. Die Kraft dazu fließt ihm aus seiner geistigen Welt zu, wenn es sich aktiv für sie öffnet.

Geschieht dies nicht und bleibt das Ich dem Seelenmeer unterworfen, so kann das Geschehen des Auf und Ab zum Sog werden, welcher das Ich in sich zu verschlingen droht. Aus dem Wogen des Seelenmeeres wird ein Wirbelsturm, wird ein seelischer »circulus vitiosus«, ein *Teufelskreis*, der keine Öffnung mehr erkennen läßt, dafür aber immer enger wird und das Ich immer tiefer in sich hineinzieht. HORNEY beschreibt solche Kreisläufe, die eigentlich Spiralen sind, d. h., bei denen reflexartig eine seelische Regung die andere nach sich zieht und dabei wieder – entsprechend tiefer – an den Ausgangspunkt zurückkehrt. So kann aus einem Gefühl der Demütigung der Wunsch entstehen, andere zu demütigen, um das Gefühl der eigenen Demütigung loszuwerden. Ist dies geschehen, so ergibt sich aus der Furcht vor Vergeltung verstärkte Empfindlichkeit gegenüber neuen Demütigungen. Dadurch verstärkt sich wieder der Wunsch, andere zu demütigen usw.[157]

Aber an jeder Stelle dieses Teufelskreises hat das Ich die Möglichkeit, einzugreifen und den Kreis aufzubrechen. Es kann aus Selbsterkenntnis heraus fragen: Warum fühle ich mich von diesem Menschen gedemütigt? Habe ich ihm einmal eine Demütigung zugefügt? Bin ich ihm in dieser oder in jener Richtung unterlegen und fühle mich deshalb gedemütigt? Wie kann ich von ihm lernen und so das Gefühl der Demütigung überwinden? Warum die verstärkte Empfindlichkeit bei mir: Steckt nicht die Angst vor Vergeltung dahinter, weil ich selbst andere gedemütigt habe? Habe ich deshalb verstärkt den Drang (besser als »Wunsch«), den anderen zu demütigen, damit er mir nicht eine Demütigung zufügt?

DIE INNERE LEERE DES NEUROTISCHEN MENSCHEN

Es gehört zum Urphänomen der seelischen Polarität, daß Leere der Seele nicht nur aus primärer Lahmheit seelischer Tätigkeit entsteht, sondern auch aus primärer Anspannung und Übertätigkeit: nach einiger Zeit erlahmt der Übertätige, und innere Leere stellt sich ein. Das verstärkt sich beim neurotischen Menschen. Die Leere des Empfindungslebens, die nun voll erlebt wird, kann jedoch auch schon während der Übertätigkeit dahinter sich auftun und vom anderen, ja, vom Betroffenen selbst durchgespürt werden. Dieses Geschehen kann bis zum »Vertrocknen« allen Lebens in der Empfindungsseele führen.[110]

In der Empfindungsseele kann die innere Leere bewußter wahrgenommen werden als im Empfindungsleib. Auch die

Sehnsucht der Seele nach dem Geist, den das Ich statt der Leere in der Seele erleben möchte, kann dabei deutlicher werden. Es tritt eine Empfindung auf, daß in diesem Erleben die Existenz des jungen Menschen wurzelt oder wurzeln sollte. Der österreichische Psychiater V. E. FRANKL prägte für das aus dieser Situation entstehende Krankheitsbild die Bezeichnung »*noogene Neurose*«. Es handle sich um eine neuartige seelische Erkrankung, die aus »geistiger Not« kommt und mit dem Erlebnis schwerer Langeweile, letzten Endes eines *existentiellen Vakuums* verknüpft ist. Dieses seelische Leiden ist nach FRANKL vor allem in der Jugend heutzutage weit verbreitet. Während man – hauptsächlich in Europa – unter den Neurosen 20 Prozent noogener Neurosen fand, ergab eine statistische Stichprobe FRANKLS unter seinen Wiener Studenten, daß 40 Prozent das Gefühl des existentiellen Vakuums kannten, unter seinen amerikanischen Hörern waren es 80 Prozent.[158] FRANKL zitiert in einem solchen Zusammenhang die Bemerkung von BOSS, die Langeweile sei die Neurose der Zukunft, und stellt dazu fest, die Zukunft habe schon begonnen.[159]

Die Vakuumneurose, wie man sie auch nennen kann, meldet sich zuerst durch die Mißstimmung der schweren Langeweile. Sie führt weiter in depressive Zustände und gipfelt in lähmender Initiativlosigkeit, die sich mit dem Gefühl absoluter Sinnlosigkeit verbindet. Diese Zustände trotzen jeder herkömmlichen Behandlung.[159] Wie zu beobachten ist, kann diese Grundneurose unserer Zeit auch zur Rauschsucht führen, durch die eine zeitweilige Erfüllung der inneren Leere angestrebt wird. Körperlich scheint sie sich bevorzugt mit einer schwachen Nierenstrahlung zu verbinden.

Als Ursache findet FRANKL zunächst den Verlust von Instinkt und Tradition; von ihnen aus ist der Sinn des Lebens nicht mehr zu gewinnen. In diesem Zusammenhang zitiert FRANKL A. PFÄNDER, der feststellt, daß »die Menschheit in eine Abenddämmerung der Werte eingetreten sei«. Die in dieser Abenddämmerung aufwachsende Generation sei »wertblind« geworden.[158] Nach FRANKL kommt es nun darauf an, daß eine »Rückbesinnung auf die Wertwelt«, auf das »objektiv Geistige« einsetzt, d. h. durch eine »Logotherapie« angeregt wird.[160a] FRANKL knüpft dabei an die Sehnsucht »im Grunde unseres Seins« an, »die dermaßen unstillbar ist, daß sie gar nichts anderes meinen kann als Gott«. Dieser emotionale Weg des Sehnens, des Glaubens, des führe allein an die Wirklichkeit Gottes heran, der Weg

Denkens könne das nicht. Nur der Glaube ermögliche das freie Wählen.[160b]

Einsetzend bei der Abenddämmerung der Werte kann man sich fragen, wie diese Situation sich in der jugendlichen Seele auswirkt. Um im Bild zu bleiben: Die Werte sind in der Dämmerung durchaus noch sichtbar, aber nur noch als farblose Schatten. Das heißt, der Jugendliche sieht die Werte noch, er nimmt sie mit seinem Verstand, seinem Kopf auf, aber er hat keine farbigen Empfindungen mehr dabei. Die Wertblindheit bezieht sich also nicht auf das Sehen der Werte, sondern auf ihr Erleben. Die Sehnsucht, das Begehren, ist da, doch wurde es durch die Erziehung zuwenig in geistiges Interesse verwandelt. Das vom Willen aktivierte eigene Urteilen wurde zuwenig angeregt; so können die Wahrnehmungen der Werte nicht zu Empfindungen verarbeitet werden, und die Seele bleibt leer.

Gerade das urteilende Denken also ist es, das hier nachgeholt werden muß und das allein den Menschen zum freien Wählen und Handeln fähig macht.[161] Wendet man sich primär an Empfindung und Gefühl, an den Glauben, so kann dies, von einer starken und überzeugten Persönlichkeit vermittelt, durchaus starke Wirkungen haben; auf die Dauer wird man jedoch der seelischen Entwicklungsproblematik so nicht gerecht. Der Glaube, der dem Fühlen Sicherheit bringt, steht heute nicht am Anfang, sondern am Ende eines Weges, auf dem zunächst das urteilende Denken zu ersten Erkenntnissen, zu neuen tragenden Empfindungen führen und so die Wirklichkeit der geistigen Welt auf einer ersten Stufe vermitteln kann.

ZUR THERAPIE

Die Grundlagen der Therapie waren schon bei der Erörterung der Pathologie sichtbar geworden. Wurzeln die Störungen der Empfindungsseele in einem entwicklungsgestörten Empfindungsleib, so ergibt sich als Grundlage die schon dargestellte Therapie. Werden die Kräfte des gesunden Empfindungsleibes zuwenig verwandelt in die Empfindungsseele hinübergetragen, so muß man das Ich der Empfindungsseele stärker berücksichtigen.

Zunächst sollte man mit dem Kranken zusammen seinen Lebenslauf bis zur Gegenwart verfolgen. Bei einer solchen Erhebung der *Vorgeschichte* kann man durch eine »richtig angewendete psychoanalytische Methode«, wie sie STEINER forderte,

»nicht verarbeitete Inhalte im Seelenleben« entdecken, die krank machend bis in die Organe hinein wirken. Man könne aber auf diesem Weg nur zu einer *Diagnose* gelangen, nicht zu einer Therapie.[162] Als *Einleitung* zu der eigentlichen Therapie hat jedoch dieser Prozeß eine große Bedeutung. STEINER selbst hat sich in diesem Sinn geäußert, indem er empfiehlt, die zerstörend wirkenden, vergessenen Vorstellungen aus entsprechenden früheren Erlebnissen »ins Bewußtsein hineinzubringen und gesundende Kräfte damit hervorzurufen«. Das Ich des Kranken sei zu schwach, um die Vorstellungen selbst ins Bewußtsein zu heben, es brauche dazu Hilfe.[163] Davon sind zu unterscheiden jene Vorstellungen, die vergessen werden wollen und sollen, diese sollte man ruhen lassen.

Das Erlebnis einer ersten Befreiung, zu dem so der Kranke geführt wird, stellt sich auch ein, wenn er mit dem Therapeuten über seine gegenwärtigen Konfliktserlebnisse spricht und man mit ihm gemeinsam zu der neurotischen Fülle oder Leere seiner ichschwachen Seele vordringt. Zur Hilfestellung des Therapeuten für das schwache Ich gesellt sich die keimende *Selbsterkenntnis* des Betroffenen, wofür im vorletzten Kapitel ein Beispiel gegeben wurde (Teufelskreis!). Dabei kann auch schon über die Siebenjahresperiodik des Lebenslaufes gesprochen und auf dessen Krisen hingewiesen werden. Aber diese Schritte zur Selbsterkenntnis müssen vom Ich des Kranken selbst gewollt und geleistet werden, man darf sie ihm nicht aufnötigen. Das Ich des Therapeuten wirkt dabei primär auf die Seele des Kranken, indem es, durch das warme Fühlen mit ihr verbunden, ihre Willens- und Erkenntnisfähigkeit anregt und so zunächst das Erden-Ich des Kranken anspricht.

Damit setzt die eigentliche Therapie ein, die, wie jede Therapie, *Selbstheilung*, Heilung durch das eigene Selbst ist. Über dem niederen Selbst, dem Erden-Ich, steht das höhere Ich, durch das der Mensch die Verbindung mit der geistigen Welt hat. Die eigentliche Therapie sollte sich, wie STEINER in seinen Vorträgen zur Psychoanalyse betont hat, nach dieser Tatsache richten. »Das kann nicht angehen, daß man dasjenige, was über das Individuum hinausführt, individuell behandelt, sondern das muß generell, allgemein menschlich behandelt werden.«[164] Indem wir »durch die verborgenen Seelentiefen gehen«, »dringen wir auch in die verborgenen Tiefen, in die geistigen Untergründe des Ewigen und Unsterblichen in der äußeren Welt«[146]. Wie geschildert können wir von dort aus auch dem höheren, dem unsterblichen Ich des Menschen begegnen, das durch die wiederholten Erdenleben geht.

Wichtig ist dabei, *wie* man in die verborgenen Seelentiefen hinuntersteigt. Der Intellekt unseres Tagesbewußtseins wird ihrem Leben nicht gerecht, das kann nur die einfühlende »reale Phantasie«, die zum »umfassenden Bild« führt.[146] (Vgl. dazu weiter das Kapitel: Bewußtseinsseele und geistige Schulung.) Eine solche Methode ist auch »richtig angewendete psychoanalytische Methode« und ist zugleich Therapie. Man kommt auf diesem Weg nicht nur zu Bildern seelischer Tatbestände, man entbindet auch die Idealbilder des unterbewußten Seelenlebens, in die sich die »von oben« kommenden Ideen verwandelt haben. Was Erziehungsprinzip bei der Vorbereitung der Empfindungsseele war, das Bilden von Idealen, kann auch die Therapie inspirieren. Die schon erwähnten Fragen, wie man sich einen Beruf im idealen Fall vorstellt, usw. zielen schon in diese Richtung.

Auch die *Selbsterkenntnis* darf sich nicht nur im Seeleninnern vollziehen und dort zum »Grübeln« und »Brüten« führen. Nur wenn der Mensch, »seine Verwobenheit mit der ganzen Welt erkannt hat, kann er den Spruch anwenden: Erkenne Dich selbst!«[110] Wie ausgeführt, gehört das Zusammenklingen von Selbst- und Welterkenntnis zur Entwicklung der Bewußtseinsseele. Da ihr Licht jedoch schon über die Entwicklung der anderen Seelenglieder leuchtet, kann auch in den Jahrsiebten dieser Seelenglieder schon damit begonnen werden, die beiden Seiten der Erkenntnis einander näherzubringen.

Diese Prinzipien sind zu ergänzen durch das, was oben über den *Zorn* ausgeführt wurde. STEINER nannte den Zorn direkt einen »Erzieher der Empfindungsseele«. Der Zorn rufe das Ich heraus, »damit es sich der Außenwelt gegenüberstellen kann«. Die Ohnmacht nach dem Zorn regt dann wieder zur Selbstlosigkeit an. Deshalb sollte man den Zorn der Empfindungsseele nicht unterdrücken. Indem man ihn überwindet, kann man ihn, wie beschrieben, in edlen Zorn und in Liebe verwandeln. Aber »erst muß man dasjenige haben, was man überwinden soll«[91]. So ist durchaus daran zu denken, durch die Therapie auch einmal die Gelegenheit zum Zornigwerden zu geben, wenn der Zorn spontan nicht kommen kann.

Bereits das Nachholen von Bildung führt ins allgemein Menschliche, ebenso wie das Entbinden der Sehnsucht nach dem Geist. Mit der Ich-Geburt im Jahrsiebt der Empfindungsseele können die nachgeholten erzieherischen Einflüsse allmählich durch Selbsterziehung ersetzt werden. Schon in der Vorbereitungszeit der Ich-Geburt kann mehr als vorher die eigene Übung einsetzen.

Prinzipiell gilt dabei nach STEINER folgendes: Was in der Jugend versäumt wurde, ist schwierig nachzuholen. Es ist jedoch möglich. »Dann wird es notwendig, daß der Mensch sich ganz bewußt hingibt einer tief innerlichen meditativen Betrachtung ...« Es wird das übende Erleben der großen Weltanschauungen empfohlen, die in die »großen, umfassenden Weltgeheimnisse« hineinführen, es wird auf täglich wiederholte Gebete hingewiesen.[6] Außer der meditativen Vertiefung in entsprechende *Lektüre* erhebt sich hier die Frage nach den *meditativen Übungen* selbst.

STEINER hat manchen körperlich oder seelisch Erkrankten neben Medikamenten und Heileurythmie auch solche Übungen empfohlen. Einige von ihnen sind so geartet, daß sie in entsprechenden Fällen vom anthroposophischen Arzt weitergegeben werden konnten. Im Hinblick auf das sich zur Freiheit durchringende Ich sollten jedoch alle diese Übungen nicht verordnet oder gar angeordnet werden. Man kann auf sie nur hinweisen, sie vorschlagen, viele Kranke verlangen heutzutage selbst nach solchen Vorschlägen.

Bei den meditativen Übungen handelt es sich zunächst um *Vorübungen* oder Nebenübungen, um Übungen für das Denken, das Fühlen und das Wollen, die drei Grundkräfte des Seelenlebens, die vom Ich gehandhabt werden. Vorbereitend für das *Denken* wirkt die Konzentrationsübung, im selben Sinn wirkt die Willensübung auf den *Willen*, die Übung zum Erreichen der Gelassenheit auf das *Fühlen* ein.[165a] Ob sich an diese Vorübungen noch andere anschließen, ob dem Patienten geraten werden kann, mit den eigentlichen *Meditationen* zu beginnen, hängt ganz von seinem eigenen Entschluß, aber auch vom Grad seiner seelischen Gesundheit ab.

Für den geistigen Schulungsweg im Sinn der Anthroposophie ist seelische Gesundheit eine Vorbedingung. »Ungesundes Gemüts- und Denkleben bringt auf alle Fälle von den Wegen dieser höheren Erkenntnis ab.«[166] Werden von Kranken dieser Art Meditationen gemacht, so kann ihnen dies sogar schaden, ebenso wie eine dann meist übersteigerte entsprechende Lektüre. Bei einem seelisch kranken Menschen sollte man daher zunächst dringend von beidem abraten, auch wenn manchmal fast süchtig danach gestrebt wird. Zugleich jedoch sollte man dem Kranken nicht die Hoffnung nehmen, daß er nach der Erfüllung der Vorbedingungen, d. h. nach seiner Genesung, solche Wege werde gehen können.

Der seelisch Kranke kann jedoch schon bei den viel eher möglichen Vorübungen erleben, wie er gesammelter, aktiver und ausgeglichener wird. Und schon während dieser Übungen ist es wichtig, die Öffnung der Seele, die Aktivierung des Ich in Richtung »Welt«, in Richtung »geistiger Welt« anzuregen. Zunächst führt *goetheanistische Naturbetrachtung* aus dem chaotischen Seeleninnern heraus und läßt in der Leere erste Empfindungen entstehen. Lenkt man auf diesem Weg das Interesse der Seele auf die Form der Wolken, der Bäume hin und läßt diese Eindrücke beschreiben, so fördert man die Verarbeitung solcher Eindrücke und die Entstehung der aus ihnen sich bildenden Empfindungen.[165 b] Wichtig ist, daß diese dabei nicht in der ersten, undifferenzierten Seelenbewegung befangen bleiben, bei der die Befriedigung des Begehrens im Vordergrund steht. »Das ist unheimlich schön!« Erst in differenzierteren Empfindungen leben die Wahrnehmungen weiter, die den jungen Menschen mit der Welt verbinden. Man kann sich fragen: Empfinde ich nicht etwas anderes bei diesem Baum als bei dieser Wolke? Beides ist schön. Aber inwiefern empfinde ich anders beim einen als beim anderen? Durch ein wiederholt geübtes, aufmerksames Wahrnehmen legt man den Grund für solche Differenzierungen.

Wirkt man in dieser Art auf eine Durchseelung des verarmten Sinneslebens hin, so sollte man andererseits durch entsprechende *Lektüre* das Denkleben, die geschwächte Urteilskraft des neurotischen Menschen anregen lassen. Denn nur durch das denkende Urteilen verwandelt sich, wie wir sahen, das dunkle Begehren in helles Interesse, das der Mensch ja auch für das Sinnesleben braucht. Das denkende Urteilen wird durch Philosophie, speziell durch Erkenntnistheorie gestärkt. Hier sind in erster Linie die erkenntnistheoretischen Schriften Rudolf STEINERs zu nennen, insbesondere »Die Philosophie der Freiheit«[63]. Durch das Denken über das Denken, das dabei

110

gelernt wird, findet das Urteilen zur Klarheit, die schon als erste Offenbarung des Geistes einleuchten kann. Von ausschlaggebender Bedeutung ist, daß auch dabei etwas empfunden, erlebt wird, d. h., daß das Urteilen lebendig ist und das Aufgenommene nicht im Kopf stecken bleibt. Wenn dies doch eintritt, so sollte man im Jahrsiebt 21–28 das erkenntnistheoretische Arbeiten gut dosieren. Besonders hier gilt die Mahnung STEINERs, daß »ein fortwährendes Streben auf denkerischem Gebiet« das Seelenleben »ausdörren« kann.[66]

Am unmittelbarsten wirkt die *Kunst* auf die Empfindungsseele ein. Bei der Aufnahme von Kunst wird dem geschwächten Ich die Verarbeitung der Eindrücke insofern erleichtert, als diese künstlerischen Eindrücke selbst schon aus einer Verarbeitung hervorgegangen sind. Beim künstlerischen Üben folgt man dem Therapeuten, folgt man den Gesetzen des Stoffes und der Form. Nachahmung und Autorität, die im Leben zuwenig zur Wirkung kamen, werden in rechtmäßiger Form auf dem Gebiet der Kunst wirksam.

Dieses Gebiet ist zugleich die Sphäre des *Spieltriebes*, der aus dem Gleichgewicht zwischen den Polen zum Erlebnis der Freiheit führt. In der harmonischen Vereinigung von stofflichen und formalen Tendenzen, vom Ausleben im Stoff und vom Einleben in die Gesetze der Form, erfährt der Kranke eine Stärkung seiner eigenen, um Freiheit ringenden Mitte, die beim neurotischen Menschen durch chaotische Fülle oder durch Leere geschwächt ist. Aus der Schönheit der Kunst leuchtet im Empfindungsleben das Geistige auf. Das eigene Selbst aber wird dabei nicht nur hingegeben, wie es bei der Wahrheitssuche notwendig ist, »das ästhetische Urteil bringt uns auch noch unser Selbst zurück als Geschenk«[66]. Das ist von besonderer Bedeutung für den ich-geschwächten Jugendlichen, der mit dem künstlerischen Eindruck zugleich sein Ich erleben darf.

Medikamentös bildet für Empfindungsleib und Empfindungsseele die Behandlung von der *Niere* aus eine Grundlage. (Auf den Zusammenhang zwischen Niere und Empfindungsleben wurde schon hingewiesen.) Gestützt wird das gesunde warme Empfindungsleben durch das Nierenmetall *Kupfer*, das sowohl bei Übertätigkeit des Astralleibes mit Neigung zu Erregung als auch bei seiner Lethargie und seinem Leere-Erlebnis angebracht ist. *Eisen* dagegen hilft dem Jugendlichen, seine Inkarnation in Leib und Erdenleben zu vollenden und die Angst dabei zu überwinden.

Heileurythmisch kommt hier vor allem der Konsonant *B* und der Kupfer-Vokal *A* in Frage. Durch das umhüllende *B* erhält der in die Welt geworfene, nackt sich empfindende Jugendliche wieder mehr Hülle. Im *A*, dem Laut des Staunens, lernt die Seele sich für neue Eindrücke und Empfindungen zu öffnen (Näheres im Kapitel: Künstlerische Therapie). Das Kibitz-*M*, bei dem das Aufschnellen des Beines vom harmonisierenden *M* aufgefangen wird, wirkt ausgleichend auf alles, was unbeherrscht aus dem unteren Bereich des Organismus, insbesondere der Sexualsphäre hinaufdrängt. Dabei ist medikamentös *Silber* in besonderer Form angebracht. Die Labilität des Gefühlslebens, das Schwanken zwischen Sympathie und Antipathie des neurotischen Menschen ist speziell von der *Lunge* aus mit *Quecksilber* anzugehen. Hier hilft der Konsonant *M* und der Mercur-Vokal *I* mit, wobei letzterer das Gleichgewicht suchende Ich aufruft. Der Eisen-Vokal *E* wirkt im gleichen Sinn wie das Eisen. (Natürlich werden diese Medikamente und Übungen nicht alle gleichzeitig angewandt.)

Prinzipiell sei an dieser Stelle zur medikamentösen und heileurythmischen Therapie bemerkt, daß durch keine dieser Therapien die eigene Anstrengung ersetzt werden kann. Es wird durch sie nur der Weg zur Weiterentwicklung freigemacht, es werden die Wesensglieder aufgerufen und gestärkt, gehen jedoch müssen sie ihren Weg selbst.

Entwicklungsstörungen der Verstandes-Gemüts-Seele

Wie zu Anfang des vorigen Kapitels sind zunächst die vorhandenen Entwicklungsstörungen der vorhergehenden Jahrsiebte zu untersuchen. Diese treten jetzt, wenn sie noch wirksam sind, wiederum stärker akzentuiert hervor und wirken sich als Hindernisse für die Entwicklung der Verstandes-Gemüts-Seele aus. Andererseits kann das sich stärker einschaltende Ich dieser Seele nun den Impuls im Betroffenen erwecken, die Unterentwicklung des Seelenlebens neu anzugehen.

Ist die Empfindungsseele voll zur Entwicklung gekommen, so ergibt sich um das 28. Jahr das Problem der Geburt und Entwicklung der Verstandes-Gemüts-Seele. Die pathologischen Phänomene des Seelenlebens zu dieser Zeit lassen alle erkennen, daß es dem heutigen Menschen schwerfällt, trotz der geschilderten Ansätze, den Weg zur gemüthaften Verinnerlichung zu gehen und das eigene wahrheitssuchende Denken zu entwickeln. Der Mensch fühlt sich an der Oberfläche festgehalten – im Hinblick auf das eigene Sein wie auf die Welt. Man schuldigt die Hetze des modernen Lebens an, die einen daran hindere, zu sich selbst zu kommen. Man kommt aber dabei auch nicht mehr recht zur Welt, man stellt fest, daß man zuwenig Zeit hat, über sie nachzudenken. Gerade das aber wird nun im Gegensatz zu früher zu einem stärkeren Bedürfnis, von dem man glaubt, man könne es aus äußeren Gründen nicht befriedigen.

Mit dieser Situation verbindet sich eine Armut im Gemütsleben. Die betreffenden Menschen wirken kalt, man erlebt eine innere Leere, die nun nicht Empfindungsleere, sondern *Gemütsleere* ist. Das bedeutet: der Mensch hat vorerst noch rasche, unter Umständen leidenschaftliche Empfindungen, die durch eine menschliche Begegnung, ein Erlebnis in Natur oder Kunst angeregt werden, aber alles bleibt zu sehr an der Oberfläche der Seele und erreicht nicht das Innere, wo das Erlebte im Gemüt bewegt und bedacht werden sollte. Aus diesem Grund verflüchtigen sich die Erlebnisse bald wieder und hinterlassen in der Seele wenig Spuren. Martin Luther KING hat es deshalb als »eines der großen Probleme der Menschheit bezeichnet, daß wir an einer Armut des Gemütes leiden«.[167] Es ist dies die eine Seite der Problematik, die Ende der 20er Jahre und im späteren Leben immer wieder anzutreffen ist.

Die andere Seite, die Unterentwicklung des selbständigen Denkens, ist im Erwachsenenalter ebenfalls überall zu beobachten. Statt einer eigenen Gedankenbildung, die aus dem Nachdenken hervorgeht, besteht die Tendenz, im Denken das wiederzugeben, was man früher einmal gehört oder gelesen hat. In krassen Fällen liegt ein ausgesprochenes »*Schlagwort-* oder *Schlagzeilendenken*« vor, das manchmal wörtliche Zitate aus bestimmten Zeitungen enthält. Verbindet sich der Glaube mit einem übernommenen, aber nicht verarbeiteten Gedankeninhalt, so entsteht ein *Dogma*. Nicht nur religiöse, auch weltanschauliche Inhalte können jetzt zum Dogma werden, dem der Mensch sich, manchmal ohne sich dessen bewußt zu werden, unterwirft oder das er als eigene Weisheit von sich gibt.

In der Epoche der Empfindungsseele braucht noch nicht alles

gedanklich durchgearbeitet zu sein, in dieser Zeit können noch Gedanken von der lebendig empfindenden Seele übernommen werden. Wird diese Haltung später beibehalten, so erstirbt das Übernommene, zusammen mit dem ursprünglichen Leben der Empfindungsseele, zum Schlagwort oder zum Dogma. Eine weitere Steigerung findet statt, wenn sich das Denken in *Phrasen* ergeht, wenn das Fühlen in der *Konvention* erstarrt, wenn *Routine* das Wollen beherrscht. Schon mit dem Ende des 19. Jahrhunderts ist auf diesem Weg eine »geistige Eiszeit in das soziale Leben eingezogen«.[168] Für ihre Entstehung ist die Welt des Erwachsenen verantwortlich, die Jugend hat bis zum Ende der 20er Jahre unter ihr zu leiden. Sie empört sich zu Recht gegen sie – um sich dann, wenn die Krise auch von ihr nicht bestanden wird, ihrem Bann zu unterwerfen.

Es entsteht dann das Charakterbild eines äußerlich geordneten Menschen, der ruhiger als bisher seinen eingeschlagenen Lebensweg verfolgt. Man scheint vernünftig geworden zu sein, man hat gelernt, sich zu bescheiden. Man empfindet nicht mehr so leidenschaftlich wie früher, das manchmal sich meldende Begehren läßt man durch die Vergnügungsindustrie, die Sehnsucht nach Weiterbildung durch Fernsehen und illustrierte Zeitungen befriedigen. Eine mehr oder weniger milde Verspießerung hat eingesetzt.

Andere Menschen mit speziellen Begabungen setzen das Leben so fort, daß sie alles das konsolidieren und perfektionieren, was sie sich bis dahin durch ihre Begabungen errungen haben. Äußere Erfolge stellen sich ein, das Leben geht weiter, man kommt zu Ruhm und Ansehen. Aber geht damit auch die Entwicklung weiter? Entsteht im Schaffen wie im Leben auf diese Weise noch wesentlich Neues?

STILLSTAND DER ENTWICKLUNG UM DAS 28. JAHR?

Bei manchen Menschen ist Ende der 20er Jahre ein deutlicher Stillstand in ihrer seelischen Entwicklung festzustellen. »Menschen, die vorher eine besondere Begabung in einem leichten wie inspirierten Schaffen an den Tag legten, verflachen plötzlich. Die glänzenden jugendlichen Schriftsteller verlieren oft ihre Leichtigkeit im Schaffen ... Menschen, denen eine großartige Zukunft vorausgesagt wurde, sacken ab. Vielversprechende Begabungen verlieren ihre Originalität.« (GLAS[169]) SHEEHY stellt fest, daß nun »ein mutiger, wenn auch häufig unbeholfener Kampf für uns selbst und gegen unser Erbe« beginne. Eine neue Verbindung der übernommenen Eigenschaften mit den individuellen werde angestrebt.[96] »Was Du ererbt von Deinen Vätern hast, erwirb es, um es zu besitzen«, ruft deshalb GOETHES Faust in seiner Lebensmitte aus.

Mit diesem Zitat des etwa 40jährigen Faust sei zugleich darauf hingewiesen, daß der als Krise erlebte Stillstand der seelischen Entwicklung um das 28. Jahr auch unbemerkt vom Betroffenen verlaufen und erst in der Lebensmitte zum Bewußtsein kommen kann. Durch später zu besprechende Krankheitssymptome kann er sich jedoch auch in solchen Fällen schon um das 28. Jahr melden. In jedem Fall eines Entwicklungsstillstandes bilden sich von nun an die oben erwähnten seelischen Mangelsymptome aus, die manchmal im Leben erst später erkennbar werden und zur Auswirkung kommen. Handelt es sich dabei um eine begabte Persönlichkeit mit einem großen Wirkungshorizont, so kann der Stillstand der seelischen Entwicklung mit seinen Folgeerscheinungen tragische Auswirkungen in der Welt haben.

Als *Beispiel* für eine solche Persönlichkeit sei kurz der Lebenslauf des amerikanischen Präsidenten Woodrow WILSON skizziert, auf den STEINER in diesem Zusammenhang besonders hingewiesen hat.[102] WILSON, der sich in der Jugend manche Ideale von menschheitlichem Format bildete, war ein hinreißender Redner, der mit dem jugendlichen Schwung seiner Empfindungsseele Hörer mit sich fortriß. Er wurde Professor der Rhetorik, Präsident einer Universität, zuletzt Präsident der Vereinigten Staaten. Im Erwachsenenalter verband sich eine Tendenz zum Organisieren, zur Disziplin mit den Idealen seiner Jugend, ohne daß diese jedoch weiter entwickelt und mit der sozialen Struktur der Umwelt in Verbindung gebracht wurden. Der Verstand blieb äußerlich und führte nicht zu neuen Erkenntnissen. Das Gemüt blieb verkümmert, der innerliche Kontakt zum anderen Menschen, zur Wirklichkeit blieb trotz der zunächst weiterbestehenden Rednergabe unentwickelt.

Mit dieser seelischen Kontaktarmut verband sich zunehmend Intoleranz. WILSON scheiterte in seiner Universität und wurde Präsident der USA. Als solcher predigte er sein abstrakt gewordenes Friedensideal, während seine Sympathie für die Alliierten die USA in den Weltkrieg hineinschlittern ließ. Bei Kriegsende verkündete er den »Frieden ohne Sieg« – der Frieden von

Versailles wurde das Gegenteil davon. Auch viele seiner 14 Punkte verkehrte die Welt in ihr Gegenteil, so z. B. die Selbstbestimmung der Völker, den Verzicht auf Annexion und auf Geheimdiplomatie, die Verpflichtung zur Abrüstung. Enttäuscht, von Wahnideen verfolgt und früh vergreist, starb WILSON im 68. Lebensjahr.[170]

Lebt der Mensch noch Anfang 30 einseitig von der Oberfläche seines Seelenlebens aus, so ist dies ein Zeichen dafür, daß seine Verstandes-Gemüts-Seele nur schwach geboren und entwickelt wurde. Damit bleibt die Seelenentwicklung mehr oder weniger auf der Stufe der Empfindungsseele stehen, obwohl das Leben äußerlich weitergeht. Man kann – wie bei WILSON – in der Ordentlichkeit, in dem Streben nach Konsolidierung, Organisierung und Perfektionierung die Kraft der Verstandes-Gemüts-Seele erkennen, aber diese Kraft erschöpft sich in ihrer Hinwendung nach außen und führt nicht zur Verinnerlichung. Während der Lebensepoche der Empfindungsseele war es richtig, in der Peripherie der Seele Weltbegegnung zu erleben: der periphere Charakter vieler Begegnungen wurde durch seine Unmittelbarkeit ausgeglichen. Jetzt aber hat man von dem in der Peripherie bleibenden Seelenleben einen ganz anderen Eindruck: Die Einstellung der Empfindungsseele wird beibehalten ohne ihr ursprüngliches Leben. Die Ideale dieser Seele werden, wie es bei WILSON geschah, zu Begriffsschablonen, der früher lebendig aufgenommene Gedankeninhalt erstarrt zu Schlagwort und Dogma.

Im Bild: Der Wildbach verliert seine Ursprünglichkeit. Entweder ist er von Versumpfung bedroht, oder er wird reguliert und hat der Industrie zu dienen, deren Abwässer er in sich aufnehmen muß. Die Umweltverschmutzung der äußeren Welt wird beim Menschen zur »Verschmutzung des Ich«, das sich gegenüber dem Lauf der Welt und ihrem herkömmlichen Getriebe nicht mehr durchsetzen kann.[171]

Um einen Stillstand der Entwicklung am Ende der 20er Jahre handelt es sich also nur insofern, als die innere Entwicklung zunächst bei der Empfindungsseele stehenbleibt. Die äußere Entwicklung aber geht weiter, wobei der Mensch versucht, das bis dahin entwickelte Seelenleben zu konservieren. Wie aber reagiert die Seele darauf?

Wieder sieht sich die Seele einer Verkopfung ausgesetzt. Das einmal Gebildete, das Gewordene der bisherigen Entwicklung wird fortgesetzt, wobei der Verstand des Erfolgreichen dessen äußere Form so perfekt wie möglich gestaltet, so vorteilhaft wie möglich »verkauft«. Das Nachdenken, das zur Geburt der Verstandes-Gemüts-Seele hingeführt hat, dient nun dem Organisieren des Künftigen, das eine bloße Fortsetzung des Vergangenen, nicht aber seine Weiterentwicklung darstellt. Die Ebene des Gewordenen wird nicht zum Acker, aus dem Neues hervorwachsen kann.

Jener Teil der Seele, der in seinem Begehren, in seinem jetzt konturierter werdenden Willensleben eine Urbeziehung zur Zukunft hat, wendet sich gegen eine solche zukunftsfeindliche Tendenz. Es kommt zu einer unheilvollen Spaltung im Verhältnis zum eigenen Lebenslauf. Während der Verstand die Vergangenheit in die Zukunft hinein fortsetzt (man muß doch weiterleben, tüchtig im Leben werden), kehrt sich die Sehnsucht der fühlenden und wollenden Seele von der Zukunft ab und richtet sich auf die Vergangenheit. Vor der seelischen und manchmal auch körperlich frühzeitig einsetzenden Vergreisung möchte man sich retten, indem man zu seiner verlorengegangenen und weiter verlorengehenden *Jugend* flüchtet und diese neu zu beleben versucht.

Das kann auf verschiedene Weise geschehen. Von dem Bestreben, möglichst jung auszusehen und sich jung zu gebärden, führt ein Weg über Hormonbehandlungen bis zu den beschriebenen Formen einer *Sucht*, wie sie der sexuelle Rausch, das Fernsehen, die übersteigerte Sportbegeisterung vermittelt. Aber auch die Drogensucht und jetzt vor allem der Alkoholismus erhalten hier eine neue Motivierung. Man will sich wieder jung fühlen, und sei es auch nur für kurze Zeit, indem man sich »einen Rausch kauft«. Es sei nicht in Abrede gestellt, daß ein Rausch auch einmal zur Anregung werden, daß die Ernüchterung nach dem rauschhaften Erleben zur Besinnung anregen kann. Zugleich jedoch wird durch jeden Rausch die Aktivität des Ich geschwächt und die Entwicklung weiter rückläufig, ohne daß auf diesem Weg eine wirkliche Verjüngung zu erreichen ist.

Die *Sehnsucht nach Jugend* ist so stark, daß unsere ganze Kultur von ihr geprägt wird. Wir haben heute eine Gesellschaft, welche »die Jugend vergöttert«.[172] Allenthalben hört man das Schlagwort: »Jugend ist Trumpf.« BODAMER stellt einen förmlichen »Zwang zum Jungseinmüssen fest«, dem sich niemand zu entziehen wage.[173] Und nach GUARDINI wird unser Dasein heute »im Grunde von Unerwachsenen« regiert.[174]

Manche versuchen, die verlorene Jugendlichkeit vorzutäuschen, vor allem der Welt gegenüber. Betrachtet man die Bildnisse von führenden Persönlichkeiten älterer Zeiten, so kann man immer wieder den Ausdruck gesammelten Ernstes feststellen, der Verantwortungsgefühl verriet und Vertrauen erweckte. Heutzutage gilt dagegen das »keep smiling« für nahezu jedes Auftreten in der Öffentlichkeit und für dessen Verbreitung durch Fernsehen und Zeitung. Wer nicht ein möglichst jugendliches Lachen aufsetzt, dem, so meint man, könne man sich für die Zukunft nicht anvertrauen.

Wie aber verhält sich zu dieser Tendenz der junge Mensch? Will er erleben, daß ältere Menschen sich wie er selber gebärden? Nicht nur die Tochter, der Sohn fühlen sich irgendwie verletzt, wenn die Eltern sich übertrieben jung geben. Empfinden sie in solchen Fällen eine Karikatur von sich selbst? Auf jeden Fall wollen sie den wirklich alt gewordenen, um Altersweisheit bemühten älteren Menschen erleben, von dem sie dann auch einen Rat annehmen würden. Statt dessen erfahren sie manchmal, daß bei ihnen gerade das kritisiert wird, was die Älteren gern selbst noch täten und doch nicht mehr recht leisten können. – Der *Generationenkonflikt* spielt sich heutzutage nicht so sehr zwischen jung und alt ab, als zwischen jungen Menschen und solchen, die nicht älter werden möchten und krampfhaft an ihrer Jugend festhalten.

Aus diesem Kapitel erkennen wir, daß auf die Dauer keine Entwicklung stehenbleiben kann. Entweder sie bewegt sich vorwärts ihrem Ziel entgegen, oder sie wird rückläufig. Sie kann sich aber auch in zwei Richtungen spalten: Einerseits schreitet die Entwicklung in äußerlicher Form weiter fort, andererseits kommt es zu einer krankhaften Rückentwicklung im Seelenleben. Man hat den Eindruck, daß diese Rückentwicklung im Zunehmen begriffen ist und zunehmend zur Krankheit führt, so daß auch Verspießerung immer weniger die Gewähr für eine gesunde äußere Weiterentwicklung geben kann.

Die oben geschilderte Entwicklungsstörung ist so verbreitet, daß sich eigentlich jeder Mensch zunächst fragen sollte, wie es denn bei ihm selbst in dieser Hinsicht aussieht. Man entdeckt dann, daß jeder Mensch der Gegenwart mehr oder weniger mit einem Stillstand und einer Rückläufigkeit in seiner seelischen Entwicklung zu ringen hat, beginnend mit dem Ende der zwanziger Jahre und sich fortsetzend in die folgende Lebenszeit. Sind wir nicht alle immer wieder versucht, an der Oberfläche zu bleiben, zuwenig nachzudenken, etwas Gehörtes oder Gelesenes weiterzugeben, ohne es im Inneren bewegt, verarbeitet zu haben? Entdecken wir nicht alle immer neu, daß die gemüthafte Verinnerlichung, das aus dem Inneren kommende warme Gefühl für den anderen Menschen heute oft erst errungen oder neu errungen und bewußt gepflegt werden muß?

Beim heutigen Menschen ist nach STEINER »am stärksten die Empfindungsseele entwickelt«.[91] Der drohende Stillstand der seelischen Entwicklung betrifft zunächst die Verstandes-Gemüts-Seele. Allerdings beobachten wir auch schon Unterentwicklung in der Empfindungsseele, im Empfindungsleib. Im Vergleich zur Unterentwicklung der Verstandes-Gemüts-Seele ist diese jedoch lange nicht so verbreitet, auch wird sie in vielen Fällen im späteren Leben einigermaßen ausgeglichen, was man von den entsprechenden Störungen der Verstandes-Gemüts-Seele nicht sagen kann. Schon im Hinblick auf ihre allgemeine Verbreitung stellen die Entwicklungsstörungen der Verstandes-Gemüts-Seele ein menschheitliches Problem dar; dies dürfte auch die Ursache sein, warum sie im Rahmen der üblichen Lebenslaufforschung nicht das Gewicht erhalten, das ihnen zukommt.

Der drohende Stillstand der seelischen Entwicklung weist nach STEINER auf einen Zusammenhang mit der *Menschheitsentwicklung* hin.[102] Blickt man in älteste Zeiten zurück, so findet man, daß es damals bis zum Alter keinen Entwicklungsstillstand gegeben hat. Der Mensch blieb sein ganzes Leben hindurch entwicklungs- und bildungsfähig. Im Gegensatz zu heute wurde der alte Mensch verehrt, der, von den Göttern geleitet, durch seine natürliche Entwicklung weise geworden war. Bis zur Lebensmitte hatte das mit dem Kosmos verbundene, aufsteigende Leben des Leibes die Seele getragen. Dann gab der alternde

Leib die Seele frei: Das Welken des Leibes führte zum Aufblühen des Geistes, der die Seele mit sich nahm. Von den Göttern wurde der Geist zur göttlichen Welt emporgehoben, die im Tod ganz für ihn offenstand.

Im Lauf ihrer Entwicklung wurde die Menschheit in dieser Hinsicht immer jünger. Immer früher kam die seelische Entwicklung zum Stillstand, wenn sie nicht von dem inzwischen erwachenden Ich selbst aufgegriffen und weitergeführt wurde. Immer früher ging die gesunde Abhängigkeit der Seele vom Leib, von den Göttern zu Ende. Immer früher wurde das Ich von der geistigen Welt für würdig erachtet, die Entwicklung der Seele selbst zu bestimmen.

Zur Zeit der griechischen Kulturepoche gelangte die natürliche seelische Entwicklung von selbst noch bis zur Lebensmitte. Bis dahin fühlte sich jeder Mensch ganz in der Natur, in den Elementen des Kosmos zu Hause, mit denen ihn das aufsteigende Leben seines Leibes verband und die er von Göttergestalten erfüllt erlebte. Für den Tod, der von der Lebensmitte an erfahren wird und zu dem die vorausgegangene ägyptische Kulturepoche noch eine selbstverständliche Beziehung hatte, war nur noch beim Mysterienschüler Verständnis vorhanden. Für die anderen gewöhnlichen Menschen wurde das Wort geprägt: »Lieber ein Bettler in der Oberwelt als ein König im Reiche der Schatten.« Dem Griechen galt deshalb die Lebensmitte als Höhepunkt, als Akme des Lebens; wer in dieser Zeit starb, hatte das glücklichste Los gezogen.[175]

Das weitere Vorrücken des Endpunktes der natürlichen seelischen Entwicklung führte in die Zeit der ersten Lebenshälfte zurück. Nun gab nicht mehr wie vorher der Leib die Seele frei; sein aufsteigendes Leben drohte vielmehr die Seele zu »überwältigen«, so daß der Mensch aus seiner Entwicklung heraus nicht mehr in eine göttliche Welt hinaufschauen konnte. Materialismus und Atheismus bekamen eine Wurzel im menschlichen Lebenslauf. Zu Beginn dieser Situation in der Menschheit kam – als diese im 33. Jahr ihrer Entwicklung stand – Christus auf die Erde und schuf in den 33 Jahren seines irdischen Lebens für den Menschen die Voraussetzungen, sich neu mit der göttlichen Welt zu verbinden. Rudolf STEINER bekennt zu jenem Resultat seiner Geistesforschung, daß er »wenig Momente von solcher Ergriffenheit gehabt habe ... wie diesen«, wo der oben angedeutete Zusammenhang in ihm aufgestiegen sei.[102]

Von da an begleitete über alle konfessionellen Vorstellungen hinaus die Kraft des durch den Tod hindurchgegangenen Christus die Menschheitsentwicklung und verband sich mit jenen Menschen, die sich ihm öffneten. Sie begleitete die Menschheit bis zum Beginn der Neuzeit im 15. Jahrhundert, als diese noch von selbst seelisch 28 Jahre alt wurde. Damit war die griechisch-römische Kulturepoche zu Ende, in der die *Verstandes-Gemüts-Seele* für die ganze Menschheit ausgebildet worden war, nachzuerleben am Verstand der griechischen Philosophie, am Gemüt des Mittelalters. Nun begann mit der Erweiterung des damaligen Bewußtseins in irdischer Form die Epoche der Entdeckungen und Erfindungen, die menschheitliche Epoche der *Bewußtseinsseele*. Man kann darin einen Ausgleich dafür sehen, daß zugleich auch das Jüngerwerden der Menschheit weitergeht und größere Anforderungen und Gefährdungen mit sich bringt. Heute bleibt nach STEINER die natürliche seelische Entwicklung des Menschen schon im *27. Jahr* stehen. Da eine Kulturepoche – ein Jahrsiebt in der Menschheitsentwicklung – rund 2160 Jahre dauert, entsprechen einem Jahr dieses Jahrsiebts rund 300 Jahre. Seit 1413, dem Beginn der Neuzeit, sind bis 1981 568 Jahre verstrichen. Wir befinden uns damit am Ende des zweiten Jahres vom menschheitlichen Jahrsiebt der Bewußtseinsseele, welches das individuelle Jahrsiebt der Empfindungsseele (21–28) überlagert. Der Entwicklungsstillstand ist damit in das 27. Jahr, genauer schon gegen das 26. Jahr hin vorgerückt.

Die Angabe des Entwicklungsstillstandes »um das 28. Jahr« (siehe S. 114) kann daher auf die Zeit des 27. Jahres konzentriert werden. Damit ist also schon die vollständige Entwicklung der Empfindungsseele zum Problem geworden. Manche Krankengeschichten, bei denen der Zeitpunkt des 27. Jahres besonders hervortritt, lassen dies erkennen. Das ist aber auch, wie gezeigt wurde, die allgemeine Situation. Schon die Empfindungsseele ist heutzutage in ihrer Entwicklung bedroht, wird jedoch bei den meisten Menschen noch einigermaßen ausgebildet. Nur einige Jugendliche bleiben bei ihrer Entwicklung im Empfindungsleib stecken – eine Vorwegnahme späterer Zeiten, in denen noch weit schwerere seelische Störungen kommen werden, wenn ihnen nicht grundlegend begegnet werden kann. STEINER sprach in dem genannten Vortrag von einer »epidemischen Dementia praecox« (die frühere Bezeichnung für Schizophrenie), die sich einstellen kann, wenn der Entwicklungsstillstand schon im Jahrsiebt 14–21 droht. Der Mensch werde dann

u. U. nur noch »eine Lebensreife haben können von 17, 16, 15 Jahren« (weiteres im Schizophrenie-Kapitel).

Diesem negativen Aspekt tritt ein positiver dadurch gegenüber, daß auch die Entwicklung der Bewußtseinsseele in der Menschheit fortschreitet, daß dem einzelnen Menschen immer mehr Möglichkeiten zuwachsen, seine Entwicklung vom Ich aus weiterzuführen.[176] Das Licht der Bewußtseinsseele liegt heute über der ganzen Seelenentwicklung. Wenn es nicht nur die Welt beleuchtet, sondern, wie geschildert, das Ich erleuchtet und erwärmt, darf es als ein Strahl des helfenden und heilenden Christuslichtes erkannt werden. Werden jedoch die Möglichkeiten, die sich so für das Ich eröffnen, nicht von ihm ergriffen, wird die immer stärker werdende Sehnsucht nach dem Geist nicht vom Bewußtsein aus entbunden, so wird im Lauf der Entwicklung die Seele auch in der Jugend immer weniger vom physischen Leib aus inspiriert, sondern »überwältigt«. Eine krankhafte Abhängigkeit vom Leib entwickelt sich, worauf uns schon die Rückentwicklung bei der Sucht hingewiesen hatte.

KÖRPERLICHE ASPEKTE

Bereits die Entstehung der Verstandes-Gemüts-Seele aus dem Ätherleib des Jahrsiebts 7–14 wies uns in die Jahrsiebte der leiblichen Entwicklung zurück. Auch die Entwicklungsstörungen der Verstandes-Gemüts-Seele haben eine Wurzel im Jahrsiebt 7–14. Wird der Ätherleib im Jahrsiebt 7–14 in seiner Entfaltung gestört, so hat dies nicht nur die oben geschilderten unmittelbaren Folgen für die Entwicklung des Empfindungsleibes. Ein weiterer Bogen schlägt sich in das Jahrsiebt 28–35 hinüber, wo dann die Fähigkeit des eigenen Denkens und der gemüthaften Verinnerlichung von ihrer Grundlage, vom Ätherleib aus in ihrer Entstehung behindert wird.

Wenn die Seele aus dem Innern des denkenden Gemüts die Verbindung zur Welt sucht, braucht sie Mut, mehr als vom Empfindungsleben aus, wo diese Verbindung noch von der Welt angeregt und getragen wird. Sie braucht auch mehr Willenskraft, mehr Initiative als früher. Damit hängt es zusammen, daß »Feigheit« und »Unentschlossenheit« vom Ende der 20er Jahre an bei solchen Menschen zu beobachten sind, deren Ätherleib während des Jahrsiebts 7–14 in seiner Entwicklung behindert wurde.[6]

Wie wir noch sehen werden, kann die Ängstlichkeit und Unentschlossenheit in die Lebensangst und die Willenslähmung der Depression einmünden. In manchen solcher Fälle sind Ereignisse im Jahrsiebt 7–14 zu beobachten, die sich seelisch damals nicht deutlich auswirkten, dafür aber tiefer gingen und den Ätherleib in seiner Entwicklung störten. (Körperlich kann diese Störung in einer allgemeinen Aufbauschwäche zum Ausdruck kommen.) Besonders das 9. Jahr scheint hier von Bedeutung zu sein. Ein schwieriger Schul- oder Ortswechsel, der Tod eines Elternteils oder eine eigene schwere Krankheit um das 9. Jahr herum kann dann die geschilderten seelischen Auswirkungen im Jahrsiebt 28–35 haben, wenn nichts dagegen unternommen wird.

Häufiger als in Depression münden Ängstlichkeit und Willensstörung des Erwachsenen in die Grundangst und Willensschwäche des neurotischen Menschen ein. Da die Angst heutzutage, wie wir sahen, über die 20er Jahre hinaus eine so große Bedeutung bekommen hat, ist auch die Bedeutung zu ermessen, die einer ihrer Wurzeln im Jahrsiebt 7–14 zukommt. Es brauchen auch gar keine besonderen Ereignisse in diesem Jahrsiebt stattgefunden zu haben, schon bei den Sünden der Erziehung, die auf den frei gewordenen Ätherleib einwirken, ist an die geschilderte Auswirkung im Jahrsiebt 28–35 zu denken. Dabei kommt vor allem der übermäßige Entzug von Bildekräften durch die Schule in Frage. Hinzutreten kann eine Lockerung dieser Kräfte durch eines der genannten Schockerlebnisse. In jedem Fall verliert der Ätherleib seine »Bildungsfähigkeit«, was zu einem Hindernis für die Metamorphose seiner Kräfte in die Kräfte der Verstandes-Gemüts-Seele wird.

Das körperliche Geschehen im Jahrsiebt 28–35 ist, wie erwähnt, bei jedem Menschen durch Perfektionieren und Konsolidieren des Errungenen gekennzeichnet. Das Seelenleben, das sich nun von der Kurve der aufsteigenden Leibesentwicklung lösen und seine eigene Entwicklung beginnen sollte, ließ bei seiner Entwicklungsstörung dieselbe Tendenz erkennen. Das bedeutet, daß es sich, selbst nicht mehr weiter sich entwickelnd, weiterhin auf den physischen Leib stützt. Und nun – also schon vor der Lebensmitte – beginnt jener Prozeß, der mit den Worten STEINERs zu der Zusammenfassung führt: Die seelische Entwicklung wird nicht mehr vom Leib »inspiriert«, sondern »überwältigt«. Der physische Leib prägt sein eigenes Entwicklungsgeschehen der seelischen Entwicklung auf.

Zunächst werden die pathologischen Auswirkungen in der einzelnen Seele nicht so deutlich. Warum soll sie nicht vorübergehend einmal das konsolidieren, was sie sich errungen hat? Seine eigentliche Tragik erhält dieses Geschehen oft erst mit der Lebensmitte, wenn die Seele nicht nur beim Konsolidieren stehenbleibt, sondern der absteigenden leiblichen Entwicklung zu folgen beginnt.

Die weitere Bindung der Seele an den physischen Leib um das 28. Jahr hat jedoch auch für diesen Leib Folgen. Können sich die Kräfte der Verstandes-Gemüts-Seele nicht in der Welt entfalten, so stauen sie sich störend und krankmachend zum physischen Leib zurück. Es beginnt wieder die schon beobachtete Rückentwicklung nach dem Leib, und es ist verständlich, daß dies in erster Linie jene Organe betrifft, aus denen sich vorher die Entwicklung erhoben hat. Für die Verstandes-Gemüts-Seele erkannten wir als Grundinstrument das Leber-Galle-System. Damit in Zusammenhang wird die Entstehung depressiver Zustände verständlich werden. In diesem Kapitel, in dem wir uns auf neurotische Bilder konzentrieren, soll noch auf eine charakteristische Neurose im Leben der Verstandes-Gemüts-Seele hingewiesen werden, die mit dem zweiten, hier bedeutungsvollen Organ zusammenhängt, mit dem Herzen.

HERZNEUROSE

In der Herzneurose, die bei 30% bis 40% aller Herzkranken vorliegt, vereinigen sich für unsere Darstellung alle Störungen der Funktion des Herzens, die vom Seelenleben aus entstehen. Der *Herzneurotiker* gibt zunächst körperliche Herzsymptome an. Er klagt, kurz zusammengefaßt, über Herzunruhe, die sich in Herzklopfen, beschleunigter, unter Umständen unregelmäßiger Herztätigkeit äußert. Andererseits schildert er Herzschmerzen stechender, brennender und anderer Art sowie Beklemmungsgefühle in der Herzgegend, in der Brust bis zur Atemnot. Diese Beklemmungsgefühle, aber auch das beschleunigte Herzklopfen sind oft mit der schon erörterten Herzangst verbunden, die sich bis zur Todesangst steigern kann. Der Kranke wird von der Furcht umhergetrieben, den Herztod erleiden zu müssen, eine Furcht, die organisch nicht begründet ist (Herzphobie).

Ist die organische Ursache ausgeschlossen, so ist die *seelische Vorgeschichte* zu untersuchen. Man erfährt, daß früher – einmal oder über längere Zeit hindurch – das seelische Herz in Mitleidenschaft gezogen worden war. Besonders treten Trennungserlebnisse hervor: ein »herzzerreißender Abschied«, der Tod eines nahestehenden Menschen, aber auch das Miterleben eines Herztodes, eines tödlichen Unfalles oder die Nachricht von einem Herztod können am Anfang stehen. Immer sind es Erlebnisse, die »ans Herz gehen«, die eine Bedrohung der Existenz beinhalten. So können alle Erlebnisse, wenn sie diese Note annehmen, das Herz ergreifen.[177] Eine gleichzeitige Belastung durch äußere Überanstrengung wirkt sich vor allem an den Herzkranzgefäßen aus und führt zu den erwähnten Schmerzen und Beklemmungsgefühlen, die von der Brust in den linken Arm ausstrahlen können.[178]

Die Vorgeschichte der seelischen Entwicklung gibt erste Antworten auf die Frage, warum der eine Mensch nach einem der oben genannten Erlebnisse eine Herzneurose bekommt, der andere nicht. Man findet bei einem Teil der Kranken eine Abhängigkeit von anderen Menschen, die bis zur »Symbiose« gesteigert sein kann. Die Lösung von einer dominierenden Mutter, die Trennung von einem Lebenspartner löst dann bei dem selbstunsicheren, erregbaren Menschen eine Herzneurose aus, die sich als Herzphobie mit Anfällen von Herzjagen und Todesangst sowie in der Angst vor solchen Anfällen zu äußern pflegt.[179a]

Herzneurotiker, die besonders zu Beklemmungszuständen bis zu Angina pectoris-Anfällen nichtorganischer Ursache (Angina pectoris vasomotorica) leiden[178], können zu einer anderen Persönlichkeitsstruktur neigen, wie sie bei den Erkrankungen der Herzkranzgefäße beobachtet wird. Im Gegensatz zu dem oben angedeuteten Typus sind solche Kranke meist streng erzogen worden; sie beherrschen sich übermäßig, neigen zum Rationalisieren und fliehen ständig in »Leistung und Aktivität«.[179b] Im Hinblick auf diese im Leben sich abhetzenden Menschen hat man früher von »Managertypen« gesprochen, heute hat man erkannt, daß diese Situation nicht auf die Manager beschränkt ist. Bei den Herzbeschwerden solcher Patienten, die ihre Beschwerden zu verdrängen oder zu bagatellisieren pflegen, können die Verkrampfungen schon das Symptom einer organischen Herzkrankheit sein, die als letzte Konsequenz einen Herzinfarkt nach sich ziehen kann.

Beide Symptomengruppen, die sich auch durchdringen können, weisen auf eine Störung im Gleichgewicht zwischen Diastole und Systole, zwischen Ausdehnung und Zusammenziehung hin. Bei der ersten Gruppe mit der gesteigerten Herztätigkeit und Emotionalität überwiegt der untere Pol, von dem die Diastole ausgeht. Bei der zweiten Gruppe mit der Tendenz zur Verkrampfung der Herzkranzgefäße bis zu Angina pectoris-Anfällen überwiegt der Kopfpol, zu dem die Systole in Beziehung steht. Kranke dieser zweiten, zum Rationalisieren neigenden Gruppe verkrampfen sich in ihre Arbeit, während die Kranken der ersten Gruppe sich mehr ihren Emotionen hingeben und in Aggressionen sich ihrer zu entledigen versuchen. Die Todesangst, die Angst, das Ich zu verlieren, erfahren beide. Und beide erleben etwas Reales dabei: ihr Ich ist tatsächlich bei seinem gleichgewichtschaffenden Eingreifen in das Herz behindert. Auch die so entstehenden funktionellen Störungen können die Seele in Vernichtungsangst stürzen.

Alle Erlebnisse, welche die Ich-Entwicklung vom Herzen aus stören, lassen auch die Verstandes-Gemüts-Seele nicht vom Herzen aus frei werden. Das beginnt schon beim Steckenbleiben der Lösung von der Mutter, von anderen Menschen. Die Symbiose wird zum Hindernis für das Ich des Herzens, das in kindlicher Weise im Organ befangen bleibt. Die späteren Trennungserlebnisse stauen die Liebeskräfte des Ich in das Herz zurück, weil diese sich nicht mehr in der Welt erfüllen können. Und die Flucht in Arbeit und Betriebsamkeit ist nicht imstande, dasjenige in gesunde Tätigkeit aufzulösen, was dem Menschen am Herzen liegt.

Diese und andere existentielle Probleme belasten das Herz schon in den 20er Jahren. Zur Auswirkung in Gestalt einer Herzneurose kommen sie jedoch in vielen Fällen erst gegen das Ende der 20er Jahre. Zwischen Ende 20 und der Lebensmitte bis zum 40. Jahr hin verzeichnen die meisten Statistiken das Erkrankungsmaximum. Es handelt sich demnach vorwiegend um die Zeit, in der die Verstandes-Gemüts-Seele sich entwickeln sollte. Zunächst sind es also die Kräfte dieser Seele, die das Herz in Unruhe und Verkrampfung bedrängen, wenn sie daran gehindert werden, frei zu werden. (Zu Bewußtseinsseele und Herz vgl. das entsprechende Kapitel.) Die Vorstellung, daß es nicht nur eine Einwirkung von außen ist, welche das kranke Herz erfährt, sondern ein Ringen mit eigenen Seelenkräften, mit einer Krise der eigenen Entwicklung, hat nach meinen Erfahrungen schon manchem Herzneurotiker geholfen, mit seinen Beschwerden besser fertig zu werden.

Es handelt sich jedoch nicht nur um eine individuelle Krise. Die ständige Zunahme dieser Erkrankungen – man rechnet gegenwärtig mit 2–5% Erkrankungen in der Gesamtbevölkerung[177] – weist auf die oben dargestellte menschheitliche Krise hin. Das Ich-Organ »Herz« nimmt den drohenden Stillstand der seelischen Entwicklung wahr: das steht, im Rahmen der Entwicklungsproblematik gesehen, hinter der Angst des Herzneurotikers vor dem Herzstillstand. Der geheilte Herzneurotiker jedoch kann den Impuls verspüren, mit mehr Mut und Liebe als zuvor sich seiner Aufgabe zu widmen und seine behinderte seelische Entwicklung fortzusetzen. Ein Sinn der Krankheit kann erlebt werden.

ZUR THERAPIE

Überblickt man die bisher verzeichneten Richtlinien und Erfahrungen der Therapie, so entdeckt man, daß in den beiden Jahrsiebten 14–21 und 21–28 immer schon auf das nächste Jahrsiebt hingearbeitet worden war. Das Wecken der Interessen und der Urteilskraft, das Pflanzen von Idealen im Jahrsiebt 14–21 sprach schon das Ich der Empfindungsseele an. Die gedankliche Schulung, die innere Verarbeitung der Eindrücke dient im Jahrsiebt 21–28 schon auch der Vorbereitung der Verstandes-Gemüts-Seele.

Ist die Empfindungsseele in der Hauptsache entwickelt, so kann der Akzent noch mehr auf die Schulung des Denkens und der meditativen Verinnerlichung gelegt werden, wobei eine größere Selbständigkeit vom Kranken erwartet werden kann. Will und kann er meditative Übungen machen, so sollte man ihn dabei unterstützen. In dem nun entstehenden Innenraum seiner Gemütsseele können Meditationen besser gedeihen. Die hauptsächliche Richtlinie ergibt sich aus dem pädagogischen Urphänomen der Verstandes-Gemüts-Seele: Ihre Erzieherin ist die Wahrheit. Durch das Streben nach Wahrheit – nicht durch deren vermeintlichen Besitz – will das Ich aus dem Bereich der Sympathie und Antipathie langsam herauswachsen. Hier ist auch eine besondere Gelegenheit, eine nun wacher werdende, systematische *Selbsterkenntnis* zu schulen. Wie lehrreich kann es für viele von uns werden, wenn wir bei dem oder jenem Urteil, das wir fällen, bei der oder jener Erkenntnis uns fragen: Inwiefern hat hier meine ganz persönliche Sympathie oder Antipathie sich ausgewirkt?[180] Das gilt natürlich besonders für Urteile über Menschen, bei denen sich das zuneigende oder abneigende Urteil in die objektivsten und spirituellsten Hüllen zu kleiden vermag. Auch das eigene Handeln kann nach STEINER mit »esoterischen Gründen« motiviert werden, obwohl es in Wirklichkeit nur der Verwirklichung von egoistischen Antrieben dient. Mit einer solchen »Selbstrechtfertigung« deckt man unter Umständen sogar das zu, was »in den Untergründen des animalischen Lebens wühlt und waltet«. Der betreffende Mensch kann dann im Traum von wilden Tieren verfolgt werden und durch die moralische Deutung eines solchen Traumes Selbsterkenntnis üben. Auch in diesem Sinn regt STEINER die Deutung von *Träumen* an.[181]

Dabei sollte natürlich jedes »Überführen« vermieden werden. Überführen ist letztlich nur da sinnvoll, wo das Ich die Führung übernimmt, und das kann bei der Selbsterkenntnis nur das eigene Ich sein. So sollte man den Patienten, wenn er überhaupt dazu in der Lage ist, die Schritte zur Selbsterkenntnis selber gehen lassen. Der Patient darf auch bei dieser Gelegenheit spüren, daß der Arzt ihm nicht als der »Halbgott in Weiß« gegenübersitzt, sondern selbst auf jenem Weg ist, den er mit ihm zusammen eine Strecke weit gehen will. Auch der Arzt sollte daher in der hier gemeinten Art Selbsterkenntnis üben, so wie er auch die Übungen seines Patienten, wenn irgend möglich, selbst gemacht haben sollte.

Noch weniger als vorher sollte die Erkenntnis im Seelischen des Patienten beschlossen bleiben. Die Ausweitung nun nicht nur der Interessen, des Urteilens, sondern des selbständigen Erkennens, sollte soviel Welt wie möglich umfassen lernen. Einerseits ergibt sich das durch entsprechende Lektüre, andererseits durch denkerische Verarbeitung der Tageserlebnisse. An die Erlebnisrückschau der Empfindungsseele kann sich schon im Jahrsiebt 21–28 anschließen das, was man *Besinnungsrückschau* nennen könnte. Hat man voll den Tag durchlebt – nicht vorher –, so kann man am Abend sich Gedanken über das Erlebte machen. Man kann sich fragen, was das eine oder andere für das eigene Leben bedeuten könnte, ob man sich bei einer menschlichen Begegnung richtig verhalten hat, und wenn nicht, warum nicht. Warum empfindet man diesem Menschen gegenüber Sympathie? Kann eine echte Beziehung daraus werden, oder will man am anderen nur sich selbst erleben? Warum empfindet man diesem Menschen gegenüber Antipathie? Ist das wirklich ein Hinweis dafür, daß man mit ihm nicht in Kontakt treten sollte? Meistens kann man gerade von ihm etwas lernen und scheut in der Antipathie davor zurück. Sympathie und Antipathie können auf diesem Weg zu Organen des Erkennens werden, die zum anderen Menschen hinführen. Nach einer solchen Selbsterkenntnis sollte man sich dann auf einer weiteren Stufe fragen: Was verdanke ich auf meinem bisherigen Lebensweg den anderen und welchen anderen Menschen?[182] Das ergibt eine nächste Ausweitung in das soziale Leben.

Auch den *Herzneurotiker* wird man nicht im Persönlichen stecken lassen. Man wird zunächst sicher mit ihm gemeinsam in seinem Leben danach forschen, was da sein Herz beschwert, was ihm einmal am Herzen gelegen und sich nun in sein Herz verkrampft hat. Aber nach der Erkundung persönlicher Ziele wird man auch nach dem fragen, was er früher las, was für geistige Interessen er hatte und dann aus Zeitnot oder aus der Not der Krankheit aufgab. Man kann ihm raten, mit dem einen oder anderen wieder anzufangen und entdeckt, daß er nun an eine wertvolle Lektüre reifere Gedanken knüpfen kann als früher. Man bewegt sich mit ihm im Leben seiner sich entfaltenden Verstandes-Gemüts-Seele.

Trotzdem wird man – gerade bei Herzneurotikern, aber auch in anderen schweren Fällen – immer wieder entdecken, daß das Ich des Patienten, daß die Verstandes-Gemüts-Seele nicht aktiv wird und Ratschläge sowie Vorsätze nicht in die Tat umsetzen kann. Man erlebt dann diese Seele, dieses Ich wie hineinverkrampft in Leib und Herz. Hier wie auch sonst ist *medikamentöse Therapie* unerläßlich. Sie kürzt nicht nur die Dauer der seelisch-geistigen Behandlung ab, sie läßt sie unter Umständen erst fruchtbar werden.

Als hauptsächliches Medikament sei hier das *Gold* genannt, das durch seine Schwere und Dichte die stärkste Zusammenziehung, durch seine Lichthaftigkeit und feinstoffliche »Ausstrahlung« in alle Welt die stärkste Ausdehnung harmonisch miteinander verbunden hat. Gold wirkt unmittelbar auf das gestörte Wechselverhältnis von Systole und Diastole bei der Herzneurose. Es wirkt aber auch da, wo das Ich allgemein zu tief in Körper und Welt steckt, oder wo es schon resigniert und sich teilweise aus Leib und Leben zurückgezogen hat. Gold hilft dem Ich, sich wieder harmonisch durch das Herz mit Leib, Seele und Welt zu verbinden.

In derselben Richtung wirkt eine solche *heileurythmische Übung* wie das *Liebe-E*, eine Gebärde gewordene Goldwirksamkeit. Im Entfalten der Arme, die sich in alle Welt ausdehnen, klingt das Erleben der Diastole an – und wird durch die Systole der beiden, über der Brust sich kreuzenden Hände ins Innere zurückgerufen. Wird diese Übung öfter wiederholt, so entsteht eine therapeutisch wirksame Stimmung von Gleichgewicht, ein Gefühl für die »Atmung« der Liebe, bei der innen und außen, oben und unten zusammenklingen. Und immer neu wird das in der Ausdehnung Empfangene bei der Zusammenziehung ins Innere, ins Herz hineingenommen. – Über die Leber trägt die *O*-Gebärde zur Abrundung des in sich kreisenden Gemütes bei und wirkt dabei mit dem *Zinn* zusammen, welches das Gleichgewicht speziell im Lebersystem unterstützt.

Verjüngung durch den Geist

Durch die ganze zu diesem Kapitel skizzierte Therapie, die natürlich nur einen Ausschnitt bildet, wird der drohenden seelischen Vergreisung des Erwachsenen entgegengewirkt. Zugleich wird an die berechtigte Sehnsucht nach Verjüngung angeknüpft und dabei mitgeholfen, daß diese nicht in seelische Rückentwicklung einmündet. Indem STEINER von einem »spirituellen Idealismus« spricht, den der Erwachsene entwickeln sollte, weist er hin auf eine Entbindung des idealen Strebens aus den Untergründen der Empfindungsseele und des Empfindungsleibes durch den Geist. Der Mensch kann auf diesem Weg »sein ganzes Leben hindurch ein Lernender, ein vom Leben Lernender sein«.[62] Dieser Weg aber liegt dann im Licht seines Bewußtseins.

Man *bleibt* nicht jung, man verjüngt sich immer *neu*, indem man aus Empfindungsleib, Empfindungsseele und Verstandes-Gemüts-Seele Kräfte schöpft, die von der Bewußtseinsseele ergriffen und dem Geist gewidmet werden. So kann man auch das Wort GOETHES von der »wiederholten Pubertät« verstehen, wie sie von genialen Naturen erlebt werde.[183]

Das Schöpfen aus Quellen, die bis in die Pubertät (und weiter zurück) reichen, kann aber auch im Alter noch neue Krisen mit sich bringen. Man denke an die Glück und Leiden erregende, zuletzt Verzicht fordernde Liebe des 74jährigen GOETHE zu der 19jährigen Ulrike von LEVETZOW, bei der GOETHE bis in das Erleben seiner Pubertät zurücktauchte. Durch die Verwandlung der neu geschöpften Jugendkräfte gewann er jedoch neues Leben für seine Altersweisheit, dem wir nicht nur die Marienbader Elegie, sondern auch die Vollendung des »Faust« II (und anderes mehr) verdanken. Bewahrte und verwandelte »Kindheitskräfte ermöglichen das freie geistige Schaffen des erwachsenen Menschen«.[184]

Entwicklungsstörungen der Bewußtseinsseele

Es wurde bereits erwähnt, daß die menschheitliche Krise, die Ende der zwanziger Jahre einsetzt, manchmal erst in der Epoche der Bewußtseinsseele bewußt oder voll bewußt wird. Wird aber diese Krise Ende 20 schon nicht bestanden, die Verstandes-Gemüts-Seele nicht voll entwickelt, so kann erst recht die Bewußtseinsseele nicht voll geboren und entwickelt werden. Das Entsprechende gilt für die Unterentwicklung der Empfindungsseele, des Empfindungsleibes. Das zusammenfassende Bild für die Entwicklung der Seelenglieder wies uns auch auf die Folgen hin: Hat die Pflanze Blätter und Blütenkelch zuwenig entwickelt, oder werden ihr die Blätter und die Blütenhüllen beim Erblühen genommen, so droht die Blüte zu verdorren. Dieses Verdorren droht auch dem Leben der Bewußtseinsseele, wenn sie nicht weiter von den Kräften der anderen Seelenglieder »ernährt« wird. Statt geistigem Leben im Bewußtseinslicht beobachtet man in solchen Fällen den Schatten dieses Lichtes, den Intellektualismus auf der Stufe der Bewußtseinsseele. Dieser Intellektualismus kann sich – unter Umständen mit viel Erfolg – in der materiellen Welt betätigen, er kann sich aber auch der geistigen Welt zuwenden, deren Leben ihm dann zu abstrakten Begriffen erstarrt.

Eine andere Situation ergibt sich, wenn die vorhergehenden Seelenglieder voll entwickelt sind, nun aber der Schritt von der Verstandes-Gemüts-Seele zur Bewußtseinsseele nicht vollzogen wird. Der Mensch, der beim bloßen Nachdenken stehen bleibt, der das Erlebte nur in seinem Gemüt bewegt, ohne zum Wesentlichen, zur Wirklichkeit des Geistes vorzudringen, muß erfahren, daß ihm auch das Leben der Verstandes-Gemüts-Seele langsam versiegt. Es vollzieht sich im Prinzip dasselbe, wie beim Festhaltenwollen der Empfindungsseele. Das weiter gepflegte Nachdenken versinkt in unfruchtbares Grübeln, oder es bleibt beim Systematisieren stehen. Das Insichbewegen des Gemütes wird liebe Gewohnheit, wird schließlich Leerlauf; die Gemüthaftigkeit droht in Gemütlichkeit unterzugehen. Eine andere Art der Verspießerung setzt ein, die den Geist am Sonntag oder Feierabend kultiviert, ohne zu versuchen, den Alltag mit ihm zu durchdringen. Gegenüber der Umwelt bleibt man zu sehr im eigenen Inneren befangen, statt zu einer bewußten neuen Weltverbindung durchzustoßen. Aus der Innerlichkeit der Verstandes-Gemüts-Seele kann Egoismus werden. Die Tugend der Bewußtseinsseele, die Geistes-Gegenwart wird nicht erworben.

Wenn wir ehrlich sind, werden viele von uns zugeben müssen, daß sie mindestens teilweise mit diesen Problemen zu ringen haben. Noch weniger als bei der Entwicklung der Verstandes-Gemüts-Seele wird man von sich sagen können, man habe die Forderungen der Bewußtseinsseele ganz erfüllt. Das hängt zum Teil mit der schon angeführten Tatsache zusammen, daß die Bewußtseinsseele erst am Anfang ihrer Entwicklung steht.

Die Entwicklungsstörungen der Bewußtseinsseele führen im Jahrsiebt 35–42 zu der heute viel besprochenen Krise der Lebensmitte.

KRISE DER LEBENSMITTE

Im Jahrsiebt 35–42, manchmal schon um das 35. Jahr, manchmal in der Zeit des zweiten Mondknotens um das 37. Jahr, manchmal erst Anfang bis Mitte 40, kommt es langsam oder über Nacht zu einer unerklärlichen Mißstimmung, verbunden mit Unruhe und Erschöpfungsgefühl. Manche erlahmen in diesem Zustand und versinken in *Depression*, die sich bald mit Sorgen um die leibliche Gesundheit verbindet. Das kann sich bis zur *Hypochondrie* und bis zu einem der heute zunehmenden, vorzeitigen *Versagenszustände* steigern, deren Durchschnittsalter um das 40. Jahr herum liegt.[185] Andere Betroffene flüchten sich in Betriebsamkeit oder in das Erleben des Rausches. Aber dahinter steht schon »das stille Entsetzen«.[186] Und nach dem Rausch oder am Abend eines vollgepackten Tages kommt dann das Erlebnis des Leerlaufs, des Vereinsamens trotz intensiv gesuchter Kontakte. Im Gegensatz zum bisherigen Vertrauen in die eigene Tüchtigkeit oder in eine göttliche Führung beginnt man an allem zu zweifeln.

Die immer wieder sich meldende existentielle Frage: »Wenn

ich nur wüßte, was ich *wirklich* in diesem Leben soll!«[187], verrät schon etwas von der zur Geburt drängenden Bewußtseinsseele. Die neue Existenzkrise der Lebensmitte frägt in erster Linie nicht mehr nur nach dem Sinn, sondern nach dem wirklichen, feststellbaren Wert des vergangenen und des zukünftigen Lebens. Nicht das Leben in der Welt, sondern das Wirken in ihr, erscheint primär sinnlos, wenn kein innerer Wert in ihm entdeckt wird, der sich auch in der äußeren Wirklichkeit auswirkt. Alles Tun rückt in die Verantwortung des eigenen Ich, das nun am stärksten auf der Erde erwacht ist.

In der Lebensmitte erreicht, wie beschrieben, die Wanderung zum Seelenmittelpunkt ihr Ziel. Diese Wanderung vollzieht sich in jedem Fall; wird sie jedoch nicht von seelischer Verinnerlichung begleitet, so wird aus dem Konzentrationsprozeß ein seelischer Schrumpfungsprozeß. Das Ziel der Wanderung ist in jedem Fall der »Punkt« des Ich, in der Krise jedoch erlebt man diesen Punkt als Schlußpunkt oder auch als Nullpunkt. Nun entscheidet es sich, ob man – nach GOETHES Faust – in diesem »Nichts« das »All« finden lernt. Jenen Durchgang durch das Nichts muß – mehr oder weniger, bewußter oder unbewußter – jeder Mensch in der Lebensmitte vollziehen. Wird er zuwenig von der Bewußtseinsseele getragen, vom Ich geführt dabei, so kann er daran verzweifeln.

Die *Selbsterkenntnis*, empfindsam tastend, gedanklich analysierend in den zwanziger Jahren, wird nun Lebensnotwendigkeit, wird stärker als zuvor vom Willen der Bewußtseinsseele ergriffen. Eine Selbsterkenntnis, die nicht zu einer besseren, bewußten Selbstverwirklichung führen kann, erscheint wertlos. Bleibt der Mensch in der Krise der Bewußtseinsseele stecken, so führt ihn die Selbsterkenntnis nicht weiter, sie führt ihn nicht in die Zukunft. Der früher geschilderte Rückblick auf das bisherige Leben vom Leistungsgipfel der Lebensmitte aus kommt nicht von der Vergangenheit los. Wenn man nicht die Selbsterkenntnis überhaupt zu fliehen versucht – um ihr dann später um so leidvoller begegnen zu müssen –, entdeckt man so viele Fehler, so viele Unvollkommenheiten bei sich, daß man sich fragt, ob ein Weiterleben noch lohnt.

Und da kommt einem der eigene Tod entgegen. Das früher geschilderte Erleben des eigenen Todes in der Lebensmitte ist jetzt kein einmaliges oder wiederholtes Ereignis, sondern bildet den Hintergrund der ganzen Krisenzeit. Wie viele Jahre habe ich denn noch vor mir? Werde ich es denn in diesen paar

Jahren schaffen, wo ich so vieles nicht geschafft, sowenig von dem erreicht habe, was mir einmal als Ziel oder als Ideal vor Augen stand? Lohnt es sich überhaupt noch, weiterzuleben, sich Mühe zu geben, wo nach dem Tod doch alles zu Ende ist? Solche Fragen können selbst schon weiterführen: zu dem dargestellten Erkennen der Lebensaufgabe, zum Erlebnis des Ich als geistiges Wesensglied, dessen Dasein nach dem Tod nicht zu Ende geht. Sie können jedoch den Menschen auch in neue Verzweiflung stürzen.

Die Begegnung mit dem eigenen Tod in der Lebensmitte erfährt eine Steigerung insofern, als nun mehr als früher der Tod gesucht wird. Im Lauf der vierziger Jahre beginnt »die Zahl der *Selbstmorde* stark anzusteigen«. Bei Frauen hat nach einer amerikanischen Statistik die Kurve der Selbstmorde in den Lebensjahren 45–55 einen Gipfel, beim Mann steigt sie dauernd an bis in das höhere Alter.[188] Nach deutschen Statistiken nehmen sich doppelt soviel Männer wie Frauen das Leben. Insgesamt ist die Kurve bisher »von Generation zu Generation angestiegen und scheint noch weiter anzusteigen«.[189]

Aber auch die Sterblichkeitsrate bei Krankheiten »steigt zwischen 35 und 39 plötzlich an«. MOZART, RAFFAEL, CHOPIN, RIMBAUD, BAUDELAIRE, WATTEAU gehören zu dieser Gruppe. Dieses Ansteigen trifft sich dann Ende 40 wieder mit der durchschnittlichen Rate.[190]

Bei manchen setzt in der Lebensmitte ein leichteres oder schwereres seelisches Erkranken ein. So begann bei MÖRIKE mit 39 Jahren ein hypochondrischer Rückzug aus der Welt, der Dichter war immer weniger fähig, seinen Pfarrerberuf weiter auszuüben, und seine Schaffenskraft versiegte. Mit 37 Jahren kamen die wahnhaften Störungen im Seelenleben STRINDBERGS voll zum Ausbruch, Störungen, die ihn jedoch nicht daran hinderten, auch reale geistige Erlebnisse in dieser Zeit zu haben.[191] KLEIST sah sich im 35. Jahr seelisch am Ende und nahm sich das Leben. VAN GOGH tat dies mit 38 Jahren, aus den davorliegenden Jahren seines seelischen Krankseins leuchten seine schönsten Gemälde auf. Bei Hugo WOLF setzten die seelischen Störungen mit 36 Jahren ein, mit 43 Jahren geht sein Leben zu Ende. Bei Robert SCHUMANN kommt es unter dem Bild einer tiefgehenden Erschöpfung im 35. Jahr zu einer starken Steigerung seiner depressiven Verstimmungen und körperlichen Beschwerden, mit 46 Jahren stirbt er. Beide Komponisten, SCHUMANN und WOLF, ringen ihre Schöpfungen der Krankheit ab. In der zweiten Hälfte der dreißiger Jahre kündigen sich die krankhaften seelischen Symptome bei NIETZSCHE an, zum vollen Ausbruch kommen sie mit 44 Jahren. Um NIETZSCHES »Geisteskonstitution zu verstehen«, muß man nach STEINER die Psycho-Pathologie zu Hilfe rufen. Damit sollte jedoch nichts über Wahrheit oder Irrtum in seinen Ideen entschieden werden. »Das Genialische erscheint bei ihm durch ein pathologisches Medium hindurch«.[192]

FRIEDRICH HÖLDERLIN – KRANKHEIT UND DICHTUNG

Ein Blick auf das Leben von Friedrich HÖLDERLIN läßt das Wirken der Seelenglieder und ihre Krisen besonders lebendig werden. Die Beziehung des schaffenden Genies zu seiner seelischen Erkrankung erscheint hier in einem neuen Licht.[193]

Die ersten zwei Jahrsiebte sind eingebettet in die lieblichweiche, schwäbische Neckarlandschaft (Geburt 1770 in Lauffen a. N., dann Umzug nach Nürtingen a. N.). Rückblickend berichtet der Dichter:

> Mich erzog der Wohllaut
> Des säuselnden Hains
> Und lieben lernt' ich
> Unter den Blumen.
> Im Arme der Götter wuchs ich groß.

Ein innig mit der Natur verbundener Ätherleib wächst heran, dem die Verbindung zur menschlichen Umwelt schwerfiel: »Ich verstand die Stille des Äthers. Der Menschen Worte verstand ich nie«, bekannte Hölderlin in dem oben zitierten Gedicht. Überschattet wird die Kindheit von der Strenge der Mutter, die ihn zum Pfarrerberuf bestimmt. Die väterlich führende Autorität entbehrt der vaterlos heranwachsende Knabe. Das alles führt zu Hemmungen im Inkarnationsprozeß, der schon aus der Wesensart einer früheren griechischen Verkörperung nicht ganz vollzogen werden konnte.

Mit 14 Jahren wird Hölderlin in die Klosterschule gesteckt. Ein starker, leidenschaftlicher *Empfindungsleib* beginnt bald den Kampf gegen die geistigen Klostermauern. Er wählt sich Helden, denen er nachstrebt. Mit 18 Jahren 7 Monaten, der Zeit seines ersten Mondknotens, zieht er in das Tübinger Stift ein und gewinnt HEGEL und SCHELLING zu Freunden, SCHILLER zum Vorbild. Mit 21 Jahren nimmt das ideale Streben seiner

eben geborenen *Empfindungsseele* Form an: Er schreibt seine
»Hymnen an die Ideale der Menschheit«, in denen er nach einer dichterischen Verkörperung der von ihm tief empfundenen Ideen, nach einer schauenden Verbindung mit ihnen strebt, wie sie in der griechischen Kulturepoche gelebt
hatte.

Als Beispiel sei eine Strophe aus der »Hymne an die Göttin
der Harmonie« angeführt, in der Urania dem Menschen zuruft:

Komm o Sohn! der süßen Schöpfungsstunde
Auserwählter, komm und liebe mich!
Meine Küsse weihten dich zum Bunde,
Hauchten Geist von meinem Geist in dich.

Hölderlin hat hier wie auch sonst in dieser Zeit mit einem von
ihm selbst empfundenen »Hang zur Abstraktion« zu ringen.
Dem Überschwang seiner Empfindungen kann die letzte lebendige Verleiblichung der Idee noch nicht gelingen, weshalb sein
Pathos für unsere Ohren manchmal nicht innerlich erfüllt
klingt. Die aus der Pubertätszeit weiter wirkende Spaltung zwischen emotionalem und rationalem Wesenspol erweckt tiefsten
Schmerz, den Hölderlin selbst als »zerreißend« bezeichnet. Das
Feuer seines Wesens schlägt jäh in seelische Kälte um. »Ich
friere und starre in den Winter, der mich umgibt«, schreibt er in
seinem 26. Jahr, als er nach dem Scheitern seiner Zukunftspläne
in das Mutterhaus nach Nürtingen zurückkehrt, vor sich die
Mauern eines evangelischen Pfarrhauses, zwischen denen er
seinen Lebensweg enden sieht. Sein Ich, um Einheit und
Gleichgewicht der Seele ringend, schien sich aus dem verdor-
renden Leben seiner Empfindungsseele zurückzuziehen.
»Aber hin ist meines Lebens Morgen,/Meines Herzens Früh-
ling ist verblüht«, bekennt Hölderlin in dem damals entstandenen Gedicht »An die Natur«.

Wie eine Fortsetzung wirkt die erste Strophe des Gedichtes
»Diotima«.

Leuchtest du wie vormals nieder,
Goldner Tag! Und sprossen mir
Des Gesanges Blumen wieder
Lebenatmend auf zu dir?

Im 27. Jahr Hölderlins beginnt durch die Liebe zu Susette
Gontard, in deren Haus er eine Hauslehrerstelle antritt, ein
neuer Lebenstag für den Dichter. Aber der Tag leuchtet nicht

nur wie vormals nieder, er ist zum »Goldnen Tag« geworden, der aus der Jugend in den Vorhof seiner Reifezeit, aus der Empfindungsseele in die Epoche der *Verstandes-Gemüts-Seele* hinüberglänzt.

Aus einem neuen Erleben der griechischen Kulturepoche, die sich im Jahrsiebt 28—35 widerspiegelt, steigt die griechische Priesterin Diotima, wie Hölderlin Susette Gontard nennt, zu ihm herab. Bei diesem Herabsteigen wird sie, die er zuerst als »Himmelsbotin«, »Griechin«, anspricht, zum »gütigen Herzen«, zum »holden Herzen« für ihn. Sein eigenes Herz, bisher hin- und hergerissen zwischen Erflammen und Erkalten, zwischen hymnischem Aufschwung und elegischer Betrachtung, empfängt und versendet den Wärmestrom der Liebe. Von ihm erfüllt, beschwört er im Gedicht nicht mehr die Göttin des Ideals, der geliebte Mensch tritt aus dem griechischen Äther hervor, zu dem er sich sonst in seiner Entrückung erhob. Diotima kommt zu ihm auf die Erde, auf der er hofft, endlich Fuß zu fassen.

Nach Ablauf von nicht ganz drei Jahren, die Hölderlin an der Seite von Susette Gontard verleben durfte, wird der Hauslehrer vom Hausherrn, dem Bankier Gontard, genötigt, das Haus zu verlassen. 29 Jahre alt geworden, zieht er wieder in die Welt hinaus, um sich von neuem als Dichter eine Stellung in der Welt zu schaffen. Wieder scheitert er. Freunde helfen ihm, beherbergen ihn bei sich, sein Herz jedoch findet kein Zuhause mehr. Sein junges Gemüt, durch das er schon die Einheit seines Wesens gefühlt hatte, zerreißt im Schmerz. Seele und Ich beginnen nun auch das »Haus« seines Leibes zu verlassen, die ersten Zeichen seiner seelischen Erkrankung werden sichtbar. In der Zeit, in der Susette Gontard an der Schwindsucht stirbt, kehrt er von seiner letzten Hauslehrerstelle in Bordeaux in die Heimat zurück. Wirre Reden führend, verwahrlost und verstört, kommt er in Nürtingen an.

Hölderlins seelische Erkrankung, zu der er veranlagt war, die aber erst durch seine unglücklichen Schicksale in Erscheinung trat, war – im 33. Lebensjahr – zum Ausbruch gekommen (vgl. im Kapitel »Schizophrenie«: Die Krankheit im Lebenslauf). Erregungszustände, die bis zur Tobsucht gingen, wechseln ab mit Perioden der Erschlaffung und Depression. Zerfahrenheit des Gedankenganges, eine Tendenz zu Wortneubildungen und zur stereotypen Wiederholung einzelner Worte und Bewegungen kommen später dazu. Auch die Spaltung zwischen Seele und Welt vertieft sich: Der Kranke zieht sich von der Welt zurück und reagiert zugleich überempfindlich auf alle ihre Einwirkungen. Er errichtet eine Fassade von Höflichkeitsfloskeln gegenüber seinen Besuchern und flieht in den Namen »Scardanelli«, den er sich zulegt. Letzteres betrifft vor allem die Jahre seines »Endzustandes«, der im 36. Jahr einsetzte. Die zweite Lebenshälfte verlebte Hölderlin in Familienpflege. Er bewohnte einen kleinen Turm, der in Tübingen am Neckar steht. Der Fluß, an dem er geboren wurde, und an dem er aufwuchs, floß nun auch vor dem Fenster seiner letzten Behausung, die seinen Leib noch 36 weitere Jahre lang beherbergte.

Nach dem Verdorren des Lebens seiner Verstandes-Gemüts-Seele kam es bei dem Kranken im irdischen Dasein nur zu einer teilweisen und schattenhaften Vorbereitung und Entwicklung der *Bewußtseinsseele*, die sich in einem erschütternden »wahnsinnigen Ringen um Bewußtsein« kundtat (BLANKENBURG[193a]). Der Kontakt zur Welt ging jedoch dabei vollends verloren, der Leib, Grundlage für das Leben der Bewußtseinsseele, wurde noch mehr von Seele und Ich verlassen. In der Lebensmitte mündete die schizophrene Erkrankung Hölderlins in das Schattendasein eines irdischen Endzustandes ein.

Im *dichterischen Schaffen* bewirkte die Lockerung der Wesensglieder aus dem physischen Leib eines neuen Aufschwung, eine Auflockerung der Sprache, die für neue Erlebnisse durchlässig wurde. Auf dieser Ebene wird das Ringen um Bewußtsein fruchtbar, die entrückte Bewußtseinsseele schöpferisch. In ihrem Schaffen leuchtet das Ewige auf und verdichtet sich zu Bildern von imaginativer Kraft.

In der Zeit der sich vorbereitenden und beginnenden Erkrankung entstehen Gedichte, die auf die Entwicklung der Lyrik bis in unsere Zeit eingewirkt haben und darüber hinaus zur Seelennahrung für viele Menschen geworden sind. Nach HELLINGRATH, der sie Anfang unseres Jahrhunderts neu entdeckt hat, stellen sie »Herz, Kern und Gipfel des Hölderlinschen Werkes« dar. Mit Recht betont HELLINGRATH, daß es sich bei dem neuen Stil dieser Gedichte nicht um einen Bruch, sondern um eine organische Weiterentwicklung handelt. Diese Weiterentwicklung wurde durch die Krankheit ausgelöst, was durch sie entstand, ist jedoch selbst nicht krank, wie es teilweise von psychiatrischer Seite behauptet wurde. Das Bild des Psychiaters und Philosophen JASPERS: Die kranke Muschel, die eine Perle erzeugt, bringt diese Tatsache zum Ausdruck.

Eine neue Hymnenperiode setzt ein, in der das Pathos der Jugendhymnen zur »heiligen Nüchternheit« wird. Sprachlich ergibt sich die von HELLINGRATH geschilderte »harte Fügung«, bei welcher nicht mehr der Gedanke, sondern das Wort bestimmend wird. Während der Mensch eine Exkarnation durch die Krankheit erfuhr, vollzieht sich auf der dichterischen Ebene eine Inkarnation geistiger Erlebnisse, die in Christusbegegnungen ihren Gipfel haben. Während der Mensch die Rückentwicklung in eine zweite krankhafte Pubertät erfuhr, erlebt der Dichter eine andere zweite Pubertät. Statt der Erdenreife auf der Stufe des physischen Leibes, gelangt er zu einer kosmischen Reife, die sich in irdischen Sprachformen fortpflanzt. Auf jener Ebene erfüllte sich manches von dem, was einst der Dichter und Mensch aus seiner ersten Pubertät heraus erstrebt hatte. Als Beispiel für die neue Sprache seien einige Zeilen aus der Hymne »*Patmos*« wiedergegeben, die man mit der oben wiedergegebenen Strophe aus seiner Jugendhymne vergleichen möge.

> Es liebte der Gewittertragende die Einfalt
> Des Jüngers, und es sahe der achtsame Mann
> Das Angesicht des Gottes genau,
> Da beim Geheimnisse des Weinstocks sie
> Zusammensaßen zu der Stunde des Gastmahls,
> Und in der großen Seele, ruhigahnend, den Tod
> Aussprach der Herr und die letzte Liebe.

Der Gewittertragende ist Christus, um den sich beim Abendmahl die Jünger scharen. Der Dichter schildert das Abendmahl, als vollziehe es sich neu vor ihm. In den sechs A-Lauten der ersten zwei Zeilen wird die staunend-andächtige Einfalt des Jüngers Johannes, durch dessen Augen der Dichter blickt, sprachlich verleiblicht. Zugleich aber sieht der Jünger »genau«. Ein großer, ruhiger Atemzug trägt von der ersten Zeile bis zu »letzte Liebe«. Dabei wird eine Inversion vorgenommen: Die Worte »und die letzte Liebe« folgen nicht, wie es üblich wäre, auf »Tod«, sondern drei Worte später. Die Liebe erhält dadurch eine Bedeutung, die nicht wie früher mit Worten umschrieben, sondern in der Wortstellung direkt zum Ausdruck kommt.

Die Rückentwicklung durch die Krankheit wirkte sich dann jedoch auch auf dichterischem Gebiet aus. Nach einer Periode
sprachlicher und gedanklicher Auflösung mündete sie auch
dichterisch in eine Art Endzustand ein, den wir auch hier als
eine Wiederholung der Kindheit auf der Ebene der Krankheit
erleben können. Nun wiederholen sich keine Hymnen mehr.
Wie in seiner ersten Jugend und auslaufenden Kindheit hält der
Dichter Natureindrücke im Gedicht fest. Wie ein Kind reiht er
Bilder in einfachen Zeilen aneinander, deren Reime »steif«, deren Bilder »formelhaft« werden können (HELLINGRATH). Und
dann blitzt doch wieder etwas von dem Licht seines ferngerück-
ten Geistes auf, dem die Gegenstände dieser Welt als ein »Wi-
derglanz« des Himmels erscheinen.

> Der Erde Freuden, Freundlichkeit und Güter,
> Der Garten, Baum, der Weinberg mit dem Hüter,
> Sie scheinen wie ein Widerglanz des Himmels,
> Gewähret von dem Geist den Söhnen des Gewimmels.

Es ist hier etwas ausführlicher auf eine Biographie eingegangen
worden, um erleben zu lassen, wie Lebenskrisen in Krankheit
einmünden können, die manchmal auch schon im Schicksal eines früheren Erdenlebens wurzeln.[193]
Der seelisch Kranke kann seiner Krankheit etwas abringen.
Er kann durch das Ringen mit seiner Krankheit neue Kräfte,
neue Fähigkeiten gewinnen, die bei Hölderlin im künstlerischen, bei anderen im menschlichen Bereich fruchtbar werden,
die sich aber auch erst in einem künftigen Erdenleben auswirken können. Dieser Aspekt ist nicht nur von Bedeutung für das
Leben des Kranken selbst. »Das Ringen Hölderlins mit seiner
Krankheit kann anderen seelischen Kranken Mut und Kraft geben für die Auseinandersetzung mit ihrem seelischen Leiden.
Hölderlins Dichtung aber kann uns allen ein Zeichen der Hoffnung sein, der Hoffnung auf Überwindung körperlichen und
seelischen Krankseins durch den Geist des Menschen.«[194]

DAS ICH ZWISCHEN LEIB UND GEIST

Schon die *Entstehung* der Bewußtseinsseele, in der das Ich zu
sich kommt und zur bewußten Verbindung mit der geistigen
Welt gelangen kann, wies uns auf den physischen Leib zurück;
durch die Verwandlung seiner Kräfte hat sich die Bewußt-

seinsseele gebildet. Alles was störend auf die Entwicklung des physischen Leibes im ersten Lebensjahrsiebt einwirkt, schafft Hindernisse für die Bildung und Entwicklung der Bewußtseinsseele im Jahrsiebt 35–42. Die erwähnte Kontaktstörung, die Vereinsamung des Menschen in seiner Lebensmitte und von der Lebensmitte an, kann hier eine Wurzel haben, was sich auch in der Vorgeschichte von Depressionen der Lebensmitte zeigt. (Man entdeckt ungünstige Einwirkungen besonders im ersten Lebensjahrsiebt.) Die Vereinsamung entsteht aus einem »verschlossenen Charakter«, der »nicht zu einem freien, offenen Verkehr mit all' den Eindrücken der Außenwelt gelangen kann«. Dieser Charakter ist entstanden, als das Ich bei der Umwandlung physischer Kräfte in den 30er Jahren einen verhärteten physischen Leib vorfand.[6]

Man denkt hier an die ungünstigen seelischen Einwirkungen während des ersten Jahrsiebts, insbesondere an die fehlende oder an die – seltener auftretende – überschießende Nestwärme. Das von außen bewirkte mangelhafte Mitschwingen der Seele überträgt sich auf den Leib, der zuwenig von der Seele her, d. h. zu materiell aufgebaut wird und dadurch zu früh verhärtet. Aber auch an körperliche Einflüsse ist zu denken: Das Verhindern jeglicher fieberhafter Infektionskrankheit im Kindesalter durch entsprechende Impfungen trägt zu einer Verhärtung des physischen Leibes ebenso bei wie der Vigantolstoß bei der Rachitisprophylaxe.[23]

Beim verschlossenen Charakter bleibt das Ich in der sich bildenden Bewußtseinsseele stecken und gewinnt zu wenig Kontakt zur Welt. Es wiederholt sich auf seelischer Ebene das Geschehen des ersten Jahrsiebts, bei dem das Menschenwesen den Leib nicht durchdringen konnte. Wir stehen wieder, diesmal vom ersten Jahrsiebt aus bedingt, vor der pathologischen Situation der Lebensmitte, die in einer Unterentwicklung der Bewußtseinsseele zum Ausdruck kommt. Dem Ich, zwischen Leib und Geist gestellt, gelingt es nicht oder nur unvollkommen, die Seelenentwicklung zum Geist emporzuführen: Die Kurve dieser Entwicklung gleicht sich mehr oder weniger der abwärts tendierenden biologischen Kurve an.

Nun wird die Krisensymptomatik in der Lebensmitte ganz konkret: Die Unterdrückung des seelischen Aufstrebens zum Geist und die Fesselung an den Leib wird in der Seele als Bedrückung, als Deprimiertheit erlebt, die sich bis zur *Depression* steigern kann. Jede Depression jenseits der Lebensmitte hat in

dieser pathologischen Beziehung zum eigenen physischen Leib
eine wesentliche Grundlage. (Die Tatsache, daß sich diese Beziehung auf das Organsystem der Leber zu konzentrieren
pflegt, soll später erläutert werden.)

Die Bindung an den eigenen Leib kommt bei dieser Depres-
sionsform auch dadurch zum Ausdruck, daß, wie schon erwähnt, eine ausgesprochen hypochondrische Färbung der Depression zu beobachten ist. Durch die krankhafte Verbindung
mit dem Leib wird dessen langsam überwiegender Abbau intensiv miterlebt, manche der sonst unterschwellig bleibenden
körperlichen Beschwerden werden bewußt und erfüllen das
Seelenleben mit Sorge. *Hypochondrie* ist nicht einfach eine Eigenschaft des älter werdenden Menschen, sie entsteht gerade
dadurch, daß er nicht in gesunder Art älter wird.

PSYCHIATRISCHE UND NERVENKRANKHEITEN DES ALTERS

Wie die hypochondrische Altersdepression, so wurzeln auch
alle anderen seelisch sich äußernden Krankheitserscheinungen
des Alters in jenem Geschehen, das in der Lebensmitte einsetzt. Der *Verarmungswahn* des höheren Alters z. B. geht aus
einem unterbewußten Miterleben dieses Geschehens hervor.
Empfindet die Seele den Abbau des Leibes so stark, daß sie
ganz davon erfüllt ist, so wird auch die Beurteilung der persönlichen Lebensumstände davon bestimmt. Man fürchtet, ja man
glaubt zu verarmen: in finanzieller Hinsicht, im Hinblick auf
Kleider und andere Gegenstände. Und von da aus ist dann nur
noch ein Schritt zum *Bestehlungswahn*: Das fehlende Geld, die
fehlenden Kleider sind gestohlen worden. Beiden Wahnbildungen liegt die reale leibliche »Verarmung« des älter werdenden
Menschen zugrunde, aber man ist selbst der Dieb, der fortdau-
ernd den eigenen Leib bestiehlt. Beim Altern zehrt der eigene
Astralleib am Ätherleib, später der eigene Ätherleib am physischen Leib.[195] Durch diese Charakterisierung STEINERs tritt
eine weitere Komponente der Entwicklung in Erscheinung:
Nicht nur gibt der physische Leib die Seelenentwicklung frei,
die höheren Wesensglieder zehren außerdem an seinen Kräften, um sie dem geistigen Leben dienstbar zu machen. Vom
Leib her wird das als *Beeinträchtigung* empfunden, eine Empfindung, von der viele Erkrankungen und manche Erlebnisse
des höheren Alters begleitet werden.

Außer den physiologischen Folgeerscheinungen dieser Entwicklung für den Leib, dessen Rückentwicklung also bis zu einem gewissen Grad gesund ist, gibt es jedoch auch krankhafte Folgeerscheinungen im leiblichen Bereich. Auch sie entstehen durch die zu enge Verbindung von Seele und Ich mit dem physischen Leib. Diese pathologische Verbindung zieht eine Verstärkung des leiblichen Abbaus mit sich, der über sein Ziel hinausschießt. Daß Sorgen um die Gesundheit der Gesundheit schaden, ist bekannt, doch bleibt eine solche Aussage an der Oberfläche. Es ist das den leiblichen Sorgen zugrunde liegende Verhalten der Wesensglieder, das die nun auftretenden körperlichen Krankheitserscheinungen bewirkt. Zweierlei ist dabei festzuhalten: Einerseits lockern die Wesensglieder Ätherleib, Astralleib und Ich ihre lebendige Beziehung zum physischen Leib, das tritt bei allen alternden Menschen ein. Andererseits können sich jene Wesensglieder sekundär wieder an den Leib binden. Bei dieser krankhaften Rückbindung kommt es naturgemäß nicht zu einer lebensvollen neuen Inkarnation, die ist einem künftigen Erdenleben vorbehalten. Die neue Bindung an den Leib vollzieht sich vielmehr im Sinn des selbst weitgehend erstorbenen Nervensystems, das jetzt nicht mehr Gestaltung, sondern nur noch Bewußtsein, d. h. Bewußtsein vom Abbau des Leibes vermitteln kann. Dadurch aber wird das Leben des Leibes zusätzlich reduziert; die physiologischen Zerfallsvorgänge im Nervensystem werden in krankhafter Weise verstärkt und im übrigen Organismus verbreitet. Es kommt zur neurasthenischen Form des Erkrankens im weitesten Sinn.[196]

Mit dieser Situation, d. h. mit den leiblichen Folgen des nicht gemeisterten Alterns hängt die Zunahme der *degenerativen Krankheiten* beim älteren Menschen unserer Zeit zusammen, die sich mit einer Tendenz zur Wucherung, zur Tumorbildung verbinden können; auf sie kann in diesem Rahmen nur hingewiesen werden. Hervorgehoben sei die Zunahme der *degenerativen Nervenkrankheiten*, die vor allem in der zweiten Lebenshälfte eine Rolle spielen, wie z. B. der *Schwund des Gehirns* (Hirnatrophie) durch die gleichfalls zunehmende Verkalkung der Gehirngefäße (Cerebralsklerose) oder aus sich selbst heraus. Bei der *multiplen Sklerose*, die oft schon in der ersten Lebenshälfte einsetzt, wirken eine degenerative und eine entzündliche Komponente zusammen. (Die Entzündung gehört mehr zur Jugend des Menschen.)[196]

Da die Bewußtseinsseele, wie geschildert, vom Kopf aus ihr Leben entfaltet, können wir nun die Nervenkrankheiten der zweiten Lebenshälfte und die degenerativen Erkrankungen überhaupt als Schatten der Bewußtseinsseelenentwicklung auf der Ebene des Leibes auffassen. Und so wie das Gehirn bei seinem Schwund, seiner Alterserkrankung vom Blut nicht mehr genug Leben erhalten kann, so erhält die unterentwickelte Bewußtseinsseele zuwenig Leben vom Herzen aus, wo sie ihre Wurzel hat. Die Geburtswehen der Herzenskräfte sind zugleich Geburtswehen der Bewußtseinsseele. Ihren körperlichen Ausdruck finden auch diese Geburtswehen in der geschilderten *Herzneurose*, die, wie wir sahen, nicht nur zu den zwanziger Jahren, sondern auch zur Lebensmitte gehört.

Das *Versagen des Gehirns* im Alter, das unter Umständen bis auf einen mangelhaften oder gestörten Aufbau im ersten Lebensjahrsiebt zurückgeht, überschattet alle Krankheitsbilder der Alterspsychiatrie, die sich als Metamorphosen aus den später geschilderten (und anderen) psychiatrischen Krankheitsbildern ergeben. Besonders die im Alter auftretenden Wahnbildungen werden durch die Auffassungs- und Urteilsschwäche, durch die Vergeßlichkeit, unter Umständen auch durch fehlende Orientierung in Raum und Zeit kompliziert. Man verlegt, verliert Gegenstände und glaubt dann, sie seien gestohlen worden. Alle diese eben angeführten Symptome gehen aus einer Beeinträchtigung des Gehirns hervor. Aber auch die Labilität im Gefühlsleben, die emotionale Erregbarkeit und Reizbarkeit des alternden Menschen haben einen Bezug zu diesem Organ. Vom Gehirn aus werden dem Ich die Regungen der eigenen Seele bewußt, so daß es versuchen kann, steuernd in sie einzugreifen. Ist das Organ für dieses Wahrnehmen gestört, so ist auch das Eingreifen des Ich nicht mehr in dem Maß wie früher möglich, und die aufschießenden Impulse des emotionalen Seelenlebens können nicht mehr beherrscht werden.

Die Schwierigkeiten, die sich für das soziale Leben durch solche Symptome ergeben, sind bekannt. Die *Vereinsamung* des alt werdenden Menschen hat sicher eine äußere Wurzel: Man zieht sich vor dem alten Menschen zurück. Es gibt jedoch, wie schon ersichtlich wurde, auch eine Vereinsamung von innen. Indem sich der alternde Mensch zu eng mit seinem Leib verbindet, lockert er selbst die Verbindung zur mitmenschlichen Umwelt. Wer in der Hauptsache nur noch Interesse für das eigene, vom Leib bestimmte Dasein hat, dem wendet dann auch die Umwelt nicht mehr so viel Interesse zu.

Die Folgen der geschilderten Fehlentwicklung, die sich aus der Unterentwicklung der Bewußtseinsseele ergeben, wirken sich bis ins *weltanschauliche Gebiet* aus. Die geistigen Folgeerscheinungen, die aus dem Stillstand der Entwicklung in der ersten Lebenshälfte hervorgehen, kommen unter Umständen jetzt erst zum Vorschein oder erhalten einen entscheidenden dramatischen Akzent: Atheismus und Materialismus werden nun leidvolle Lebenserfahrung. In dem Maß, in dem sich die Seele an den Leib bindet, verliert sie die Möglichkeit, das Wirken des Geistes in der Welt wahrzunehmen. Bleibt das Denken im zunehmenden Abbau des Gehirns befangen, so *muß* ihm das Ende dieses Abbaus, der Tod, als das Letzte vor Augen stehen. Projiziert es diese Lebensanschauung in die Welt, so entsteht die atheistische Weltanschauung des Materialismus, die schließlich nicht mehr als Theorie im Kopf figuriert, sondern zwingende Lebenspraxis wird.

ZUR THERAPIE

Wieder ist zunächst auf vorhergehende Störungen der Seelenentwicklung einzugehen. Kann der Mensch schon nicht mehr lebendig empfinden oder hat sich dieses Empfinden im Licht der Bewußtseinsseele zurückgebildet, so ist erst hier anzusetzen. Fällt ihm die Klarheit des Denkens, die gemüthafte Verinnerlichung schwer, so ist Nachholen in dieser Hinsicht notwendig.

Dabei sollte jedoch weder vom Betroffenen noch vom Helfer einfach der Stil der Empfindungsseele bzw. der Verstandes-Gemüts-Seele wiederholt werden. Trotz der Unterentwicklung der Bewußtseinsseele sollte man immer versuchen, ihrem Stil, d. h. dem Stil ihrer Altersstufe gerecht zu werden. Ein Kind, das vieles nachzuholen hat, dem Alter nach jedoch in eine achte Klasse gehört, sollte man möglichst nicht in eine sechste Klasse zurückstufen. Man wird ihm vielmehr neben dem Unterricht in seiner achten Klasse zusätzlich Nachhilfeunterricht vermitteln. Das gilt sinngemäß für jegliche Art von Nachholen, besonders aber für das Nachholen auf der Stufe der Bewußtseinsseele, das meistens schon einen höheren Grad von Bewußtsein zu berücksichtigen hat. Sicher stellt diese Anforderung oft ein schweres Problem dar, auf jeden Fall sollte sie im Bewußtsein des Helfers leben. Der Betroffene selbst hat manchmal ein sicheres Gefühl dafür, daß er vom Ziel seiner Entwicklung her angesprochen werden sollte.

Sind die Seelenglieder vor der Bewußtseinsseele gut entwickelt oder wurde ihre Entwicklung nachgeholt, so tritt statt der früheren unbestimmten Sehnsucht, statt dem gedanklichen Streben nach dem Geist ein starkes Verlangen nach umfassender Selbst- und Welterkenntnis auf, das zu unterstützen ist. Auf die Frage: Wo war etwas wesentlich, wertvoll für die Umwelt in meinem bisherigen Leben? wird man gemeinsam mit dem Betroffenen eingehen. Als eine Weiterentwicklung der Erlebnis- und Besinnungsrückschau kann eine *Wesensrückschau* angestrebt werden. Bei der Rückschau auf den Tag kann man sich fragen: Was war wesentlich an diesem Tag, wo kann ich etwas Allgemeingültiges, Geistiges darin erkennen? Am Morgen kann sich der willenshafte *Vorsatz* dazugesellen: das oder jenes am kommenden Tag wesentlicher zu sehen und zu gestalten, ein Vorsatz, mit dem auch schon in den zwanziger Jahren als Vorbereitung für die Bewußtseinsseele begonnen werden kann.

Bei der von STEINER empfohlenen abendlichen *Rückschauübung* handelt es sich um eine gesteigerte Vorübung für den geistigen Schulungsweg, die nicht jeder gleich in Angriff nehmen kann. Die Übung ist von besonderer Bedeutung für die »Erkraftung des Vorstellens«. Diese wird dadurch erreicht, daß man die Ereignisse des Tages rückwärts an sich vorbeiziehen läßt und dabei versucht, sich selbst im Bild wahrzunehmen. Durch diese Aktivierung des Vorstellens, das nicht dem sinnenfälligen Ablauf des Tages, sondern dem eigenen Wollen folgt, lernt man zugleich Distanzierung gegenüber den Tageserlebnissen. Man sollte bei *dieser* Art von Rückschau nicht bei den einzelnen Ereignissen verweilen, über sie nachsinnen usw., sondern sie so an sich vorbeiziehen lassen, als wären es fremde.[165 a]

Durch alle solche Übungen wird an den Willen der Bewußtseinsseele appelliert, dessen Erstarken im Denken zum *Vordenken* und damit aus der Verstandes-Gemüts-Seele zur Bewußtseinsseele hinführt. Man kann dieses Vordenken auch direkt üben und damit die unterentwickelte Bewußtseinsseele aktivieren. Zum Beispiel kann man in der Vorstellung eine Pflanze aus ihrem Samenkorn emporwachsen lassen: der erste Teil der von STEINER gegebenen Samenkornübung.[197] Bei der Lektüre kann man danach trachten, das Gelesene nicht nur zu wiederholen, sondern es noch einmal frei entstehen zu lassen, ohne daß man auf die Einzelheiten des Textes achtet. Dadurch kommt man

146

vom Nachdenken zum Vordenken, das sich natürlich vom Text dann korrigieren lassen kann.

Beginnt man schon während der notwendigen Selbsterkenntnis mit solchen Übungen, so hilft man dem anderen oder sich selbst, nicht im Vergangenen und im Persönlichen stekkenzubleiben. In die Zukunft führt dann vom Persönlichen aus die Frage nach der speziellen Aufgabe, die bei jedem Menschen vorliegt. Mit dem Objektiv-Geistigen verbindet die weitere Frage: Wie kann ich meiner Aufgabe besser gerecht werden, wo und wie kann ich neue Kräfte für sie gewinnen?

Jetzt, wo der Wille am stärksten in der Seele wirksam werden kann, bekommt das übende Erfahren eine lebensnotwendige Bedeutung. Nicht das Erkennen erzieht die Bewußtseinsseele, Erkennen ist ihr Lebenselement. Erzogen aber wird sie, wie schon geschildert, durch die *Andacht*, die mit dem Quell ihres Lebens, mit dem Erleben des Herzens verbindet. Jene tätige Andacht aber, bei der Denken, Fühlen und Wollen in der Seelenmitte zusammenfinden, muß erübt werden.

Andacht führt zur meditativen Haltung, zum meditativen Üben der Bewußtseinsseele, das *meditative Element* ist der Kern ihres Lebens. Dabei wird, nun ganz vom Willen bestimmt, der Weg aus der Welt zur Seelenmitte neu gegangen. Der Übende schließt sich, vom Gefühl der Andacht getragen, willentlich und bewußt von der Welt ab. Er stellt eine Vorstellung in das Zentrum seiner Seele, auf die er sich anschauend und empfindend konzentriert. Damit sie nicht zwingend wird, »wischt« er sie durch seinen Willen dazwischen wieder aus. Wirksamer als Vorstellungen von der Außenwelt sind dabei nach STEINER sinnbildliche Vorstellungen. Schon mit den Vorstellungen, die der Mensch vom Licht, von der Weisheit, von der Wärme und von der Liebe hat, läßt sich etwas erreichen. Noch mehr kann erreicht werden, wenn die Vorstellung von der Wärme als Sinnbild der Liebe gebildet und meditiert wird. Solche Vorstellungen sollen »Erzieher für die Seele« sein[146], d. h., sie sind nicht nur Schritte auf dem Schulungsweg, sondern auch Hilfen für die Krise der Bewußtseinsseele.

Der Weg ins Innerste, wo das Ich sich und den Zugang zur geistigen Welt finden kann, führt dann wieder zur Außenwelt zurück. Der Mensch darf erleben, daß er nun eine tiefere Bedeutung zu ihr gewinnt, als er sie vor einem solchen Üben, vor einer meditativ vollzogenen Lektüre hatte. Er erlebt mehr Wesentliches in der Welt und im eigenen Leben. Ein Strahl aus der geistigen Welt, den sein höheres Ich ihm vermittelte, hat ihn in die Welt begleitet, in der er eine neue, tiefer gegründete Tüchtigkeit entwickeln kann.

Auch hier wird die seelisch-geistige Therapie, die noch mehr als die bisherige Therapie Selbsthilfe und Selbstheilung darstellt, wesentlich von der *medikamentösen* und von der *heileurythmischen* Therapie unterstützt. Im Vordergrund stehen diese Therapien in all den Fällen, in denen die Entwicklungsstörung auf den physischen Leib zurückgewirkt und dort funktionelle oder organische Störungen erzeugt hat. Während hierbei von dem einzelnen betroffenen Organsystem auszugehen ist, kann zur Unterstützung der Bewußtseinsseele vom Herzen aus wieder das schon besprochene *Gold* empfohlen werden. Vom Nervensystem aus wirkt auf die Bewußtseinsseele das *Blei* in höherer Potenz. Während das Gold vom Herzen aus mithilft, die neue Verbindung zur geistigen Welt aus dem Zentrum zu schaffen, so unterstützt das Blei die Bewußtseinsseele insbesondere bei ihrem Erkenntnisstreben. Während Blei in tiefer Potenz den Abbau verstärkt, was manchmal auch notwendig ist, fängt es in höherer Potenz den überschießenden Abbau auf und wirkt damit der Sklerose und der Degeneration entgegen.

Heileurythmisch ist außer der erwähnten, dem Gold entsprechenden *Liebe-E-Übung* die *T-Gebärde* hervorzuheben. Durch den ersten Teil, das Emporheben der Arme, wird die Beziehung zur Umwelt, zum Kosmos hergestellt, durch den zweiten Teil mit seinem Sichsenken der Arme und Hände zum Kopf die Verbindung zum Kopf und vom Kopf zum Herzen. Die *U-Gebärde* knüpft an die Bleimedikation an. Besonders, wenn die zusammengelegten Hände dabei von oben nach unten geführt werden, verbindet sich das bewußte Ich mit der Erde: der sicher auf der Erde stehende Mensch wird angesprochen. Indem er dann wieder im *U* die Arme erhebt, wendet er sein Bewußtsein dem Geiste zu.

Aber auch zur *Vorbeugung* der körperlichen und seelischen Erkrankungen im Alter kann – außer durch ein geistbemühtes und möglichst rhythmisches Leben – durch Medikamente, Eurythmie und andere künstlerische Therapie viel getan werden. Wendung zum Geist bedeutet ja nicht Abwendung vom Leib in dem Sinn, daß der Leib nun sich selber und seinem Abbau überlassen wird. Ein so kostbares Instrument, wie es unser Leib ist, will auch im Alter gepflegt sein. Dies darf nur nicht zum Selbstzweck werden, sondern zur Hilfe für das Ich, damit dieses die Melodie des Geistes immer reiner auf seinem Instrument erklingen lassen kann.

IV.

Neurose und Psychose als
Entwicklungsgeschehen

Im Jahrsiebt 14–21, in dem der Astralleib selbständig wird, lernten wir die vegetative Neurose kennen, die durch eine zu starke oder zu schwache Verbindung des Astralleibes mit dem physischen Leib verstanden werden konnte. Die Neurose äußerte sich in körperlichen und seelischen Symptomen. Die zunächst seelische Sucht des Jugendalters führte aus dem seelischen Bereich in den leiblichen hinein. Im Jahrsiebt 21–28 und im ausgehenden Jahrsiebt 14–21 trafen wir die Vakuumneurose an, deren Symptome hauptsächlich im seelischen Gebiet zutage traten, sich dann aber auch mit körperlichen verbanden. Die Herzneurose schließlich, die für die Jahrsiebte 28–42 charakteristisch ist, begann mit einer seelischen Vorgeschichte und führte zur neurotischen Organkrankheit im Leib, die sich wiederum mit seelischen Symptomen verband.

Bei der verwirrenden neurotischen (und später psychotischen) körperlich-seelischen Symptomatik hilft es weiter, wenn man sich die *zwei Richtungen des Erkrankens* klarmacht, in die sich die verschiedenen Symptome eingliedern lassen. Die eine Richtung weist von der Seele zum Körper, die andere vom Körper zur Seele. Dabei bleibt man nicht mehr an die Krankheit fixiert als an einen Defekt, der im Körper oder in der Seele auftritt. Man taucht vielmehr in das lebendige Geschehen der Entwicklung ein, in den *Prozeß der Krankheit*, der sich zwischen der körperlichen und seelischen Ebene bewegt, und dabei bald mehr auf der einen, bald mehr auf der anderen zur Erscheinung kommt.

KÖRPERLICHE KRANKHEIT AUS DER SEELE

Am deutlichsten ist der Zusammenhang zwischen der körperlichen und der seelischen Ebene bei der sogenannten *Organneurose*. Die wohl wichtigste lernten wir in Gestalt der Herzneurose kennen. Bei ihr wird nicht – wie beim Herzinfarkt, bei der Herzmuskel- oder Herzklappenentzündung – die Substanz des Herzens angegriffen, wohl aber ist die Funktion des Herzens, seine Bewegung und Durchblutung gestört. In anderen Fällen, z. B. bei der Magenneurose, ist auch die Funktion der Absonderung (des Magensaftes) nicht in Ordnung. Insgesamt charakteristisch ist eine Störung im Fließen des Blutes, der Säfte, der Bewegung eines Organs.

Wir werden damit auf den *Wasserorganismus* des Leibes verwiesen, der dem Leben, den Funktionen der Organe dient. In ihm wirkt primär der *Ätherleib*, der aus dem wäßrigen Element aufbaut und plastiziert, zugleich aber das Luftelement der inneren Atmung durch das wäßrige Element dem ganzen Organismus mitteilt. Im *Luftorganismus* wirkt primär der *Astralleib*, dessen Tätigkeit mittels des Luftelementes vom Ätherleib dem physischen Leib vermittelt wird.[95] Damit ist auf die lebendige Verbindung hingedeutet, die sich aufgrund einer solchen Menschenkunde zwischen Leib und Seele ergibt. Für die anthroposophische Menschenkunde ist der ganze Leib beseelt. Die Verbannung der Seele in das *Gehirn*, durch das nach den heutigen Theorien die Seele mit dem Leib zusammenhängt, verbannt zugleich ein lebendiges Verstehen dieses Zusammenhangs zugunsten einer abstrakten und mechanistischen Schaltverbindung von Leib und Seele im Stil eines Computers.

Krankmachende seelische Erlebnisse, die in der Seele nicht verarbeitet werden konnten, wirken primär über die im Leib tätige Seele, d. h. über den Empfindungsleib (oder Astralleib) auf die innere Atmung des Organismus, auf den Austausch von Sauerstoff und Kohlensäure im Innern. Hier empfängt der im Wasserorganismus tätige Ätherleib die seelische Einwirkung. Es kommt zur Störung des Blutkreislaufs, der Säfte, der Organbewegungen. Spielt sich die Störung vorwiegend im Bereich des gesamten Wasserorganismus ab, so entsteht die vegetative Neurose, bei der sich das Überschießen oder die Schwäche des Astralleibes in der geschilderten Art auf den physischen Leib überträgt. Wenn sich die Störung auf ein Organsystem konzentriert, so diagnostiziert man eine »*Organneurose*«.

Die Störung kann jedoch auch tiefer gehen und das Organ selbst, d. h. dessen feste Substanz ergreifen. Es kommt zur »Deformation« des Organs durch eine der geschilderten degenerativen Krankheiten oder durch entzündliche Erkrankungen. Das Organ wird »von der astralischen Tätigkeit zu stark ergriffen«.[198] Die *Organkrankheit* kann eine direkte Folge davon sein, es können aber auch organneurotische Beschwerden

schon Ausdruck eines solchen Erkrankens darstellen. Das Sodbrennen, das Völlegefühl kann auf neurotische Funktionsstörungen des Magens, auf eine Magenneurose deuten, es kann
sich jedoch auch der Beginn eines Magengeschwürs dahinter
verbergen, bei dem sich im weiteren Verlauf das Sodbrennen
zum brennenden oder bohrenden Schmerz zu steigern pflegt.
Seelisch finden sich ähnliche Symptome in der Vorgeschichte
wie bei der Magenneurose. Mit einer infantilen Einstellung gegenüber dem Leben kann sich »brennender Ehrgeiz« verbinden, der, in der Welt ohne Erfüllung geblieben, dem Betroffenen »auf den Magen schlägt«.[199] Das seelische Brennen verwandelt sich in körperlichen Schmerz, in körperliche Krankheit, bei welcher der Abbau durch die bewußt gewordenen und
dann nach dem Leib zurückgestauten seelischen Kräfte zuletzt
einen entzündlichen Substanzverlust, ein Geschwür im Magen
erzeugt.

So kann ein seelisches Fehlverhalten zur körperlichen
Krankheit werden. Diese sollte jedoch nicht nur als Folge aus
der Vergangenheit, sondern auch als Chance für die Zukunft
verstanden werden. Durch die Magenbeschwerden, die
Schmerzen des Magengeschwürs kann zugleich die Erkenntnis
im Kranken entstehen, daß er sein Leben in einer bestimmten
Richtung ändern sollte. Und erst indem er seelisch weiter reift,
mit seinem Ehrgeiz im bewußten Seelenleben besser fertig
wird, ist er auch besser vor den häufig sich einstellenden Rück-
fällen seines Magenleidens geschützt.

Andere Auswirkungen der seelischen Vorgeschichte verlaufen in derselben Richtung. Vor Fieberzuständen mit unbekann-
ter oder bekannter Ursache kommt manchmal ein »zu starkes
Hingegebensein an die Außenwelt«, eine Art »Seelenfieber«
zur Beobachtung, das dann im Verein mit anderen Einwirkungen (Erkältung, Infektionen) zum körperlichen Fieber führt.[200]
Die schon erwähnten Erziehungsfehler in der Kindheit können
im Erwachsenenalter körperliche Krankheiten nach sich ziehen. Wieder verläuft die Richtung von der Seele nach dem physischen Leib, das Fehlverhalten liegt jedoch in diesem Fall in
der Umgebung. Seelisch kann es eine erste Auswirkung in kindlichen Verhaltensstörungen haben, eine spätere Auswirkung
stellt die körperliche Krankheit dar.[201]

Charakteristisch ist, daß es sich nicht um eine seelische
Krankheit handelt, die zur körperlichen wird, sondern um ein
seelisches Fehlverhalten, um störende seelische Einwirkungen

aus der Welt, aus denen dann der physische Leib, zusammen mit dem Ätherleib, eine körperliche Krankheit gestaltet. In der Gegenwart beschreibt die *psychosomatische Medizin* viele solcher Zusammenhänge, und sicher werden noch mehr entdeckt. Auf das Mitwirken seelischer Faktoren bei jeder körperlichen Erkrankung wird heute allgemein hingewiesen. Zieht man die Auswirkungen eines früheren Erdenlebens in Betracht, so ist auch hierbei die Richtung von der Seele zum Körper zu erkennen: In die Anlage zu einer bestimmten Krankheit, welche die Vererbung liefert, kann das Fehlverhalten, können krankmachende Erlebnisse eines früheren Erdenlebens einmünden. Auch die Krankheiten, die etwa in Form eines Unglücksfalles von außen auf den Menschen zukommen, können im Seelenleben einer früheren Verkörperung bedingt sein und werden dann vom schicksalbildenden Ich im Lebenslauf aufgesucht. In diesem Sinn hat jedes körperliche Kranksein seine seelische Vorgeschichte.

Die körperliche Krankheit ist, so gesehen, das Endstadium eines Geschehens, aus dem sich – dann wieder im seelischen Gebiet – ein neues Verhalten des Menschen entwickeln kann. Sie kann aber auch zur Grundlage eines neuen Erkrankens werden, das sich ebenfalls wieder im seelischen Bereich abspielt.

SEELISCHES ERKRANKEN AUS DEM KÖRPER

Viele Menschen haben schon einmal oder mehrere Male erlebt, daß sich nach dem morgendlichen Erwachen eine zunächst unerklärliche Mißstimmung und Ängstlichkeit bei ihnen einstellt. In den Tagen oder Wochen vorher hat man vielleicht einen Kummer erlebt, mit dem man schon glaubte fertig geworden zu sein. Geht man der Sache nach, so findet man, daß dem betreffenden Menschen nicht nur etwas auf den Magen, sondern »auf die Leber geschlagen« ist, aus der jetzt, manchmal verbunden mit leichtem Druck- und Völlegefühl, die Mißstimmung aufsteigt. Die Mißstimmung und Ängstlichkeit kann sich rasch verflüchtigen, kann jedoch einem nächsten Erlebnis gegenüber wiederkehren. Warum ist denn dieser Mensch immer so ängstlich, so verstimmbar in seiner Beziehung zur Umwelt, wird dann gefragt. Als Antwort kann man hören: Er ist eben ein Neurotiker. Man kann auch sagen: Er hat eine seelische, eine *Psychoneurose*, die man unter Umständen auf ungünstige Erlebnisse in der Kindheit zurückführt. Diese eventuell vorhandenen sowie die nicht verarbeiteten Kummererlebnisse der letzten Zeit haben sich jedoch zuerst in der Leber ausgewirkt, wo über den Ätherleib Funktionsstörungen im Fließen der Galle, des Blutes entstanden sind. Und dann wird die Dynamik dieser körperlichen Erkrankung wieder vom Ätherleib der Seele vermittelt. Aus den Stauungen, Verkrampfungen und explosiven Entladungen im Fließen des Blutes, der Säfte, der Organbewegungen werden die seelischen Stauungen, Verkrampfungen oder Explosionen des neurotischen Seelenlebens, das mit Mißstimmung, Ängstlichkeit und Aggressivität auf die Welt reagiert.

Wie die organneurotische, so kann auch die seelische Störung tiefer gehen. Aus der Mißstimmung wird nun eine schwere, hoffnungslose Depression, aus der Ängstlichkeit eine lähmende Lebensangst, die jede Tätigkeit erschwert oder verhindert. Und nun steht die Schwere des Zustandsbildes in keinem Verhältnis mehr zu kränkenden Erlebnissen der letzten Zeit, die sogar ganz fehlen können. (In früherer Zeit jedoch immer vorhanden sind.) In der körperlichen Vorgeschichte findet man bisweilen organische Lebererkrankungen, oder man stellt während der Depression unter anderem länger bestehende Leberstoffwechselstörungen fest, die bis in das Innere der Leberzellen reichen. Seelisch diagnostiziert man eine *endogene Depression*, die häufigste *Psychose* der Leber, auf die bei den psychiatrischen Krankheitsbildern zurückgekommen werden soll.

Während die Psychoneurose aus leichteren, aus funktionellen Krankheitserscheinungen eines Organsystems hervorgeht, bildet ein tiefergehendes Erkranken des Organs die Grundlage für die Psychose. Anknüpfend an das oben Angeführte kann man sagen: Die Psychose ist eine seelische Organkrankheit, bei der die organische »Deformation« aus dem physischen Leib vom Ätherleib in das Seelenleben getragen wird. Durch eine im Körper zugrunde liegende Anlage wird dabei auf ein früheres Erdenleben hingewiesen.

Nach STEINER beruhen alle sogenannten Geisteskrankheiten darauf, daß das Geistig-Seelische »die physische und ätherische Struktur annimmt«. Das Geistig-Seelische werde dabei »im physischen oder ätherischen Sinn« gestaltet.[202] An anderer Stelle spricht STEINER von den »sogenannten Seelenkrankheiten«, bei denen das Schwereprinzip des physischen Leibes in das Leben der Seele eindringt.[203] Als eine unmittelbare Folge dieses Eindringens kann man die Schwermut erleben: die Depression, bei der das Gemüt schwer wird.

Durch diese Charakterisierung und die Bezeichnung »sogenannte Seelenkrankheiten«, die STEINER an mehreren Stellen gebraucht, wird auf den grundlegenden Unterschied hingedeutet, der zwischen seelischen Erkrankungen und körperlichen Krankheiten besteht. Während in der seelischen Vorgeschichte körperlicher Krankheiten im allgemeinen keine seelische Erkrankung, sondern ein eigenes oder fremdes seelisches Fehlverhalten, ein nicht verarbeitetes Erlebnis, gefunden wird, liegt in der Vorgeschichte seelischen Krankseins eine leichtere oder schwerere, funktionelle oder organische Erkrankung eines Organsystems vor. Während bei einer solchen Erkrankung unter Mitwirkung des Seelenlebens die Krankheit im Körper sich bildet, wird bei der seelischen Erkrankung die Krankheit aus dem Körper in den seelischen Bereich verpflanzt. In demselben Sinn wie im Körper gibt es also keine Krankheit in der Seele. »Eigentliche Geistes- oder Seelenkrankheiten kann es nicht geben.«[204] Jene Krankheiten kommen eben nicht aus dem »Eigenen«, aus dem Wesen von Seele oder Geist.

Andererseits wird aber von STEINER, indem er die Verlagerung eines seelenfremden, körperlichen Prinzips in das Seelenleben schildert, auf einen krankmachenden Vorgang hingewiesen. Nicht aus sich heraus gestaltet die Seele eine Krankheit, wohl aber wird sie vom Körper aus gekränkt. Sie wird krank nicht in ihrem Wesen, sondern in ihrem Leben, in ihrer Lebenssubstanz, d. h. in ihrem Denken, Fühlen und Wollen, den drei Grundkräften des Seelenlebens, die in enger Beziehung zum Körper stehen (vgl. die Dreigliederung des menschlichen Organismus). Deshalb spricht STEINER auch von einem »abnormen Seelenleben«[201] oder einem »krankhaften Seelenleben«[205], von »Willensdefekten« und »Denkdefekten« mit »Deformationen der Gedanken«[49], alles Symptome, die ihre Wurzel im Körper haben. Der Ausdruck »seelische Erkrankung«, wie er hier für eine Erkrankung des Seelenlebens gebraucht wird, ist daher immer in diesem Sinn gemeint. (Zur sogenannten Geisteskrankheit, im Unterschied zur sogenannten Seelenkrankheit, siehe S. 165 ff.)

Körperliche und seelische Erkrankungen haben gemeinsam die
Tatsache, daß die Störungen im entsprechenden Wurzelbereich
selbst zurückgetreten oder abgeklungen sind, wenn sich die
Krankheit einstellt. Das gilt für die seelischen Störungen vor
einer körperlichen Krankheit, das gilt aber auch für die körperlichen Störungen vor einer seelischen Erkrankung, die bei dessen Auftreten in ein leichteres, chronisches Stadium übergegangen sind. Deshalb sprach STEINER wiederholt von »feinen«
Störungen im Körper, die dem seelischen Erkranken zugrunde
liegen.[206] Vorbedingung für diese Tatsache bei seelischen Erkrankungen ist, entsprechend dem zu tiefen Vorstoßen seelischer Kräfte bei der körperlichen Krankheit, ein Rückzug von
Seele und Ich aus dem körperlichen Bereich. »Beim Geistes-
kranken zieht sich der eigentliche Geist ganz zurück«.[207] Hinzu
kommt, daß Ich und Seele durch die Krankheit »herausge-
drängt« werden.[201]

Schon beim chronisch gewordenen körperlichen Leiden läßt
das Eingreifen des Ich in den Krankheitsvorgang – und damit die
Möglichkeit der Selbstheilung – nach.[133] Man kann entsprechend der früher erwähnten »organischen Revolte« die Vorstellung einer »*organischen Resignation*« bilden. Diese Resignation
kann sich auch mit einer *seelischen Resignation* verbinden: Ich
und Seele ziehen sich nicht nur aus dem Leib, sondern auch aus
der Welt zurück, mit der sie durch den Leib verbunden sind. Das
kann man im Vorstadium mancher seelischer Krankheiten beobachten, in der Krankheit selbst kann es sich steigern. Ich und
Seele werden dabei jedoch nicht frei von Leib und Welt. Da sie
sich nicht vollständig zurückziehen können – das geschieht erst
im Tod –, sind sie den Einwirkungen aus Leib und Welt mehr
oder weniger preisgegeben, weil sie in ihrer Entrückung oder
Verrückung sich auch nicht mehr mit ihnen auseinandersetzen.
Die nicht überwundene körperliche Krankheit, zu der die aktive
Verbindung von Ich und Seele gelockert ist, wirkt nun in Gestalt
einer seelischen Erkrankung auf Ich und Seele ein.

Die Resignation von Ich und Seele verbindet sich bei der seelischen Erkrankung mit einer bestimmten *Disposition*, die auch
im Verhältnis von Seele und Körper eine Rolle spielt. Man ist
seelisch zur Depression nicht nur der Welt, sondern auch den
Einwirkungen des Körpers gegenüber disponiert oder nicht.

Nur so kann man verstehen, warum bei dem einen Menschen eine leichtere Leberstoffwechselstörung im seelischen Bereich zu einer schweren Erkrankung führt, bei vielen anderen aber nicht. Angesichts dieser Situation wird von der offiziellen Forschung die *Spezifität* der gefundenen leichten Stoffwechselstörungen bezweifelt; da außerdem solche leichten Störungen auch bei Gesunden vorkommen, seien sie unspezifisch für die seelische Erkrankung. Sie erhalten die ihnen zukommende Bedeutung nur, wenn auch der Dispositionsbegriff erweitert wird (näheres im Kapitel über Depression).

Der andere Einwand, der zugleich auch wieder weiterführt, betrifft die *Quantität* der körperlichen Störungen. So geringe Störungen sollen ein so schweres seelisches Zustandsbild zur Folge haben? Hier wird besonders deutlich, daß sich das quantitative, von der Materie bestimmte Denken in ein qualitativ-prozessuales verwandeln muß, wenn es dem Lebensprozeß der Krankheit gerecht werden will. Schon die Hormonforschung, die Erforschung der Spurenelemente lehrt, daß es kleinste Substanzmengen sind, die im seelischen Bereich qualitativ wirksam werden. Nicht die massiven, die feineren Störungen des Leibes sind es, die differenzierte und intensive Auswirkungen im Seelenleben haben. Eine massive Leberentzündung (Hepatitis) wird eben typischerweise nicht von einer endogenen Depression begleitet; erst wenn die Entzündung der Leber zu einer feineren Störung geworden ist, kann eine solche Depression daraus entstehen. Eine massive endogene Depression pflegt sich nicht mit einer Leberentzündung zu verbinden, sie kann sich sogar bessern und verschwinden, wenn einmal eine solche Entzündung in ihrem Verlauf sich einstellt.

Als *Bild für die seelische Erkrankung* ergibt sich: Sie gleicht einer Pflanze, die nur ein sehr feines Wurzelwerk in der Erde hat und sich zum allergrößten Teil im Luftraum entfaltet. Will man jedoch die Pflanze entfernen, so muß man die Wurzeln beim Roden miterfassen, sonst wächst sie wieder nach. So muß man auch, wenn man eine dauerhafte Heilung anstrebt, der seelischen Erkrankung an »die Wurzel« gehen, d. h. sie vom Körper, vom Organ aus behandeln, auch wenn diese Wurzeln nur feiner Art sind und sich die Krankheit vor allem im seelischen Bereich entfaltet hat.

Aus diesen Tatsachen und Überlegungen heraus kann man den von STEINER ausgesprochenen ersten Kernsatz der anthroposophisch orientierten Psychiatrie verstehen: »Das Primäre liegt gerade bei den sogenannten geistigen Erkrankungen in den Organsystemen.« Von den Organen aus sollten diese Erkrankungen mit Heilmitteln behandelt werden.[208] Das gilt nicht nur für die Psychosen, sondern auch für die Neurosen, bei denen der stärkere Einfluß der Umwelteinwirkungen nicht darüber hinwegtäuschen darf, daß auch hier die Grundlagen der Krankheit sowie die Grundlagen ihrer Therapie in den Organsystemen liegen. Jedem »abnormen Seelenleben« liegt ein »abnormes körperliches Leben« zugrunde.[201] Deshalb kann man »nicht einseitig etwa das Geistig-Seelische behandeln«.[209] »Gerade das muß Geisteswissenschaft am entschiedensten betonen, daß die sogenannten Geistes- oder Seelenkrankheiten hineinverfolgt werden müssen bis in die Organologie des Menschen.«[201]

KRANKHEIT ALS ENTWICKLUNGSSTÖRUNG UND ENTWICKLUNGSHILFE

Innerhalb der seelischen Entwicklung erkannten wir die zwei großen Richtungen der Inkarnation und Exkarnation. Nachdem sich die Wesensglieder mit dem Leib verbunden haben, erheben sie sich stufenweise wieder aus ihm, wobei der Leib eine Art Instrument für ihr weiteres Leben, für ihre Entwicklung wird. Auch die zwei Richtungen des Erkrankens, aus denen Organneurose und körperliche Erkrankung einerseits, Psychoneurose und Psychose andererseits hervorgingen, führten entweder in den Leib hinein oder aus dem Leib heraus. Dabei klingt, wie im Lebenslauf, die andere Richtung jeweils mit an: Bei jeder körperlichen Krankheit macht die Seele mit, bei jeder seelischen Erkrankung der Körper. Der Hauptakzent liegt jedoch jeweils auf Inkarnation oder Exkarnation, auf der Richtung: in den Körper hinein oder auf der Richtung: aus dem Körper heraus.

Bei den bisher besprochenen degenerativen und entzündlichen Krankheiten können wir somit die Vorstellung einer unrechtmäßigen, krankhaften Inkarnation bilden. Seelische Kräfte binden sich im Stil des Nervensystems zu eng an den Körper: degenerative Krankheit mit Zerfall, wie er für das Nervensystem typisch ist. Oder diese Kräfte stoßen zu tief im Stil des Stoffwechselsystems in den Körper vor: entzündliche Krankheit mit Auflösung nach Art eines Verdauungsvorgangs. In der Entwicklung sahen wir eine Störung vorangehen: Die seelischen Kräfte sind nicht genug vom Körper frei geworden, oder sie wurden von der Umwelt zurückgewiesen, oder sie gaben sich – im »Seelenfieber« – zu stark an die Welt hin. In jedem Fall erfolgt der Rückschlag auf den Körper. Sind die Kräfte nicht genug vom Körper frei geworden, so handelt es sich um eine primäre Entwicklungsstörung der Seele, in den anderen zwei Fällen um sekundäre Entwicklungsstörungen, die sich durch den Rückschlag auf den Körper ergeben. In jedem Fall klingt durch die intensivere Leibverbindung eine frühere Inkarnationsstufe an. Dadurch aber kann eine unvollständige Verkörperung weitergeführt werden, der Kranke erscheint nach seiner Krankheit besser inkarniert als zuvor. Ein neuer Entwicklungsaspekt wird sichtbar.

Auf körperlichem Gebiet faßten wir schon den Sinn der Krankheit ins Auge. Die Folge eines seelischen Fehlverhaltens konnte durch die körperliche Erkrankung erkannt werden, ein neues seelisches Verhalten wurde möglich (z. B. beim Magengeschwür). Im Hinblick auf den Entwicklungsaspekt kann man sagen: Durch die teilweise Rückentwicklung auf eine frühere Lebensstufe infolge einer körperlichen Krankheit wird nicht nur eine mangelhafte Inkarnation nachgeholt, sondern zugleich die Möglichkeit gegeben, von dieser früheren Stufe aus neu anzufangen. Der hilflos im Bett liegende, an einer schweren Entzündung leidende oder hochfiebernde Kranke – ist er nicht teilweise in eine Lage versetzt, in der er sich einmal in der Kindheit befunden hatte, als er auf die Hilfe seiner Umgebung angewiesen war? Und ist nicht ein viel gründlicherer Neuanfang möglich, wenn man dorthin zurücktaucht, wo die Fehlentwicklung schon vorbereitet wurde, vielleicht schon angefangen hat? Körperliches Kranksein erscheint so als teilweise, verkürzte und krankhafte Wiederholung der Inkarnation in den Leib, aber mit der Möglichkeit eines neuen Erwachsenwerdens in dieser oder jener Hinsicht, das die Heilung mit sich bringt.[209 a]

Dasselbe Prinzip: Krankheit ist nicht nur Entwicklungsstörung, sondern kann Anfang neuer Entwicklung werden, ergibt sich bei seelischen Erkrankungen. Während jedoch bei der körperlichen Krankheit das Erkranken in Richtung »Geburt« tendiert, ist es die Richtung nach dem Tod, auf der beim Exkarnationsprozeß seelischer Erkrankung der Akzent liegt. Der teilweise Rückzug von Seele und Ich aus dem Leib erzeugt bei der Psychose den Eindruck eines seelischen Sterbens, das am Anfang einer solchen Erkrankung auch vom Kranken selbst erlebt werden kann. Die Heilung, der Anfang neuer Entwicklung, führt hier zuerst nicht aus dem Leib heraus (wie bei der körperlichen Krankheit), sondern in den Leib hinein, wo dann der Mensch nach der Heilung in neuer, gesunder Art vom Leib frei zu werden lernt.

Beide Arten von Erkrankungen sind dadurch miteinander verbunden, daß die pathologische Exkarnation bei einer körperlichen Krankheit in die pathologische Exkarnation bei einer seelischen Erkrankung umschlagen kann. Während die pathologische Inkarnation der körperlichen Krankheit in Beziehung zu der beschriebenen mangelhaften Verkörperung tritt, knüpft der Rückzug aus dem Körper bei der pathologischen Exkarnation der seelischen Erkrankung an das behinderte Bestreben des Menschen an, vom Körper frei zu werden. Beide krankhafte Entartungen gesunder Vorgänge können eine Fortsetzung und Steigerung der steckengebliebenen gesunden Vorgänge anregen, wie dies für die körperliche Krankheit angedeutet wurde. Was die seelischen Erkrankungen betrifft, so werden sich Beispiele dafür bei der Darstellung der psychiatrischen Krankheitsbilder ergeben.

ZUSAMMENFASSUNG

Im Organismus gibt es verschiedene Organsysteme, die erkranken können, und verschiedene seelische Erkrankungen, die aus den Organsystemen aufsteigen. Die Frage, welches Organsystem zu einer bestimmten seelischen Erkrankung gehört, führt weiter zu der schon angegangenen Frage, wie Seelenleben und physischer Leib überhaupt zusammenhängen. Die systematische Grundlage für eine erste Antwort bildet die *Dreigliederung des menschlichen Organismus*. Das Nerven-Sinnes-System, zentriert im Kopf, dient dem Denken. Das rhythmische System, zentriert im Brustbereich, dient dem Fühlen. Das Stoffwechsel-Gliedmaßen-System, das sein Zentrum im Bauchbereich hat, dient dem Wollen der Seele.[210]

Eine weitere Untergliederung nahm STEINER vor, indem er im unteren Bereich des Organismus das Nieren-Blasen-System und das Leber-Gallen-System, im mittleren Bereich Lunge und Herz mit einzelnen seelischen Kräften und Tätigkeiten in Zusammenhang gebracht hat.[208] Von hier aus forderte er für die Psychiatrie eine »psychische Erkenntnis der Organe«[211]; durch das Studium des seelischen Befundes solle man herausbekommen, »wo der Fehler liegen kann im Organismus«.[212] »Man kann aus solchen Symptomen heraus viel sicherer diagnostizieren als aus den diagnostischen Mitteln, die heute vielfach angewendet werden.«[211] Bestimmte seelische Symptome bei einer seelischen Erkrankung sind demnach Hinweise auf Störungen in einem bestimmten Organsystem, die man dann nach Möglichkeit auch durch körperliche Untersuchungen feststellen sollte. Auf jeden Fall hat bei diesen Organstörungen die Therapie anzusetzen.

Die Verbindung des Seelenlebens mit den Organen des Leibes wandelt sich im Lauf der Entwicklung. In der Kindheit arbeitet eine bestimmte seelische Kraft am Aufbau eines bestimmten Organsystems, um sich später teilweise von ihm zu lösen und sich seiner als Instrument zu bedienen. (Wir wiesen in diesem Zusammenhang schon auf die Liebeskraft des Herzens hin.) Das Bild des Instrumentes geht auf STEINER zurück, der z. B. den physischen Leib als »Instrument« für die Bewußtseinsseele bezeichnete.[213] Von W. BÜHLER wurde später der dreigegliederte physische Leib als Instrument der Seele dargestellt.[24] Die einzelnen Organe dieses Leibes jedoch können selbst wieder als Instrumente angesehen werden, die sich in das große Instrument des physischen Leibes ebenso einfügen wie die einzelnen Instrumente in das große Instrument des Orchesters.[214] Das Ich ist der Dirigent, der im Chaos der Krankheit dann seinen Stab sinken läßt. Im Unterschied zum Musikinstrument jedoch kann sich der Mensch seine Organe nicht kaufen, er ist selbst wesentlich an ihrer Bildung beteiligt und muß sie weiter am Leben erhalten.

Das Bild des Musikinstrumentes führt zu einem zusammenfassenden Verstehen dessen, was sich durch die zwei Richtungen des Erkrankens ergibt. Es ist jedem Musiker bekannt, daß man nur dann gut auf seinem Instrument spielen lernt, wenn man von ihm frei wird. Dasselbe gilt für die Organe als Instrumente des Seelenlebens.

Bei der *Organneurose* (und tiefergehend bei der *Organkrankheit*) hat der Spieler schlecht auf seinem Instrument musiziert. Er ist zuwenig von ihm frei geworden, oder er wurde beim Spielen von der Umwelt gestört. Hat er ein empfindliches Instrument, so hat er durch sein schlechtes Musizieren das Instrument verstimmt. Nun leidet er unter dessen Verstimmung: der Kranke erleidet die Beschwerden seines Organs. Er beschäftigt sich mit ihnen, er versucht sein Instrument zurechtzustimmen.

Wird er nicht damit fertig, so braucht er ärztliche Hilfe für seine Organneurose, für seine Organkrankheit.

Auch bei der *Psychoneurose* und bei der *Psychose* erzeugt der Musizierende Mißtöne auf seinem verstimmten Instrument, doch wird ihm deren Ursprung nicht bewußt. Vielleicht hat er von Anfang an wenig Beziehung zum Instrument gehabt, oder bestimmte Erlebnisse haben ihn in dieser Richtung resignieren lassen. Nun wird er durch die Mißtöne in Unsicherheit, Unruhe, Angst oder Zorn versetzt. Er macht sich Vorwürfe: Ich spiele schlecht, ich bin ein schlechter Musiker! Eine Depression entwickelt sich, bei der man sich – dann auf der Ebene der Krankheit – als schlechter Mensch erlebt. Die organische Verstimmung ist zur seelischen geworden. Auch bei Psychoneurose und Psychose wird der Mensch nicht frei von seinem Instrument.

Schema der dargestellten Zusammenhänge:

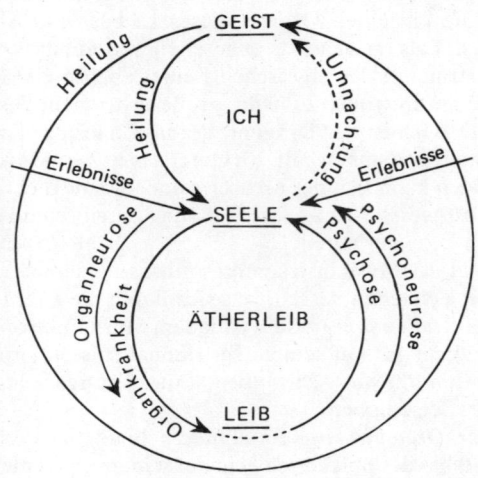

Erläuterung: Die *Organneurose* wurzelt im seelischen Bereich und entfaltet sich im Ätherleib, was sich dann in der Funktionsstörung des Leibes ausdrückt. Die *Psychoneurose* wurzelt im Bereich des Ätherleibes, in den gestörten Funktionen des Leibes und entfaltet sich im Seelenleben. Die beiden kürzeren

162

gen beides zum Ausdruck. Die längeren Pfeile links und rechts kennzeichnen die tiefergreifende Entstehung der *Organkrankheit* bzw. die tiefer wurzelnde Entstehung der *Psychose*. Der gestrichelte Bogen, der beide Hälften unten verbindet, bedeutet das Abklingen der Organkrankheit, aus der dann die Psychose aufsteigt.

Die seitlichen Pfeile sollen die spezifischen *Erlebnisse* der Seele andeuten, die auf der einen Seite krankmachend bis in das Organ hineinwirken, auf der anderen Seite krankhaft verarbeitet werden durch die Verstimmung, die vom kranken Organ aus die Seele erfüllt. Das organisch oder funktionell kranke Organ schwingt nun nicht mehr mit der Seele mit wie der Resonanzboden eines Instrumentes, der einem Ton zum Erklingen verhilft, die Seele muß nun vielmehr mit all dem mitschwingen, was im erkrankten Organ vor sich geht.

ÄTHERLEIB UND METAMORPHOSE

Bei jeder körperlichen und seelischen Störung, sei sie neurotischer oder psychotischer Art, wird also immer über den Ätherleib ein Organ des Körpers beteiligt. Der Ätherleib, der so zum Vermittler wird zwischen der Ebene des physischen Leibes und der Ebene der Seele, vermittelt dabei jedoch auch zwischen Vergangenheit und Gegenwart. Die gegenwärtige seelische Störung kann Ausdruck der Wiederholung einer früheren Organstörung sein, einer »Organerschütterung« durch ein seelisches Erlebnis.[209] Dabei kann die Organstörung im funktionellen Bereich bleiben, sie kann aber auch zu einer organischen Krankheit werden.

Hier ergibt sich ein wichtiges, öfter schon beobachtetes *Entwicklungsgesetz* im Rhythmus des Lebenslaufes. Die später nachfolgende seelische Störung, die seelische Erkrankung tritt manchmal ebenso viele Jahre nach dem 7., 14., 21., 28. oder 35. Jahr auf, als die Organerschütterung vor diesen Knotenpunkten des Siebenjahresrhythmus stattgefunden hat. Bei der seelischen Erkrankung nach dem Knotenpunkt »erinnert« sich dann nicht – wie beim gesunden Erinnern – das Ich, sondern der Ätherleib an die Organerschütterung. Statt der Erinnerung, die das Ich sonst aus dem Ätherleib des Organs heraufholt und bewußt wahrnimmt, steigt die Rückwirkung der damaligen Organerschütterung unwillkürlich aus dem Ätherleib in das

Seelenleben auf, und das Ich unterwirft sich der nun entstandenen seelischen Erkrankung.

Die entsprechende Gesetzmäßigkeit kann nach meinen Erfahrungen bei der Organerschütterung selbst beobachtet werden, falls diese eine Organkrankheit nach sich zieht. Die Organerschütterung, zusammen mit dem seelischen Erlebnis, liegt dann wieder ebenso viele Jahre vor einem Knotenpunkt wie die Organkrankheit nach einem Knotenpunkt liegt. (Vgl. das Beispiel im Kapitel über Depression.) Ein dritter Rhythmus ergibt sich, indem Ereignisse zur Zeit des Knotenpunktes selbst in der Zeit eines nachfolgenden Knotenpunktes sich spiegeln.

Nachdem wir Inkarnation und Exkarnation des Erdenlebens als die Urbilder erkannt haben, die hinter der körperlichen und der seelischen Krankheit stehen, können wir uns nunmehr fragen, ob es nicht auch im Leben des Organismus gesunde Urbilder von dem gibt, was sich bei der seelischen oder körperlichen Krankheit vollzieht. Handelt es sich beim Heraufholen und Wahrnehmen der Erinnerungsvorstellungen durch das Ich nicht um einen Vorgang, bei dem jedesmal die Richtung aus dem physischen Leib in den seelischen Bereich eingeschlagen wird? Schlägt nicht das Ich bei jedem Willensakt den entgegengesetzten Weg ein, den Weg in den physischen Leib, um sein Wollen durch den Leib in der Welt zu verwirklichen? – Was unterscheidet jene gesunden Verbindungen zwischen Leib und Seele von den Verbindungen durch die Krankheit?

Schon früher sahen wir: Beim *erinnernden Denken*, das zur Grundlage des Lernens wird, beim »Heraufholen« der Erinnerungsvorstellungen, werden Wachstumskräfte des Leibes in Denkkräfte verwandelt. Die Wachstumskräfte ordnen sich dabei dem Wesen der vorstellenden Seele, des denkenden Ich unter. Würden sie das Schwereprinzip des physischen Leibes in das Seelenleben tragen, so käme keine freie gedankliche Tätigkeit, kein Gedankenflug zustande. Gerade dies aber geschieht bei der »seelischen Lähmung« und Erstarrung durch eine endogene Depression, bei der oft kaum mehr ein Gedanken*gang* möglich wird. Eine Modifikation dieser Verlagerung tritt ein, wenn die Wachstumskräfte Wahnideen im seelischen Bereich wachsen lassen, die man logisch nicht mehr fassen kann. (Solche seelischen »Wucherungen«, bei denen sich Bildekräfte des Leibes in der Seele ausleben, werden wir im Rahmen der schizophrenen Erkrankung antreffen.)

Das polar Entsprechende vollzieht sich beim *Willensakt*. Hier sind es andere Kräfte des Ätherleibes, die aus dem seelischen Bereich, in dem das wollende Ich lebt, dessen Eingreifen in den Stoffwechsel vermitteln. Indem nach der Schilderung STEINERs das Ich zuerst in den Wärmeäther eingreift, bekommt es die Beziehung zum *Wärmeorganismus*, zu den Verbrennungsvorgängen des Stoffwechsels, die sich beim Willensakt steigern.[215] Auch hier findet durch den Ätherleib eine Verwandlung statt, die den leiblichen Grundlagen des Willens dient, auch hier kommt es nicht zu einer Vermischung des seelischen und des physischen Bereiches. Eine solche Vermischung sahen wir dagegen beim Fieber, bei dem wir die Auflösung des Leibes durch seelische Kräfte erlebten. Das Bewußtseinslicht, das Lebensprinzip seelischer Kräfte, wird dabei nicht in Willenswärme verwandelt, sondern zum Feuer des Fiebers verdichtet. In der Entzündung kann sich dieses Feuer festsetzen.

Dem Erstarren und Wuchern des Seelenlebens vom Leib aus ist im Rahmen dieser Polarität die Auflösung und das Verbrennen des Leibes von der Seele her gegenüberzustellen. In beiden Fällen fängt der Ätherleib nicht mehr auf, vermittelt er nicht mehr. Am Pathologischen kann das heilsame Prinzip der *Metamorphose* erkannt werden, das in der körperlichen oder seelischen Krankheit mehr oder weniger versagt. Sowohl bei der körperlichen als auch bei der seelischen Krankheit kommt es nur zu unvollständigen Metamorphosen, bei denen sich das Wesensprinzip des einen Bereiches im anderen auslebt.

Wir erkennen: Die Wesensprinzipien des seelischen und des körperlichen Bereiches müssen getrennt bleiben.[203] Nur durch Verwandlung dürfen sie miteinander in Verbindung treten.

GEIST − KRANKHEIT UND HEILUNG

Auf unserer Zeichnung (S. 162), die sich auf der Gliederung des Menschenwesens in Leib, Seele und Geist aufbaut, ist das Thema dieses Kapitels bereits angedeutet. Weder entspringt der Prozeß der körperlichen Krankheit dem geistigen Bereich, noch wird dieser Bereich vom Prozeß der seelischen Erkrankung erreicht. Der unterbrochene rechte Pfeil in der oberen Hälfte des Schemas soll dies andeuten, ebenso wie die Tatsache, daß der Geist von der seelischen Erkrankung »umnachtet« werden, daß er sich in der Umnachtung aus Leib und Seele zurückziehen kann. Es ergibt sich der zweite Kernsatz der anthroposophisch orientierten Psychiatrie: Der Ausdruck »Geisteskrankheit« stimmt nicht, »weil der Geist immer gesund ist«[208]. (Zur Feststellung, daß der Geist nicht erkranken könne, kam einige Jahre später auch JASPERS aus seiner Sicht.[216])

Zum Problem »Geist und seelische Erkrankung« kann sich folgendes *Bild* ergeben, das sich auch schon als therapeutisches Bild bei manchen Depressionen bewährt hat: Die Sonne (als Bild für den Geist) kann zwar verdunkelt werden von Rauch und Dünsten, die aus der Erde (Bild für den Leib) aufsteigen, sie wird in ihrem Dasein jedoch davon nicht berührt. Wenn die Einwirkungen aus der Erde aufgehört haben – was im Bereich des Leibes die medikamentöse Therapie herbeiführen soll –, dann scheint sie wieder, vielleicht noch heller und intensiver als zuvor. Im Unterschied zur Sonne wird jedoch der Luftraum (Bild für den seelischen Bereich) von der Erde (dem Leib) aus tatsächlich gekränkt, vergiftet. Im Unterschied zum Licht der Sonne, das nur in seinem Wirken behindert ist, wird die Luft in ihrer Substanz verändert. – Die Seele erkrankt nicht aus sich heraus wie der Leib, aber sie bleibt auch nicht von Krankheit frei wie der Geist. Auch im Hinblick auf die Krankheit steht so die Seele zwischen Leib und Geist.

Eine unmittelbare Bestätigung für die Realität dieses Bildes ergibt sich für das Erleben des Arztes, des helfenden Nebenmenschen, wenn in dem vorher umnachteten ichlosen Blick des Kranken eines Tages wieder ein Strahl seines Ich auftaucht, wenn vor dem Blick des anderen Menschen das seelische Chaos sich lichtet.

Da die Heilung zum Wesen des Krankseins und des Menschen dazugehört und da sie im Kern Selbstheilung ist, kann sie nur aus jenem Bereich des Menschen kommen, der immer gesund ist: aus dem Bereich des Geistes. Darauf deutet der linke kurze Pfeil in der Skizze S. 162 hin, der vom Geist aus zur Seele führt, ebenso wie der Pfeil, der, zum Kreis geworden, vom Geist aus das ganze Menschenwesen umfaßt. Therapie und Heilung vollzieht sich ebenso wie die Krankheit im ganzen Menschenwesen, sie geht jedoch vom Geiste aus. In seinem Licht kann man eine Dreigliederung der Therapie erkennen, eine Dreigliederung nach Leib, Seele und Geist.

Vor jeder Therapie muß sich die prinzipielle Frage stellen: Ist Therapie schicksalsmäßig überhaupt berechtigt? Wenn das Ich die Krankheit nicht nur annimmt, sondern im Grunde will, hat man dann das Recht, sie ihm durch die Therapie wegzunehmen? Man kann sich jedoch weiter fragen: Gehört nicht wie der Schlüssel zum Schloß auch die Therapie zur Krankheit dazu? Wird nicht auch die Therapie vom Ich des Kranken gesucht? Auch der Therapeut wird ja gesucht. Die Empfindung mancher Patienten, jetzt habe ich meinen Arzt, meinen Therapeuten gefunden, kann auf solche Zusammenhänge hindeuten.

Allerdings ist hier eine Therapie gemeint, die dem Kranken seine Krankheit tatsächlich nicht »wegnimmt«, wie dies durch das bloße Unterdrücken einer Depression oder Neurose mittels massiver Gaben von Psychopharmaka geschieht. Eine Therapie, die helfend eine Krankheit begleitet und die Selbstheilung des Kranken anregt, dient dagegen der »Selbstwerdung«, wie sie auch durch die Krankheit angestrebt wird. (Vgl. ferner das übernächste Kapitel »Die leibliche Therapie« und die Vorschläge zur Therapie im Schizophrenie-Kapitel.)

Bei der *Prophylaxe* ergibt sich auf seelischem Gebiet außerdem noch ein neuer Aspekt. Es ist möglich, eine körperliche Krankheit (aus der dann eine seelische werden kann) schon auf der seelischen Ebene abzufangen. »Selbsterziehung«, zu der sie seelisch anregen soll, kann schon vor ihrem Entstehen vom Ich geleistet, von der Erziehung vorbereitet werden; die körperliche (und die seelische) Krankheit wird auf diese Weise vermeidbar.[217] Eine Prophylaxe, die Leib, Seele und Geist umfaßt, wird daher bestrebt sein, die Vorbeugung vom Leib aus durch Medikamente und andere Maßnahmen mit einer Vorbeugung auf seelischem und geistigem Gebiet zu verbinden.

Die geistige Therapie

Die geistige Therapie, für die bei den Entwicklungsstörungen und neurotischen Bildern schon Hinweise gegeben wurden, ist nur möglich durch eine *Erweiterung der Psychologie und Psychiatrie nach dem Geist*. Erst durch diese Erweiterung wird aus der Psychotherapie geistige Therapie. Ohne Zentrum und Ziel der seelischen Entwicklung ins Auge zu fassen und wirksam werden zu lassen, wird man auch der seelischen Erkrankung nicht gerecht. Eine Therapie, die sich darauf beschränkt, das ins Bewußtsein zu heben, was die Seele belastet, bleibt auf der seelischen Ebene stehen und dringt weder zur leiblichen Grundlage noch zum Quell der Heilung, zum Geiste vor. Da der Geist durch das Ich im Menschen lebt, wendet sich die Therapie letztlich an das gesunde Ich des Kranken, für dessen Eingreifen in Seele und Leib sie die Wege freimacht. In diesem Sinn ist geistige Therapie zugleich Ich-Therapie, womit man also nicht die Vorstellung verbinden darf, das Ich selbst solle therapiert werden.

Von manchen Richtungen der Psychotherapie ist dieses Ziel schon anvisiert worden. (C. G. JUNG durch sein Prinzip der Individuation und V. FRANKL durch seine schon besprochene Logotherapie haben die Richtung nach Ich und Geist eingeschlagen. Konkret und als therapeutischer Faktor voll wirksam wird das Ich jedoch erst, wenn man seine Welt miteinbezieht, seine eigentliche Heimat, aus der es die Kraft zur Heilung schöpft. Mit dieser Heimat, mit der geistigen Welt, verbindet sich über die Seele des Kranken hinaus jede geistige Therapie, jeder Therapeut, dem diese Welt Realität geworden ist.

Bei der geistigen Therapie konzentriert sich das Erkenntnisbemühen zunächst auf das *Entstehen der Krankheit im Lebenslauf*, wobei die Krankheit einen Sinn auch für die Zukunft bekommen kann. Damit verbindet sich eine Verstärkung oder Erweckung des Bewußtseins für die Aufgabe, die der Kranke im Leben hat, ein Geschehen, das in der Lebensmitte nur seinen Gipfel erreicht, im Licht der Bewußtseinsseele aber auch vorher schon bei der Genesung mitzuhelfen vermag. Richtunggebend für eine solche *Gesprächstherapie* ist immer das im Kapitel »Bewußtseinsseele« geschilderte Prinzip: Das Erkenntnislicht des Kopfes muß sich mit der Wärme des Herzens verbinden, erst dann entwickelt sich auch eine heilsame Verbindung zwischen Therapeut und Patient. Zugleich aber muß dabei völlige Freiheit herrschen. Keinerlei »Bekehrung« darf versucht werden, und nichts darf man anbieten, nach dem der Kranke nicht – bewußt oder unterbewußt – selber verlangt. (Näheres bei P. V. D. HEIDE und W. PRIEVER.[217a])

Da der Sinn und die Aufgabe des Lebens auch immer ein soziales Problem ist, muß in vielen Fällen das individuelle Gespräch mit dem Kranken durch Gespräche mit seinen sozialen Partnern ergänzt werden; auch der »Sozialleib« des Kranken verlangt nach Behandlung. Und wenn die heute in manchen Fällen notwendige *Familientherapie* nicht möglich wird, so

sollte doch eine Besprechung wenigstens mit einem Familien-
mitglied angestrebt werden. In diesen Rahmen gehört auch die
Gruppentherapie, durch die der Kranke innerhalb einer
Gruppe von Patienten menschliche Kontakte erüben kann. Indem man ein Thema, wie z. B. die Angst oder die künstlerische
Therapie usw., in den Mittelpunkt eines solchen Gruppenge-
sprächs stellt, bleibt man nicht im Persönlichen stecken; das
allzu Persönliche, Intime, sollte auf jeden Fall in der Gruppe
ausgeklammert werden.

Es gibt jedoch eine große Anzahl von Patienten, bei denen
geistige Therapie nicht möglich ist. Das sind vor allem akute oder
schwere chronische Psychosen, bei denen, noch mehr als bei den
erwähnten jugendlichen Entwicklungsstörungen, geistige Therapie sich ausgesprochen negativ auswirken kann. Wenn das Ich
nicht mehr imstande ist, die geistigen Inhalte zu verarbeiten, so
können diese Anlaß für neue Wahnideen oder Halluzinationen
werden. In solchen Fällen muß der Kranke von solchen Inhalten,
die ihm Vorträge oder Lektüre vermitteln, oder von Meditationen ausdrücklich ferngehalten werden.

Trotzdem kann auch hier geistige Therapie zur Wirkung kommen, sie wird nur nicht durch das Wort vermittelt. Nun wird die
geistige Einstellung, die Überzeugung des Therapeuten zum
therapeutischen Faktor. Seelisch kranke Menschen sind unterschwellig besonders empfindlich dafür, wie andere Menschen
über sie denken, wie sie zu ihnen sprechen. Hat der Therapeut
die Überzeugung, daß das Ich des Kranken selbst nicht krank,
nur umnachtet, ferngerückt ist, so fühlt sich der Kranke ohne
Worte in diesem, seinem gesunden Ich angesprochen.

Die leibliche Therapie

Diese Therapie geht aus der zweiten notwendigen *Erweiterung
der Psychologie und Psychiatrie* hervor: aus der Erweiterung
nach dem Leib. Die leibliche Therapie wird zur Grundlage für
jede Therapie seelischer Erkrankungen, bei den Psychosen tritt
sie in den Vordergrund. Dabei erhebt sich die Frage, ob nicht
jetzt das Prinzip »Heilung aus dem Geist« aufgegeben wird, ob
der das ganze Schema (S. 162) umfassende Pfeil auch jetzt noch
zu Recht besteht.

Bei der leiblichen Therapie handelt es sich hier in erster Linie
um die *Medikamente* der anthroposophisch orientierten Medizin. Ihnen liegt zugrunde die Erkenntnis, daß nicht nur die seelische Umwelt heilend auf den Menschen einwirken kann; in

Form von Natursubstanzen bietet die materielle Umwelt dem Menschen Heilmittel an, für deren Verständnis allerdings wiederum eine Erweiterung des Erkennens über die gegenwärtige Krankheit, über die Gegenwart hinaus, diesmal bis in Urzeiten der Menschheitsentwicklung notwendig ist.

Auf diesem Weg kann – auch auf Phänomene sich stützend – erkannt werden, daß der Kosmos und die in ihm entstehenden Natursubstanzen früher viel enger mit dem Menschen verbunden waren, als sie es heute sind. Um zu sich zu kommen, mußte der Mensch auf diese enge Verbindung mit dem Kosmos verzichten. Indem er sich von ihm und von seinen Substanzen löste, bildete er seine Organe aus, deren Kräfte immer mehr seinem bewußten seelischen Leben zur Verfügung standen. Hat sich jedoch der Mensch in der Krankheit zu sehr vom Kosmos und seinen weiterwirkenden Kräften getrennt, so gibt ihm die heilende Substanz etwas von der ursprünglichen Urgesundheit zurück. Eine bestimmte Natursubstanz verbindet sich heilend mit einem bestimmten Organprozeß, weil sie in Urzeiten mit diesem Organprozeß verbunden war. Nun verschafft sie dem Kranken in einem gewissen Umfang die Möglichkeit, auch vom Organ aus mit der neuen Entwicklung zu beginnen, indem sich das Organ an seinem kosmischen Urbild orientiert. Was früher geopfert wurde, kommt als Heilmittel zum Menschen zurück.

Da solche Zusammenhänge nur durch Geisterkenntnis zu erfassen sind, ist es schon von hier aus berechtigt, auch die medikamentöse Therapie als eine Therapie aus dem Geist aufzufassen; statt des Wortes bedient sie sich der heilenden Substanz. Letztere Therapie wird in ihrer objektiv erfaßbaren Wirksamkeit noch gesteigert, je mehr sich der Geist des Therapeuten mit ihr verbindet; auch dadurch greift der Geist in die Therapie ein. Indem der Therapeut die Therapie durch die heilende Substanz mit der Therapie durch das Wort verbindet, darf ihm ein Zusammenklingen seines aus dem Geist stammenden Wortes mit dem in der heilenden Substanz wirkenden Schöpferwort ahnend zum Bewußtsein kommen. (Ein anderer, individueller Aspekt wird vom Verfasser geschildert in Husemann/Wolff: Das Bild des Menschen II,2, Kapitel: Leibliche Therapie.)

Zu erwähnen ist in unserem allgemeinen Rahmen noch, daß bei schweren psychiatrischen Erkrankungen für die Wirksamkeit der Medikamente oft erst der Boden bereitet, das Terrain im physischen Leib aufgelockert werden muß. Das geschieht durch *massive Anwendungen:* durch Bäder im Sinne von Überwärmungsbädern, Fiebererzeugung anderer Art, kleine Insulinkuren, Darmbäder, Aderlässe usw. sowie durch Arbeitstherapie und durch eine gesunde Ernährung.

Die seelische Therapie

In der Mitte zwischen den beiden geschilderten Therapien lebt die *künstlerische Therapie*. Sie stellt die eigentliche Psychotherapie dar, da sie sich am unmittelbarsten an die erlebende Seele wendet. Nach der Schilderung der einzelnen psychiatrischen Krankheitsbilder soll ihr ein besonderes Kapitel gewidmet werden.

In direkten Gegensatz zu ihr treten Fernsehen, Radio und Kino. Auch sie wenden sich, wenn sie zur Unterhaltung benützt werden, an die erlebende Seele, bewirken jedoch das Gegenteil der kreativen und aktivierenden künstlerischen Übung, der aktiven Aufnahme künstlerischer Eindrücke. Vor allem der seelisch Kranke wird immer passiver, je mehr er auf diesem Gebiet süchtig wird, d. h. je mehr er versucht, die innere Leere durch Bild- und Tonüberflutung zu erfüllen, die ängstigenden Erlebnisse der seelischen Erkrankung durch die zerstreuenden, erregenden Inhalte der Massenmedien zu verdrängen. Es liegt auf der Hand, daß die schon bestehende Schwäche des Ich auf diese Weise von der Seele aus ständig zunimmt. Anfangs bleibt dem Ich nicht genug Zeit, vor dem Fernsehapparat die Eindrücke zu verarbeiten, später hat es gar nicht mehr die Kraft dazu. Das gilt dann aber auch für therapeutische künstlerische Eindrücke, mit denen es nichts mehr anfangen kann.

Die bekannten sozial isolierenden Wirkungen von Radio und Fernsehen führen beim seelisch Kranken zu einer Steigerung seiner Kontaktstörungen. Abgesehen von den vielen nicht zuträglichen Inhalten müßten aber auch noch die Auswirkungen der körperlichen Schäden bedacht werden, wie sie vor allem das regelmäßige Fernsehen mit sich bringt. So dürften gerade die feineren Organstörungen von seelisch Kranken auf das kreislaufschädigende Fernsehen besonders reagieren. Jede künstlerische, aber auch jede sonstige Therapie seelischer Erkrankungen sollte ihre Ergänzung darin finden, daß seelisch Kranke sich soweit als möglich von den genannten Massenmedien fernhalten bzw. ferngehalten werden.[218]

V.

Psychiatrische Krankheitsbilder
im Lebenslauf

Bei der Schilderung der psychiatrischen Krankheitsbilder wird an die heute geläufigen Bezeichnungen angeknüpft, um dann zu der angestrebten Erweiterung und Vertiefung überzugehen. Zu Beginn sollen jeweils Hauptzüge der betreffenden Erkrankung, aus charakteristischen Krankengeschichten entnommen, zu einem Bild der jeweiligen Krankheit zusammengefügt werden. Nach dessen Erörterung werden die Beziehungen der betreffenden Krankheit zu den Jahrsiebten dargestellt. Es wird wieder zu unterscheiden sein: angeborene Anlage, die auch im Erbgang zum Ausdruck kommen kann, und Veranlagung durch die Umwelt; beide wirken jeweils zusammen. (Der gemeinsame Hintergrund von »angeborener Anlage« und »Veranlagung durch die Umwelt«, wie er sich durch die wiederholten Erdenleben ergibt, wurde im Kapitel »Ichgeburt und Seelenentwicklung« geschildert.) Ferner wird sich die Unterscheidung ergeben: kindliche Form der Erkrankung und Krankheitstypus im Jugend- und Erwachsenenalter. In dieser Lebenszeit bevorzugt der Krankheitstypus jeweils bestimmte Jahrsiebte, von deren Charakter auch ein früheres oder späteres Auftreten etwas erkennen läßt.

Die körperlichen Grundlagen der psychiatrischen Erkrankungen werden jeweils kürzer charakterisiert. Ausführlicher und systematischer dargestellt sind sie, ebenso wie die medikamentöse und heileurythmische Therapie der folgenden Krankheitsbilder, im Psychiatrie-Kapitel des Verfassers in: HUSEMANN/WOLFF: Das Bild des Menschen ... II,2[43].

Zwangskrankheit

KRANKHEITSBILD

In die Sprechstunde des Nervenarztes kommt ein Volksschullehrer, Mitte 20, aber älter aussehend, von schlankwüchsigem und schwächlichem (asthenischem) Körperbau. Er wirkt ängstlich, bedrückt, manchmal beschämt. Befragt, was ihn zum Nervenarzt führe, nennt er gleich seine Diagnose. Er leide an einer Zwangsneurose, mit der er einfach nicht fertig werde. Da er die Vorstellung nicht loswerden könne, daß seine Hände schmutzig seien, müsse er sich viele Male am Tag minutenlang die Hände waschen. Anfangs hätten dafür die Pausen zwischen den Schulstunden genügt, jetzt komme es vor, daß er auch schon während der Stunde zum Händewaschen die Toilette aufsuchen müsse. Wenn er diesen Drang unterdrücke, so bekomme er Atembeklemmungen und werde so unruhig und ängstlich, daß er kaum noch den Unterricht weiterführen könne. Während des Unterrichtes achte er darauf, möglichst wenig zu berühren, vor allem die schmutzigen Bänke vermeide er. Die – relativ unkomplizierte – Klasse merke das jetzt, und es komme begreiflicherweise zu Schwierigkeiten im Unterricht.

In der *Vorgeschichte* ist auffallend eine strenge Mutter. Soweit der Patient sich zurückerinnern kann, sorgte sie – auch mit Strafen – dafür, daß alles bei ihm »ordentlich« wurde, vor allem, daß er sich sauber hielt. Er gewöhnte sich bald an, beim Aufstehen die Kleider genau in der Reihenfolge zu legen, in der er sie anzog. Später mußten das rechte Bein und der rechte Arm immer zuerst in ihre Hüllen schlüpfen. Manchmal wurde er die Vorstellung »Strumpf« oder »Hose« nicht mehr los, er mußte ständig daran denken oder das Wort innerlich sprechen. Schon als Kind habe er viel Angst gehabt, »alles recht zu machen«, aber auch Angst vor Menschen. Beim Spielen mit seinen Kameraden war er sehr empfindlich, immer gleich gekränkt. Später neigte er dazu, in sich hineinzubrüten, wobei er von zugefügten Kränkungen, aber auch von Ungerechtigkeiten in der Welt nicht loskam. Er war öfter traurig, zugleich jedoch ehrgeizig und in der Klasse einer der Besten. Dabei hatte er fast immer Angst vor der Schule, deren Eindrücke er nicht los wurde. Auf dem Schulweg mußte er eine Zeitlang darauf achten, daß er mit einer bestimmten Anzahl von Schritten ein bestimmtes Haus, eine Straßenecke erreichte, damit in der Schule nichts passierte.

Schmutz war ihm schon als Kind unangenehm. Er achtete darauf, daß er sich möglichst wenig schmutzig machte und wusch sich immer sehr sorgfältig. Die leiblichen Vorgänge der Pubertät kamen ihm schmutzig vor. Denselben Eindruck hatte er von den Witzen über dieses Gebiet. Als er dann einmal ein Mädchen liebte – ganz auf Distanz –, mehr schwärmerisch, wie er versichert, sei schmutzig über diese Freundschaft gesprochen worden. Man habe es ihm hinterbracht, und das sei der Schock seiner Jugend gewesen, der ihn tief verunsicherte und traurig machte. In dieser Zeit träumte er immer wieder von Schlangen in einem schmutzigen Teich. Und von jener Zeit an zog er sich noch mehr von der menschlichen Umwelt zurück, indem er in der Natur und in der Kunst Trost suchte und empfing.

Das von jeher häufige Händewaschen sei allmählich immer häufiger geworden. Jetzt habe ihn der Hausarzt krank geschrieben, weil er den Unterricht so nicht mehr weiterführen konnte. Es sei ihm schrecklich, daß er in seinem Beruf versage, um so mehr, da ihm die Unsinnigkeit seines Händewaschens vollkommen klar sei. Früher sei ihm so etwas nicht so klar gewesen, jetzt aber habe er sich in entsprechenden Büchern orientiert: Auch durch stundenlanges Waschen könne man die Hände nie ganz sauber bekommen, deshalb zögen ja auch die Chirurgen nach dem Händewaschen noch Gummihandschuhe an. Der Mensch müsse eben in einem gewissen Ausmaß mit dem Schmutz leben. Alles das wisse er genau – und doch werde er die Vorstellung des Schmutzes und den Zwang zum Hände waschen nicht los.

DER KRANKHEITSPROZESS

Die Entstehung der Zwangskrankheit bei unserem Patienten führt uns zunächst zur Mutter, durch die sich der erste Zwang der Seele des Kindes bemächtigte. Das wurde zu dem später bewußt gewordenen Urerlebnis: In der Welt *muß* Ordnung herrschen. Eine bestimmte Reihenfolge der Kleider beim Aufstehen wird eingehalten, und es kommt zu ersten Zwangsvorstellungen, die das Kind längere Zeit nicht los wird. Später wird es überempfindlich und ängstlich gegenüber bestimmten Eindrücken, vor allem gegenüber dem Eindruck des Schmutzes, zu dem sich bei vielen Kranken dieser Art die Unordentlichkeit der Welt, zuletzt ihr nicht durchschautes Leben verdichtet. In der Pubertät wird das am eigenen Leib erlebt, was im Schlangentraum Bild geworden ist.

Es wäre aber nicht richtig, das Erlebnis der strengen Mutter, der unterdrückenden Erziehung zu verallgemeinern. Es gibt durchaus Kranke, die in günstigen Familienverhältnissen aufwachsen und bei denen *Überempfindlichkeit* und *Ängstlichkeit*

angeboren sind. Im Zusammenhang mit ihrer Überempfindlichkeit setzen sich dann die Wahrnehmungen aus der Umwelt
in ihnen ebenso fest wie in den Kranken mit der erworbenen
Überempfindlichkeit. Schon schwächere, negativ sich auswir-
kende Eindrücke, die andere Kinder oder Jugendliche nur vorübergehend und leichter bewegen, führen bei ihnen zu tiefgehenden, lange sich auswirkenden Schockerlebnissen, wie dies
auch bei unserem Patienten in der Pubertät der Fall war. Bei
allen Zwangskranken jedoch ist an das Mitwirken stärkerer ungünstiger Eindrücke aus der zivilisatorischen Umwelt zu denken (vgl. das übernächste Kapitel »Die Krankheit im Lebenslauf«).

Die sexuellen Vorgänge der Pubertät können auch stärker
zum Erlebnis kommen und dann im bewußten Seelenleben unterdrückt werden. Das kann mit in den Drang einmünden, sich
durch Waschen »sauber« zu machen: Die äußere Handlung bekommt Symbolcharakter, wie dies auch bei unserem Patienten
auf dem Schulweg eintrat. Die grundlose zwangshafte Schul-
angst wurde durch symbolische Handlungen bekämpft, die
stellvertretend für den nicht möglichen Widerstand gegen die
Eindrücke der Schule vollzogen wurden. Bei manchen Kranken kann sich hinter der quälenden Zwangsvorstellung, auf einen anderen mit dem Messer losgehen zu müssen, eine unterdrückte Aggression gegen diesen anderen verbergen. Das alles
und anderes mehr ist jedoch weniger wichtig als die menschenkundliche Ausgangssituation der Überempfindlichkeit. Nur
weil der Kranke überempfindlich gegenüber Eindrücken ist
oder geworden ist, werden die Vorstellungen, die sich aus den
Wahrnehmungen von der Welt oder vom eigenen Leib bilden,
zu Zwangsvorstellungen. Mit Recht wies daher E. KRETSCHMER
auf den »sensitiven Persönlichkeitstypus« als Grundlage für die
Zwangskrankheit hin.[219]

Überempfindlichkeit bedeutet, daß zuviel Bewußtsein im
Empfindungsleben herrscht; Übererregbarkeit kann darauf
antworten. Die Unempfindlichkeit haben wir als einen Rückzug nach dem Kopf kennengelernt, bei dem das Empfindungsleben erkaltet. Bei der Überempfindlichkeit dagegen verlagert
sich Bewußtsein aus dem Kopf in das Leben der Empfindungen. Der fühlende *Astralleib* ist zu bewußt mit der Welt verbunden und fühlt sich ihr schon vor seinem Freiwerden in der
Pubertät ausgeliefert. Wenn dies stärker wird, können die Eindrücke aus der Welt vom Astralleib nicht mehr losgelassen,

nicht vergessen werden. Es kommt zu keiner gesunden »Einatmung« der Eindrücke, statt dessen »verkrampft« sich der überempfindlich gewordene Astralleib um sie und hält sie mehr oder weniger im Gefühlsleben des mittleren Menschen zurück. Aus diesem halbbewußten Bereich drängen sie sich immer wieder dem Bewußtsein auf.

Aufgrund dieser Situation verbindet sich der Astralleib nicht in Sympathie mit der Vorstellung, vielmehr versucht er in ständiger Antipathie, sie wieder loszuwerden. Dabei erlebt er die Vorstellung als Fremdkörper, von dem er sich im Widerstand distanziert, trotzdem aber nicht frei von ihm wird. Für die *Diagnose* einer Zwangskrankheit beim Erwachsenen ist diese kritische Distanzierung, die, wie bei unserem Patienten, bis zur vollständigen Krankheitseinsicht gehen kann, von ausschlaggebender Bedeutung. Durch sie unterscheidet sich die Zwangsvorstellung von der Wahnvorstellung, mit der sich der Mensch zu identifizieren pflegt. (Den Aspekt des Ich, das vom Astralleib mitgenommen wird, schildert STEINER in: »Grenzen der Naturerkenntnis«[310].)

Die Beengung, die das Fremdkörpererlebnis im Gefühlsleben mit sich bringt, wird zur charakteristischen Angst des Zwangskranken: zur *Umweltangst* gegenüber alten und neuen Eindrücken aus der Welt. Löst sich die Angst von der Vorstellung los, so entstehen Angstzustände, die man als *Angstneurosen* bezeichnet, die aber immer noch überschießende Reaktionen auf länger oder kürzer zurückliegende Umwelterlebnisse darstellen und bei denen eine Vorstellung im Hintergrund steht oder einmal stand.[220]

Wird die Angst des Zwangskranken zur Furcht vor etwas, so handelt es sich um eine *Phobie*, die man zu den Angstneurosen zählen kann (z. B. in der Gestalt der Herzphobie, s. Kapitel »Herzneurose«). Bei unserem Patienten war der Prozeß der Zwangskrankheit noch weiter, d. h. bis in den Willen hinein zu verfolgen. Die Vorstellung des Schmutzes verpflanzte sich aus dem Kopf zunächst in das überempfindliche Gefühlsleben, es entstand mit der Zwangsvorstellung die Furcht vor jeder Berührung (*Berührungsphobie*). Im Willensleben wurde daraus die dranghafte *Zwangshandlung* des Händewaschens, der Waschzwang, bei dem sich auch der tätig werdende Wille, entgegen der Einsicht des Kranken, der Zwangsvorstellung unterwerfen mußte. Durch ihre kritische Distanz unterscheidet sich eine solche Zwangshandlung von der ebenfalls zwingenden Symbolhandlung, bei der eine gewisse Selbstkritik höchstens im Hintergrund steht. Hier grenzt das Gebiet des *Aberglaubens* an, der, wie auch die Symbolhandlung, neben einer zwanghaften eine illusionäre Komponente erkennen läßt. Bei der Symbolhandlung hält man sich z. B. krampfhaft an der Illusion fest, daß die Handlung helfen werde. (Über Illusionen vgl. das Kapitel »Hysterie«.)

ZUM ORGANISCHEN ASPEKT

Im Hinblick auf die seelische Atmung ist festzustellen, daß beim Zwangskranken die Antipathiegeste der Ausatmung betont ist, daß die Ausatmung jedoch steckenbleibt und nicht zu jenem Befreiungserlebnis durchstößt, wie man es auf der seelischen wie der körperlichen Ebene gegen Ende der Ausatmungsphase haben kann. Diese Charakterisierung läßt vollends an eine Verbindung der Zwangskrankheit mit der Atmung der Lunge denken. Tatsächlich findet man immer wieder körperliche Atemstörungen, Atembeklemmungen bei Zwangskranken, die auch unser Patient berichtet hat und die sich mit Beklemmungen in der Herzgegend verbinden können. Damit ergibt sich eine Beziehung der Zwangskrankheit zum Bronchialasthma.

»Viele Astmatiker haben zwangshafte Züge.«[221] Auch beim *Bronchialasthma* spielt Überempfindlichkeit eine dominierende Rolle, auf seelischem Gebiet wie auf körperlichem, wo sie sich als *Allergie* gegenüber bestimmten Stoffen in der eingeatmeten Luft manifestiert. Auch Schockerlebnisse sind typisch für die Auslösung. Nach einem solchen Erlebnis, das krankmachend bis in den Körper hineinwirkt, kann sich die Krankheit dann mehr auf das körperliche Gebiet verlagern: ein Asthma entsteht. Oder sie wendet sich vom körperlichen mehr dem seelischen Bereich zu: eine Zwangskrankheit entwickelt sich. In beiden Fällen kommt es zu einem inneren *Fremdkörpererlebnis*, mit dem die Ausatmung nicht fertig wird. Beim Asthma ist es die eingeatmete Luft, um die sich die Luftwege verkrampfen und die deshalb nicht ausgeatmet werden kann. Bei der Zwangskrankheit ist es die Zwangsvorstellung, um die sich der Astralleib »verkrampft« im vergeblichen Bemühen, sie loszuwerden. In beiden Fällen geht die Verkrampfung vom Astralleib aus, der sich bei Asthma nicht mehr von den Luftwegen und vom Luftstrom, bei der Zwangskrankheit nicht mehr von der Vorstellung lösen kann.[222] Aufgrund dieser Phänomene kann man die Zwangskrankheit auch ein *seelisches Asthma* nennen.

Die Beschaffenheit der Zwangsvorstellungen deutet gleichfalls auf eine zentrale Beziehung zum *Lungenorgan* hin. Es handelt sich bei den Zwangsvorstellungen um die »härtesten« seelischen Gebilde, welche die Psychiatrie kennt. Vom Kranken selbst wird die Unnachgiebigkeit und Unveränderlichkeit seiner Zwänge manchmal selbst empfunden und geschildert. Dafür ist ebenfalls die Lunge verantwortlich, deren Einwirkung sich hier mit der schon erwähnten Tendenz der Vorstellungen verbindet, ein gewisses Eigenleben zu führen.

Die Lunge ist nämlich nicht nur Atmungsorgan und somit Grundlage für das sensitive Gefühlsleben, sie ist zugleich das Organ des Erdenelementes, des festen Elements, das auch, wie bei unserem Patienten, zur Bildung eines *melancholischen Temperamentes* führen kann.[43] (Bei der Zwangskrankheit steigert sich dieses Temperament mit seiner Neigung zum Grübeln und zum Hängenbleiben am Vergangenen in pathologischer Form.) Während der Luftorganismus des Leibes, wie erwähnt, mit dem Nierensystem zusammenhängt, ist die Lunge das Organ, das »Tor« für das Ein- und Austreten der Luft. Indem sich der physische Leib in der Lunge für sie öffnet, stellt sich sein Charakter dem Charakter des Luftelementes polar gegenüber. Das stark durchgeformte Lungenorgan, das eine Beziehung zum Kopfpol erkennen läßt, neigt mehr als alle anderen Organe zum Verhärten, zum Mineralisieren bis zur Verkalkung und Knochenbildung. Von da aus kann man verstehen, daß die Lunge ein Zentralorgan für jene Grundkraft des Ätherleibes ist, welche die Bildungen des physischen Leibes in das feste Element hinein- und aus ihm herausführt (Lebensäther).[223]

In diesem Zusammenhang wird es auch verständlich, wenn STEINER darauf hinweist, daß solche im Inneren der Lunge sich sammelnden Kräfte aus dem physischen Leib sich lockern und dann in die Bildung von Zwangsvorstellungen eingehen können. (Aufgrund dieser Lockerung gehört nach unseren Ausführungen die Zwangskrankheit, die sonst je nachdem als Zwangsneurose oder als Angstneurose bezeichnet wird, nicht zu den Neurosen, sondern zu den Psychosen.) Auf den noch komplizierteren Zusammenhang, daß diese Kräfte sich eigentlich erst bei der Bildung des Kopfes im nächsten Erdenleben beteiligen sollten, kann hier nur hingewiesen werden. Die Verkopfung des Gefühlslebens beim Zwangskranken erhält dadurch noch einen neuen Aspekt.[211]

DIE KRANKHEIT IM LEBENSLAUF

Der Beginn fällt oft schon in die Kindheit, die Mehrzahl der Erkrankungen tritt vor dem 25. Jahr auf.[224] Auch unser Patient ließ schon eine kindliche Form der Zwangskrankheit im 1. Jahrsiebt erkennen; auf jeden Fall reicht die Veranlagung durch die Umwelt bis in die erste Kindheit zurück, wobei sich auch schon die kindliche Form einer Zwangskrankheit entwickeln kann. Das hängt menschenkundlich damit zusammen, daß, wie gezeigt wurde, das Kind als Wahrnehmungswesen vorwiegend vom Kopf bestimmt wird, was in krankhafter Form auch für die Zwangskrankheit zutrifft. Im 1. Jahrsiebt handelt es sich jedoch noch nicht so sehr um die beschriebene Überempfindlichkeit, sondern darum, daß die vom Kopf vermittelten Eindrücke infolge ihrer Beschaffenheit Fremdkörper für das kindliche Seelenleben werden. Sie können nicht dem Organismus »einverleibt«, nicht in »organische Eindrücke« umgesetzt werden und regen dadurch auch nicht die Bildung des Leibes an. Dressur statt Erziehung vermittelt, wie im Fall unseres Kranken, solche Eindrücke. Darüber hinaus kommt hier die ganze »unnatürliche Lebensweise« unserer technischen Zivilisation in Betracht, die zur Grundlage für seelische Fremdkörperbildung sowie für mangelhaften Aufbau des Leibes werden kann.[162]

Das wirkt sich vor allem im unteren Gebiet des Organismus aus. Beim zwangskranken Kind liegt nach STEINER »ein schwach ausgebildetes Stoffwechsel-Gliedmaßen-System« vor, das auch günstige oder gleichgültige Eindrücke nicht mehr in sich aufzunehmen vermag. Im Körperbau wird diese Schwäche deutlich bei der asthenischen Konstitution des Erwachsenen, wie sie auch unser Patient hat. Da aber schon im 1. Jahrsiebt die Ausbildung des (schwefelarmen) Organeiweißes behindert wird, können die Eindrücke schon in diesem Jahrsiebt nicht untertauchen, nicht vergessen werden. So strahlen sie immer wieder nach dem Kopf zurück, von dem sie ausgingen. Hier liegt es also nicht nur an den Eindrücken, sondern auch am Organismus, der, teilweise schon unter Mitwirkung unnatürlicher Eindrücke, so gebildet wurde, daß er die untersinkenden Vorstellungen mehr oder weniger abweisen muß. Das Kind wird dann seine Eindrücke nicht los, es muß z. B. ständig wiederholen: »Die Uhr ist schön.«[225]

Zu einer differenzierten Zwangskrankheit kommt es jedoch bei den »oft hochintelligenten Kindern« meist erst im 2. Jahrsiebt.[226] Nun erst nimmt der Astralleib von der Lunge aus einen differenzierten gefühlshaften Kontakt zur Umwelt auf, der zu Überempfindlichkeit und zu zwanghaften symbolischen Handlungen führen kann. Aus dem ausufernden Angstgefühl heraus bekommen manche Vorstellungen für das Kind eine besondere Bedeutung: eine bestimmte Anzahl von Schritten z. B. bedeutet, daß in der Schule alles gutgeht. Durch Verwirklichung dieser Vorstellung in der Symbolhandlung, die auch stellvertretend sein kann, wird versucht, die Angst zu bannen.

Stellt sich die Überempfindlichkeit schon im 1. Jahrsiebt ein, so handelt es sich um eine Vorwegnahme in der Entwicklung. Solche Kinder mit Zwängen im 1. Jahrsiebt pflegen dann auch älter auszusehen, als es ihrem Alter entspricht. Letzteres ist, wie bei unserem Patienten, auch im Erwachsenenalter zu beobachten. Ganz allgemein hat man bei der Zwangskrankheit den Eindruck einer Vorwegnahme von Tendenzen späterer Altersstufen. Die Tendenz zur Ordnung, wie sie im Jahrsiebt 28–35 oder im höheren Alter hervortritt, wird zur zwanghaften Pedanterie der seelischen Erkrankung.

Eine besondere Rolle im 2. Jahrsiebt scheint wieder die Krisenzeit des 9. Jahres zu spielen.[227] Gliedert sich in dieser Zeit das Ich des Kindes nicht voll in den (schwach gebildeten) unteren Bereich des Organismus ein, so überwiegt zunächst das Gefühlsleben, das vom Kopf her überempfindlich werden kann. Bekommt dabei das Vorstellungsleben des Kopfes ein stärkeres Übergewicht gegenüber dem nicht erreichten unteren Pol, so entsteht die Zwangskrankheit mit ihrer Willensschwäche und ihrer Passivität gegenüber den an der Welt gebildeten Vorstellungen. Die Konstitution der ersten Kindheit hat sich mit der Situation des 2. Jahrsiebts, das Nicht-Vergessen-Können vom Stoffwechselsystem aus mit der Überempfindlichkeit des Lungenseelenlebens verbunden. Die Eindrücke werden zu wenig vom physischen Leib aufgenommen und außerdem zu sehr vom Astralleib festgehalten.

Wie schon erwähnt, prägte STEINER für das überempfindliche Kind das Bild vom »seelischen Wundsein«. Er führte aus, daß dann, wenn dieses Wundsein nicht gebessert werden könne, in der Pubertät die »weibliche Form dieses Wundseins«, die Hysterie daraus entstehen werde (siehe nächstes Kapitel). Er sprach ferner von einer »männlichen Form«, die auch besprochen werden könne.[39] Im Hinblick auf das seelische Wundsein, das die Vorgeschichte des Zwangskranken (wie des hysterischen Kranken) durchzieht, kann man daran denken, daß hier STEINER die Zwangskrankheit meint; im nächsten Vortrag des heilpädagogischen Kurses wird dann auch auf jene Krankheit eingegangen, allerdings ohne Erwähnung des seelischen Wundseins.

Der mehr männliche Charakter der Zwangskrankheit (die jedoch bei beiden Geschlechtern vorkommt) wird beim Vergleich mit der Hysterie noch deutlicher werden. Zunächst weist schon die ausgesprochene Verhärtungstendenz des Krankheitsprozesses auf den männlichen Organismus hin, bei dem diese Tendenz, verbunden mit seelischer Verkopfung, stärker ist als beim weiblichen Organismus. Bei den Zwangsvorstellungen selbst kommt die Verhärtung, wie erwähnt, in ihrer Beschaffenheit zum Ausdruck. Und nun erst – im Erwachsenenalter – setzt sich gegenüber den hart gewordenen Zwangsvorstellungen die geschilderte kritische Distanzierung durch; bei den weicheren oder diffuseren Zwangsvorstellungen und Symbolhandlungen der Kindheit steht sie noch ganz im Hintergrund und tritt wieder in den Hintergrund bei den Angstneurosen des Erwachsenenalters.

Mancher von uns kann dann und wann Ansätze zur Zwangskrankheit bei sich feststellen. Das tritt zum Beispiel ein, wenn man einer zwanghaften Ordentlichkeit erliegt, die man selbst als Zwang empfindet. Streckt man, wenn man einen Brief eingeworfen hat, die Hand in den Briefkasten, um sich zu überzeugen, daß der Brief auch wirklich unten ist, so ist man ein überordentlicher Mensch. Macht man das mehrere Male und ist danach vielleicht immer noch nicht sicher, so sollte man etwas gegen seine Zwangskrankheit tun.

ZUR THERAPIE

Wie bei allen psychiatrischen Krankheitsbildern hat die grundlegende Therapie durch *Medikamente* und *Heileurythmie* vom

Organ aus zu erfolgen. Bei leichter Kranken, die auch nur selten in die Sprechstunde kommen können, kann nach meinen Erfahrungen diese Therapie allein schon deutliche Wirkungen zeigen. In schwereren Fällen ist eine intensivere, u. U. auch klinische Therapie notwendig, bei der sich seelisch-geistige Behandlung mit der erstgenannten verbindet. – Im folgenden sollen einige Beispiele für eine seelisch-geistige Therapie gegeben werden, die sich an der Stellung der Krankheit im Lebenslauf orientiert und die, wenn irgend möglich, auch bei leichteren Erkrankungen angewendet werden sollte, um eine Heilung zu erzielen.

Daß ein seelisch Kranker zunächst immer da aufzusuchen ist, wo er sich befindet, wurde schon deutlich. Man kann versuchen, bei der Tendenz zur übersteigerten Ordnung und Genauigkeit anzuknüpfen und sie in die berechtigte Form überzuführen. Durch genaue, regelmäßig geübte *Beobachtungen in der Natur* kann der Betroffene lernen, Genauigkeit mit Lebendigkeit zu verbinden, ohne sich dabei gezwungen zu fühlen und Antipathie zu entwickeln. Seine krankhafte Veranlagung beginnt, sich positiv auszuwirken. (Nur der leichter Kranke kann dies, der Schwerkranke wird anfangs bei solchen Übungen schon Zwang empfinden.)

Die Lebendigkeit steigert sich, wenn aus der Erinnerung nicht nur einzelne Beobachtungen, sondern ganze *Bilder* wiedergegeben werden. Indem der Kranke aktiv solche Bilder von innen erzeugt, kommt er langsam davon los, sich passiv den Eindrücken der Außenwelt auszuliefern. Die Anregung der geknebelten Phantasie des Zwangskranken steigert sich, indem er im Rahmen der künstlerischen Therapie zum *Malen* mit Wasserfarben übergeht. Hymnische *Musik* und entsprechende *Sprachtherapie* wirken befreiend bis in die Atmung des Kranken hinein. – Durch solche Übungen holt man etwas von dem nach, was besonders im 2. Jahrsiebt an künstlerischer Erziehung versäumt wurde, man lernt besser mit der Welt mitzuschwingen, wenn dies im ersten Jahrsiebt zuwenig vermittelt worden war.

Besonders auf den Willen im Vorstellungsleben wirkt man ein, indem man willentlich das Gegenteil der Zwangsvorstellungen im Denken erzeugt. STEINER empfahl in solchen Zusammenhängen »*Gegenvorstellungen*«, die auch nicht normal sein dürften, sondern »nach der anderen Seite ausschlagen«[228]. Unser Patient sollte also versuchen, sich seine Hände blendend weiß ohne jeden Schmutzpartikel vorzustellen, was in Wirklichkeit nicht vorkommt. (In jenem Stadium, in dem er sich uns präsentierte, wird er das noch nicht leisten.)

Noch mehr betätigt der Kranke seinen Willen, wenn er sich die Hände absichtlich schmutzig macht, indem er sie z. B. in schmutziges Wasser steckt. Diese Übung, die im Lauf einer Behandlung bei geeigneten Kranken sehr wirkungsvoll werden kann, knüpft an die »*paradoxe Intention*« von FRANKL an: Man soll sich eben das wünschen oder vornehmen, vor dem man Angst hat. Wer immer wieder umkehren muß, um nachzusehen, ob er die Türe auch wirklich zugesperrt hat, soll sich sagen: »Wenn die Türe jetzt offen ist, dann soll sie offen bleiben. Man soll ruhig meine ganze Wohnung ausräumen.«[229] Zentraler als das Wünschen scheint mir hier das Wollen des Ich zu sein, das die Richtung des Angstrückzugs umkehrt, d. h. das verwirklicht oder verwirklichen läßt, vor dem die Seele in der Furcht fliehen möchte. Das befreiende Ausatmen der beengten Seele, das dadurch möglich wird, verbindet sich mit der erstaunten Feststellung: Jetzt habe ich doch tatsächlich meine Hände, die ich sonst nicht genug waschen konnte, absichtlich schmutzig gemacht! Kann man dann darüber lachen, so ist schon viel gewonnen.

Bei der *Platzangst*: der Angst, einen freien Platz zu überschreiten, wirkt die Vorstellung von der Leere dieses Platzes so intensiv, daß der Wille davon gelähmt und das Überschreiten des Platzes unmöglich werden kann. Versucht man zuerst in der Vorstellung einen kleinen Teil dieses Platzes zu überqueren, so können die Beine dem Gedankengang nachfolgen, und man schafft die erste Etappe. Dann kommt die nächste Etappe, wieder zuerst in der Vorstellung usw.

Allgemein führt am weitesten aus der seelischen Gefangenschaft der Zwangskrankheit heraus, wenn man sich wieder – möglichst von Anfang an – aus dem seelisch-persönlichen Bereich ins Geistig-Unpersönliche zu erheben versucht. Dabei ist jene aktive Ausweitung der Interessen aus dem ganzen Menschen heraus nachzuholen, die bei einer intellektuellen, einseitig den Kopf ansprechenden Erziehung versäumt worden war.

Durch die Überwindung einer Zwangskrankheit wird der Mensch aktiver gegenüber den Eindrücken aus der Umwelt. Seine ängstliche Fixierung an diese Eindrücke kann sich in Genauigkeit und Sorgfalt verwandeln. Die Zwangskrankheit bekommt einen *Sinn* für die seelische Entwicklung, die nun in gesunder Form vom Leib frei werden kann.

Hysterie

KRANKHEITSBILD

Der Nervenarzt wird zu einer bettlägerigen Büroangestellten Anfang 20 gerufen. Er erfährt von ihr, daß sie seit Wochen eine Lähmung des rechten Beines habe, das auch gefühllos sei. Eines Morgens sei sie mit Schmerzen im rechten Bein aufgewacht, die dann wieder vergingen, dafür habe sich eine Lähmung eingestellt. Auf die Frage, was vorausgegangen sei, erfährt man, daß es im Büro Streitigkeiten gegeben habe. Einige Kollegen hätten sich beklagt, sie gehe ihnen durch ihr vieles Reden auf die Nerven. Daß aber auch ihr etwas auf die Nerven gehen könne, daran dachte niemand. Nun habe sie der Abteilungsleiter zu sich bestellt, und sie gebe zu, daß sie sich vor dieser Unterredung fürchte. Vielleicht würde er sie entlassen. Bevor jedoch der verabredete Tag da war, wurde sie krank. Jetzt sage man natürlich, sie sei gar nicht krank, sie simuliere nur, um nicht zum Chef zu müssen. Aber das stimme nicht, das Bein sei wirklich gelähmt, was sich bei der Untersuchung ja herausstellen werde.

Die Untersuchung ergibt, daß tatsächlich an dem Bein etwas nicht in Ordnung ist. Der rechte Unterschenkel ist gegenüber dem linken leicht geschwollen und fühlt sich kühler an als der linke. Die Tastwahrnehmung ist herabgesetzt: Die Patientin meint, von oberhalb des Knies an nach unten nur noch undeutlich etwas davon zu spüren, wenn die Haut berührt wird. Während der Untersuchung wird die füllig gebaute, vor allem im Rumpfgebiet überquellende Kranke dadurch auffällig, daß sie selbst immer wieder ihr Bein betrachtet und dem Arzt vorjammert, es sei wie tot, es gehöre gar nicht mehr zu ihr.

Die jetzt sehr erregte Patientin wird beruhigt, sie sei wirklich keine Simulantin. Man erfährt bei der Erhebung der *Vorgeschichte* Einzelheiten von einer unruhigen Kindheit mit viel Ortswechsel. Besonders der Schulwechsel mit 8 Jahren habe sie sehr mitgenommen. In der neuen Schule sei sie von den anderen Kindern viel gehänselt und gekränkt worden, was sie sehr deprimiert habe. Sie habe sich dann zurückgezogen und sich ihre »Geschichten« erzählt. Das seien so eine Art Märchen, in denen sie die Prinzessin sei. Sie habe dann einmal auch einer Freundin davon erzählt, und auch davon, daß in ihrem Stammbaum Adel vorgekommen sei, daß sie also wirklich adliges Blut in den Adern habe. Das sei zum Anlaß von viel Klatsch geworden, was ihr aber, ehrlich gesagt, Spaß gemacht habe. Sie habe später »tolle Freundinnen« gehabt, mit denen sie »ein Herz und eine Seele« gewesen sei. Allerdings habe sie auch immer wieder Enttäuschungen erlebt, man habe sich danach »richtig gehaßt«. Für die Buben und später für die Männer habe sie sich schon interessiert, das müsse sie zugeben, aber »richtig eingelassen« habe sie sich noch mit keinem. Ihre Gesellschaft habe sie immer gesucht, wie sie überhaupt, seit sie erwachsen sei, viel Gesellschaft brauche. Bei den Eltern habe sie es immer sehr gut gehabt, sei »richtig verwöhnt« worden. Sie habe immer noch engen Kontakt mit ihnen, aber im Büro hätten sie ihr doch nicht helfen können.

Auf *körperlichem Gebiet* gibt sie Verdauungsstörungen an: Völlegefühl nach dem Essen und Verstopfung. Sie friere viel, schwitze jedoch zugleich stark und leide unter kalten Händen und Füßen. Die Periode habe spät eingesetzt und komme zu selten. Als Kind sei sie Bettnässerin gewesen. Bei Halsweh und Husten habe sie immer gleich Fieber bekommen.

DER KRANKHEITSPROZESS

Hysterische Symptome bei unserer Patientin traten schon in der Kindheit auf. Am Anfang steht das Bettnässen. Dem hysterischen Bettnässen sowie anderen Symptomen der *kindlichen Hysterie* liegt nach STEINER ein »Ausrinnen des Astralleibes« zugrunde, was sich auch in vermehrtem Absondern von (kaltem) Schweiß zeigen könne. Es werde damit etwas von dem vorweggenommen, was im Tod auftritt, wo sich der Astralleib ganz vom Leibe trennt. Damit verbindet sich das schon zitierte »seelische Wundsein« des Kindes, ein Bild, das nicht nur auf der Empfindlichkeit der Wunde, sondern auch auf dem Bluten aus der Wunde basiert. Indem sich das Kind durch den ausrinnenden Astralleib zu stark mit der Außenwelt verbindet, entwickelt es wieder zuviel Bewußtsein im Empfinden. Die Überempfindlichkeit bezieht sich jedoch weniger auf Sinneseindrücke als auf das hindurchwirkende Seelische sowie auf die Elemente:

Die Schwere, das flüssige Element, die Luft und die Wärme der Umgebung.[39] Deshalb nehmen hysterische Kinder gefühlsmäßig soviel von dem wahr, was unausgesprochen seelisch in ihrer Umwelt lebt. Deshalb reagieren sie so empfindlich auf klimatische Einflüsse, auf Temperaturschwankungen in der Umgebung. Sie haben schnell zu warm oder zu kalt, woran unsere Patientin noch immer leidet.

Die Frage, wie es zu diesem Ausrinnen des Astralleibes kommt, führt bei unserer Patientin zu den verwöhnenden Eltern. Hier zieht sich das Kind vor der übersteigerten Nestwärme nicht, wie früher dargestellt, in sich zurück, hier genießt es die Verwöhnung, und es wird der Grund dafür gelegt, daß es in die Umgebung hinein ausfließt. Die Tatsache jedoch, daß Ausfließen und Überempfindlichkeit auch bei anderen ungünstigen oder auch bei günstigen Familienverhältnissen vorkommen, weist wieder auf das Mitwirken einer angeborenen Anlage hin.

Auch bei unserer hysterischen Patientin stehen, wie bei unserem Zwangskranken, Überempfindlichkeit und Schockerlebnisse am Anfang, doch reagiert das Seelenleben hier ganz anders. Statt eines Rückzuges in krampfhaftes Grübeln, verfolgt von den bald auftretenden Zwangsvorstellungen, kommt es bei unserer Patientin zu einem Rückzug in ein Wunschträumen, das sie dann wieder nach außen trägt. Man kann diesen Rückzug deshalb auch eine »Flucht nach vorne« nennen.

Die Wirbel, welche die Patientin in der Umwelt erregte, genoß sie, ebenso wie andere hysterische Kranke, bei denen immer die Umwelt irgendwie mitspielen muß. Solche Menschen müssen sich selbst immer wieder an der Umwelt spiegeln, um sich zu erleben. Daß sich daraus – gegenüber der Umweltangst des Zwangskranken – eine ausgesprochene *Umweltsucht* entwickeln kann, ist verständlich, ebenso wie die Problematik, die sich dadurch im sozialen Leben ergibt.

Gegenüber dem zwangshaften Seelenleben, das in Übergängen bei manchen sensiblen Menschen vorkommt, zeichnet sich das *illusionäre Seelenleben* ab, das in seinen ersten Stadien ebenfalls noch nicht Krankheit bedeuten muß. Während beim zwangshaften Seelenleben das Innere der Seele von der Realität der Welt gefangengenommen wird, verändert das illusionäre Seelenleben die Realität im Inneren so, wie es seinen Wünschen entspricht. (Auf diese Weise entsteht auch die illusionäre Komponente der Symbolhandlung und des Aberglaubens.)

Während der zwangshafte Mensch die Haltung der Antipathie einnimmt, gibt sich der illusionäre Mensch seiner Sympathie hin. Das kann so weit gehen, daß der hysterisch gewordene Mensch auch den Schmerz genießt.

ZUM ORGANISCHEN ASPEKT

Die Bildung von Illusionen weist nach STEINER ebenfalls auf die *Lunge* hin.[211] Während bei den Zwangsvorstellungen das feste Element in der Seele dominiert, hat man bei den Illusionen mehr an das Luftelement zu denken. Ihm gibt sich auf der Ebene der Lunge, d. h. in Verbindung mit der Umwelt, der Astralleib hin, indem er sich, wie die Sprache es richtig ausdrückt, »Luftschlösser baut«. In der Konturiertheit und gleichförmigen Ausgestaltung solcher Luftschlösser kommt dann wieder das feste Element zum Ausdruck. (Man ist immer die Prinzessin oder der Prinz.) Das kann sich bis zu fixen Ideen steigern, bei denen die Sympathie für eine dominierende Lieblingsidee zur Erstarrung tendiert. (»Nur eine Weltregierung kann der Welt den Frieden bringen.«)

Während sich beim zwangshaften Seelenleben eine Beziehung zur Asthma-Erkrankung der Lunge ergab, hängt das illusionäre Seelenleben mehr mit *entzündlichen Erkrankungen der Atemwege* zusammen. Wie schon ausgeführt, kann sich die Hingabe an die Welt bis zum »Seelenfieber« steigern. Bei der Hingabe an illusionäre, mit der Welt in Verbindung stehende Vorstellungen kann sich die Seele »entzünden«. Im Körper können danach Entzündungen in den Atemwegen beobachtet werden, doch sind die Zusammenhänge hier noch weniger erforscht als beim Asthma. Auffallend ist das illusionäre Seelenleben bei der Lungentuberkulose, einer chronischen Entzündung der Lunge. Menschenkundlich zeichnet sich gegenüber der übersteigerten Antipathie des im Ausatmungsprozeß sich verkrampfenden Astralleibes der überschießende Sympathieprozeß der Entzündung ab; diese kann man als eine krankhafte, zu tiefe »Einatmung« des Astralleibes ansehen.[198] (Vgl. auch das Kapitel: Körperliche Krankheit aus der Seele.) Jener Prozeß kann sich – wie bei unserer Patientin – bis zum Fieber steigern.

In eine ausgesprochene seelische Erkrankung aber mündet das illusionäre Seelenleben – ebenso wie das zwangshafte – erst ein, wenn die zeitweilig sich äußernde seelische Fehleinstellung zum bestimmenden Prinzip wird, dem sich Seele und Ich unterwerfen. Bei der Zwangskrankheit wird die Seele einseitig von der Außenwelt bestimmt, bei der nun entstehenden Hysterie versucht die Seele einseitig von innen her ihr Verhältnis zur Außenwelt zu gestalten. Das bedeutet, daß sie zur Verwirklichung ihrer illusionären Wunschvorstellungen drängt, denen sie sich vorher nur innerlich hingegeben hatte.

Auf diese Weise kommt es zu einem solchen Krankheitsbild, wie es bei unserer Patientin vorliegt. Der Wunsch, nicht zu der Angst einjagenden Unterredung hingehen zu müssen, verknüpft sich aus der Erinnerung mit der Vorstellung einer Beinlähmung. Es gehört noch zum sogenannten normalen Seelenleben, daß sich ein Wunsch mit einer solchen Vorstellung verbindet. Der innere Stoßseufzer kann sich vorübergehend einstellen: Ach, hätte ich jetzt eine solche Lähmung, dann bräuchte ich nicht zu der Unterredung hinzugehen! Der hysterische Kranke kann eine solche illusionäre Wunschvorstellung nicht mehr beiseiteschieben, wie es der gesunde Mensch in einem solchen Fall zu tun pflegt. Die Vorstellung wird »sogleich von den Gefühlswogen ergriffen«, »von den Gefühlswogen des Organismus«.[164] Die illusionäre Wunschvorstellung wird durch den wünschenden, die Lähmung begehrenden Astralleib Wirklichkeit: Es entsteht tatsächlich eine Art Lähmung.

Bei dieser hysterischen Lähmung handelt es sich im Prinzip um das schon erwähnte Geschehen einer *Organneurose*: Seelisches verbindet sich über den Ätherleib störend mit der Funktion eines Organs, d. h. mit seinen Bewegungsvorgängen, mit dem Strömen seines Wasserorganismus. Dieser Funktionsstörung, die auch das Wahrnehmen durch die Haut betrifft, gibt die Patientin in ihrem Erleben so weit nach, daß sie das Bein nicht mehr bewegen kann und daß es gefühllos wird. Im Unterschied zu einer organischen Lähmung durch eine Nerven- oder Muskelentzündung wird die feste Substanz des Nerven oder Muskels dabei nicht angegriffen, doch kommt es zu einer Stauung im Kreislauf des kälter werdenden Beines mitsamt seiner Nerven. Die Lähmung erfolgt außerdem immer so, wie die Patientin sich das vorstellt, was sich besonders bei der Gefühllosigkeit des Beines zeigt. Diese entspricht in ihrer räumlichen Anordnung nicht der Anordnung, wie sie bei einer organischen Nervenkrankheit vorliegt.

Im Hinblick auf das Seelenleben erkennt man: Die Patientin ist mit ihrer wahrnehmenden und vorstellenden Seelen- und

Ich-Tätigkeit an das Bein fixiert und empfindet es dabei wie einen toten Gegenstand. Das ist, wenn auch übertrieben von der Patientin geäußert, die reale Situation bei jeder Lähmung. Insbesondere das wahrnehmende Ich ist dabei in der Art an das gelähmte Glied gebunden, als ob dieses ein vom Wahrnehmenden fixierter Gegenstand der Außenwelt wäre, eine Empfindung, die jeder an einer Lähmung Leidende kennt. Die Schmerzen am Anfang der Lähmung rührten speziell vom Eintauchen des vorstellenden Astralleibes her, das jedoch hier nicht so tief geht wie bei einer organischen Lähmung.[230]

Im Unterschied zur organischen Lähmung und zur nicht hysterischen Organneurose hat hier der Wunsch, das Begehren des Astralleibes zur Erkrankung geführt; durch Flucht in die selbst erzeugte Krankheit wurde die Angst aufgelöst. Eine solche Flucht kann statt Lähmungen auch Bewegungsstürme mit sich bringen, hierbei wird dann der Astralleib von unten, vom Nierensystem aus tätig. Von hier aus kann es auch zu (nicht epileptischen) Krämpfen und Krampfanfällen kommen. In jedem Fall ist der hysterische Mensch wirklich krank. Im Unterschied zur Simulation, bei der nur die Welt getäuscht werden soll, täuscht der hysterische Kranke auch sich selbst.

In anderen Fällen von Hysterie werden ganze Dramen in der Umwelt inszeniert, um zur Wunscherfüllung, zur Verwirklichung der illusionären Vorstellungen zu gelangen. Letzten Endes versucht der hysterische Mensch seine Umwelt so zu gestalten, wie es der Wunschnatur seines Astralleibes entspricht. Daß er sich dabei – wie auch unsere Patientin – demonstrativ, ja theatralisch verhält, ist teilweise als Appell an die Umwelt zu verstehen, bei der Inszenierung mitzumachen. Zu einem anderen Teil kann die Tendenz, »sich hineinzusteigern« daher rühren, daß der hysterische Mensch sich innerlich unsicher fühlt, daß er das Unechte, Gemachte seines Verhaltens selbst dumpf empfindet und deshalb um so dicker aufträgt.

Von letzterer Symptomatik wird auch die sogenannte »*hysterische Reaktion*« begleitet, zu der nicht wenige Menschen in besonders schockierenden, erregenden Situationen neigen, ohne deshalb schon hysterisch krank zu sein. (Trotzdem sollten sie natürlich etwas dagegen tun.) Hier wird der Ansatz zur Hysterie im menschlichen Wesen, im Astralleib sichtbar, der in solchen Fällen dominierend reagiert. Es können solche Symptome jedoch auch in einem ständig vorhandenen *hysterischen Cha-*

rakter verankert sein, aus dem ein hysterischer Krankheitsprozeß hervorgehen kann. Dabei braucht sich ein hysterischer Mensch nicht nur in körperliches Kranksein zu flüchten, er kann sich auch in Dämmerzustände zurückziehen. Bei solchen Zuständen erfüllt ein traumhaftes Bewußtsein das ganze Seelenleben, wie es sonst nur im Gefühlsleben berechtigt ist.

Es erhebt sich nun die Frage, wie es zu diesem *Dominieren des Astralleibes* kommt, woher die schöpferische Kraft stammt, die bei manchen hysterischen Inszenierungen einen ausgesprochen genialen Eindruck macht. Hier führt wieder die Frage nach der Entwicklung der Krankheit im Lebenslauf zu einer Antwort.

DIE KRANKHEIT IM LEBENSLAUF

Während die Zwangskrankheit durch ihre Entstehung bis in das 1. Lebensjahrsiebt zurückweist, entsteht die kindliche Hysterie hauptsächlich im Jahrsiebt 7–14; vor dem 4. oder 5. Lebensjahr werden kaum hysterische Symptome beobachtet.[231] Nur das Bettnässen reicht etwas weiter zurück, hat jedoch dann keinen so hysterisch demonstrativen Charakter wie später. »Die Mehrzahl der Hysterischen« gehört zunächst »dem Pubertätsalter und seinem Umkreis an«. Damit wird auf die Entwicklungszeit des Astralleibes verwiesen, die zur weiblichen Form des Wundseins, zur Hysterie im Erwachsenenalter überleitet. Diese tritt dann »besonders im 3. Lebensjahrzehnt« in Erscheinung.[232]

Die *kindliche Hysterie* im 2. Jahrsiebt, die im 1. Jahrsiebt durch die Umwelt veranlagt werden kann, ist von der Hysterie der Pubertätsjahre und des Erwachsenenalters zu unterscheiden.[233] Das Bild »Ausrinnen des Astralleibes« deutet schon darauf hin, daß hier der Astralleib noch innerhalb des ätherischen Lebens jenes Jahrsiebts tätig ist, das sich im wäßrigen Element vollzieht. Im seelischen Versprühen, Flackern und Flammen des Menschen, der von der Pubertät an hysterisch wird, erlebt man dagegen den unverhüllten Astralleib mit seinen Stürmen und Gewittern. Die Überempfindlichkeit des hysterischen Kindes, wie sie STEINER im heilpädagogischen Kurs schilderte, richtet sich noch mehr auf die Elemente als auf die Menschen im Umkreis. Je näher jedoch die Pubertät rückt, desto mehr werden »hysterische Verhaltens- und Körperstörungen« beobachtet.[231] Manchmal hat man bei solchen Kindern den Eindruck, daß die Pubertät seelisch vorweggenommen wird, daß der Astralleib zu früh von den Fortpflanzungsorganen aus sein selbständiges Leben beginnt.

Seelisch führt diese Frühgeburt des Astralleibes zu einer Frühreife im Gefühlsleben, welche manche Züge der Pubertät erkennen läßt. Die Kinder geben sich schon als Backfische und sehen entsprechend älter aus. Eine erotisch-sexuelle Verfrühung in seelischer Hinsicht wird möglich. Während die Sexualität, wie STEINER betont hat, nicht zum Wesen der kindlichen Hysterie gehört, kann sie doch im Rahmen einer Vorwegnahme der Pubertät auch schon im 2. Jahrsiebt als seelischer Faktor in Erscheinung treten, manchmal allerdings von der Umgebung dem kindlichen Wesen induziert.

Körperlich kann die Frühgeburt des Astralleibes mit einem Zurückbleiben örtlicher, speziell genitaler Reifungsvorgänge verbunden sein.[232] Jenseits der Pubertät entwickelt sich dann in typischen Fällen, wie bei unserer Patientin, ein ungeformter (dysplastischer) Körperbau mit Neigung zum Quellen und Ausfließen, während das hysterische Kind mehr grazil gebaut ist und einen zarten, eher schwächlichen Eindruck macht. Auch an diesem Unterschied ist abzulesen, was die Pubertät beim hysterischen Kranken bewirkt. Der Astralleib ist vor der Pubertät in den unteren Bereich des Organismus eingezogen, aus dem er sich dann mit der Pubertät erhebt. Der Körper hat durch diesen Einstieg mehr Fülle bekommen gegenüber dem Körperbau des hysterischen Kindes, bei welchem das Ausrinnen des Astralleibes von der Mitte aus den Aufbau schwächte. Beim hysterischen Kranken bleibt jedoch die Fülle ungeformt, d. h. Astralleib und Ich greifen zuwenig gestaltend ein, das Ausrinnen des Astralleibes setzt sich nun vom unteren Bereich des Körpers aus fort. Wir stehen vor dem Bild dessen, was STEINER als »Hysterie« in einem weiteren Sinn bezeichnet hat, ein prozessual-konstitutionelles Geschehen, bei dem sich »das zu große Selbständigwerden der Stoffwechselprozesse« bis zu »sexuellen Symptomen« und Verdauungsstörungen erstreckt.[234]

Aus einer solchen hysterischen *Konstitution* kann neben körperlichen Störungen wie Entzündungen auch eine *seelische Hysterie* entstehen, die durch das Ausrinnen im Kindesalter vorbereitet wurde. Dabei stehen wir wieder vor dem Urphänomen der Exkarnation. Während die Fortpflanzungsorgane in ihrer Funktion, manchmal auch in ihrem Wachstum, zurückbleiben, stellen wir sexuelle Kräfte im Seelenleben fest. Dieser

Situation wird die hippokratische Auffassung von der Hysterie gerecht: Die Gebärmutter (griechisch: Hystéra) dränge oder schweife bei dieser Krankheit im Körper umher. Natürlich ist das dynamisch gemeint. Es sind die Kräfte des Astralleibes, die sich infolge ihres Ausrinnens in der Kindheit, infolge von fehlerhafter Erziehung, Schockerlebnissen usw. nicht voll in der körperlichen Bildung der Fortpflanzungsorgane inkarniert haben. Statt zu einer gesunden Geburt kommt es nun zum Freiwerden auch solcher Kräfte, die eigentlich im Organ tätig bleiben sollten. Manches von dem, was beim hysterischen Menschen im Seelenleben erscheint, ist nach STEINER auf »Stoffwechselvorgänge der sexuellen Organe« zurückzuführen.[235] »Verhaltene Geschlechtssehnsuchten« können sich dabei in »tief mystischen Zeichnungen und Malereien« äußern.[236] Die sexuellen Kräfte, die sich nicht im Leib erfüllen und zur Bildung eines neuen Leibes beitragen können, werden aktiv, werden *schöpferisch* in jener Sphäre, in die sie sich erhoben haben.

Das geht jedoch weit über das Sexuelle hinaus. Wie wir sahen, hängt die mit der Pubertät freiwerdende Phantasie mit der Verwandlung von Wachstumskräften aus der unteren Region des Organismus, insbesondere aus den Fortpflanzungsorganen zusammen. Dabei handelt es sich um Bildekräfte, die zunächst noch nichts mit sexueller Begierdenhaftigkeit zu tun haben. Diese organischen Phantasiekräfte steigen mit der Pubertät in das Seelenleben auf. Zum Teil verbinden sie sich mit den sexuellen Begierdekräften des Astralleibes und dienen dem Schöpferisch-Werden in der Fortpflanzung, zum Teil werden sie schöpferisch, indem sie sich in künstlerische Phantasiekräfte verwandeln.

Beim hysterischen Menschen findet diese Verwandlung nicht oder nur unvollständig statt. Wie die sexuellen Kräfte, so behalten auch die Bildekräfte der Phantasie ihren leib-schöpferischen Charakter bei und dienen nun der Verwirklichung egoistischer Wünsche des Astralleibes in der Umwelt, im »Sozialleib« des Kranken. Durch diese im körperlichen Bereich primär »genialen« Kräfte kommt es zu der »Genialität« der hysterischen Inszenierungen, denen also eine Störung in der Phantasiebildung, d. h. wieder eine unvollständige Metamorphose vom körperlichen ins seelische Gebiet zugrunde liegt.

Im Hinblick auf den Lebenslauf stellen wir beim hysterischen Kranken ein Steckenbleiben in dieser Situation fest. Im hysterischen Charakter bleiben »Reste der Frühpubertätsstufe« das ganze Leben hindurch erhalten.[232] Während das hysterische Kind im 2. Jahrsiebt, wo es noch Kind sein sollte, schon backfischartige Züge zeigt, bleibt der hysterische Mensch sein ganzes Leben lang mehr oder weniger ein Backfisch. Auch diese Formulierung bringt zum Ausdruck, daß die Hysterie das weibliche Geschlecht bevorzugt, was aus der Betonung des Gefühlslebens im weiblichen Charakter verständlich ist. Hysterische Männer, die es ja auch gibt, haben dementsprechend weibliche Züge in ihrem Wesen.

Im Unterschied zur Zwangskrankheit, die vom Kopf ausgeht (und daher zu den neurasthenischen Krankheitsprozessen gerechnet werden muß), ist es also bei der Hysterie das Bauchgebiet, insbesondere der Bereich der Fortpflanzungsorgane, aus dem die Kräfte in das illusionäre Seelenleben der Lunge aufsteigen und dort zur Krankheit führen. Der Hinweis STEINERs, daß beim hysterischen Kind die Oberflächen der Organe zu durchlässig seien und daher der Astralleib ausrinne, weist auf das Bauprinzip der Lunge hin. Diese neigt nicht nur zum Mineralisieren, ihre innere Oberfläche ist außerdem auf Durchlässigkeit für das Luftelement angelegt. Man kann sich vorstellen, daß etwas von der Durchlässigkeit des Lungenorgans, auf dessen Entwicklungsstufe der hysterische Mensch mehr oder weniger stehengeblieben ist, sich den Strukturen anderer Organe mitteilt. Das betrifft vor allem das Urogenitalsystem, aus dem sich dann der begehrende, wünschende Astralleib über die Lunge in die Welt ergießt. Dabei kann man eine krankhafte Steigerung des sanguinischen Temperamentes mit seiner Erregbarkeit und Labilität erleben.

Die Tatsache, daß der hysterische Mensch infolge des Dominierens seines Astralleibes zuwenig Kern, zuwenig Ich hat, weist von der Lunge zum Ich-Organ »Herz«, das beim hysterischen Menschen gegenüber der Lunge zurücktritt. Die seelische »Herzschwäche« des stimmungslabilen, hysterischen Menschen, der körperlich und seelisch heiß oder kalt, aber nicht gleichmäßig warm sein kann, wird von hier aus verständlich. Der hysterische Mensch verbindet sich nicht vom Herzen aus mit einem anderen Ich, er verströmt durch seine Lunge in die Umwelt. Seine »Liebe« richtet sich nicht auf den anderen Menschen, wie er wirklich ist, sondern auf das Wunschbild, das er sich von ihm macht. Nach der Enttäuschung kann seine sogenannte Liebe in Haß umschlagen.

193

Es gibt ferner auch ein Umschlagen von zwangshaftem in hysterisches Verhalten sowie umgekehrt, und auch Mischungen kommen vor. Meist liegt jedoch der Akzent auf einem der beiden Pole.

Im Hinblick auf die *seelische Entwicklung* sei der Unterschied folgendermaßen zusammengefaßt: Während der hysterische oder illusionäre Kranke etwas von der Jugendlichkeit der Pubertätsjahre im späteren Leben innerlich und manchmal auch äußerlich bewahrt, fixiert sich beim Zwangskranken und zwangshaften Menschen ein Alterungsprozeß, der, ausgehend vom Kopf, bis in das 1. Jahrsiebt zurückwirkt und manchmal auch äußerlich zum Ausdruck kommt.

ZUR THERAPIE

Medikamentöse und *heileurythmische Behandlung* – nur bei Schwerkranken klinisch – bilden wieder die Grundlage. In leichten Fällen reichen manchmal Medikamente allein aus. In schwereren Fällen kann die dann notwendige *seelisch-geistige Therapie* durch Medikamente und Heileurythmie abgekürzt werden, vor allem aber wird die Heilung dauerhafter. Auch durch eine hingebungsvolle seelische Behandlung können dauerhafte seelische Heilungen erzielt werden, doch kann es dabei zur sogenannten *Konversion* kommen, die auch der hysterischen Lähmung zugrunde liegt. Die seelische Symptomatik verlagert sich in das unbehandelte körperliche Gebiet, wo unter Umständen erst später Kreislauf- oder Stoffwechselstörungen sich einstellen, die man dann nicht in Zusammenhang mit der »geheilten« seelischen Krankheit bringt.

Zwischen Körper und Seele liegt das Gebiet der *Übungsbehandlung*, die auch unsere Patientin erhält. Diese Behandlung richtet sich von Seele und Ich aus auf die »eingeschliffene« Störung im Ätherleib. Während Medikamente und Heileurythmie den fixierten Astralleib aus dem Bein lösen, während sie den unteren Bereich des Organismus für eine vollständige Inkarnation zubereiten, wird durch stufenweise Bewegungs- und Gehübungen das gesunde Eingreifen von Ich und Astralleib wieder erlernt. Solche hier mehr im körperlichen Bereich durchgeführte Übungen spielen auch bei anderen körperlichen Störungen von hysterisch Kranken eine Rolle.

Im seelischen Gebiet wird man an die Übertätigkeit des Astralleibes, an den Mißbrauch der *Phantasiekräfte* anknüpfen. Läßt man den hysterischen Kranken eine *Rolle* in einem Theaterstück spielen oder wenigstens rezitieren, so schafft man ihm eine Ebene, auf der er in berechtigter Art seine Phantasiekräfte ausleben, seinen Astralleib betätigen kann. Indem er sich in eine Rolle einlebt, kann er davon loskommen, selbst immer seine Rolle im Leben spielen zu wollen. Was er bisher nicht genügend geleistet hat: die Verwandlung seiner subjektiven, der Wunscherfüllung dienenden Phantasie in künstlerische Phantasie, das kann er nun bis zu einem gewissen Grad nachholen. Bei dieser schöpferischen Tätigkeit wird zugleich das wahrnehmende und formende Ich stärker engagiert. Wieder kann sich eine krankhafte Veranlagung positiv auswirken.

Während beim Zwangskranken die Phantasie zu *beleben* ist, muß sie beim hysterisch Kranken *gestaltet* werden. Das gibt allen künstlerischen Übungen die Richtung, die außerdem stets in den Leib hinein weist. So wirkt das *Plastizieren* hier auf die zu durchlässige, u. U. überquellende Konstitution und hilft dem Kranken, mit seinem seelischen Ausfließen besser fertig zu werden. Wird bei der *Musiktherapie* von Dur zu Moll übergeleitet, so regt man leiblich und seelisch Verinnerlichung an, der Kranke kann mehr zu sich kommen. Durch *Sprachübungen* wird besonders das schwache Ich angesprochen (vgl. das Kapitel Künstlerische Therapie).

Bei der Behandlung der hysterischen Erkrankung ist es besonders wichtig, nicht auf der Erscheinungsebene der Krankheit zu bleiben, sondern die Erweiterung nach dem Leib und nach dem Geist vorzunehmen. Die Erweiterung nach dem *Leib* mit Hilfe des organischen Aspektes wurde schon besprochen; sie bildet auch die Grundlage für eine objektivere Beurteilung des hysterisch Kranken. Die Erweiterung nach dem *Geist* wird von ihm manchmal selbst ersehnt. Die schon besprochene Sehnsucht nach dem Geist kann auch hier verborgen sein und dann um so stärker das Seelenleben beunruhigen. Sie kann sich aber auch im mystischen Schwärmen und in krankhaft visionären Erlebnissen verlieren. Hier besonders gilt die Mahnung STEINERs, von einer Schulung des Denkens auszugehen. In schwereren Fällen muß jedoch der hysterische Mensch erst durch die oben geschilderte Therapie in die Lage versetzt werden, dieses Denken zu erlernen. Versucht man ihn vorher dazu anzuhalten, oder zwingt er sich dazu, so kann man erleben, daß er sich in hysterischem Stil mit

Erkenntnistheorie beschäftigt, für sie schwärmt, sie genießt, ohne sie wirklich erfaßt und aufgenommen zu haben.

Beim Durchsprechen des *Lebenslaufes* ist ein besonderes Augenmerk auf die Enttäuschungen zu richten, die jeder Kranke dieser Art erlebt und bereitet hat. Man kann dabei von der Bedeutung des Wortes ausgehen. »Ent-täuscht« werden heißt ja wörtlich: von einer Täuschung frei werden. In diesem Sinn sollte man eigentlich solchen Enttäuschungen gegenüber Dankbarkeit entwickeln lernen. Das Durchschauen der Täuschung, der man selbst infolge einer Illusion erlegen ist, kann dabei mithelfen, auch weniger Täuschungen für andere zu erzeugen.

Am *Verhalten* dem hysterischen Menschen gegenüber wird zugleich deutlich, ob man mit ihm auf der seelischen Ebene hängengeblieben ist. Bei keiner seelischen Krankheit erlebt man so unmittelbar den Astralleib des anderen, keine seelische Krankheit ist seelisch so ansteckend wie die Hysterie. Es hängt natürlich von der Situation des eigenen Astralleibes ab, ob man nun selbst hysterisch wird:; man kann auch nur von dem überschießenden Sympathieprozeß der Hysterie erfaßt werden. Dabei identifiziert man sich mit dem hysterisch Kranken, versucht möglichst viele seiner Wünsche zu erfüllen und findet alles, was er produziert, so interessant, daß er dies mit Recht als Anregung zu neuen Produktionen auffaßt. Bei manchen Auswüchsen psychoanalytischer Deutungen hat man sogar den Eindruck von eigener Lusterfüllung in wissenschaftlicher Form. Daß man mit einer solchen Einstellung dem Kranken trotz aller Sympathie nicht hilft, liegt auf der Hand.

Die andere Gefahr, ebenfalls auf der seelisch-subjektiven Ebene, besteht darin, daß man mit Antipathie auf den Kranken reagiert. Man gibt dem Ärger nach, den er manchmal in überreichem Maß bereitet. Man staucht ihn zusammen und erlebt eine Verschlimmerung seines Befindens. Dabei entdeckt man den Unterschied zwischen einem unangebrachten und einem angebrachten Schock in der Hysterietherapie. Wird der Schock aus Ärger, d. h. unwillkürlich von der seelischen Ebene aus verabfolgt, so wirkt er sich negativ aus. Wird derselbe Schock vom helfen wollenden Ich, d. h. aus Liebe angewandt, so kann er heilsam wirken.

Ganz abwegig ist es natürlich, das Wort »Hysterie« als Schimpfwort zu gebrauchen. Bei Hysterie handelt es sich immer um einen krankhaften Zustand oder Vorgang. Der hysterisch Kranke oder hysterisch reagierende Mensch verlangt im Grund nach Hilfe; die Erkenntnis seines Krankheitsprozesses hilft uns, sie ihm zu geben oder ihn zur Selbsthilfe anzuregen.

Nach der Überwindung des hysterischen Krankheitsprozesses kann eine Verwandlung der Überempfindlichkeit und des Ausfließens in Feinfühligkeit und phantasievolles Einfühlungsvermögen beobachtet werden. Der Genesene lernt, seine Lunge als seelisches Instrument zu gebrauchen. Seine Krankheit hat, auch im Hinblick auf die Zukunft, einen Sinn gehabt.[237]

DIE PUBERTÄTSMAGERSUCHT

Die Pubertätsmagersucht, auf dem Hintergrund des Lebenslaufes gesehen, läßt eine deutliche Beziehung zur Hysterie erkennen.[238] Konstitutionell besteht insofern eine solche Beziehung, als bei der Pubertätsmagersucht das Gegenbild zum überquellenden Typus der hysterischen Konstitution im Erwachsenenalter erstrebt wird. Das Streben geht in Richtung des grazilen, »ätherischen« Typus, wie er für das hysterische Kind charakteristisch ist. Dieses Streben setzt mit der Pubertät ein und ist oft eine Reaktion auf den Pubertätsspeck, der bei vielen Magersüchtigen von 12–14 beobachtet wird, sowie auf die Fettleibigkeit, die in der Familie von Magersüchtigen öfter als sonst vorkommt. Damit in Verbindung reagiert der magersüchtige Kranke widerstrebend auf die Veränderungen in seinem Körper, welche die Geschlechtsreife mit sich bringt, sowie auf die Sexualität selbst. Er möchte zurück in das 2. Jahrsiebt, zurück auch in die frühere Elternbindung, die unterschwellig weiterbestehen kann. In der öfter disharmonischen Familie kann ein dominierender Vater oder eine dominierende Mutter auftreten, welche die vollständige Inkarnation behindern.

Noch ausgesprochener als bei der Hysterie betrifft die im Zunehmen begriffene Pubertätsmagersucht das *weibliche Geschlecht*: sie kommt fast nur bei Mädchen vor. Der weniger tief in den unteren Organismus einsteigende weibliche Mensch gewinnt schwerer Beziehung zu diesem Teil seines Organismus und sehnt sich daher öfter nach dem Leben im rhythmischen System zurück. Bis zu einem gewissen Grad kann dies ein Durchgangsstadium in der Zeit der weiblichen Pubertät sein. Mündet es in Krankheit ein, so wird aus der vorübergehenden Sehnsucht der Seele die Sucht des Astralleibes, der vor der

Erdenreife zurückscheut. In der Sucht ergreift seine Begierde auch den Leib und versucht dort durch das Abmagern die Wunschvorstellung einer Rückkehr in das 2. Jahrsiebt zu verwirklichen. Eine weitere Beziehung zur Hysterie ergibt sich.

Schon vor dem Abmagern pflegt die Periode auszubleiben. Diese setzt manchmal zu früh ein, ein Zeichen für eine verfrühte Pubertät im Sinne einer zu frühen Lösung des Astralleibes aus dem unteren Organismus. Dabei löst sich der Astralleib so weit aus dem Leib heraus, daß nach der unvollständigen Reifung auch die Funktion der Fortpflanzungsorgane leidet: die Periode bleibt aus. Eine hartnäckige Verstopfung verbindet sich damit. Die Abmagerung selbst wird durch Fasten, Abführmittel und absichtlich herbeigeführtes Erbrechen nach den Mahlzeiten erzielt. Die Reduzierung des Körpergewichtes kann bis zu 25 kg gehen, in solchen extremen Fällen besteht akute Lebensgefahr.

Die meisten magersüchtigen Mädchen verweigern bei den Mahlzeiten weitgehend die Nahrung, um dann heimlich Speisen in sich hineinzuschlingen. Der Ekel vor ihrer eigenen Gier und die Angst vor der drohenden Gewichtszunahme erzeugt dann neues, künstlich herbeigeführtes Erbrechen und neuen Mißbrauch von Abführmitteln. Und neue Gier nach Nahrung stellt sich ein. Es spielt sich eine Tragödie des Astralleibes ab, der zwischen Lust und Unlust hin- und hergerissen wird und in einen Teufelskreis gerät.

Die Spaltungstendenz der Pubertät steigert sich (und mündet bei einigen Kranken in Schizophrenie ein). Einerseits besteht oft überdurchschnittliche Intelligenz, andererseits erleben wir die emotionale Unruhe von unten, die in ein übersoziales Verströmen der Seele von der Mitte aus übergehen kann. Auch die seelische Atmung der Mitte erscheint gespalten: Neben dem Verströmen und einer Neigung zu Illusionen ist zwangshafte Ordentlichkeit zu beobachten. Überempfindlichkeit kann – wie bei der Hysterie – den Hintergrund bilden. Über allem aber steht die Angst vor der vollständigen Verkörperung in der Welt, vor der Einengung im eigenen Leib, die das schwerkranke Mädchen durch Abmagerung bis in den Tod treiben kann.

Die *Therapie*, die in schwereren Fällen stets eine klinische sein muß, stützt sich auf eine inkarnierende, *medikamentöse* und *heileurythmische Behandlung*. In seelischer Hinsicht kommt einiges von dem in Frage, was zur Therapie der Hysterie ausgeführt wurde. Das betrifft vor allem die künstlerische

Therapie. Eine übende Gesprächstherapie unterstützt die Nachreifung (BOCKEMÜHL[238]). Am wichtigsten ist, daß gegenüber der Sucht des leibflüchtigen Astralleibes der Wille des Ich zur Verkörperung angesprochen wird. Das wird am besten dadurch eingeleitet, daß man Berufsbilder anbietet, an denen über das Gefühl der Wille erwachen kann. Im Hinblick auf den Beruf »Ehefrau und Mutter« ist der Kontakt mit Kindern zu empfehlen. Besonders kranke Kinder können mütterliche Kräfte im magersüchtigen Mädchen reifen lassen, die es selbst in die Erdenreife hineinführen.

Epilepsie

KRANKHEITSBILD

In die Sprechstunde kommt mit schleppenden Schritten ein Mann Anfang 30. Er hat einen kräftigen, athletischen Körperbau, ein gedunsenes Gesicht, einen trägen Blick und eine langsame, zähflüssige Art des Sprechens, bei der er immer wieder an einzelnen Worten hängenbleibt. Seine begleitende Ehefrau, die meistens für ihn spricht, gibt zur *Vorgeschichte* an, ihr Mann leide seit seinem 10. Jahr an epileptischen Anfällen. Ein Bruder des Vaters habe auch Anfälle gehabt. Ihr Mann sei schon als Kind still und langsam gewesen, das habe zugenommen kurze Zeit, bevor ohne Anlaß im 10. Jahr die Anfälle einsetzten. Er bekam bald antiepileptische Mittel. Die Anfälle seien anfangs zurückgegangen, zugleich aber sei ihr Mann immer langsamer und schwerbesinnlicher geworden. Er habe anfangs Luminal erhalten. Als man dieses Mittel durch andere Mittel ersetzte, wurde es mit der Verlangsamung besser. Dafür wurden die Anfälle wieder häufiger, so daß man die Dosis der günstiger wirkenden Mittel stark erhöhen mußte. Jetzt sei ihr Mann – bei seltenen Anfällen – so langsam und vergeßlich, daß er seinen Schreinerberuf nicht mehr ausüben könne.

Die *Anfälle* kämen oft nachts aus dem Schlaf heraus, manchmal aber auch am Tag. Zu Beginn des Anfalls schreie ihr Mann auf, bei Anfällen am Tag stürze er in einem Krampfzustand des ganzen Körpers zu Boden. Auf dem Boden liegend bekommt er dann regelmäßige Zuckungen im ganzen Körper. Nach etwa einer Minute erschlafft der Körper, und der Kranke versinkt in einen tiefen Schlaf. Wie er selbst angibt, weiß er nichts vom Verlauf seiner Anfälle. Vor dem Anfall habe er in den letzten

Jahren manchmal Blitze vor den Augen, auch höre er Glocken läuten. Es sei ihm, als ob er schwebe, dabei habe er ein ganz glückliches Gefühl. Von da an wisse er nichts mehr.

An den Tagen vor den Anfällen, so erfährt man wieder von der Ehefrau, werde ihr Mann immer langsamer und schwerbesinnlicher. Dabei sei er ausgesprochen mißmutig und reizbar. Wenn erst nach längerer Zwischenzeit ein Anfall komme – zur Zeit einmal in ¼ Jahr –, fühle er sich zwar danach zunächst zerschlagen, dann aber besser als in den Wochen vorher. Er sei dann auch weniger langsam und könne besser denken. Das sei aber bei häufigeren Anfällen nicht so. Manchmal werde ihr Mann, wenn man schon denke, jetzt komme bald ein Anfall, nur sehr zornig, er tobe dann richtig herum und sei auch danach wieder etwas besser daran. Es komme jedoch auch vor, daß er eine Zeitlang nicht recht bei sich sei, herumlaufe und ganz sinnlose Sachen mache. Oft dauere ein solcher Zustand nur Augenblicke, in denen er unansprechbar vor sich hinstarre. »Gesponnen« habe er auch schon manchmal und gemeint, man gehe ihm auf der Straße nach. Dabei sei er dann oft tagelang traurig und gebe sich keine Mühe mehr bei der Arbeit, bei der man ihm aber sowieso immer helfen müsse. Nur weil er sich meistens viel Mühe gab und man ihm ständig half, habe er sein Schreinergeschäft bis vor kurzem noch führen können.

Der Kranke nickt zu allem, was seine Frau berichtet. Er meint, es komme alles von den Tabletten, von denen er jetzt so viele nehmen müsse. Ob es nicht andere Mittel gäbe, die ihm die Anfälle wegbringen könnten. Er möchte doch so gerne wieder arbeiten. Als er das sagt, hebt er seinen bisher hängenden Blick und schaut dem Arzt scheu und dumpf hoffend zugleich in die Augen. Man hat den Eindruck, als blicke einen ein Knabe an, der sich aus einer undurchschauten Not hilfesuchend an einen Erwachsenen wendet.

DER KRANKHEITSPROZESS

Bei der epileptischen Erkrankung springen sogleich die *Krampfanfälle* in die Augen. Oft entsteht das Mißverständnis, sie seien die Krankheit. Der Krampfanfall ist jedoch nur eines ihrer Symptome, er kann sich als Symptom z. B. auch bei einer Vergiftung einstellen und hat dann nichts mit Epilepsie zu tun. Bei den Fieberkrämpfen des Kindes spielt schon eine Anlage zu Epilepsie mit, die manchmal auch, wie bei unserem Patienten, im Erbgang nachgewiesen werden kann.

Die Krankheit selbst wird in der Zeit zwischen den Anfällen erkennbar. Ihr Urphänomen bildet, in charakteristischen Fällen deutlich ausgeprägt, ein körperlich und seelisch sich äußerndes, zähflüssiges *Stagnieren* aller Bewegungen mit Neigung zum Haften an einzelnen Worten oder Gedanken. In den Tagen vor dem Anfall pflegt sich diese Tendenz zu steigern, um sich manchmal danach zu bessern. Auch *Tobsuchtsanfälle* können sich in dieser Richtung positiv auswirken. Das Stagnieren ist auch in Stoffwechsel, Kreislauf und Atmung festzustellen: Unter anderem in einer Zunahme des Körpergewichtes durch Wasseranreicherung und verminderte Urinbildung, sowie in einem Zurückhalten von Kohlensäure und von verschiedenen Stoffen, die nicht mehr ausgeschieden werden. Es handelt sich um einen Stoffwechsel, wie er weniger ausgesprochen im Schlaf normal ist und im Winterschlaf der Tiere extreme Grade annimmt.[239]

Die Tendenz zum Stagnieren kann sich unmittelbar vor dem Anfall weiter verstärken. Die Atmung verlangsamt sich bis zum Atemstillstand, der langsame Herzschlag verlangsamt sich noch mehr, der Blutdruck sinkt weiter ab, die Muskulatur erschlafft. Man hat den Eindruck, daß hier aus der Verschlafenheit ein abnormer Schlafzustand wird, der nach einem Entschlafen tendiert. Nicht Ich und Seele nur lösen sich ähnlich wie beim Schlaf teilweise aus diesem Organismus; am Verhalten des Wasserorganismus, des Kreislaufs ist vielmehr abzulesen, daß nun auch, wie es im Tod geschieht, der Ätherleib sich lösen will. Auch die im Schlaf weitergehende Tätigkeit des Astralleibes, die dem Leben des Leibes dient, droht zu erliegen, was im sinkenden Blutdruck und am Atemstillstand abzulesen ist.

Der Krampfanfall bringt die dramatische Wendung. Aus Erschlaffung wird maximale Anspannung (sog. tonisches Stadium), werden Zuckungen der Muskeln (sog. klonisches Stadium), der Blutdruck steigt stark an, der Herzschlag beschleunigt sich. Nach dem Krampfstadium setzt eine stark vertiefte Atmung ein, die Blaufärbung des Gesichtes, schon vor dem Anfall angedeutet, während des Anfalls stark zunehmend, weicht einem gesunden Rosa. Die Ausscheidung kommt nach dem Anfall wieder in Gang, die Werte für die verschiedenen, im Organismus zurückgehaltenen Stoffe liegen nach dem

Anfall »näher der Norm«. Im explosiven Geschehen des Anfalls hat sich die Stagnation teilweise aufgelöst.

Was ist geschehen? Wer einen solchen Vorgang als Mensch und nicht nur als Wissenschaftler des Gehirns und des Stoffwechsels verfolgt, wer das Leiden des kranken Menschen und sein Ringen mitmacht, der kann sich nicht mit der Erklärung zufriedengeben, die Steuerung im Gehirn des epileptischen Kranken habe versagt: aufgrund einer Anlageschwäche sei das Gehirn bei der Epilepsie unfähig, »eine mittlere Schwellen- und Funktionslage« einzuhalten.[239] Die Steuerung versagt – wo aber bleibt der Steuermann? In einem sich selbst steuernden Gehirn, das man sich als eine Art Computer vorstellt, haben in der Tat leidende Seele und ringendes Ich des Menschen keinen Platz mehr.

Eine andere, menschlichere Schilderung gibt STEINER, die zugleich an unser eigenes Erleben anknüpft. Jeden Morgen ziehen, wenn wir erwachen, Ich und Astralleib neu in unseren Leib ein. Um den Anschluß an die Außenwelt zu finden und damit zum wachen Tagesbewußtsein zu gelangen, müssen sie jedoch nach dem Einziehen den Leib noch durchdringen. Finden sie in ihm Hindernisse vor, so gelingt ihnen diese Durchdringung nicht oder nicht vollständig. Im Krampfanfall »drängen sie dann nach außen«.[240]

Es ist gut, wenn man versucht, jede Krankheit im Ansatz bei sich zu entdecken, von da aus kann man mehr Verständnis für den Kranken entwickeln. Bei der Zwangskrankheit und bei der Hysterie wurde schon auf solche Ansätze hingewiesen. Der Ansatz zur Epilepsie ist im Augenblick des Erwachens aus dem Schlaf gegeben, wo man eine gewisse Spannung in den Muskeln empfinden kann. Besonders nach einem Falltraum, bei dem man in seinen physischen Leib hinein-»fällt«, kann sich eine Zuckung dazugesellen. Man öffnet dann, ohne schon ganz wach zu sein, die Augen und erkennt einen Augenblick lang seine Umgebung nicht. Man erlebt außer dem Ansatz zum Krampfanfall die Andeutung eines Dämmerzustandes.

Nun sehen wir wieder unseren Patienten vor uns, der nie ganz wach werden kann, der nach STEINER in seinem Aufwachprozeß steckengeblieben ist. Die Morgendämmerung seiner Seele kann sich bis zu *Dämmerzuständen* verdichten, in denen er wie in einem Traumzustand umherirrt. In stark verkürzter Form treten diese Zustände als sekundenlang dauernde *Absencen* bei ihm auf. Der Aufwachprozeß kann – durch den Dämmerzustand – wieder in den Schlaf zurückgleiten, aus dem in extremen Fällen ein Entschlafen zu werden droht. Wir erleben ein Resignieren von Ich und Astralleib, die sich aus ihrer unvollständigen Inkarnation auf den Weg der Exkarnation begeben. In den Augenblicken der sogenannten *Aura* unmittelbar vor dem Anfall führt die Lockerung der Wesensglieder zum Ansatz einer Psychose mit Halluzinationen, die auch selbständig beim Epileptiker auftreten kann (der zeitweilig angedeutete Verfolgungswahn bei unserem Patienten). Das bei unserem Patienten in der Aura auftretende Gefühl des Schwebens, mit Glücksempfindungen verbunden, bringt am unmittelbarsten die Lockerung der Wesensglieder zum Ausdruck.

Und nun können wir auch das Anfallsgeschehen klarer miterleben. Was da wie ein Blitz in den Kranken einschlägt, ihn zu Boden wirft, in maximaler Anspannung seinen Leib ergreift, das ist sein eigener Astralleib, der, das Ich mit sich reißend, eine neue gewaltsame Inkarnation eingeleitet hat. Setzt nach diesem tonischen das klonische Stadium mit seinen Zuckungen ein, so kann man zu dem Eindruck kommen: Jetzt rüttelt der Astralleib an den Hindernissen im Inneren des stagnierenden physischen Leibes. Das ganze Seelenleben, zusammengedrängt und ohne Bewußtsein im Dunkel des Leibes, erschöpft sich in dieser ungeheuren Anstrengung, in dieser Explosion nach innen und zieht sich dann in einen neuen, nun aber gesünderen Schlaf zurück. Danach kann es zu einem gesünderen Aufwachen im physischen Leibe kommen, dessen Stagnation zum Teil vom Astralleib überwunden worden ist.

So gesehen ist der epileptische Krampfanfall nicht nur ein Symptom, sondern auch ein Selbstheilungsversuch des Kranken, ein »krampfhafter« Versuch allerdings, der mehr oder weniger in seinem Ansatz steckenbleibt. Denn die Lösung der Stagnationen durch den Anfall ist eben nur eine teilweise und auch keine bleibende. Außerdem kann sich durch häufigere Anfälle der Astralleib so erschöpfen, daß immer weniger Kräfte für das bewußte Seelenleben übrig bleiben. Nicht zuletzt das Gehirn, das Instrument des bewußten Seelenlebens, kann durch die Anfälle so geschädigt werden, daß nun die zunehmende Verlangsamung, Konzentrationsstörung und Vergeßlichkeit nicht nur vom epileptischen Prozeß, sondern auch von einer Gehirnschädigung herrührt. (Man stellt dann eine »hirnorganische Demenz« fest im Unterschied zur epileptischen Wesensänderung.)

Trotz aller dieser Einschränkungen darf jedoch nicht aus dem Auge verloren werden, daß der epileptische Anfall nicht die Krankheit darstellt. Auch nach schulwissenschaftlicher Auffassung gliedert sich das Krampfgeschehen in eine Polarität ein. So bildet SELBACH die Vorstellung eines »Gegenspieles zwischen Bewußtseinsminderung und aufkommender motorischer Unruhe«. In diesem Zusammenhang weist er auf die therapeutisch ausgewertete Tatsache hin, daß man durch einen künstlich erzeugten Krampfanfall einen Dämmerzustand unterbrechen kann.[239] Durch jedes Bewegungsgeschehen, das sich bis zum Tobsuchtsanfall steigern und zum Krampfanfall verdichten kann, versucht der Astralleib, sich besser im Leib zu inkarnieren und seine organische Resignation zu überwinden, die sich dann wieder im Dämmerzustand oder in der Psychose durchsetzt.

ZUM ORGANISCHEN ASPEKT

Die Schilderung STEINERS, die ein Verständnis der Stoffwechsel- und Gehirnbefunde im Zusammenhang mit dem ganzen Menschen möglich macht, verfolgt dann die *Hindernisbildung* im physischen Leib bis in einzelne Organe hinein. Das Hindernis selbst besteht nach STEINER in einer feinen stofflichen Infiltration, oder es bildet sich in den »ätherischen Elementen« der Organe. Ihren Abdruck findet diese primäre Verdichtung in der Stagnation des Stoffwechsels. In Polarität zur Durchlässigkeit der Organe und zum Ausrinnen des Astralleibes bei der Hysterie *staut* sich beim Epileptiker der Astralleib, der auch hier die Führung übernimmt, zusammen mit dem Ich »unter der Oberfläche der Organe«; die Organe selbst, namentlich ihre äußeren und inneren Oberflächen, hat man sich als zu dicht geworden vorzustellen. Je nachdem, was für ein Organ bevorzugt wird, gestaltet sich die epileptische Krankheit in Körper und Seelenleben.

Tritt die Störung im Wasserorganismus in den Vordergrund, so ist in erster Linie an die *Leber* zu denken. Vor allem die wäßrige Stauung, die zähflüssige Verlangsamung und Abstumpfung, aber auch die Tendenz zur depressiven Verstimmung, zum zornigen Explodieren, wiesen bei unserem Patienten in diese Richtung. Die hauptsächlichen Charakterzüge dessen, was man als »epileptische Wesensänderung« bezeichnet, rühren somit von der Leber her, deren Stoffwechsel gestört ist.

Man erlebt eine krankhafte Steigerung des phlegmatischen Temperamentes. Mit der *Niere*, durch die, wie schon erwähnt, der Astralleib in den unteren Organismus einstrahlt, hängt die Störung der inneren Atmung des Luftorganismus sowie die gesteigerte Emotionalität, hängt auch das forcierte Eingreifen des Astralleibes im Krampfanfall sowie sein Resignieren in Absence, Dämmerzustand und Psychose zusammen. Vor allem bei gesteigerter Emotionalität und bei den oben erwähnten Bewußtseinsstörungen tritt das Nierensystem in den Vordergrund, immer ist es am Krampfgeschehen beteiligt (s. Kap. Vegetative Störungen). Die betont emotionalen Kranken sind lebhafter als die mehr verschlafenen Leberepileptiker, die beschriebene Wesensänderung tritt bei ihnen in den Hintergrund. Eine gewisse Stagnation mit Erschwerung von Wahrnehmung und Denken ist jedoch auch bei ihnen zu beobachten.

Leber- und Nierensystem bilden beim Erwachsenen die Grundlage für jedes epileptische Geschehen. Kommen Hindernisse in der *Lunge* dazu, so kann man Störungen der Lungenatmung und Zwangssymptome finden zusammen mit einem Schwereelement in Leib und Seelenleben. Hindernisse im Leben des *Herzens* führen zu Störungen im Wärmeorganismus, zu Depressionen mit Schuldgefühlen und zur Tobsucht. Auch die *Fortpflanzungsorgane* können mitwirken. Unterentwicklung in dieser Region kann zum Hindernis werden und zu einer epileptischen Erkrankung beitragen, wenn der Astralleib mit dem Hindernis ringt und nicht in einem hysterischen Geschehen sich vor ihm zurückzieht.

Bei jeder Epilepsie wirkt auch das *Gehirn* mit. So wie von ihm aus nicht nur der Leib, sondern auch jede seiner Bewegungen ihre Gestalt erhält, so wird auch vom Gehirn aus der chaotische Bewegungsimpuls des hindurchdrängenden Astralleibes geformt. Die Gestalt des Krampfes, der auch vom Gehirn her durch Reizung ausgelöst werden kann, entsteht durch das Eingreifen des Astralleibes (und des Ich) »von oben«, welches dann im Krampf erstarrt. Auch die geschilderte Wesensveränderung entwickelt sich schon unter Mitwirkung des Gehirns.

Es kann jedoch auch das Hindernis im Gehirn liegen. Narbenbildungen nach Gehirnschädigungen halten dann das Durchdringen von Astralleib und Ich und das Erringen des vollständigen Tagesbewußtseins auf. Es kommt durch die zurückbleibenden Hirnschäden zur sogenannten *Residualepilepsie.*

Während bei ihr das Gehirn die Hauptrolle spielt, wirkt es bei der sogenannten *genuinen Epilepsie* unseres Patienten nur mit. Bei dieser Epilepsieform, bei der keine Ursache im Gehirn festgestellt werden kann, liegt der Akzent auf den Störungen besonders des Nieren- und Lebersystems. (In dieser Hinsicht dürfte die Diagnose »genuine Epilepsie« weiter von Bedeutung sein.) Bei der Residualepilepsie wird dagegen ein Mitwirken des Stoffwechsels angenommen. Dieselbe Narbe in derselben Hirngegend ruft nämlich bei dem einen Kranken eine Epilepsie hervor, bei dem andern jedoch nicht. Bei jenem Kranken, der zum Epileptiker wird, muß an die Beteiligung einer epileptischen Konstitution gedacht werden, die durch Stagnation im Stoffwechsel gekennzeichnet ist.[241]

Die Halluzinationen der verschiedenen Sinnesbereiche weisen wieder auf bestimmte Zentren im Gehirn hin, von deren Schädigung die Anfälle ausgehen können. (An eine solche zusätzliche, in diesem Fall später erfolgte Hirnschädigung ist auch bei unserem Patienten zu denken.) Anhaltspunkte für ihren Nachweis wie für das epileptische Geschehen überhaupt liefert u. a. die Untersuchung der elektrischen Ströme, die jedes Gehirn erzeugt (Elektroencephalogramm, abgekürzt EEG).

DIE KRANKHEIT IM LEBENSLAUF

Wie die Hysterie, so weist die Epilepsie des Erwachsenen in das Jahrsiebt 7–14 zurück, in dem auch unser Patient erkrankte. Von dieser Epilepsie muß wieder die *kindliche Epilepsie* unterschieden werden, die schon im 1. Jahrsiebt auftreten und in die Epilepsie des Erwachsenen übergehen kann. Da das Kind vom Kopf aus lebt, ist hier eine Residualepilepsie besonders charakteristisch. Schädigungen des Gehirns während der Schwangerschaft oder der Geburt, Gehirnblutungen durch Kopfunfälle oder Restzustände nach Gehirnentzündungen wirken sich hier schon im 1. Jahrsiebt aus. Sie können jedoch auch zur Veranlagung einer Epilepsie werden, die erst später ausbricht.

Gehirnsymptome spielen bei der kindlichen Epilepsie eine größere Rolle als beim Erwachsenen. Die seelische Symptomatik der Leibesorgane tritt zurück. Da der Astralleib noch nicht geboren ist und sich auch noch nicht zur Geburt anschickt, so kommt es mehr zu diffusen und nicht so differenzierten seelischen Auswirkungen von seiten der Organstörungen. Nur wenn bei solchen Kindern eine Vorwegnahme vorliegt, sind auch bei ihnen Organstörungen seelisch stärker zu berücksichtigen.

Statt der seelischen Symptome der Erwachsenenepilepsie beobachtet man bei epileptischen Kindern mehr die im heilpädagogischen Kurs von STEINER geschilderten Schwindelzustände, Übelkeitsempfindungen und Bewußtseinsstörungen. Im Gegensatz zur Überempfindlichkeit gegenüber den Elementen der Außenwelt beim hysterischen Kind, bekommt das im Leib steckenbleibende epileptische Kind zu wenig Beziehung zu diesen Elementen. Wenn es das Organ des festen Elementes, die Lunge, nicht durchdringen kann, so bekommt es *Schwindel*. (Beim Schwindel mißlingt die Auseinandersetzung mit den Schwerekräften, die zum Gleichgewicht zwischen Schwere und Auftrieb führen sollte.) Bleibt es in der Leber, dem Zentralorgan des Wäßrigen, stecken, so kommt es zu der für die Leber charakteristischen *Übelkeit*. Im Nierensystem führt das Steckenbleiben zu den geschilderten *Bewußtseinsstörungen* des Astralleibes. Letztere können in eine eigene Krankheitsform, in eine sogenannte *Pyknolepsie* einmünden, bei der sich in sehr häufigen Absencen der Astralleib aus dem Nierensystem der emotional reagierenden Kinder zurückzieht. (Zu den drei Sonderformen der Epilepsie im Kindes- und Jugendalter, von denen die Pyknolepsie das 2. Jahrsiebt bevorzugt, vergleiche bei HOLTZAPFEL[242].)

»Die Mehrzahl der Epilepsien« wird bis zur Pubertät manifest.[243] Für die *Erwachsenenepilepsie* ist charakteristisch der Beginn im 2. Jahrsiebt, wo wieder die Situation des 9. Jahres eine wichtige Rolle spielt und bei einem späteren Auftreten der Krankheit neu in Erscheinung tritt. Wir erkennen jetzt, daß dieses 9. Jahr ein Angelpunkt ist für die später entstehenden oder aus der Kindheit sich fortsetzenden seelischen Krankheitsprozesse. Entweder führt die Entwicklung nicht weiter in den Leib, dann entstehen Hysterie oder Zwangskrankheit. Oder die Entwicklung verläuft zwar weiter in den Leib hinein, bleibt aber in ihm stecken. Grundlage der so entstehenden Epilepsie wird das Leber- und Nierensystem im unteren Bereich des Organismus, dem Ziel der Inkarnation im 2. Jahrsiebt.

Das Stiller- und Dumpferwerden, das bei einem Teil der Kinder um das 9. Jahr zu beobachten ist, kann sich, wie bei unserem Patienten, verstärken und dann in die Verlangsamung und in die Bewußtseinsstörungen einer Epilepsie übergehen. Außer dem Steckenbleiben im räumlichen Bereich des physischen Leibes beobachten wir nun auch ein Steckenbleiben im *Lebenslauf*. Wie wir sahen, führt der Weg zur Pubertät aus dem Dunkel des Stoffwechsels einerseits in die Bewußtseinshelle des stärker sich heraushebenden Kopfes, andererseits in die Willensbewegungen der Glieder, wo er, durch die Muskeln verlaufend, am Knochen endigt. Der epileptische Kranke bleibt mehr oder weniger auf diesem Weg stecken. Einerseits kommt er nicht voll zum Bewußtsein, andererseits verharrt er in der zähflüssig stagnierenden Muskulatur, seine Bewegung bekommt zuwenig Festigkeit, zuwenig »Knochen«.

Auf diesem Weg entsteht auch die *athletische Konstitution*, bei der die Betonung der Muskulatur sich mit Langsamkeit bis Trägheit aller körperlichen und seelischen Bewegungen verbindet. Dieser Typus bildet die am meisten charakteristische konstitutionelle Grundlage einer epileptischen Krankheit (wenn nicht eine ausgesprochen ungeformte, »dysplastische« Konstitution vorliegt). Bei der epileptischen Krankheit wird, wenn sie besonders von der Leber geprägt ist, die »Zähigkeit« des athletischen Temperaments zur Zähflüssigkeit.[244] Durch den Krampfanfall, besonders durch dessen Zuckungen, versucht der Astralleib dann die Auflösung dieser Situation.

Schon in den bald trägen, bald überschießenden und sich verkrampfenden Bewegungen der Vorpubertät können wir eine Andeutung des epileptischen Geschehens im gesunden Bereich erkennen. Noch deutlicher wird die Beziehung der Epilepsie zum 2. Jahrsiebt beim sogenannten *Rekelsyndrom*. Das Kind dieser Altersstufe neigt öfter als der Erwachsene dazu, sich zu rekeln, eine Neigung, die auch der Erwachsene hat, wenn er morgens noch nicht ganz wach ist, oder wenn er müde wird. Dieses Rekelsyndrom kann in gesteigerter Form beim Epileptiker statt eines Anfalls auftreten. Durch Stoffwechseluntersuchungen hat man festgestellt, daß es ebenfalls einen Versuch darstellt, mit der inneren Stauung und Erstickung fertig zu werden.[239] Was für den Erwachsenen nur ein vorübergehendes Problem darstellt, das beschäftigt aus den genannten Gründen das Kind im 2. Jahrsiebt in stärkerem Maße. Beim epileptischen Kranken wird der Versuch, im Rekeln durch seine Glieder hindurch zu erwachen, zu einem Symptom seiner Krankheit.

Auch die *seelische Situation*, wie sie das 9. Jahr mit sich bringt, bleibt beim epileptischen Kranken mehr oder weniger das ganze Leben hindurch bestehen. Die zornigen Entladungen des Kindes, durch die es sich gegen die drohende Lethargie vom Leibe aus zur Wehr setzt, werden zu den »Zornanfällen« der Epilepsie. Die dumpfe Traurigkeit des 9. Jahres steigert sich zur Depression des Epileptikers, die wie unter einer Decke von Dumpfheit, d. h. unter der »Decke« des physischen Leibes liegt. Die gegen die Pubertät aufkommende Lust zum Wandern wird beim Epileptiker zur krankhaften Wandersucht.

Die Pubertät selbst wird vom schwerkranken Epileptiker nicht mehr voll geleistet. Die Unterentwicklung im Sinn einer speziellen Infantilität kann schon vorher erkennbar werden. Die Verwaschenheit im Gesicht, wie sie auch Kinder nach dem 9. Jahr manchmal haben, bedeutet seelisch mangelnde Differenzierung, bedeutet teilweises Verharren des Astralleibes in seiner Mutterhülle und im ätherischen Bereich. So kann man dann später die »Struktur eines erwachsenen Kindes« beim Epileptiker finden (TELLENBACH).

Tapferkeit ist die Seelenkraft, deren das Kind zum vollständigen Einsteigen in seinen Erdenleib bedarf, und die es in den Jahren vor der Pubertät zu stärken gilt. In verstärktem Ausmaß ringt der Epileptiker darum, durch seinen Leib die Erde zu betreten und durch ihn die Welt zu ergreifen. Bei jedem Anfall rüttelt er an den Hindernissen in seinem Leib. Und wenn der tapfere Gefangene in Erschlaffung und Bewußtseinstrübung versinkt, sammelt er schon wieder neue Kräfte für seinen Kampf.

Wird der Epileptiker mit seiner Krankheit vor allem auch innerlich fertig, so können sich die Tapferkeit und Unbedingtheit seines leiblichen Ringens in den Mut und den Ernst geistigen Strebens verwandeln. Sein Rückzug aus dem Leib kann zu einem gesunden Freiwerden vom Leib werden. Seine Krankheit läßt einen Sinn für seine Entwicklung erkennen.

ZUR THERAPIE

Noch wichtiger als bei den bisher geschilderten Erkrankungen ist hier die *medikamentöse Therapie*, die zur Besserung oder Heilung einer Epilepsie wesentlich beitragen kann. Durch diese Therapie wird einerseits das Hindernis im Organ, andererseits der epileptische Prozeß selbst angegangen und das stekkengebliebene Aufwachgeschehen fortgesetzt. In denselben zwei Richtungen wirkt die *heileurythmische Therapie*. Die E-Gebärde, als methodisches Beispiel hier charakterisiert, regt die tiefere Verkörperung vom Ich aus an, sie leitet jedoch auch die Durchdringung des Leibes ein. Jenes Aufwachen durch den Leib hindurch, in dem der Astralleib beim Krampfanfall stekkenbleibt, wird durch das Sich-Kreuzen der Hände und Füße beim E vom Ich aus angeregt und zu Ende geführt. In manchen Fällen schon konnte durch intensive Anwendung jener Übung ein drohender Anfall verhindert werden. Er wurde verhindert, indem er überflüssig gemacht, indem der Astralleib bei seinem Bemühen entlastet wurde – das Ziel einer rationellen Epilepsie-Therapie, die nicht darin bestehen kann, die Anfälle zu unterdrücken.

Es wäre jedoch ein Mißverständnis, wenn man meinte, man brauche sich nicht um die Krampfanfälle zu kümmern, da diese ja Selbstheilungsversuche darstellen. Wie auch unser Patient erkennen ließ, verbrauchen häufigere Anfälle zuviel seelische Kräfte und schädigen das Gehirn. Sie werden somit zu einer *zweiten Krankheit*. Ähnlich wie der Kranke, der an bestimmten Gedanken oder Worten haftet, neigt seine zweite Krankheit dazu, ihren »abnormen Rhythmus« festzuhalten.[245] Man hat den Eindruck, daß infolgedessen Anfälle kommen, auch wenn sie vom Stoffwechsel aus nicht nötig wären. Aus diesen Gründen ist es wichtig, auch diese zweite Krankheit zu behandeln.

Bei häufigen Anfällen kann man jedoch nicht solange warten, bis die Therapie der anthroposophisch orientierten Medizin zum Tragen kommt. Da vor allem die Organtherapie bis in die Konstitution hinein wirken muß, braucht sie oft lange Zeit, in der das Gehirn durch die Anfälle irreparable Schäden erleiden kann. Man muß daher vorerst bei häufigeren Anfällen, bei denen immer der Schaden den Nutzen überwiegt, auch die heute üblichen *antiepileptischen Medikamente* (Antiepileptika) einsetzen, um zunächst einmal die Anfälle einzudämmen. Diese Medikamente, die günstiger wirken als die früher häufiger gebrauchten Luminalpräparate, richten sich auf alle Arten von Anfallszuständen, die sie vom Gehirn aus unterdrücken. Die Hauptgefahr dabei ist, daß auch der Selbstheilungsimpuls, der den Anfällen zugrunde liegt, unterdrückt und die geschilderte Wesensänderung mit ihrer typischen Verlangsamung und ihren Bewußtseinstrübungen verstärkt wird. Ferner können diese Medikamente selbst zu Gehirnstörungen führen.

In manchen Fällen steht – auch nach schulwissenschaftlicher Überzeugung – der Arzt direkt vor der Alternative »Geisteskrankheit oder Epilepsie (LANDOLT, 1963), Wesensänderung oder Anfälle«.[246] Man wird deshalb diese Medikamente in möglichst kleinen (aber ausreichenden) Dosen geben, was durch die Kombination mit der oben erwähnten Therapie möglich wird. In solchen Fällen erlebt man, daß der Schaden, den antiepileptische Medikamente stiften können, durch ihren Nutzen überwogen wird. Bei seltenen Anfällen dagegen hat man mehr Zeit für die eigentliche Therapie und kann zunächst auf antiepileptische Medikamente der Schule verzichten – vorausgesetzt, daß Patient und Angehörige mitmachen.

Bei der *künstlerischen Therapie* ist das *Plastizieren* so zu üben, daß eine kräftige Durchgestaltung des gestauten Organismus angeregt wird. Das *Malen* wirkt lösend auf die Zähflüssigkeit und auf die Tendenz zur Verkrampfung. Die *Musik* führt aus den dumpfen Verstimmungen des Epileptikers heraus. Am meisten auf Ich und Bewußtsein wirken die *Sprachübungen*. Die verwaschene Sprache wird durch sie konturierter, durch ihre Rhythmen wird der unbewegliche Rhythmus des Epileptikers aufgelockert.

Die *geistige Therapie* kann einen Hinweis bekommen durch die Tatsache, daß der Kranke mehr oder weniger im 2. Jahrsiebt steckengeblieben ist. In schweren Fällen verlangt er nach einer liebevollen Autorität, die ihm hilft, aus der Dumpfheit seines leibumfangenen seelischen Erlebens zum Urteilen und Empfinden des 3. Jahrsiebts zu gelangen. Hier hat wieder das Anregen von Fragen eine besondere Bedeutung. Bei einer leichteren Erkrankung kann der Patient diesen Weg auch allein gehen. In jedem Fall sollte der Kranke, vor allem aber auch seine Umgebung, wissen, daß er durch seine Anfallszustände nicht vom Leib her »überfallen« wird, sondern, daß diese Anfälle Versuche seiner eigenen, im Leibe tätigen Seele darstellen, das leibliche Kranksein zu überwinden. Er soll aber auch mit seiner Umgebung wissen dürfen, daß alles geschieht, um ihm diese gewalttätigen Versuche abzunehmen.[247]

KRANKHEITSBILD

In die Sprechstunde kommt ein Student, Mitte 20, der angibt, er sei mit den Nerven herunter. Von schlankem und schwächlichem (asthenischem) Körperbau, macht er einen nervös unruhigen Eindruck. Wenn er ruhiger wird, haben seine Bewegungen etwas Steifes. Seelisch wirkt er verstört, zeitweilig aufgewühlt. Er berichtet mit hastiger, etwas monotoner Sprache, dabei geht immer wieder wie ein Wetterleuchten ein Zucken durch sein Gesicht, besonders im Stirngebiet. Sein Blick irrt umher, schaut man ihm in die Augen, so blickt er fort.

Gefragt, was ihn so unruhig mache, bemerkt er zögernd, es gehe etwas Unheimliches mit ihm vor. Man stelle ihm nach, wo immer er sich befinde. In der Universität, auf der Straße beobachte man ihn, lächle bedeutungsvoll, mache Bemerkungen über ihn. Wenn er allein sei, höre er die Stimmen seiner Verfolger, bekannte und unbekannte, die sich über ihn unterhalten, die ihn beschimpfen, ihm Befehle geben. Manchmal empfange er solche Befehle aber auch anders. Er habe dann plötzlich die Gedanken der Menschen, die ihm begegnen, in seinem Kopf und müsse sich so bewegen, wie diese Gedanken es ihm eingeben. Seine Bewegungen würden dann immer ganz steif, er müsse sich ruckweise bewegen und auf jede Bewegung achten. Wenn er die Befehle ausgeführt habe, machten die anderen Menschen manchmal »befriedigte Gesichter«.

Auf die Frage, was denn alle diese Leute für ein Interesse an ihm hätten, was sie mit ihm beabsichtigten, meint er, das wisse er nicht genau. Wahrscheinlich hätten alle von seinem Leben erfahren; im Fernsehen habe er selbst schon einige Male Sätze gehört, die sich mit ihm befaßten. Das Ganze habe nach seiner Scheidung angefangen. Er habe vor zwei Jahren eine Kommilitonin geheiratet. Sie hätten gemeinsame Interessen gehabt in ihrem Studium und auch körperlich. Aber man habe dann entdeckt, daß man nicht denselben Lebensstil hatte. Sie sei ausgesprochen gesellig und er ausgesprochen ungesellig. Sie wollte immer ausgehen, er nicht. So hatten sie sich eben vor ¼ Jahr wieder getrennt. Dann habe sie wohl gemeinsamen Bekannten von ihrer Ehe erzählt, das wäre ja wohl logisch. Daß aber mit der Zeit alle Menschen alles von ihm erfahren hätten, das sei doch wohl übertrieben.

Der Kranke, der über seine Ehe und ihre Folgen sehr kühl, fast gleichgültig berichtet hat, wird dann gefragt, ob er seine Frau denn geliebt habe. Da bricht es aus ihm heraus – er zittert dabei vor Erregung: es sei komisch, aber sie sei für ihn alles gewesen, er habe sie immer um sich haben wollen, haben müssen, er brauchte ihre Zärtlichkeit. Das sei ihr zuviel geworden. Und jetzt sei alles wieder wie früher, er sei wieder allein und grüble stundenlang über alles nach, er müsse doch psychologisch klarkommen. Aber es sei doch nicht so wie früher, er komme sich ganz verändert vor, »wie ein anderer Mensch«. Er sei mit der Enttäuschung vollkommen fertig. Das wolle man wahrscheinlich durch die Experimente aus ihm herausbringen. Aber das sei doch schon bekannt, er habe es doch schon mehrmals gesagt: »Ich bin fertig damit!« Der Kranke stößt diesen Satz in höchster Erregung hervor.

In der *Vorgeschichte* ist bemerkenswert, daß der Patient einen Onkel hatte, der »an Verfolgungswahn gelitten hat«. Im Unterschied zu ihm selber habe sich der Onkel wirklich alles mögliche eingebildet. Sein Elternhaus sei nicht schlecht gewesen. Die Eltern hätten wenig Zeit für ihn gehabt, aber das habe er nicht entbehrt, er habe auch nicht deshalb später so wenig Kontakt gefunden, wie das die Psychologie in solchen Fällen behaupte. Sein Onkel z. B. habe ein ausgesprochen glückliches Familienleben gehabt und sei doch ein Eigenbrötler geworden. Er selbst habe schon als kleines Kind wenig Kontakte gesucht. In der Schule sei es sehr gut gegangen, er sei jahrelang Klassenerster gewesen. Er hatte jedoch kaum Anschluß, man hatte für sein Freundschaftsideal keinen Sinn, er erlebte nur Enttäuschungen damit. In dieser Hinsicht, das gebe er zu, war er überempfindlich. Wenn er sich nicht verstanden fühlte, zog er sich sogleich in sich zurück. Er gebe auch zu, daß er sich oft zu sehr aufgeregt habe, besonders bei Meinungsverschiedenheiten, und dann aggressiv geworden sei. Er litt darunter, daß er nicht recht ausdrücken konnte, was er empfand. Die anderen sagten immer, er sei so abstrakt. Das Studium (deutsche Literatur und Kunstgeschichte) fiel ihm leicht, zu leicht, es habe ihn gelangweilt. Während er in der Schule bei Gedichten und Dramen manchmal tiefe Empfindungen gespürt habe, hatte er im Lauf des Studiums immer weniger solche Empfindungen. Jetzt lasse ihn Literatur und Kunst mehr oder weniger kalt oder reize ihn zum Lachen.

Gefragt, ob das alles sei, was er auf dem Herzen habe, verneint er zögernd. Seiner Schilderung entnimmt man, daß er eigentlich drei Leben lebt: Sein Leben als Studierender, sein Leben als »Versuchskaninchen« und noch ein drittes. Der Kranke schlägt nun einen anderen Ton an, sein Ausdruck wird verlegen-ehrfürchtig, dann fanatisch-starr. Außer den erwähnten Stimmen höre er manchmal eine ganz andere, donnernde Stimme, die sage: »Stehe auf! Ich werde kommen in den Wolken!« Dann sehe er manchmal auch den, der das gesagt habe, vor sich. Zuerst sehe er nur seinen Blick, der sei wie aus Licht. Dann erscheine er, wie Michelangelo ihn gemalt habe, als Weltenrichter, der über die Wolken schreitet. Zuerst dachte er an ein Erinnerungsbild, da ihm diese Darstellung früher besonderen Eindruck gemacht habe. Dann wurde es immer wirklicher, plastischer, und Blitze kamen dazu. Christus, der wirkliche Christus, wollte damit sagen, daß die Welt untergehen, daß er sie richten werde. Das stehe unmittelbar bevor. Sie werde um die 9. Stunde untergehen, in der ja auch Christus am Kreuz gestorben sei. Immer, wenn er eine Uhr anschaue, habe die Zahl 9 einen besonderen Glanz. In letzter Zeit sei das immer stärker geworden, jetzt leuchte die Zahl 9 wie ein Stern.

Die Frage, ob er Angst habe vor dem Weltuntergang, wird überzeugend verneint. Und wieder ganz kühl: Er brauche auch keine Hilfe in dieser Angelegenheit. Er wolle nur etwas für seine Nerven. So könne er doch nicht weiter studieren.

DER KRANKHEITSPROZESS

Im Seelenleben unseres Kranken erkennen wir zunächst verschiedene Spaltungen. Schon wenn er selber davon spricht, erleben wir eine Art Spaltung: Er tritt sich bei seiner Schilderung selbst gegenüber. Bereits als Kind ist der Kranke von der menschlichen *Umwelt* weitgehend abgespalten. Hier scheint, wie bei anderen Kindern dieser Art, eine Anlage, die im Erbgang auftaucht, mit der Vernachlässigung durch die Eltern zusammenzuwirken, wobei letztere vom Patienten in betont überlegener Form verneint wird. Der Psychiater stellt »Autismus« fest: Zurückgezogenheit auf sich selbst. – Eine weitere Spaltung betrifft das *innere Seelenleben*: kühler Intellektualität mit einer Tendenz zum Abstrahieren steht heiße Emotionalität und gesteigerte Erregbarkeit gegenüber. – Eine Spaltung liegt ferner im *Empfindungsleben* vor. Der Kranke ist innerlich überempfindlich, während er sich äußerlich kühl und abstrakt gibt.

Aus dieser Überempfindlichkeit heraus vermeidet er den Blick-kontakt. Während wir bei Zwangskrankheit und Hysterie Überempfindlichkeit, bei der Epilepsie Unempfindlichkeit, Stumpfheit feststellten, finden wir hier beide Pole gleichzeitig, wobei der eine den anderen überlagern kann. Das Empfindungsleben macht dadurch einen innerlich zerrissenen Eindruck.

Das Urphänomen eines so gearteten Charakters ist die *Spaltung*, weshalb man in diesem Zusammenhang die Bezeichnung »schizoid« gebraucht (vom griechischen Wort: schizo = ich spalte). Ein *schizoider Charakter* kann nach E. KRETSCHMER die Disposition für eine schizophrene Psychose bilden.[244] Mindestens den einen oder anderen Zug dieses Charakters (darunter besonders den Autismus) findet man in der Vorgeschichte von vielen schizophrenen Kranken.

Bei der ausgebrochenen *Schizophrenie*, von der unser Patient uns ein akutes Bild vor Augen führt, stellen wir zunächst eine Steigerung der *Spaltungsphänomene* fest. Die Erregung hat sich verstärkt, aber auch die intellektuelle Kühle, die Tendenz zum abstrakten Grübeln hat zugenommen. Bei weiterer Zuspitzung dieser Situation können aus der Erregung *Tobsuchtsanfälle* hervorbrechen, in denen der Kranke vollkommen außer sich gerät und für sich und seine Umgebung lebensgefährlich wird (unser Patient war dicht davor). Das kühle, unbewegte Beobachten und Abstrahieren kann seinerseits in sogenannte *Stuporzustände* einmünden, bei denen der unempfindlich gewordene Kranke ohne Gefühls- und Willensregung, ohne ein Glied zu rühren, wochen-, ja monatelang in seinem Bett liegen würde, wenn man nichts dagegen unternähme. Er ist jedoch in diesem Zustand meistens voll bei Bewußtsein, nimmt alles wahr, was um ihn herum vorgeht und macht sich seine (krankhaften) Gedanken. Der in der Tobsucht außer sich geratende Kranke ist beim Stupor mit seinem Gefühls- und Willensleben fast ganz *außer sich geraten* und nur noch durch das Wahrnehmen und Denken seines Kopfes anwesend. Dieser teilweisen Exkarnation entsprechend liegt in solchen Zuständen auch das leibliche Leben seines mittleren und unteren Organismus, seiner Atmung, seiner Blutzirkulation und seines Stoffwechsels darnieder.

Man kann solche Zustände nicht mehr mit dem üblichen Nachempfinden fassen, sie machen vielmehr einen elementaren, dem psychologischen Verstehen weitgehend entzogenen

Eindruck. Den Stuporzustand kann man mit der lastenden Regungslosigkeit von Meer und Atmosphäre vor einem Gewitter vergleichen. In der Sprache der Elemente: das Prinzip des festen Elementes hat Wasser und Luft ergriffen. In stärkster Polarität dazu bricht dann die Tobsucht über den Kranken, über uns herein; wie bei einem Gewittersturm verschmelzen nun alle vorher überdeutlich hervorgetretenen Kontraste.

Jene Verschmelzung, die auch ohne tobsüchtige Erregung eintreten kann, weist auf ein weiteres Urphänomen schizophrener Psychosen hin: auf die *Chaotisierung* des Seelenlebens. Im Bereich der Emotionalität, des Willens, aus dem die Bewegungsimpulse kommen, erlebt der Kranke die Gedanken anderer Menschen, die durch seinen Kopf hinunterwirken und die Bewegungen versteifen und ruckweise ablaufen lassen. Aber auch ohne Anknüpfung an die Umwelt kann das Ruheprinzip des Kopfes zu Versteifung und Sperrung am unteren Pol führen. Andererseits ist Emotionalität in das Denken und Wahrnehmen aufgestiegen: Das Denken und Wahrnehmen verläuft beim Verfolgungswahn unseres Patienten wie gepeitscht von Erregung, von der Emotion der Angst. Das »Wetterleuchten« im Stirngebiet kann als äußeres Zeichen dafür auftreten. Schreitet der Prozeß der Auflösung weiter, so kommt es zur *Zerfahrenheit* im Denken und Sprechen, bei der einzelne Vorstellungen oder Bruchstücke von ihnen, nach unserer Logik ohne Zusammenhang, manchmal nach rein sprachlichen Gesichtspunkten aneinandergereiht werden. Dabei können auch einzelne Worte oder Silben miteinander verschmelzen und *Wortneubildungen* entstehen. Dann wieder werden – als Zeichen neuer Erstarrung – einzelne Worte (oder Bewegungen) festgehalten und in monotoner Art ständig wiederholt (*Stereotypien*). (Zu diesen Symptomen vgl. auch das Kapitel »Hölderlin«.) – Wir stellen fest: Die einander gegenüberstehenden Pole des Seelenlebens, deren Auswirkungen verstärkt auftreten, haben sich mit ihren Auswirkungen durchdrungen.

Die Frage, was dabei aus der »übersprungenen« Mitte, aus dem Gefühls- und Empfindungsleben wird, führt zu der Antwort, daß hier der »Verlust der Mitte« die stärksten Ausmaße annimmt. Wir erleben: In dieses elementare Geschehen *kann* das Ich nicht mehr vermittelnd eingreifen. Damit ist nicht nur das Erringen des Gleichgewichtes zwischen oben und unten erschwert oder unmöglich gemacht, auch die Beziehung zum sozialen Leben, die sich von der Mitte aus ergibt, ist dadurch behindert oder aufgehoben. Das wirkt sich beim *Verfolgungswahn* unseres Patienten aus, zu dessen Verständnis beiträgt, wenn wir den *Ansatz zur Wahnbildung* bei uns selbst aufsuchen.

Jeder von uns ist schon in die Lage gekommen, daß hinter seinem Rücken negativ über ihn gesprochen wurde. Aus vorübergehender Unsicherheit kann man dann auch einmal Bemerkungen ferner stehender Menschen einen Augenblick lang auf sich beziehen, Bemerkungen, die sich nicht auf einen beziehen konnten. Was korrigiert uns? Das gesunde Gefühl für die Wirklichkeit ist es, das uns sagt: Das kann doch gar nicht sein, daß diese Menschen, die mich kaum kennen, über mich sprechen, das interessiert die doch gar nicht usw. Das gesunde Gefühl für die Wirklichkeit ist zugleich ein soziales Gefühl, das sich in die Situation der anderen »eingefühlt« hat. Der schizophrene Kranke, bei dem die empfindende Mitte schon in seiner Kindheit schwach angelegt war, hat in der Psychose dieses Gefühl vollends verloren.

Nach und mit der Chaotisierung des Seelenlebens kann es dann wieder zu *sekundären Spaltungsprozessen* kommen. Unser in sich gespaltener Patient lebt drei Leben nebeneinander, die für ihn keinen Zusammenhang untereinander haben. Er kommt in die Sprechstunde, um für seine Nervosität Hilfe zu bekommen, um weiterstudieren zu können, obwohl er zugleich der festen Überzeugung ist, daß in Kürze die Welt untergehen werde. In anderen Fällen tut ein schizophrener Kranker das direkte Gegenteil von dem, was er denkt. Schließlich stellt man insofern eine Ich-Störung fest, als der Kranke nicht nur sein Ich von anderen Persönlichkeiten dirigiert fühlt, sondern sich selbst in verschiedenen Persönlichkeiten der Gegenwart oder der Vergangenheit erlebt. Man diagnostiziert »Störungen der Person«[248], *Spaltungen der Persönlichkeit* und bezeichnet diese und andere Ich-Störungen als spezifisch für eine schizophrene Erkrankung.

Um eine Spaltung der unteilbaren Individualität kann es sich jedoch hier nicht handeln. Das Bild der gespiegelten Sonne, das, von einem bewegten See »gespalten«, in die Wellen hinein aufgelöst wird, sagt uns, daß nur die Ich-Tätigkeit in dem sich spaltenden und gelockerten Seelenleben der Spaltung unterliegt, nicht das Ich selbst. Es handelt sich um die geschilderte Spaltung von Denken, Fühlen und Wollen, die auch STEINER meint, wenn er die »Spaltung der Persönlichkeit« in einem anderen Zusammenhang erörtert.[249] Während das höhere Ich, die Sonne, von dem Vorgang gar nicht erreicht wird, geht allerdings seine Einstrahlung, das niedere, das Erden-Ich als Zentrum der Seele mehr oder weniger verloren. Wenn wir von einem solchen Menschen empfinden: er ist außer sich geraten, so erleben wir im Grunde, daß sein Ich (sein niederes Ich) das Seelenleben verlassen hat und daß nur noch die der seelischen Spaltung folgenden Kräfte des Ich in ihm tätig sind, die sich mit der Wahrnehmung oder Vorstellung von anderen Persönlichkeiten identifizieren können. Während wir beim (persönlich gebliebenen) Seelenleben den Eindruck der Spaltung und Chaotisierung haben, wirkt das Ich im eigentlichen Sinne des Wortes als »verrückt«, als herausgerückt aus seinem Leben in der Seele (vgl. die Ausführungen zur sogenannten Geisteskrankheit im Kapitel »Beziehungen zwischen körperlicher und seelischer Krankheit«).

Überblickt man diese skizzierten Phänomene der schizophrenen Psychose, so erlebt man unmittelbar, daß bei ihr nicht nur Züge des schizoiden Charakters verstärkt auftreten, sondern daß etwas Neues begonnen hat. Ein Prozeß hat eingesetzt, der die Struktur der Seele zum Teil stärker hervorhebt, zum Teil verändert, auflöst, im weiteren Verlauf jedoch auch wieder zur Ruhe kommen läßt. Das Seelenleben eines solchen Kranken ist einem Vulkan vergleichbar, der sich spaltet und den alles verschlingenden Lavafluß auswirft, wonach das Chaos der Lava, von neuen Spaltungen zerteilt, langsam erstarrt.

Der schizophrene Prozeß kann in solchen Schüben, er kann jedoch auch schleichend verlaufen. Es gibt Fälle, bei denen nur ein Schub vorkommt und sich das frühere Seelenleben ganz wieder herstellt. Es gibt auch andere, bei denen der Prozeß weiterschreitet bis zu einer Art Endzustand, bei dem die Abspaltung von der Welt, die innere Spaltung in den meist ruhigeren Dauerzustand einer schizophrenen Demenz übergegangen ist. Der Kranke wirkt ständig anders als die anderen Menschen, verschroben, chronisch verrückt. Aber auch bei solchen Zuständen weiß niemand, ob nicht eines Tages das herausgehobene Ich, die gelockerte Seele wieder Kontakt zu unserer Welt finden und den sogenannten Endzustand beenden werden. Schon diese Aussicht kann uns helfen, die Geduld nicht zu verlieren und auch solchen Kranken unsere Hilfe angedeihen zu lassen. Eine Hilfe, die spätestens in einem künftigen Erdenleben Frucht tragen wird.

Bei der schizophrenen Psychose unterscheidet man drei Haupt-
formen. Stehen die Veränderungen von Wahrnehmen und
Denken im Vordergrund, so spricht man von einer (mit Wahnideen und Halluzinationen einhergehenden) *paranoid-
halluzinatorischen* Form der Schizophrenie. Betreffen die
Veränderungen mehr das Gefühlsleben, das über ein albernes
oder läppisches Verhalten in ein Versanden der Empfindungen
einmündet, so diagnostiziert man »*Hebephrenie*«, bei der eine
Steigerung von Pubertätssymptomen besonders deutlich wird.
Um eine *Katatonie* handelt es sich, wenn die schizophrene
Erkrankung vor allem im Willens- und Bewegungsleben erscheint und von dort aus zu Spannungs- und Erschlaffungs-
zuständen, zu Tobsucht und Stupor führt.

ZUM ORGANISCHEN ASPEKT

Das Neue, das der schizophrene Prozeß bringt, kann nicht aus
dem Seelenleben verstanden werden, das empfinden auch manche Kranke selbst. Etwas Fremdes ist in das Seelenleben einge-
brochen, dessen *Dynamik* nicht aus der Seele stammt. Hängen
diese Stürme der Seele vielleicht mit dem eigenen Luftelement
zusammen, welches das Seelenleben erfaßt hat? Ist deshalb das
Bild eines Gewittersturmes so passend, weil das seelische
Geschehen der tobsüchtigen Erregung im realen Sinn des Wortes ein elementares ist? Tatsächlich hat man bei manchen Kranken, die dann auch besonders zur tobsüchtigen Erregung neigen, im Organismus eine mangelhafte innere Atmung, eine Art
»innere Erstickung« festgestellt, die im Unterschied zur Epilepsie in den meisten Fällen allerdings nur feinerer Art ist.[250] Wirkt
sich der Lufthunger in solchen Fällen im seelischen Gebiet aus,
betätigen sich die nur noch mangelhaft den Luftorganismus
durchdringenden, gestauten Kräfte des Astralleibes nun im
seelischen Bereich, wo sie sich in Stürmen entladen?

Auch die krankhaften *Inhalte* des schizophrenen Seelenlebens weisen in Richtung »Leib«. Was vollzog sich bei der Entstehung des Verfolgungswahns unseres Patienten? Am Anfang,
später im Kern, steht – wie oft bei Wahnkranken – ein reales
Erlebnis. Die Scheidung unseres Patienten brachte die ver-
ständliche Furcht des innerlich überempfindlichen Schizoiden
mit sich, seine frühere Frau könnte über Einzelheiten der Ehe
mit Bekannten gesprochen haben. Ein Komplex von Erinnerungsvorstellungen, die jene Einzelheiten betrafen, bildete sich

und wurde jedesmal angerührt, wenn der Kranke die Bekannten wahrnahm; jede solche Wahrnehmung wurde mit neuer Beschämung verarbeitet. Soweit kann unser psychologisches Verstehen mitgehen. Dann aber hatten nach dem Eindruck des Patienten alle Menschen, die ihm auf der Straße begegneten, von seiner Ehe erfahren. Der Kranke nahm zunächst weiter real wahr: Der eine Mensch lächelt aus irgendeinem Grund vor sich hin, der andere macht gerade ein befriedigtes oder ein ärgerliches Gesicht, der dritte sagt irgend etwas zu seinem Partner – alles bezieht der Patient irgendwie auf sich. Warum? Es liegt zunächst nicht an den Wahrnehmungen, wohl aber an dem Komplex von Erinnerungsvorstellungen, den der Kranke in sich trägt. Da dieser Komplex einen immer größeren Teil seines Seelenlebens in Anspruch nimmt – er muß bei jeder Gelegenheit daran denken –, deutet er nun viele an sich gleichgültige Wahrnehmungen im Sinn dieses Komplexes. Er kann gar nicht anders, als sie auf sich beziehen, da sie jedesmal den dominierenden Komplex seines Seelenlebens anrühren und durch ihn entsprechend verarbeitet werden. Vorstellungen, die sonst Organe des Verstehens, des Erkennens bilden, haben sich zu Organen des Wahns verbunden (vgl. das Kapitel: »Metamorphose von Wachstumskräften in Denkkräfte«).

Später verändern sich dann auch die Wahrnehmungen selbst. Der Patient deutet nicht nur falsch, er hört auch falsch im Sinn seines Verfolgungswahns. Zuletzt hört er die Stimmen, auch wenn keine Menschen in seiner Nähe sind. Daß dies alles Vorgänge aus dem eigenen Inneren sind, liegt auf der Hand. Seine eigenen Beschämungs- und Angstvorstellungen leben in diesen von außen auf ihn zukommenden »Wahrnehmungen«, bei deren Entstehung also die krankhaften Vorstellungsorgane der Seele beteiligt sind. Manche Kranke merken selbst den Übergang von innen nach außen. Zuerst, so erfährt man, seien die Vorstellungen so lebhaft gewesen, daß sie als innere Stimmen zu hören waren, dann seien die Stimmen von außen gekommen.

Zum weiteren Verständnis dieser neu entstehenden Gebilde im Seelenleben muß jedoch noch ein anderer Vorgang erörtert werden. Zunächst erhebt sich die Frage: Wie kommt es zum *Wachsen der Vorstellungskomplexe* in der Seele des Kranken? Da die Kräfte dieses Wachstums nicht aus der Seele heraus verständlich sind, müssen sie von anderswo herkommen. Sie bilden einen Teil jener unheimlichen Vorgänge, die in der Seele kein »Heim« haben, nicht dahin gehören und daher als »unheimlich« erlebt werden. Als Wachstumskräfte können sie nur aus dem Ätherleib stammen. Dabei handelt es sich jedoch um Wachstumskräfte, die sich beim Denken nicht mehr wie früher den dort waltenden Gesetzen unterordnen, die nicht mehr dem denkenden Ich dienen. Wie schon angedeutet, tragen sie etwas von ihrer eigenen Wachstumsdynamik in das Seelenleben und lassen dort einen Wahn wuchern. So entsteht das, was man einen bösartigen *Tumor des Seelenlebens*, ein seelisches Karzinom nennen kann, das danach tendiert, mit seinem Wachstum ebenso das Seelenleben zu erfüllen und zu verändern wie ein Karzinom den physischen Leib. Einem gutartigen Tumor dagegen entspricht die abgegrenzt bleibende Wahnbildung, wie sie meist bei nicht schizophrenen wahnhaften Erkrankungen auftritt.

Auf den physischen Leib werden wir verwiesen, wenn wir fragen, warum die Wachstumskräfte des Ätherleibes ihre Tätigkeit verlagert haben. »Halluzinieren heißt nichts anderes, als der Leib schickt ins Bewußtsein dasjenige herauf, was er eigentlich verwenden sollte zum Verdauen, zum Wachsen ...«[251a] Bei den Wahnbildungen, die nach STEINER ebenfalls mit Organen des physischen Leibes zusammenhängen[213], hat man an einen ähnlichen Vorgang zu denken. Während die »verdauenden« Kräfte bei der Auflösung des Seelenlebens mitwirken, lassen die Wachstumskräfte Wahnideen oder Halluzinationen wachsen.

Daß die Stimmen dabei manchmal so deutlich klingen wie leibhaftige Stimmen aus der physischen Umwelt, hängt damit zusammen, daß sie von Kräften gebildet werden, die eigentlich im physischen Leib tätig sein sollten. Dasselbe gilt für die plastische Christusschau unseres Patienten und andere Halluzinationen des Sehsinns. Die halluzinierten Stimmen erlebt der Kranke schon deshalb als auf sich zukommend, weil sie sich in der Sinnessphäre der Seele bilden, in der alle Inhalte als von außen kommend erlebt werden. Die Sinnes-Täuschung besteht hier darin, daß der von innen kommende Vorgang über seine Richtung täuscht.

Zu dieser Täuschung kommt jedoch hinzu, daß sich das ganze Seelenleben des schizophrenen Kranken bei seiner Lockerung in die Umgebung ausweitet. Was vorher nur innen gelebt hatte, lebt jetzt auch außen. Wir stehen vor dem Vorgang einer teilweisen *Umstülpung* des Seeleninnern, die bewirkt, daß Kranke dieser Art soviel »um sich haben«, daß man ihre Angst usw. mehr in ihrer Atmosphäre als in ihrem Innern erlebt.

Das führt aber auch dazu, daß die Kranken selbst Vorgänge in ihrer Umwelt intensiver miterleben und dann auch wahnhaft verarbeiten. Im Unterschied zur seelischen Lockerung des hysterischen Kranken lockert sich hier, wie schon erwähnt, auch der Ätherleib, weshalb die Überempfindlichkeit zu einem elementaren Miterleben wird. So können sich depressiv gestimmte schizophrene Kranke so sehr mit dem Welken der Herbstnatur verbinden, daß sie glauben, an ihm schuld zu sein. Das Welken, der Todesprozeß in der Natur, kann jedoch auch im Frühjahr erlebt werden. Das kann sich bis zum Erlebnis des Weltuntergangs steigern, ein Erlebnis, das manche schizophrene Kranke haben. Hierbei erleben Seele und Ich, die sich in die Welt hinaus ausweiten, die eigene Exkarnation aus dem irdischen Leben als Weltuntergang, auf den wieder verschiedene krankhaft verarbeitete Wahrnehmungen hindeuten können. So bedeutete für unseren Patienten die Zahl 9 auf der Uhr, daß um 9 Uhr die Welt untergehen werde. – Daß sich der Kranke dabei als vollkommen verändert empfinden kann, ist nachfühlbar. (Zur Frage der Realität solcher Erlebnisse vergleiche das Kapitel: »Schizophrenie und übersinnliche Welt«.)

Die weitere Frage, wie es zur Exkarnation der Wesensglieder kommt, führt zu den *Stoffwechselstörungen* der schizophrenen Psychose, die in diesem Rahmen nur kurz behandelt werden können. Manche Symptome deuten auf feine Defekte in der Eiweißstruktur der Organe hin, auf die STEINER schon 1921 hinwies. Die »schadhaft« gewordenen Organe können die organischen Kräfte der Wesensglieder, vor allem die Bildekräfte des Ätherleibes, nicht mehr in sich halten. Die (unbewußte) »Imagination« des Organs (die seinem Wachstum zugrunde liegt) kann sich nicht mehr in der »Plastik« des Organs entfalten und drängt sich dem bewußten Seelenleben auf, wo sie zur Halluzination führt.[252] In manchen künstlerischen Produktionen von psychotischen Kranken können direkt die Bildekräfte von Organen studiert werden, in anderen Fällen bewirken die Bildekräfte, zusammen mit anderen ausgetretenen Kräften der Organe, die oben geschilderten Neubildungen im erkrankten Seelenleben.

Ein zu starker Abbau im Organeiweiß, der im Organ zu den schon erwähnten feinen »Deformationen« führt, wurde inzwischen von der Forschung in einigen Fällen gefunden. Festgestellt wurde (bei katatonen Kranken) auch ein Versagen der Ausscheidung, ein Zurückhalten von Spaltprodukten des Eiweißstoffwechsels, bei denen man eine vergiftende Wirkung annehmen konnte (weshalb man auch schizophrene Patienten mit teilweisem Erfolg an eine künstliche Niere anschloß). In den meisten Fällen sind jedoch diese und andere Störungen nur angedeutet oder mit den bisherigen Methoden nicht erfaßbar. (Durch die Methode der Blutkristallisation ist man ihnen schon mehr auf die Spur gekommen.) Hier verlagert sich der Krankheitsprozeß zur Hauptsache wieder in das seelische Gebiet, wo dann die Spalt- und Auflösungstendenzen des schizophrenen Stoffwechsels sowie die feinstoffliche Dynamik der toxisch werdenden Stoffwechselprodukte zur Auswirkung kommen. Eine schizoide Disposition kommt ihnen entgegen: Das schon zur Spaltung neigende Seelenleben öffnet sich den spaltenden und auflösenden Einwirkungen, die es vom eigenen Leibe her erfassen.

Die enge Beziehung des Eiweißstoffwechsels zur Niere läßt, zusammen mit den Ausscheidungsstörungen, den Störungen des Luftorganismus und dem emotionalen Seelenleben des schizophrenen Kranken, in erster Linie an das *Nierensystem* denken, aus dem heraus die psychotische Lockerung des Astralleibes erfolgt. Andere Organsysteme werden von der Niere aus in Mitleidenschaft gezogen. So wies STEINER auf einen gestörten *Lungenstoffwechsel* hin als Grundlage für bestimmte Wahnbildungen.[208] Steigert sich die mit der Niere zusammenhängende Erregung bis zur Tobsucht, so ist das *Herz* ergriffen, dessen innere Wärme dabei zum verzehrenden Feuer wird.[211] Bei jeder depressiven Färbung macht die *Leber* mit (vgl. das Kapitel über Depression).

DIE KRANKHEIT IM LEBENSLAUF

In den meisten Fällen bricht die Psychose zwischen der Pubertät und dem 25. (bei Frauen dem 30.) Jahr aus. Die Schizophrenie ist so auch zeitlich gesehen *die* Psychose des Jugendalters, worauf die ältere, noch von STEINER gebrauchte Bezeichnung »Dementia praecox« (frühzeitige Verblödung) hindeutet. Da, wie wir sahen, nur ein Teil der Krankheitsfälle in leichtere oder

schwerere, unter Umständen rückbildungsfähige Defekt-
zustände übergeht, ist auch aus diesem Grund die von E. BLEU-
LER geprägte Bezeichnung »Schizophrenie« die bessere.

Die Zeit zwischen der Pubertät und der Mitte oder dem Ende
der 20er Jahre ist die Entwicklungszeit des *Empfindungsleibes*
und der *Empfindungsseele.* Es ist auch von hier aus verständlich, daß es zunächst das Empfindungsleben der Mitte ist, welches vom schizophrenen Prozeß besonders betroffen wird. Das
Erkalten des Empfindungslebens ist ein charakteristisches
Frühsymptom einer schizophrenen Psychose, in die bei einzelnen Fällen die geschilderte Entwicklungsstörung des Empfindungsleibes oder der Empfindungsseele einmünden kann.
Beim Fortschreiten der Psychose verzerren sich dann – wie bei
unserem Patienten – die erstarrenden Empfindungen, oder sie
lösen sich auf, sie versanden. Durch die manchmal überstarke
Bewußtheit, durch das schon erwähnte »wahnsinnige Ringen
um Bewußtsein« wirkt, im Sinn einer Vorwegnahme, dann
noch die *Bewußtseinsseele* mit.

Während die Schizophrenie nur in Ausnahmefällen als Ausdruck einer Vorwegnahme im *Kindesalter* vorkommt, ist dieses
Alter allgemein von großer Bedeutung für die Veranlagung der
Schizophrenie durch die Umwelt. Ungünstige *Familienverhältnisse* sind häufig. Die wichtigsten wurden bei der Erörterung
der Ursachen von Entwicklungsstörungen schon referiert; sie
gipfeln auch beim schizophrenen Kranken in Störungen der
Nestwärme. In unserem Zusammenhang ist »intellektuelle Sti-
mulierung« in der Familie des schizophrenen Kranken hervorzuheben, wie sie von einigen Autoren erwähnt wurde.[253] Allgemein gilt: »Kinderelend prägt vorerst eine schizoide Haltung,
und diese schizoide Haltung prädisponiert zur Schizophrenie.«[254] *Umwelt* und *Anlage* verbinden sich wieder, es kommt
nach BLEULER zu »Wirkung und Gegenwirkung von vererbten
Entwicklungstendenzen und Umwelt«.[255] Dabei liegt jedoch
der Akzent entweder auf der einen oder auf der anderen Komponente. Die Kontaktstörung des schizoiden Menschen, die
aus Umwelterlebnissen entstanden ist, führt zum *Autismus*,
aber sie kann auch eine entsprechende Anlage verstärken, die
allein schon zum Autismus tendiert. Sie kann aber auch diese
Anlage überhaupt erst in Erscheinung treten lassen. Das gilt für
die ganze schizophrene Psychose wie für andere seelische
Erkrankungen. Bei manchen Kranken – wie bei HÖLDERLIN –

kann man zu der Überzeugung gelangen, daß die Krankheit ohne die starken Einwirkungen der Umwelt gar nicht oder nur in schwacher Form zum Ausbruch gekommen wäre. Eine vererbte Anlage ist – besonders wenn man die Anschauung hat, daß sie von der Individualität gesucht wurde – nicht unentrinnbares Schicksal, sie ist vielmehr Material für Mensch und Umwelt, Schicksal daraus zu gestalten.

Die Verantwortung, die dadurch der Umwelt auferlegt ist, betrifft auch die *Schulerziehung*. Ihre negativen Einwirkungen wurden gleichfalls schon dargestellt. Von Bedeutung ist in der Vorgeschichte von schizophrenen Kranken der nicht selten auftretende Musterschüler oder Klassenerste. Im Hinblick auf die typische, schlankwüchsige (leptosome) Konstitution prägte E. KRETSCHMER hierbei den Begriff des »leptosomen Rekordmachers«. Bei ihm sind Intellekt und Gedächtnis besonders betont, während Gefühls- und Willensleben noch mehr als sonst zurücktreten. In diesem Zusammenhang bemerkte KRETSCHMER, daß sich die heutige Oberschule einseitig auf diesen Konstitutionstyp ausgerichtet habe.[256] Dieser Konstitutionstypus, der erst im 3. Jahrsiebt deutlich in Erscheinung tritt, hat eine besondere Affinität zum schizoiden Charakter. Man kann daher auch von diesem Gesichtspunkt aus feststellen, daß die heutige Schulerziehung zur Entstehung eines schizoiden Charakters beiträgt.

In seinem ersten Ärztekurs wies Rudolf STEINER mit großem Nachdruck darauf hin, daß die *Erziehung im 1. und 2. Jahrsiebt* eine Dementia praecox (eine Schizophrenie) herbeiführen oder verhüten könne. Herbeigeführt werde sie, wenn keine Rücksicht darauf genommen werde, daß im 1. Jahrsiebt durch Nachahmung, im 2. durch Autorität erzogen werden sollte.[162] Wieder erkennen wir: Wenn das Kind zuwenig nachahmend bis in seinen Stoffwechsel hinein mitschwingen kann, wenn es zuwenig von seinem rhythmischen System aus eine Autorität lieben und ihr nachstreben lernt, entwickelt es zuwenig die Grundlagen für sein Willens- und Gefühlsleben im unteren und im mittleren Bereich seines Organismus: damit im Zusammenhang inkarniert es sich zuwenig in jenen Bereichen.

Das Steckenbleiben im Kopf läßt, in Verbindung mit dem übersteigerten Entzug von Bildekräften für den Kopf, die schon erwähnte asthenische oder leptosome Konstitution entstehen, wobei mit »asthenisch« die vitale Schwäche dieses heutzutage zunehmenden Konstitutionstypus hervorgehoben wird.

Auf Kosten eines außerdem noch beschleunigten Längenwachstums (Akzeleration) reifen die Organe im Innern zuwenig aus. Es kann an diesem Körperbau direkt abgelesen werden, wie die Wachstumskräfte des Ätherleibes zum Kopf hinaufgezogen werden, wie sie im Längenwachstum den Leib nur noch nach sich ziehen, nicht aber zur Ausrundung bringen können. Ein so geformter Organismus, bei dem zu früh der Abbau überwiegt, entwickelt zuviel Bewußtsein. Die zunehmende Nervosität der Kinder, besonders der Schulkinder, hängt entweder mit einer solchen Konstitution zusammen, oder es tritt nur eine Schwächung im Leben des Leibes auf, der trotz eines anders gearteten Körperbaus geschwächt und erschöpfbar ist, d. h. vom Nervensystem zu stark in Anspruch genommen wird. Der heute vorherrschende *neurasthenische Krankheitstypus*, den STEINER beschrieb[234], erscheint hier auf der Ebene der Funktion, auf der Ebene des Ätherleibes, während er im ersten Fall auch im (asthenischen) Körperbau zum Ausdruck kommt.

Es ist verständlich, daß eine unvollständige Inkarnation der exkarnierenden Psychose Vorschub leisten kann. Die Frage, warum aus der verkopfenden Tendenz unserer Zeit in einem Fall eine Zwangskrankheit, im anderen Fall (durch »Flucht« des Astralleibes) eine Hysterie, im dritten Fall eine Schizophrenie entsteht, ist natürlich letzten Endes eine Schicksalsfrage. Was die körperlichen Grundlagen betrifft, so kann man feststellen: Je tiefer die Schwächung des Leibes geht, je mehr der Einstieg in den Leib verunmöglicht wird, desto ernster wird das seelische oder körperliche Kranksein. Bei Zwangskrankheit und Hysterie bleibt der Einstieg in der Mitte stecken, bei der Schizophrenie, der schwersten seelischen Erkrankung, wird auch diese nur noch unvollkommen erreicht.

Auch hinsichtlich des Eiweißes, der Bausubstanz unseres Organismus, hat man an gradweise Beeinträchtigungen zu denken. Die Schwächlichkeit der Eiweißbildung mit Schwefelarmut bei der Zwangskrankheit, die abnorme Durchlässigkeit bei der Hysterie, steigert sich bei der Schizophrenie zu den Defekten im Organeiweiß. In den nicht genügend durchlebten Organen entstehen während der ersten zwei Jahrsiebte besonders schwache Stellen, deren Einbruch dann zum »Ausbruch« der organischen Kräfte, zum Ausbruch der Psychose führt. Der Einbruch selbst wird oft durch Erlebnisse bewirkt, die der Mensch nicht im bewußten Seelenleben verarbeiten konnte, die ihm »an die Nieren gehen«. (Zunächst gehen sie an die Nebennieren, deren Mark durch seine Absonderung das abbauende Eingreifen seelischer Erlebnisse in das Körpereiweiß vermittelt.)

Schockerlebnisse, emotionale oder intellektuelle *Streßsituationen*, d. h. solche Situationen, die zu einer übersteigerten Anspannung des Astralleibes führen, werden auf diese Weise zu auslösenden Faktoren, die für den Ausbruch einer schizophrenen Psychose verantwortlich zu machen sind. E. BLEULER hob in diesem Zusammenhang seinerzeit »verunglückte Liebe« hervor[257], ein Erlebnis, das besonders wieder die Mitte des Menschen betrifft und das auch bei unserem Patienten (wie bei HÖLDERLIN) eine bedeutsame Rolle gespielt hat. Das Unglück war bei unserem Patienten dann deshalb so groß, weil er bei seiner »Liebe« etwas davon nachzuholen hoffte, was er unterbewußt in der Kindheit entbehrt hatte.

Sowohl der asthenische (leptosome) Konstitutionstypus als auch der schizoide Charakter treten jedoch erst nach der Pubertät deutlicher in Erscheinung. Der leptosome Konstitutionstypus hält dabei den physiologischen Wachstumsschub der Vorpubertät fest, der schizoide Charakter übersteigert und fixiert die geschilderten Spaltungsphänomene der seelischen Pubertät. Gesteigerte Intellektualität und Emotionalität, sonst eine Übergangsstufe bildend, bestimmen nun den Charakter für das weitere Leben.

Die schizophrene Psychose selbst, die oft mit einer weiteren Steigerung der Pubertätsproblematik einsetzt, erscheint in den allermeisten Fällen erst nach der Pubertät, zu der sie dann in krankhafter Form zurückführt. Das hängt mit der neuen, schon einmal erörterten Situation des *Astralleibes* zusammen, der bei seiner Geburt mit seiner Mutterhülle zugleich den *Schutz des physischen Leibes* verloren hat. Der nicht voll inkarnierte Astralleib, nun »sich selbst überlassen«[54], erliegt den in ihm veranlagten Polaritäten, die zu Spaltungen werden. Und diese öffnen ihrerseits Tür und Tor für die Bildekräfte des physischen Leibes, die, durch die Erziehung aus dem Leib herausgezogen, weiter in das Seelenleben aufsteigen. Während sie jedoch bisher in Denk- und Gedächtniskräfte verwandelt werden konnten, ist diese Art der Verwandlung in der Psychose nicht mehr möglich. Der »kosmischen Logik«[258] des Organismus entzogen, von der Logik des (ver-rückten) Ich nicht voll erfaßt, leben sich die bisher mißbrauchten Lebenskräfte des Organismus in der ihnen preisgegebenen Seele aus.

Wir können damit wieder jene (schon geschilderten) zwei Arten von Revolten unterscheiden, die jetzt in krankhafter Steigerung auftreten. Die eine ist die *emotionale Revolte* der Pubertät. Auf der Organebene stellt sie sich folgendermaßen dar: Dem bisher dominierenden, einseitig in Anspruch genommenen Gehirn tritt mit der Geburt des Astralleibes das Urogenitalsystem gegenüber. Aus ihm schöpft der freiwerdende, der Welt sich ausgesetzt fühlende Astralleib die Kräfte der Revolte gegen diese Welt, gegen das Gewordene, letzten Endes gegen den eigenen Kopf, dessen hochgeschraubte Tätigkeit gerade der schizoide Mensch nicht selten selbst als quälend empfindet und gegen die sich im Grunde die Tobsucht des schizophrenen Kranken richtet. Die zweite Revolte ist die *organische Revolte*, die Revolte der Bildekräfte, mit welcher die schizophrene Psychose einsetzt.

Und mit ihr entsteht der Gegenprozeß, das Gegenbild zur Intellektualisierung unserer Zeit, als das die Schizophrenie nun vor uns steht. Hier der Verrückte, den die Gesellschaft aus ihrem Kreis verbannt – dort der Klassenerste, der Musterschüler, das zur Intellektualität gezwungene Kind. In manchen Fällen ist es ein und dieselbe Person, deren Leiden nicht nur nach Hilfe ruft, sondern Mahnung und Weckruf werden sollte für die seelische Entwicklung des Menschen in Gegenwart und Zukunft. (Wir erinnern uns an die geschilderte Gefahr, daß in der Zukunft die Schizophrenie einmal epidemisch werden könnte. Zur Zeit wird etwa 1% der Bevölkerung von dieser schwersten und häufigsten sogenannten Geisteskrankheit befallen.)

Auch der Ansatz zur schizophrenen Psychose ist nicht nur beim einzelnen Menschen, sondern in der ganzen abendländischen Menschheit zu beobachten. Wir entdecken die geschilderte Spaltung zwischen Seele und Welt, die sich in der inneren Vereinsamung des modernen Menschen äußert. Wir finden die Spaltung zwischen Intellektualität und Emotionalität, zwischen Erkennen und Handeln wieder. Das im Kopf als richtig Erkannte wird nicht verwirklicht, unter Umständen wird aus subjektiven, emotionalen Beweggründen das Gegenteil davon getan. Was in der Menschheit Verkopfung und Reaktion darauf ist, das steigert sich beim einzelnen Menschen zum schizoiden Charakter und zur Krankheit »Schizophrenie«.

Der zuletzt erörterte Aspekt – die schizophrene Psychose als Gegenprozeß zur Intellektualisierung unserer Zeit – führt zum Thema dieses Kapitels. Der Gegenprozeß bringt die geschilderte Rückentwicklung mit sich. Wie aber verbindet sich diese Rückentwicklung mit der Tendenz zur Exkarnation? Ist das Thema: Exkarnation und Rückentwicklung, das für alle seelischen Erkrankungen Bedeutung hat, nicht ein Widerspruch? Erzeugt Exkarnation, *Richtung nach dem Tod*, nicht Vorwegnahme statt Rückentwicklung?

In der Tat haben wir solche *Vorwegnahmen* bei allen seelischen Erkrankungen in bestimmten Stadien beobachtet. Der Alterungsprozeß der Zwangskrankheit, das Ausrinnen des Astralleibes bei der kindlichen Hysterie mit einer Vorwegnahme der Pubertät, die Tendenz, den Leib zu verlassen zwischen den Krampfanfällen des Epileptikers, das aus dem Leib verrückte Dasein des schizophrenen Kranken – alles deutet auf ein teilweises Vorwegnehmen späterer Lebensstufen und des Sterbens hin. Auch die Depression wird eine solche Gesetzmäßigkeit erkennen lassen.

Beim Zwangskranken und beim schizophrenen Kranken zeigte schon die asthenische Konstitution mit ihrer Betonung des Nervensystems und ihrer geringen Vitalität Züge des Alters. Bei der Zwangskrankheit selbst liegt ein pathologisches Bestimmtwerden vom vorstellenden und ordnenden Denken vor, wie es in gesunder Form beim alten Menschen gegeben ist. Bei der schizophrenen Psychose sind es oft Erinnerungsvorstellungen, die in krankhafter Weise verarbeitet werden, Seeleninhalte also, die in gesunder Weise das Leben des alten Menschen erfüllen. Das Entsprechende werden wir bei der Depression erleben.

Etwas anderes jedoch sagt uns die *Dynamik* der seelischen Erkrankung. Während sie bei der Zwangskrankheit (und bei der Depression) vorwiegend vom Kopf bestimmt wird und vor allem Vorwegnahme mit sich bringt, wirkt sich bei anderen seelischen Erkrankungen stärker der untere Pol des Organismus und des Seelenlebens aus, der Auflösung schon gebildeter seelischer Strukturen und *Rückentwicklung* erzeugt. Bei der Hysterie des Erwachsenen werden teilweise die Pubertätsjahre wiederholt. Beim schwerkranken Epileptiker fanden wir die »Struktur eines erwachsenen Kindes«, die sich auch erst im

Lauf des Lebens einstellen kann. Die Schizophrenie führte uns in die emotionale Aufgewühltheit und in das Spaltungsgeschehen der Pubertät zurück, u. U. mündet sie in eine zweite krankhafte Kindheit ein, die bei der Therapie erörtert werden soll. In kindlicher Hilfsigkeit kann auch eine schwere Zwangskrankheit oder Depression den Kranken versinken lassen. Die Manie wird uns das Bild einer ausgesprochenen Verjüngung vor Augen führen.

Wie wir sahen, gibt es kein dauerndes Stillstehen der Entwicklung im Lebenslauf, entweder verläuft sie vorwärts oder rückwärts. Sie kann sich aber auch spalten: Einerseits kann es vom Kopf aus weiter vorangehen, andererseits strebt die Seele vom unteren Pol aus zur Jugend zurück. Dasselbe vollzieht sich bei den seelischen Erkrankungen, wobei der Akzent bald mehr auf der einen, bald mehr auf der anderen Tendenz liegt; immer jedoch sind beide Tendenzen vorhanden. Der Tendenz zur Exkarnation gegenüber setzt im teilweise exkarnierten Zustand eine Tendenz zur Rückentwicklung in die Kindheit ein. Besonders bei der Schizophrenie, bei der unsere Überlegungen zum Thema »Exkarnation und Rückentwicklung« ansetzten, finden neue Inkarnationsprozesse im gelockerten Seelenleben statt. Die aus dem alternden Leib aufgestiegenen organischen Kräfte lassen im Seelenleben neue Organe wachsen, mit denen sich das verrückte Ich neu verbindet. Zusammengefaßt kann man sagen: Der Kranke stirbt in eine krankhafte Kindheit zurück.

Man kann sich die Frage stellen, ob dieses Rückwärtsleben, das sich mit dem teilweisen Sterbeprozeß der Psychose verbindet, in Beziehung steht zu dem Rückerleben der nachtodlichen Läuterungszeit, wie sie von STEINER (z. B. in der »Geheimwissenschaft«) geschildert und in religiösen Zusammenhängen als »Fegefeuer« bezeichnet wird. Manche schizophrene Kranke machen in der Tat eine Art Fegefeuer in ihrer Krankheit durch, bei dem, wie nach dem Tod, vergangene, bisher in der Seele bewahrte Erlebnisse neu auf sie zukommen. Diesem Rückerleben liegt die schon erwähnte Umstülpung des Seeleninneren nach außen zugrunde, die nach dem Tod in einer umfassenderen Form eintritt. Im Unterschied zu jener Zeit wird außerdem der teilweise exkarnierte schizophrene Kranke nicht frei vom Leib und kann daher auch nicht zu jenem freien Überblick und jener bewußten Läuterung gelangen, wie sie nach dem Tod durch das Rückerleben möglich wird.

Dieses Rückerleben wird daher beim schizophrenen Kranken zu einem Rückwärtsleben, das nicht wie das Rückerleben für den Aufstieg in die geistige Welt frei macht, sondern nach einer neuen gesunden Inkarnation in der irdischen Welt durch die Heilung der Krankheit verlangt. Die Tendenz zur Rückentwicklung bei der seelischen Erkrankung ist aus der leiblichen Gebundenheit zu verstehen, welche die seelische Erkrankung trotz ihrer exkarnierenden Tendenz beibehält und die sich bei weiterer Lockerung noch steigern kann.

Damit wenden wir uns wieder der schizophrenen Psychose im besonderen zu. Wir stehen vor der Frage nach den Beziehungen dieser Psychose zur übersinnlichen Welt.

SCHIZOPHRENIE UND ÜBERSINNLICHE WELT

Schizophrene Kranke berichten von übersinnlichen Erlebnissen, von Begegnungen mit Dämonen, Engeln, mit Christus. Auch unser Patient schaute, verbunden mit Blitz- und Lichtwahrnehmungen, eine Christusgestalt in den Wolken, die mit Donnerstimme zu ihm sprach. Man kann in solchen Fällen über die gestaltenden Bildekräfte hinaus an Grundkräfte des Ätherleibes denken, die Erinnerungen und innere Erlebnisse des Kranken zu leuchtenden und tönenden Erscheinungen werden lassen. Als *Lichtäther* wird eine solche Kraft von den Nieren aus frei. STEINER sprach in diesem Zusammenhang vom »Nierenleuchten«.[236] Bei jedem Stimmenhören hat man an Kräfte des *Klangäthers* zu denken, die in der Leber ihr Zentrum haben. Deuten somit solche Erlebnisse nur auf das Freiwerden innerleiblicher Kräfte hin, haben sie sonst keine Realität?

Bei übersinnlichen Erlebnissen von schizophrenen Kranken kann man sich fragen: Schimmert hier nicht, anknüpfend an Erinnerungen, etwas von der übersinnlichen Welt hindurch, getrübt, verzerrt durch die Krankheit, aber doch eine geistige Realität andeutend? Man besinnt sich: Ich, Astralleib und Ätherleib des Kranken treten durch die Krankheit doch nicht nur aus dem physischen Leib und der sinnlichen Welt heraus, sie treten zugleich in eine neue Welt, in die übersinnliche Welt ein. Diese Welt ist aber im Grunde nichts Neues für sie. Ein weiterer Aspekt für unsere Untersuchung tut sich auf: Durch seinen Ätherleib gehört der Mensch einer ätherischen, durch seinen Astralleib einer seelischen, durch sein Ich einer geistigen Welt an; mit diesen Welten bleiben die Wesensglieder das ganze Leben hindurch verbunden. Solange sie, noch nicht zu sich geboren, innerhalb des physischen Leibes tätig sind, ist die Verbindung viel unmittelbarer als später, wo die Wesensglieder mehr dem individuellen seelischen Leben dienen und eine neue bewußte Beziehung zu den übersinnlichen Welten erst wieder geschaffen werden kann. Etwas von dieser Unmittelbarkeit wiederholt sich in der Psychose, bei der die organisch tätigen Kräfte der Wesensglieder die ursprüngliche Verbindung zu den übersinnlichen Welten in der Seele wieder aufleben lassen. Da jedoch dieses Aufleben in einer inzwischen bewußt gewordenen Seele stattfindet, steigt nun manches von dem ins Licht des Bewußtseins, was früher unterbewußt auf das Leben des Kindes eingewirkt hatte. Infolge der seelischen Krankheit geschieht dies in chaotischer Form.

STEINER berichtet von sogenannten Geistesgestörten, die während ihrer Krankheit nur Unsinniges von sich gaben. Nach ihrer Genesung erzählten sie dann von Wahrnehmungen aus der geistigen Welt, wobei sie auch wieder manches Unsinnige sagten, »aber auch viel Richtiges«. Nachdem sie wieder ihr Gehirn gebrauchen konnten, hätten sie von dem berichtet, was ihr entrückter Geist während der Krankheit in der geistigen Welt erlebt hatte.[207]

Eine solche Situation kommt auch bei schizophrenen Kranken vor. Bei anderen schizophrenen Kranken, wie bei unserem Patienten, hat man den Eindruck, daß sie schon während ihrer Krankheit etwas von ihren übersinnlichen Erlebnissen ins Bewußtsein hereinbringen. Was bei anderen erst am Ende ihrer Krankheit auftritt, das leuchtet schon in den Zwischenzeiten bei ihnen auf. Allerdings vollzieht sich dies meist in krankhafter Form, wenn es nicht gelingt, der Krankheit eine gesunde, objektiv gültige Form abzuringen, wie es HÖLDERLIN auf der künstlerischen Ebene eine Zeitlang möglich war.

Auch in der Psychose kann also der Mensch die Schwelle zur übersinnlichen Welt überschreiten, indem, wie bei der geistigen Schulung, die Verbindung zum Leib teilweise gelöst wird. Auf ein solches Überschreiten der Schwelle durch den seelisch Kranken weist in der letzten Zeit der englische Psychiater R. LAING hin. »Gewisse transzendentale Erfahrungen scheinen mir Ursprung aller Religionen zu sein. Manche Psychotiker haben transzendentale Erfahrungen.« Der Verrückte »kann erleuchtet sein vom Licht anderer Welten. Es kann ihn ausbrennen«. LAING stellt die Frage: »Ist das überhaupt noch krank zu nennen, was uns Schizophrene von ihrer ›Reise‹ ins Übersinnliche berichten? Ist diese Reise nicht ein ›natürlicher Weg‹ zur Heilung aus unserem schrecklichen Zustand der Entfremdung, ... den wir ›Normalität‹ nennen?« Der Verrückte, erleuchtet vom »Licht anderer Welten« begegnet »Dämonen und Geistern«, von denen er uns Kunde gibt.[259]

LAING erlebt, wie in der heutigen Zeit übersinnliche Welten in die irdische Welt herein schimmern, Welten, die der heutige Mensch nicht mehr nur glauben, sondern erfahren will. Der schizophrene Kranke kann nach LAING dem Psychiater Erfahrungen aus jenen Welten vermitteln. Das erscheint nach dem oben Ausgeführten mit Einschränkungen möglich, hilft jedoch auf die Dauer weder dem Psychiater noch seinem Patienten. Der Psychiater kann durch den Kranken aufmerksam auf das Übersinnliche werden, der Kranke fühlt sich anders oder überhaupt erst verstanden, wenn er eine positive Einstellung des Arztes zur Welt des Übersinnlichen erlebt. Dann jedoch will er in der richtigen Art von ihm geheilt, d. h. nicht einfach nur von seiner übersinnlichen Welt abgeschnitten und in eine genormte, ihm wesensfremde Gesundheit eingemauert werden. LAING stellt deshalb auch die Forderung nach einer anderen Art der Behandlung, als sie heute üblich ist.

Eine solche Behandlung, welche die seelisch-geistige Entwicklung des Kranken mit einbezieht und ihm auch bei den »stürmischen Passagen« seiner Reise in übersinnliche Welten folgen kann, ist aber nur möglich, wenn aus einem gesunden Schwellenübertritt Erkenntnis und Kraft geschöpft wird. Rudolf STEINER hat einen solchen Schwellenübertritt vollzogen und den Weg gewiesen, der zu ihm führt. Bevor – im letzten Kapitel – darauf eingegangen wird, muß jedoch der grundlegende Unterschied zum krankhaften Überschreiten der Schwelle ins Auge gefaßt werden.

Der *Schwellenübertritt durch den Schulungsweg* wurzelt in erhöhter seelischer Gesundheit, in einer Steigerung der Aktivität und der Urteilskraft. Die Voraussetzung für den *psychotischen Schwellenübertritt* ist dagegen seelische Krankheit, deren verzerrte, übersinnliche Erlebnisse über eine passive Seele hereinbrechen, ohne mehr vom Ich überblickt und beurteilt zu werden. Das wird am Unterschied, wie er zwischen einer *Halluzination* und einer *Imagination* besteht, besonders deutlich. (Zur Imagination vergleiche ferner das letzte Kapitel.) STEINER faßt den

Unterschied in folgenden Sätzen zusammen: »Wenn der Leib als Leib vorstellt: Halluzination. Wenn der Geist als Geist vorstellt: Imagination.« Auch die Imagination verdanken wir der Tätigkeit unseres Ätherleibes. Das unbewußt bleibende imaginative Leben baut den Leib auf. »Die Entwicklung zum höheren Schauen beruht darauf, daß wir uns partiell ... diesem Arbeiten am physischen Leib entziehen und daß wir dasjenige, was sonst im physischen Leib unten kocht und brodelt, heraufbringen in das Bewußtsein.«[251a]

Die Bildekräfte des Ätherleibes tragen so zur Bildung der seelisch-geistigen Organe bei, welche die *Imagination* hervorbringen. Ein Teil der Kräfte, mit denen die Seele (mittels der Kräfte des Ätherleibes) während des Schlafes den Leib neu aufbaut, wird für den Aufbau der neuen geistigen Organe verwendet.[251b] Man kann diese Organe mit jenen Vorstellungskomplexen vergleichen, die sich im kranken Seelenleben zu Organen der Halluzination und des Wahns ausgestalten. Dabei gelangt man zu folgender Unterscheidung: Die Bildekräfte, die am Aufbau der geistigen Organe beteiligt sind, stammen nicht – wie die Bildekräfte der krankhaften Organe – aus einem krankhaften Ausfließen im physischen Bereich. Sie entspringen einer Steigerung der gesunden Verwandlungsprozesse, die, vom Ätherleib zur Seele verlaufend, sonst dem Denken dienen. Die unvollkommene Metamorphose bei der Psychose, die sich vollzieht, wenn leibliche Bildekräfte im seelischen Bereich bildend wirken, wandelt sich bei der imaginativen Tätigkeit zur vollkommensten Metamorphose, durch welche die Lebens-Bildekräfte nicht nur im denkenden Bewußtsein ersterben, sondern ihre Auferstehung in einem erweiterten Bewußtsein erfahren. Durch die dort entstehenden »ätherischen Wahrbilder«[260] offenbart sich nicht der Leib, sondern der Geist.

Aber auch nun, wo sich das Denken zum Schauen steigert, muß sich der Geistesschüler stets bewußt sein, daß er noch nicht die Wirklichkeit, sondern nur Bilder von ihr vor sich hat. Ein solches Bewußtsein jedoch setzt eine Steigerung der Urteilskraft voraus, ebenso wie die neue Verwandlung der Bildekräfte eine Steigerung der Aktivität. Beides liegt für den seelisch Kranken nicht im Bereich seiner Möglichkeiten.

Aus dieser Entstehungsgeschichte wird das Hauptmerkmal verständlich, durch das sich die Halluzination von der Imagination unterscheidet. Die Halluzination, vom Leib geschaffen, hat den schon erwähnten Charakter der mehr oder weniger starken *Leibhaftigkeit*, die Imagination, vom Geist erzeugt, hat ihn nicht. Für jedes geistige Schauen gilt, was STEINER ausführte, als er die »Farben« der vom Geistesforscher geschauten »Aura« des Menschen beschrieb. »Wenn die hellsichtige Erkenntnis davon spricht: Ich sehe rot, so bedeutet dies: Ich habe im Seelisch-Geistigen ein Erlebnis, welches gleichkommt dem physischen Erlebnis beim Eindruck der roten Farbe.«[261] Diese Feststellung betrifft auch alle anderen Inhalte geistiger Schau, die eben nicht, wie die Halluzination, leibhaftig, sondern geistig-wesenhaft wahrgenommen werden. Auch darüber kann sich der Kranke naturgemäß kein Urteil bilden.

Nach dem Erringen eines übersinnlichen Erlebnisses wendet sich der Geistesschüler wieder voll dem irdischen Leben zu, dem er sich – ganz anders als der psychotisch Kranke – tief verpflichtet weiß. Dabei bringt er – wieder im Gegensatz zum Kranken – aus dem Kosmos neue aufbauende Kräfte mit, die ihm und der Welt zugute kommen.

So ergibt sich ein letzter Unterschied im *sozialen Bereich*. Der gesunde Schwellenübertritt pflegt für das eigene Leben und für die Welt fruchtbar zu werden. Im Gegensatz dazu erzeugt der Schwellenübertritt durch die Psychose Störungen im eigenen Leben und in der Welt, die in schweren Fällen zu einer Ausschaltung aus allen sozialen Zusammenhängen des Erwachsenen und zur krankhaften, chaotischen Wiederholung der Jugend- und Kindheitssituation führen. Jeder Schwellenübertritt durch eine Psychose ist zunächst mit einem Rückschritt in der seelisch-geistigen Entwicklung verbunden, ein Rückschritt, der nur in Ausnahmefällen durch den Kranken selbst in einen Fortschritt umgewandelt werden kann. Fr. HUSEMANN hat einen solchen Fall geschildert, der bis zu der Frage: Schizophrenie oder Einweihung? führte.[262] Die meisten Kranken, bei denen diese Umwandlung möglich wird, bedürfen dafür der Hilfe des Therapeuten (vgl. das Therapie-Kapitel).

Schon durch eine gesunde Seelenentwicklung werden Seele und Ich immer freier vom physischen Leib. Das gipfelt im geistigen Schulungsweg, durch den sich der Mensch zeitweise aus dem Leib in die geistige Welt erhebt. In der Psychose wird die Seele mit dem Ich durch die Krankheit aus dem Leib herausgehoben. Und dabei wird sie nicht wirklich frei vom Leib, sondern von leiblichen Kräften verfolgt und durchdrungen. Insbesondere die schizophrene Psychose kann so auch als das krankhafte Gegenbild zur gesunden Seelenentwicklung, in gesteigertem

Maß zum geistigen Schulungsweg angesehen werden. Gelingt es dem Menschen, einen solchen Schulungsweg, der die Seelenentwicklung intensiviert und weiterführt, auch nur anfänglich zu gehen, so tut er damit auch etwas Wesentliches für die *Vorbeugung* schizophrener Psychosen. Ihre *Behandlung* dagegen hat auf andere Art zu erfolgen. Dafür soll das nächste Kapitel Hinweise geben.[263]

ZUR THERAPIE

Wie bei der Epilepsie, so bedeutet auch hier die *medikamentöse und heileurythmische Therapie* der anthroposophischen Medizin die wesentlichste Hilfe. Was die heileurythmische Behandlung betrifft, so sei auf das Kapitel »Künstlerische Therapie« verwiesen, wo sich die als Beispiele geschilderten Lautübungen A und B vor allem auf die schizophrene Psychose beziehen.

Für die *Psychopharmaka*, die hauptsächlichen Medikamente der heute üblichen Therapie, gilt im Prinzip dasselbe wie für die antiepileptischen Medikamente. Auch die Psychopharmaka wirken nur auf die Symptome, nicht auf die Krankheit selbst, die »unter der Decke« weitergehen und wieder hervorbrechen kann, wenn die Medikamente weggelassen werden. Zugleich besteht die Gefahr, daß der Krankheitsprozeß durch das Unterdrücken der Symptome (wie Halluzinationen und Wahnideen) in eine leichtere, aber chronisch werdende Form übergehen kann. Es sind aber auch echte Heilungen unter Anwendung von Psychopharmaka beobachtet worden. Offenbar waren in solchen Fällen die Selbstheilungskräfte stark genug, um sich nach der Beseitigung von Krankheitssymptomen gegenüber dem Krankheitsprozeß durchzusetzen.

Die meisten schizophrenen Kranken werden durch Psychopharmaka ruhiger, entspannter, angepaßter, zugleich jedoch auch unproduktiver. Sie reagieren weniger fein und lebhaft, nach längerem Gebrauch werden sie stumpf und apathisch. Eine öfter schon geäußerte Empfindung von differenzierten Kranken, die Psychopharmaka erhielten, kann in diesem Rahmen die Wirkung zusammenfassen: Man fühlt sich seelisch wie »eingemauert«. Störungen im Bereich des Blutes, der Leber, des Gehirns und des Herzens, wie man sie manchmal als »Nebenwirkungen« von Psychopharmaka feststellt, liegen dieser seelischen Beeinträchtigung zugrunde.

Die Empfindung des Eingemauertseins deutet jedoch auch

auf einen bedingt positiven Aspekt dieser Medikamente hin, die heute in der anthroposophisch orientierten Psychiatrie bei schwereren Krankheitsfällen noch nicht entbehrt werden können. Zum Vergleich: Bei drohender Einschmelzung der Wirbelsäule durch eine Knochentuberkulose kann die zeitweilige Ruhigstellung der Wirbelsäule mittels einer Gipsschale notwendig werden, um einen nicht rückgängig zu machenden Schaden des Rückenmarks zu verhindern. Bei rasch oder heftig verlaufenden Psychosen kann dementsprechend eine seelische Einmauerung nötig sein, da hier eine unter Umständen nicht mehr rückbildungsfähige Auflösung seelischer Strukturen droht, welche die langsamer wirkenden Medikamente der anthroposophisch orientierten Medizin bisher allein nicht verhindern konnten. Wenn irgend möglich, sollten jedoch die Psychopharmaka (wie die Gipsschale) nur der Überbrückung einer kürzeren oder längeren Notzeit dienen. Durch die Kombination mit der eigentlichen Therapie (die ja auch während einer Ruhigstellung der Wirbelsäule schon läuft) ist es wieder möglich, in den meisten Fällen mit kleineren Dosen auszukommen. Schwerere chronische Schizophrenien mit guter Besserung brauchten bisher solche kleineren und kleinsten Dosen oft lange Zeit, um sich im Leben halten zu können.

Bei diesen kleinen Dosen überwiegt wieder der Nutzen den Schaden, den die Psychopharmaka auf der anderen Seite sicher mit sich bringen. Von grundlegender Bedeutung ist, daß man weiß, was man tut, wenn man Psychopharmaka verordnet – und daß man zu keinem Zeitpunkt durch diese rasch, aber kurzschlüssig wirkende, seelisch lähmende »Therapie« selber erlahmt bei der Weiterentwicklung seiner therapeutischen Initiativen.

Die im allgemeinen Teil erwähnten Hilfen psychiatrischer Therapie durch massive Anwendungen und durch Arbeitstherapie sind bei der Schizophrenie-Behandlung besonders wichtig, in schwereren Fällen unentbehrlich.

Innerhalb der *künstlerischen Therapie* steht das *Plastizieren* an erster Stelle bei allen jenen Krankheitsfällen, bei denen im körperlichen oder im seelischen Gebiet Auflösung und Chaotisierung betont sind. Noch wichtiger als bei der Hysterie ist es hier, die »Abdichtung« der Organe durch entsprechendes Plastizieren und Töpfern zu fördern. Durch das *Malen* wird das geschwächte, erstarrte Empfindungsleben angeregt, doch muß man auch hier aus der fließenden Farbe oft stark in die Form gehen, um nicht einer neuen körperlichen und seelischen Auflösung Vorschub zu leisten. Eine spezifische Wirkung hat beim schizophrenen Kranken die *Musik* insofern, als er durch sie erfahren kann: da ist strengste mathematische Gesetzmäßigkeit, die ich durch den Verstand feststelle, ganz harmonisch mit dem unmittelbaren gefühlshaften Erleben verbunden. Der Kranke spürt und gewinnt durch Musik etwas von der Einheit, die ihm schon in der Kindheit verlorenging. Bei den therapeutischen Übungen kann man von der Dissonanz ausgehen, die dem seelischen Zustand des Kranken entspricht, und zur Konsonanz überleiten. Die Spaltung zwischen sich und der Welt lernt der Kranke am meisten durch die therapeutisch geübte *Sprache* zu überwinden.

Das Prinzipielle zur *geistigen* Therapie wurde in dem entsprechenden Kapitel des allgemeinen Teiles bereits dargestellt. Die dort empfohlene Vorsicht bei der Vermittlung von geistigen Inhalten betrifft vor allem schizophrene Kranke. Dasselbe gilt für die indirekte geistige Therapie: die Wirkung des geistigen Bildes, das der Therapeut vom schizophrenen Kranken in sich trägt und pflegt, ist am stärksten bei der schizophrenen Psychose. Wird das Ich des Kranken wieder direkt ansprechbar, so können mit aller Vorsicht auch geistige Inhalte vermittelt werden.

Der geheilte Kranke läßt mitunter ein unmittelbareres Verhältnis zum Geistigen erkennen als andere Menschen. Nach einem überwundenen Wahn kann ein um so stärkeres Organ für die Wahrheit sich in ihm bilden. Etwas vom Sinn der Krankheit zeichnet sich ab.

Wieder bestätigt sich hier die Schulung, die dem Therapeuten zuteil wird, wenn er sich intensiv mit der Gesetzmäßigkeit des Lebenslaufes beschäftigt. Man lernt z. B. erkennen: Bei diesem schizophrenen Kranken liegt eine teilweise Rückentwicklung in das Jahrsiebt 14–21 vor. Man wird bei ihm mit geistigen Inhalten vorsichtig sein, da das Ich nicht voll anwesend ist, entsprechend der Situation im Jahrsiebt 14–21. Man kann aber an das ringende *Urteil* des Kranken appellieren, z. B. einen Wahn mit ihm durchsprechen.

Liegt eine Rückentwicklung in das Jahrsiebt 7–14 vor, so ist der Weg des logischen Urteilens nicht mehr gangbar. »Besonders in früher Jugend« kann nach STEINER bei solchen Kranken die wiederholte Konfrontation mit der Realität mithelfen.[264]

Man kann einem solchen Kranken etwa einen vermeintlichen Verfolger gegenüberstellen, der ihm nachweist, daß er ihn zu dieser Zeit gar nicht verfolgen konnte, weil er verreist war. Dergleichen kann zusätzlich in autoritativer Form vermittelt werden, wie überhaupt die hier angebrachte (liebevolle) *Autorität* des Therapeuten wesentlich mithelfen kann. In diesem Stadium seiner Krankheit sehnt sich der Kranke manchmal nach einer solchen Autorität, besonders, wenn er sie in seiner Kindheit entbehrt hat.

Ist der schizophrene Kranke teilweise in das Stadium der *Nachahmung*, in das erste Jahrsiebt zurückgefallen, indem er z. B. ständig Bewegungen und Worte aus seiner Umgebung wiederholt, so sollte eine familiäre Atmosphäre in seiner Umgebung gepflegt werden, die ihm seelisch zum gesunden Mitschwingen mit der Welt der Erwachsenen anregt. Er sollte etwas von der Nestwärme aufnehmen können, die er in seiner Kindheit entbehrt hat. Auch dabei jedoch sollte man immer im Bewußtsein haben, daß über dieser zweiten, krankhaft verzerrten Kindheit das gesunde Ich dieses kranken Menschen steht als das Ziel, zu dem sich eine neue Entwicklung aus der Krankheit erheben möchte.

Depression und Manie

KRANKHEITSBILD

In die Sprechstunde kommt die Ehefrau eines höheren Beamten, 32 Jahre alt, jedoch älter wirkend. Sie ist von gedrungener, beleibter, aber geformter Statur (pyknischer Körperbau) und hat langsame, mühsam wirkende Bewegungen. Die Mimik ihres rundlichen, schlaffen Gesichtes ist spärlich und hat den Ausdruck schwerer Trauer. Ihr Blick erhebt sich nur schwer, ihre Stimme kommt leise und kraftlos. Ihr Gedankengang ist ebenso schleppend wie ihr Gang. Manchmal verstummt sie während des Sprechens, versinkt in sich und setzt dann fort, indem sie Zwischenglieder im Denken ausläßt. Bisweilen leuchtet ein warmer Blick, ein warmherziges Wort durch die seelische Verfinsterung hindurch, so zum Beispiel, als sie bemerkt, es wäre doch sicher nicht leicht, den ganzen Tag sich soviel Leid anhören zu müssen.

Die Kranke gibt an, wegen Druck am Herzen in die Sprechstunde zu kommen. Das Herz sei mehrmals untersucht worden, und man habe ihr gesagt, es sei organisch gesund, sie solle einen Nervenarzt aufsuchen. Sie habe wohl eine Herzneurose, die vom Seelischen komme. Gefragt, was sie denn seelisch so bedrücke, antwortet sie noch leiser als vorher, sie komme (seit etwa ½ Jahr) ihren Pflichten als Hausfrau, als Ehefrau, als Mutter nicht mehr nach. Besonders schlimm sei es am Morgen, da habe sie so Angst vor dem Tag und komme kaum mehr aus dem Bett heraus. Tagsüber müsse sie sich zu jeder kleinsten Handlung extra aufraffen. Dabei bleibe immer mehr liegen, was sie nicht mehr schaffe. Ihrem Mann könne sie auch nicht mehr das sein, was er brauche und ihren Kindern auch nicht. Sie komme sich immer nutzloser vor. Es gebe sicher keine so schlechte Hausfrau, wie sie eine sei. Nicht einmal als der Mann energisch wurde, habe sie sich genug Mühe gegeben, um mit ihrer Faulheit fertig zu werden. Im Gegenteil: da sei sie gar nicht mehr aufgestanden.

Die Patientin wird gefragt, ob sie auch schon lebensmüde Gedanken gehabt habe, was zugegeben wird. Die Frage, ob sie auch schon daran gedacht habe, sich etwas anzutun, wird erst nach längerem Zögern bejaht. Ein konkreter Vorsatz jedoch wird verneint, das wäre doch auch unrecht gegenüber ihrer Familie. Dann aber kommt der Nachsatz: Auf die Dauer wäre es aber vielleicht doch für die Familie eine Entlastung, wenn sie nicht mehr da wäre. Sie sei eben ein Versager, sie habe eigentlich immer versagt im Leben, das werde ihr allerdings erst jetzt bewußt. Und das sei doch auch schlimm, daß sie das jetzt erst merke!

Zur *Vorgeschichte* erfährt man, daß die Großmutter Depressionen gehabt habe und mehrmals in einer Nervenklinik aufgenommen werden mußte. Die Großmutter sei aber im Gegensatz zu ihr wirklich krank gewesen.

Ihre Kindheit war offenbar harmonisch. Sie habe immer an ihren Eltern gehangen, sie hätten ein so schönes Familienleben gehabt! Auf entsprechende Fragen erfährt man, daß sie ein stilles Kind, dabei aber gesellig und meist guter Stimmung gewesen sei. Sie war immer etwas schwernehmend veranlagt und wurde mit traurigen Erlebnissen schwer fertig. Nach solchen Erlebnissen war sie tagelang in sich gekehrt und besonders morgens bedrückt, kaum mehr ansprechbar. Aber daran sei sie natürlich selber schuld gewesen. Manchmal wurde sie auch mit freudigen Erlebnissen nicht fertig und mußte lange darüber nachgrübeln. Sie wollte eben immer alles »verstehen«, wissen, wie alles gekommen sei. Wenn so eine Zeit vorüber war, wurde sie wieder heiter, manchmal sogar richtig übermütig. Sie sei dabei ausgesprochen unbesonnen gewesen und habe zuviel Geld ausgegeben, alles sich gekauft, was ihr gerade Freude machte. Darüber machte sie sich später die bittersten Vorwürfe, aber das sei doch sicher berechtigt.

Als sie 18 Jahre alt war, starb ihr Vater durch einen Verkehrsunfall. Das sei schon schlimm gewesen für sie, aber weil sie der Mutter beizustehen hatte, sei sie nach ein paar Wochen darüber weggekommen. (Sie war, wie das Gespräch mit der damals depressiven Mutter ergab, besonders am Morgen ganz verzweifelt, sei jedoch trotzdem eine Zeitlang regelrecht an die Stelle der Mutter getreten und sehr tapfer gewesen.) Schon mit 20 Jahren habe sie geheiratet, einen höheren Beamten im Justizministerium, 15 Jahre älter als sie. Sie fühlte sich seit dem Tod des Vaters so schutzlos, da habe sie »ja« gesagt. Und die Ehe sei auch gut geworden. Daß ihr Mann so in seinem Beruf aufgehe und immer Akten mit nach Hause nehmen müßte, damit habe sie sich abgefunden. Ihre zwei Kinder, die sie mit 21 und 22 Jahren bekam, machten sie dann sehr glücklich. Sie konnte ihnen etwas von dem zurückgeben, was sie selbst als Kind geschenkt bekommen hatte. Aber seitdem die Kinder in die Schule gingen, werde sie nicht mehr so wie früher gebraucht. Das habe sie schon mitgenommen. Und seit damals habe sie auch den Druck am Herzen, wegen dem sie jetzt in die Sprechstunde komme.

Körperlich gibt die Patientin Verdauungsbeschwerden an: Leichtes Völlegefühl nach dem Essen, Unverträglichkeit für fette Speisen, Blähungen und Verstopfung. An Krankheiten ist in unserem Rahmen von Bedeutung eine Gelbsucht im Alter von 24 Jahren. Vorausgegangen seien jahrelang jene Verdauungsbeschwerden, die sie jetzt auch habe. Die seien aber damals viel stärker gewesen, jetzt achte sie kaum mehr darauf.

DER KRANKHEITSPROZESS

Bei unserer Patientin liegt eine gewisse *erbliche Belastung* vor, wie man dies nicht selten bei solchen Depressionen feststellt. In der Umwelt finden wir zunächst keine krankmachenden Faktoren, das Familienleben verläuft harmonisch. Schwierigkeiten kommen von innen durch die Veranlagung zum Schwerneh-

241

men. Auch leichter wiegende, ja sogar freudige Erlebnisse werden schwergenommen. Sie sinken unter und tauchen wieder auf, Fremdkörper im unterbewußten, dann im bewußten Seelenleben, die nicht recht verarbeitet, »verdaut« werden können. Die Patientin möchte alle Erlebnisse »verstehen«, bevor sie vergessen werden, und hat es schwer damit. Aus der Überempfindlichkeit des zwangshaften und hysterischen Kranken den Umwelteindrücken gegenüber, die sich schon beim Schizophrenen nach innen verlagert hatte, ist das innerliche Schwernehmen von Erlebnissen geworden. Mit dem In-sich-Gekehrtsein verbindet sich hier eine zeitweise Unempfindlichkeit der Umwelt gegenüber, wie wir sie in gesteigerter Form bei der Epilepsie kennengelernt haben.

Es entwickeln sich erste depressive Verstimmungen mit Traurigkeit, die auf bestimmte Erlebnisse folgen. Sie klingen aus: entweder in die Mittellage eines ausgeglichenen, gemüthaften Erlebens oder in eine (bei unserer Patientin allerdings nur angedeutete) gegenteilige Stimmungslage, die man in diesem Fall als *hypomanische*, d. h. als leicht manische Schwankung bezeichnen würde. (Wie das Gespräch mit der Mutter ergibt, übertreibt die Patientin, wenn sie sich dabei aus »ausgesprochen unbesonnen« bezeichnet.) Im Gegensatz zur eigentlichen Manie (vgl. unten) handelt es sich um einen längerdauernden leichten Übermut, in den die Schwermut sich aufgelöst hat.

In einem gewissen Ausmaß gehört die Trauer zum gesunden menschlichen Leben dazu. Wir haben durch das Traurig-Werden die Möglichkeit, wieder zu uns zu kommen, wenn wir vielleicht eine Zeitlang zu oberflächlich dahingelebt haben. Wir bekommen die Möglichkeit zur Besinnung, zur Erringung neuer Erkenntnisse, aber auch neuer Willenskräfte, indem wir die Trauer überwinden. Und so wie die Schwermut zu uns gehört, so auch zu gewissen Zeiten der Übermut. Zwischen Schwermut und Übermut führt der Weg unserer Verstandes-Gemüts-Seelenentwicklung.

Menschen, die besonders zu solchen Gemütsschwankungen neigen, nennt man in der modernen Psychiatrie im Gegensatz zum schizoiden Charakter *cycloid* oder *cyclothym*, wobei die Silbe »thym« auf das Gemüt (griechisch: Thymós) hindeutet, das »cyclischen« Schwankungen unterliegt. Man erlebt im Unterschied zum Luftelement, das die Erregungsstürme des schizophrenen Seelenlebens entfesselt, das wäßrige Element als seelenbildend. Dieses Element tendiert nicht zur seelischen

Auflösung wie das Luftelement, sondern zu Schwankungen im Seelenleben, zu sogenannten Phasen, die wieder zur Mittellage zurückkehren wie die Wellen des Wassers.

Organisch haben wir darin schon einen Hinweis auf das Zentralorgan des Wasserorganismus, auf die Leber. Wird die Grundlage des Seelenlebens von hier aus gebildet, so entsteht das *phlegmatische Temperament* des Lebermenschen, bei dem das langsame In-sich-Kreisen des Wasserorganismus zum seelischen, bedächtigen In-sich-Bewegen wird. Im Hinblick auf die Wesensglieder sind wir damit im Bereich des *Ätherleibes*, in dem Temperament und Stimmung der Seele ihre Grundlage haben. Wie wir schon sahen, entsteht die *Verstandes-Gemüts-Seele* durch eine Verwandlung in diesem Bereich.

Jene Seele erleben wir auch bei unserer Patientin. Die Tendenz zum Verarbeiten durch den Verstand, zur Verinnerlichung durch das sinnende Gemüt ist deutlich, doch greift dann die Aktivität des verarbeitenden Ich nicht durch, der Prozeß bleibt im Schwernehmen stecken. Dabei erleben wir das Schwereelement, das nicht mit dem wäßrigen, sondern mit dem festen Element zusammenhängt. Wir beobachten das Abweichen von der Mittellage in jene Richtung, die beim schizophrenen Patienten zur uneinfühlbaren gefühls- und willenlosen Erstarrung führte, die hier jedoch ein ganz andres Bild erzeugt, ein Bild, mit dem unser Gemüt mitschwingen kann.

Das *seelische Bild der Schwermut*, mit der unsere Patientin in die Sprechstunde kommt, wird psychiatrisch durch die Diagnose einer Melancholie oder *endogenen Depression*, d. h. einer von innen erzeugten Depression, umrissen. Nun reagiert die Seele nicht auf ein traurig machendes Erlebnis, nun hat ein solches Erlebnis von außen keine oder höchstens eine auslösende Bedeutung; die Krankheit kommt aus dem Innern der Seele. Die Diagnose »Herzneurose« ist in diesem Stadium unzutreffend, das Geschehen ist von psychotischem Charakter und zieht das Herz in Mitleidenschaft.

Das im allgemeinen Kapitel schon erwähnte seelische Dominieren des Schwereprinzips, das mit dem festen Element zusammenhängt, ist unmittelbar zu erleben. Von der Lunge aus führt es zur Bildung des melancholischen Temperamentes, bei dem die Leber nur mitbeteiligt ist. Von der Leber aus läßt es die Krankheit »Melancholie« entstehen, bei der das melancholische Temperament auf der Ebene der Leber entartet. Nun zieht

Schwere die Glieder, die Gesichtszüge, den Blick, die Gedanken nieder, so daß im Gedankengang nicht mehr alle Schritte vollzogen werden können und Auslassungen von Gedanken und Worten vorkommen. Im Gemüt wird die Schwere zur Schwer-Mut. (»Mut« steht hier für »Gemüt«.)

Die Lähmung im Bewegungsleben geht in bestimmter Richtung. Nicht die Bewegung durch den unwillkürlich eingreifenden Astralleib ist gestört; Emotionen wie Angst können sogar zu beschleunigten Bewegungsreaktionen, innere Erregung kann zu ausgesprochener Bewegungsunruhe führen. Behindert ist die zielvolle, die beabsichtigte (intentionale) Willensbewegung, die vom Ich aus geht. Was die Patientin tun will, das kann sie nicht zur Tat werden lassen, weil zwar nicht die Bewegung ihrer Glieder, wohl aber die Bewegung ihres Willens behindert ist. Bei »bestem Willen« kann sie doch diesen Willen nicht betätigen.

Die *Willenslähmung* oder mindestens eine Hemmung des Willens ist hier das zentrale Symptom, aus dem alle andere Symptome hervorgehen. Diese Lähmung führt zum Gefühl des seelischen Gelähmtseins und der Gehemmtheit; aus der »erlebten Leblosigkeit« der Seele[265] steigt dann die tiefe Trauer, das Gefühl absoluter Nutzlosigkeit auf, wie es unsere Patientin äußerte. Aus der Lähmung des Willens ist auch zu verstehen, warum der drepressive Patient in seiner Vergangenheit stecken bleibt und darüber nachgrübelt, was er alles falsch gemacht hat.

Hat nicht jeder Mensch den Ansatz zu einer solchen Depression in sich? Was entdecken wir denn, wenn wir, unser Verhalten und Handeln beurteilend, in unsere Vergangenheit zurückblicken? Wenn man ehrlich ist: Vieles ist unvollkommen geblieben, manche Fehler liegen vor. Würden wir dabei stehenbleiben, so hätten wir alle Grund, depressiv zu werden. Was bewahrt uns davor? Die Zuversicht, in der Zukunft weiterzukommen, das Unvollkommene vollkommener, die Fehler wieder gutzumachen. Durch den Vorsatz schlagen wir zunächst im Denken den Willensbogen aus der Vergangenheit in die Zukunft, aus unserem die Gegenwart widerspiegelnden Fühlen erhebt sich die Hoffnung, die den Bogen des Willens beschwingt.

Gerade das aber kann der endogen depressive Kranke nicht leisten. Da sein Wille, der ihn in die Zukunft führen, der das Zukünftige verwirklichen sollte, gelähmt ist, hat er keine Beziehung mehr zu seiner Zukunft. Hoffnungslos erlebt er sich in

seiner Vergangenheit gefangen, wo er jede Unvollkommen-
heit, jeden Fehler als endgültig empfindet, von wo aus er die
Zukunft nur als eine Fortsetzung der Vergangenheit, als eine
Wiederholung des Gewordenen mit allen Unvollkommenheiten und Fehlern erleben muß. Da ihm die Zukunft nur neue, nie
zu bewältigende Anforderungen bringen kann, kann er ihr gegenüber nur noch Angst empfinden. So entwickelt der depressive Kranke dem Leben gegenüber die *Lebensangst*. Für sein
Gewissen aber wird jede persönliche Erinnerung aus der Vergangenheit zum *Selbstvorwurf*, der ihm das Herz beschwert.

Aus dieser Situation der Ausweglosigkeit ist auch der manchmal unwiderstehliche Drang zum *Selbstmord* zu verstehen. Er
ist, von hier aus gesehen, der verzweifelte Versuch, das Ende
dieses ziellosen, die Umgebung belastenden Daseins selbst und
jetzt herbeizuführen, die einzige Verwirklichung von Zukunft,
deren sich der Kranke unter Umständen noch fähig fühlt. Aber
auch diese »Zukunft« wird ganz vom Erlebnis der Vergangenheit bestimmt und erweckt keine Hoffnung im Kranken.

DIE MANIE

Die Manie, in die eine depressive Phase umschlagen kann, bildet seelisch das ziemlich genaue Gegenbild zur Depression. Da
sie außerdem viel seltener vorkommt als die Depression, soll sie
in diesem Rahmen nur kurz besprochen werden.

Handelt es sich nicht nur, wie bei unserer Patientin, um eine
hypomanische Nachschwankung, so stehen wir vor folgendem
Bild: Wir haben einen rasch und beschwingt sich bewegenden
Patienten vor uns, der ständig aus jeder Schwere herausstrebt
und statt einer Willenslähmung einen *Willensdrang* erleben
läßt. Statt der dunklen Trauer des Depressiven gewahren wir
das Funkeln seines Willensfeuers im Blick. Dieses Feuer stößt
auch aus seiner Sprache und flammt aus seinem Seelenleben,
ständig drängt aus ihm der Wille zur Verwirklichung.

Durch eine »von unten« *gehobene Stimmung* beschwingt,
entwickelt der Kranke statt Lebensangst die *Lebenssucht*. Er
kann sich gar nicht genug mit dem Leben verbinden, um seine
Willenskräfte durch Handlungen loszuwerden. Handlungen,
bei denen er einem eben auftauchenden Wunsch, einer plötz-
lichen Begierde nachgibt. Während der Depressive keine Zu-
kunftsbeziehung mehr hat, ist der manische Kranke mit seinem
Willensüberschuß einseitig der *Zukunft* ausgeliefert. Dafür hat

er die Beziehung zur Vergangenheit verloren, deren Erfahrungen er im Feuer seines Tatendrangs beiseitefegt. Gegenüber dem alt aussehenden depressiven Kranken erleben wir einen solchen manischen Patienten körperlich und seelisch als verjüngt.[266]

Wir erkennen: Statt der Schwankung in Richtung des festen Elementes bei der Depression hat sich aus der wäßrigen Mitte des Leber-Seelen-Lebens eine Schwankung nach dem Pol des Feuerelementes vollzogen. Aus dem gemütvollen, phlegmatischen Lebertemperament, das auf der einen Seite zur Depression, zur Melancholie neigen kann, ist eine krankhafte Entartung des *cholerischen Temperamentes* mit seinem betonten Willensprozeß geworden. Das kann schließlich in Tobsuchtszuständen kulminieren, zu denen sich wie bei der Schizophrenie die Erregung steigern kann. Beim manischen Patienten kann jedoch auch das sanguinische Temperament des Luftorganismus mitwirken: der manische Kranke erscheint dann auch als »Luftikus«. Das zentrale Element bei ihm ist jedoch stets das Feuerelement seines Willens.

ZUM ORGANISCHEN ASPEKT

Wieder ist Fremdes, aus der Seele allein nicht Verständliches, in das Seelenleben aufgestiegen. Dieses Fremde kommt letzten Endes nicht von innen, sondern von unten, vom physischen Leibe her; das ist auch die Meinung der psychiatrischen Wissenschaft. Sie stellt bei der endogenen Depression, auf die wir uns jetzt wieder konzentrieren wollen (wie auch bei der Manie), eine Reihe von *Stoffwechselstörungen* fest, auf die hier nur hingewiesen werden kann. Sie gipfeln in Stauungen des Wasserorganismus, wo wieder bestimmte Stoffe zurückgehalten werden, ähnlich wie bei der Epilepsie, nur nicht so massiv. Im griechischen Altertum dachte man vor allem an Störungen im Gallenfluß, der auch heute noch gebräuchliche Name für endogene Depression: »*Melancholie*« entstand daraus. (Durch Stauung im Gallenfluß wird die Galle schwarz, griechisch: melás.) Im Gegensatz zum Leberstoffwechsel ist der Gallestoffwechsel bei der endogenen Depression noch weniger untersucht. Doch wurde z. B. ein Zusammenhang zwischen Kummer und einem langsameren Fließen der Galle festgestellt.[267]

Während die heutige Forschung ursächlich wieder an das Gehirn denkt, gewinnt man ein wesentlicheres Verständnis, wenn man hier die *Leber* als ein Instrument des Seelenlebens in Betracht zieht. Als Grundlage für unser Gemütsleben, das durch Eingreifen des verwandelnden Ich in den Ätherleib entsteht, wurde sie uns schon bekannt. Dabei wendet sich die Leber dem Blut und dem Herzen zu, es entsteht durch das Ich die Fähigkeit zur gemüthaften Verarbeitung, bei der »verstanden« werden möchte, wie etwas geworden ist. Mit der Hinwendung der Leber nach unten entsteht der zweite Aspekt: Durch das die Leber durchdringende, in den Darm einmündende Gallensystem wird die Leber zum Organ des Willens, das mittels der Gallentätigkeit den inneren Verbrennungsprozeß des Willensaktes vorbereitet.[268] Durch den Willen bewegen wir aber nicht nur die Glieder, die Worte, die Gedanken, wir bewegen auch etwas im sinnenden Gemüt: das Erlebnis, das verarbeitet werden soll. So schließen sich Gemüt und Wille im Leber-Gallen-System zusammen, und die Bemerkung STEINERs wird verständlich: »Man kann auch nicht ordentlich fühlen, wenn die Leber krank ist«.[207]

Kommt es zu Stauungen im Fließen des Wasserorganismus mit stofflichen Verdichtungen im Lebersystem, im Gallenfluß, so kann das Ich, das den Willensakt in Gang bringen soll, nicht mehr voll in dieses System eingreifen, es entsteht die Willenslähmung, die Gemütskrankheit »Depression«. Die Stauungen urständen im Bereich des Kopfes, dessen einseitig wirkende lähmende Tendenz diesmal bis in das Innere des (hier voll entwickelten) Stoffwechsels vorgedrungen ist. Gemüt und Wille werden nun an die Vorstellungen des Gewordenen, an das vergangene Leben des Ich gefesselt und können sich selbst aus dieser organischen Bindung zunächst nicht mehr freimachen. Im Gegensatz zu den Vorstellungen der Zwangskrankheit ist hier keine Distanzierung und damit keine Krankheitseinsicht möglich.

Die Frage, wie solche Leber-Galle-Störungen im Leben entstehen, läßt uns von der körperlichen Ebene, in die wir von der seelischen Betrachtung der Depression hinabgestiegen sind, wieder zur seelischen aufsteigen, wo die körperlichen Leberstörungen wesentliche Wurzeln haben. Wir hörten von den unverarbeiteten Kummererlebnissen unserer Patientin, die ihr seelisch, dann aber auch körperlich »schwer im Magen lagen«. Es kam zu Verdauungsstörungen, die vom Magen zur Leber weisen. (Von einem mißgestimmten Menschen sagt man: »Eine Laus ist ihm über die Leber gelaufen.«) Schwere Erlebnisse können – besonders bei entsprechender Veranlagung – das Leberorgan so belasten, daß eine Gelbsucht aus seelischen Ursachen entsteht.[267] Die Fremdkörperwirkung des unverdauten Erlebnisses wirkt über den Ätherleib stauend bis in den Wasserorganismus der Leber. Das kann sich unter Mitwirkung anderer Faktoren bis zur Entzündung der Leber (Hepatitis) und bis zur Gallensteinbildung steigern.

Ist eine solche Organkrankheit in ein leichteres, chronisches Stadium eingetreten, oder waren von vorn herein nur leichtere Organstörungen entstanden, so kann sich bei einem kleinen Teil der Betroffenen die geschilderte Rückwirkung vom Organ auf das Seelenleben einstellen. Die Leber »gewöhnt sich an das unordentliche Hineinwirken des astralischen Leibes« (der die unverarbeiteten Erlebnisse in die Leber trägt). »Das braucht dann nur lange genug fortzuschreiten, und es macht den umgekehrten Weg in das Seelische hinein, das, was die Leber aufnehmen sollte ins Physische, schiebt sie an das Seelische, und wir haben die Depression.«[133] Mit den leichten Stauungen des Leberstoffwechsels dringt die Schwere in das Seelenleben und führt zur schweren seelischen Lähmung der endogenen Depression. Daß auch hier eine Stauung zugrunde liegt, zeigt die »Entladung« der *manischen Phase*, die in selteneren Fällen statt einer gesunden Auflösung der Stauung eintritt. Von einer solchen Entladung spricht STEINER bei hysterischen Kindern, die sich aus ihrem Wundsein in einen depressiven Zustand zurückgezogen haben. Dabei handelt es sich also nicht um die von innen kommende, endogene Depression des Erwachsenen. In beiden Fällen führt jedoch die Entladung zu einem »manischen Zustand«.[39] (Über die teilweise Umkehr der Stoffwechselstörungen bei Manie vgl. Anmerkung 43.)

Die Frage, warum sich die leichter gewordenen Störungen seelisch so schwer auswirken und warum nur ein kleiner Teil der heute so häufigen Leberstörungen eine endogene Depression nach sich zieht, bekommt eine erste Antwort durch die *Disposition* des Kranken. Viele endogene Depressive haben in ihrer Vorgeschichte das geschilderte *Schwernehmen*, bei dem das Schwereprinzip des Körpers schon vor der seelischen Erkrankung aus der Leber charakterbildend in das Seelenleben aufgestiegen ist. Nimmt man den lebendigen Zusammenhang des Körpers mit der Seele ernst und erweitert man den Dispositionsbegriff, so kommt man zu folgender Vorstellung: Ein schwernehmendes Seelenleben nimmt nicht nur das schwer, was es im Erleben von der Welt aufnimmt (und was dann die Leber belastet), es nimmt auch schwer, was an leichteren Störungen aus der Leber in seinen Bereich eintritt. Aus dem seelischen Schwernehmen entsteht so über die Leber die endogene Schwermut. Bei anderen Menschen ohne eine solche Veranlagung stellt sich, wenn überhaupt eine Auswirkung leichter Leberstörungen in der Seele stattfindet, nur die schon erwähnte, anscheinend grundlose Mißstimmung ein, die wir nun auch von hier aus als den Ansatz zur endogenen Depression auffassen können.

Die endogene Mißstimmung bevorzugt den Morgen, besonders die Zeit nach dem Erwachen. In dieser Zeit pflegt auch – subjektiv und objektiv – die endogene Depression am schwersten zu sein. Diese charakteristische *Tagesschwankung* der endogenen Depression weist nochmals auf den Zusammenhang mit der *Leber* hin. Die morgendliche Verschlimmerung wird in vielen Fällen eingeleitet durch ein schmerzliches Aufwachen gegen 3 Uhr morgens, das den Kranken nicht mehr recht einschlafen läßt. Von hier aus ergibt sich eine Umnachtung des Gemütes, die sich, wurzelnd in der Willenslähmung, bis weit in den Tag hinein erstreckt und manchmal erst am Abend einer seelischen Aufhellung und Aktivierung Platz macht. Die seelische Umnachtung geht aus einer körperlichen hervor. Die Stoffwechselbefunde bei der endogenen Depression sprechen dafür, daß sich die Nachtphase des Organismus teilweise über den Tag erstreckt, indem das Stocken der Absonderungen, während der Nacht normal, sich in den Tag hinein fortsetzt. Was in der Nacht Ruhe und Regeneration für die Leber bedeutet hatte, das wird am Tag Stauung und Lähmung, in die schmerzhaft der neue Abbau, die neuen Erlebnisse des Tages hineinwirken.

Um 3 Uhr morgens sollten bei jedem Menschen seine Absonderungen wieder in Gang kommen, bzw. sich verstärken. Langsam setzt hier schon der Aufwachprozeß ein, der dann auch den Schlaf oberflächlicher werden läßt. Ich und Astralleib, die sich nachts vom Leib gelöst hatten, ziehen von 3 Uhr morgens an langsam wieder in den Leib ein, d. h. zunächst durch die Glieder in den Stoffwechsel, wo sie u. a. in der Leber die Absonderungen in Gang bringen und den Menschen nach dem vollständigen Erwachen willenshaft mit der Welt verbinden.[269] Treffen sie im Stoffwechsel auf ein Hindernis: auf die gestaute Leber, so wird aus dem langsamen ein plötzliches Erwachen. Handelt es sich um eine körperliche Leberkrankheit, so kann der Kranke mit Leberschmerzen aufwachen; bei den feineren Leberstörungen der endogenen Depression stellt sich dafür ein seelischer Schmerz ein.

Nach diesem krankhaften Erwachen bleiben dann Ich und Astralleib mehr oder weniger im Lebersystem stecken, wo sie unter Umständen den ganzen Tag hindurch mit dem Hindernis ringen und oft erst abends einigermaßen damit fertig werden. Ähnlich wie bei der Epilepsie ist die Durchdringung des Organs erschwert, doch bleiben Ich und Astralleib dabei nicht so tief im Organ gefangen und ringen auch nicht so körperlich mit dem Hindernis wie der Epileptiker durch den Krampfanfall. Die Umnachtung reicht beim Depressiven nicht wie beim Epileptiker bis in das sich trübende Bewußtsein hinauf, sondern bleibt in der Willenssphäre, von wo aus sie ihre Schatten in das Gemüt wirft.

Die gute Wirkung eines therapeutisch gehandhabten *Schlafentzugs*, bei dem man den Patienten eine Nacht hindurch wachen und tätig sein läßt, kann von hier aus einleuchten. Man engagiert das Ich weiter in der günstigeren Abendphase, was auch dem Leberstoffwechsel einen Anstoß geben kann.

DIE KRANKHEIT IM LEBENSLAUF

Der Unterschied zur Situation bei der Epilepsie wird noch deutlicher durch die Stellung der Krankheit im Lebenslauf. Die endogene Depression hat zwar Vorstadien in kindlichen Formen; besonders in den Verstimmungen um das 9. Jahr kann eine Veranlagung durch Umwelterlebnisse zum Ausdruck kommen. Sehr selten wird jedoch eine Krankheit daraus, wie sie beim Erwachsenen auftritt. Sie kann von der Pubertät an als solche auftreten, am häufigsten finden sich jedoch die Ersterkrankungen vom 30. Jahr an bis ins hohe Alter hinein. Die meisten Erkrankungen liegen zwischen dem 40. und 50. Jahr. Handelt es sich um ein Abwechseln von Depression und Manie, um eine sog. *Cyklothymie*, so findet man die meisten Erkrankungen zwischen dem 20. und 30. Jahr.[270]

Wir befinden uns damit zunächst in der Vorbereitungszeit

und in der Entwicklungszeit der *Verstandes-Gemüts-Seele*, die mit ihrer Entwicklung manchmal dann das ganze Leben nicht fertig wird. Die Gemütsschwankungen, die Fixierung des Verstandes auf die Vergangenheit und die Umnachtung des Gemütes beim depressiven Kranken zeigen Behinderungen in der Entwicklung seiner Verstandes-Gemüts-Seele an. Und auch dabei wird das *Herz*, durch das sich diese Seele entfaltet, zentral betroffen, nun aber nicht, wie bei der Herzneurose, von rückwirkenden seelischen Herzkräften, sondern vom seelischen Krankheitsprozeß der Depression. Diese Beziehung zum Herzen gehört zum Wesen der endogenen Depression.

Die zentrale Betroffenheit des Herzens äußert sich in der organisch zwingenden Tendenz zu Schuldgefühlen, zu *Selbstvorwürfen*, d. h. zu Vorwürfen, die sich das Selbst, das Ich des Herzens macht. Das kann wahnhafte Ausmaße annehmen: »Ich bin die schlechteste Hausfrau, die es je gegeben hat, ich bin nicht mehr wert zu leben.« Im Mittelalter schlug man sich bei solchen und geringeren Schuldbekenntnissen ans Herz und rief dazu: »Mea culpa, mea maxima culpa!«

Durch das Ergriffenwerden des Herzens kulminiert die Depression, die nun auch das Herz des Nebenmenschen stärker anspricht. (Bei der Manie ist es die Steigerung der Tobsucht, durch die wir die stärkere Mitbeteiligung des Herzens erkennen.) Beim Depressiven tut sich eine neue Quelle von Selbstmordgedanken auf, die besonders gefährlich werden können. Die *Gewissensnot*, aus der sie kommen, weist dabei wieder auf das Organ unseres Gewissens, auf das Herz hin.

Dem Menschen »schlägt das Gewissen«, sagt man. Die Stimme des *Gewissens* ertönt aus dem Herzen, hindurch tönt die Stimme des höheren Ich, das durch das Herz in das Leben des Menschen eingreift. Der endogene depressive Kranke, oft übergewissenhaft veranlagt, hört jetzt durch das Herz nur noch die Stimme seines Erden-Ich, das, vom Geist abgeschnitten, durch die Leber im Leib sich gefesselt fühlend, nur noch zu den peinigenden Erlebnissen der seelischen Erkrankung Stellung nehmen kann.

Das Bild des gefesselten *Prometheus*, dem der Adler des Zeus tagsüber an der Leber frißt und dem sie nachts wieder nachwächst, steigt vor uns auf. Wie Prometheus, der einst in titanischem Übermut dem Menschen aus der Sonne das Feuer zur Erde holte und der nun an einen Felsen des Kaukasus geschmiedet ist, so erlebt sich der Mensch in der Schwermut an

Leib und Erde gefesselt. Jeder Tag bringt ihm neuen Schmerz, über jedem Morgen, früher erfüllt von der Glut seines schöpferischen Tuns, liegt das Dunkel seiner Nacht. Die Sonne seines Ich kann sich kaum mehr vom Horizont seines irdischen Daseins erheben, und ins Unendliche gewachsen erscheinen im niedrig einfallenden Licht die Schatten seiner vergangenen Taten.

Unsere Patientin ist von Haus aus ein warmherziger, mitleidender Mensch, schon ihre Kindheit ist in weiche Gemüthaftigkeit eingetaucht. Sie hat sich auch eine entsprechende Familie ausgesucht, bei der das Gemüt den Ton angibt. Eine solche Veranlagung und Umwelt ist charakteristisch für die Vorgeschichte einer endogenen Depression.

Nach depressiven Verstimmungen trat im 19. Jahr die erste eigentliche Depression auf, die aber ebenso wie die Verstimmungen vorher unmittelbare Reaktion auf ein Erlebnis war, in diesem Fall auf den Tod des geliebten Vaters. Danach vermißte die Patientin noch lange den Vater, der ihr einen unentbehrlichen Halt bedeutet hatte. Trotzdem wurde sie nicht haltlos und ihre Ich-Geburt nicht erkennbar behindert. Es entwickelte sich eine warmfühlende Empfindungsseele, geleitet vom Impuls, der Mutter zu helfen. Im Innern bleibt jedoch ein Anlehnungsbedürfnis des Ich, aus dem heraus die Patientin dann die Ehe mit dem älteren Mann eingeht. Doch kann er ihr den Vater nicht ersetzen, das liegt nicht in seinem Wesen, das liegt aber auch nicht in der seelischen Entwicklung der Patientin selbst.

Zunächst geht sie mit ihrer vollentwickelten, schon von Gemüt durchdrungenen Empfindungsseele in ihren Kindern auf. Sie will ihnen ein ebenso gutes Elternhaus bereiten, wie sie es gehabt hatte. Dann aber, als Ende 20, Anfang 30 die Kinder sie nicht mehr so brauchen und damit diese von außen kommende Hilfe für das Ich zurücktritt, stellt sich die Krise ein. Es kommt zu neurotischen Herzbeschwerden: Die nicht mehr voll in Anspruch genommenen Liebeskräfte der Mutter stauen sich auf das Herz zurück. Die Verstandes-Gemüts-Seele, die von einem innerlich erstarkten Ich gebildet werden sollte, kommt nicht voll zur Entwicklung. Die Gemütskrankheit Depression entwickelt sich, deren neurotisches Vorstadium am Herzen dann zur körperlichen und seelischen Herzsymptomatik der Depression wird.

Dafür ist jedoch noch ein anderes, tieferes Geschehen verantwortlich, ohne das man sich eine Herzneurose als einzige Krankheit wohl vorstellen könnte. Unsere Patientin hat mit 24 Jahren eine Gelbsucht aufgrund einer Hepatitis durchgemacht, welche nicht vollständig ausheilte. (Das zeigen bei ihr außer den Verdauungsbeschwerden auch die entsprechenden körperlichen Untersuchungen.) Diese Lebererkrankung ist zunächst in Verbindung zu bringen mit dem nicht verarbeiteten Schock- und Kummererlebnis, das die Patientin im Alter von 18 Jahren durch den Tod des Vaters hatte. Das Auftreten der Erkrankung drei Jahre nach dem Knotenpunkt des 21. Jahres läßt an sich schon nach dem Zeitpunkt drei Jahre vor dem Knotenpunkt fragen. In diesem Fall bekommen wir als Antwort: Das seelische Erlebnis mit 18 Jahren, die damalige »Organerschütterung« durch das Erlebnis führt, vom Knotenpunkt des 21. Jahres aus gespiegelt, drei Jahre nach dem Knotenpunkt zur Organkrankheit. Auch die seelische Erkrankung, die aus der Organkrankheit entsteht, folgt hier dieser Gesetzmäßigkeit. Sie kommt mit 32 Jahren voll zum Ausbruch, vier Jahre nach dem Knotenpunkt des 28. Jahres, nachdem sich vier Jahre zuvor die Leberentzündung abspielte (vgl. das Kapitel »Ätherleib und Metamorphose«). – Kommen solche Spiegelungen sonst zur Beobachtung, so sind sie nicht immer so deutlich. Auch hier gibt es Schwankungen um einen Richtwert, der den Spiegelungen zugrunde liegt.

Lebenskrise und endogenes Krankheitsgeschehen wirken auf diese Weise bei unserer Patientin zusammen. Die Lebenskrise bringt das zur Erscheinung, was im Innern der Patientin veranlagt ist, der Lebenslauf der Krankheit verbindet sich mit dem Lebenslauf des Menschen. Eine Veranlagung zur Verinnerlichung, zur Ausbildung der Verstandes-Gemüts-Seele war gegeben, doch blieb die Verinnerlichung im Schwernehmen, in einer Schwäche des verarbeitenden Ich stecken. In der Schwermut kam diese seelische Situation vom Körper aus erneut auf die Patientin zu und schien sie ganz zu überwältigen.

Aber jede endogene Depression pflegt – mindestens in diesem Alter – nach Wochen, nach Monaten, selten erst nach Jahren vorüberzugehen. Und danach kann der Kranke eine neue, wertvollere Gesundheit bei sich erleben, wie man dies immer wieder erfahren kann. Im Durchstehen der Krankheit hat sich sein Seelenleben vertieft, er wirkt nun innerlicher, zugleich aber auch aktiver als vor der Krankheit. Das Leber-Gallen-System wird zum Instrument für Ich und Seele. Was in ihnen veranlagt war, ist zur Entwicklung gekommen: aus dem Schwernehmen ist durch die Krankheit ein Tiefnehmen geworden, oder doch wenigstens ein Ansatz dazu. Der *Sinn* der Depression im Lebenslauf leuchtet auf, der auch von dem Psychiater W. SCHULTE gesehen wurde.[265]

FORMEN UND SINN DER DEPRESSION

Schwermut, manchmal abwechselnd mit Übermut, begleitet den Lebenslauf des jugendlichen, des erwachsenen und des alten Menschen. Während des Lebenslaufes entwickeln sich verschiedene *Formen der Depression*, von denen die wichtigsten hier genannt seien. Zunächst ergeben sich zwei Pole: durch die reaktive Depression auf der einen und durch die endogene Depression auf der anderen Seite. Während bei der *reaktiven Depression* die Leber als Instrument des Gemütes mit der erlebenden Seele mitschwingt, muß bei der *endogenen Depression* das Seelenleben mitschwingen mit dem, was krankmachend aus der Leber in dieses Seelenleben aufsteigt.

Durch Mischungen beider Tendenzen entstehen zwischen beiden Polen verschiedene Formen von Depression, bei denen jeweils der andere Pol stärker anklingt. So diagnostiziert man eine *endogene Komponente* reaktiver und eine *reaktive Komponente* endogener Depressionen. Bei ersterer macht die Leber stärker mit, was sich z. B. in einer morgendlichen Verschlimmerung zeigt; bei letzterer haben vorausgegangene Erlebnisse mehr Bedeutung, als dies bei der reinen endogenen Depression der Fall ist. Bei den reaktiven Verstimmungen und bei der reaktiven Depression unserer Patientin hatte schon eine endogene Komponente mitgewirkt. Ein solches Mitwirken wird allgemein immer häufiger beobachtet. Aber auch wenn die endogene Komponente nicht zum Ausdruck kommt, ist bei jeder reaktiven Depression als einer seelischen Erkrankung an eine Beteiligung der Leber zu denken, eine Beteiligung, die stärker ist als das einfache Mitschwingen bei einer traurigen Stimmung.

Spielen neurotische Konflikte eine besondere Rolle, so spricht man von einer *neurotischen Depression*, bei der aber wieder eine endogene Komponente, bei der wieder die Leber mitzuwirken pflegt. Erschöpfung wirkt sich natürlich auch besonders am Zentralorgan unseres Lebens, unseres Lebensleibes aus: die *Erschöpfungsdepression* entsteht, bei der dann die Erschöpfung zur Stauung im Lebersystem führt. Verbirgt sich die Depression hinter körperlichem Leiden, so handelt es sich hier um eine heute häufig vorkommende *larvierte Depression*: bei ihr wird das Steckenbleiben, die Gefangenschaft im Leib mehr durch verschiedene körperliche Beschwerden erlebt; dahinter steckt jedoch die Depression, deren Behandlung dann die Hauptsache ist. Aber auch von anderen Organprozessen aus können im Lauf des Lebens Depressionen entstehen. So kommt es zu depressiven Verstimmungen zur Zeit der Menstruation und der Wechseljahre bis hin zur *klimakterischen Depression*. So kommt es in Verbindung mit körperlichen Abbauvorgängen zur *Depression im Rückbildungsalter*, deren seelischer Aspekt bei den Problemen der Lebensmitte besprochen wurde. Immer aber wird dabei auch die Leber ergriffen, was für die Therapie der verschiedenen Depressionsformen von besonderer Bedeutung ist.

Die *Häufigkeit* der verschiedenen Depressionszustände nimmt ständig zu. Etwa 1 % der Bevölkerung leidet an endogener Depression, ein Vielfaches davon ist jedoch die Zahl aller Depressionsformen zusammengenommen. Man hat festgestellt, daß gegenwärtig jeder 10. Kranke, der einen Arzt (keinen Psychiater) aufsucht, ein depressiver Patient ist, und man rechnet mit 100 bis 150 Millionen Menschen auf der ganzen Welt, die jährlich neu an einer klinisch erkennbaren Depression erkranken.[271]

Es erhebt sich die Frage nach den Ursachen dieser erschütternden Zunahme. Im Rahmen unserer Betrachtung ist in erster Linie an die *menschheitliche Krise* zu denken, die sich in den 20er Jahren vorbereitet und Ende 20 einsetzt. Die Zunahme der Gemütskrankheit »Depression« deutet auf eine Verstärkung dieser Krise, auf zunehmende Entwicklungsstörungen der Verstandes-Gemüts-Seele, die sich, wenn sie nicht überwunden werden können, in Depressionen bis ins hohe Alter manifestieren.

Damit verbindet sich die letzte Frage: Nimmt im Verlauf dieser Krise auch das Schwernehmen zu, das wir ja als eine der Vorbedingungen für das Entstehen einer endogenen Depression kennengelernt haben? Die Frage ist zu verneinen. Man hat viel eher den Eindruck, daß viele Menschen heute vieles zu leicht als zu schwer nehmen, daß die geschilderte *Oberflächlichkeit* der gestörten seelischen Entwicklung die Hauptgefahr darstellt.

In ihrer Auswirkung führt diese Eigenschaft der weiter fest-gehaltenen Empfindungsseele jedoch zum gleichen Ergebnis wie das Schwernehmen, das der kleineren Gruppe von gemüt-haft veranlagten Lebermenschen vorbehalten bleibt. Der ober-flächlich lebende Mensch, der seine Erlebnisse nicht verarbei-ten möchte oder kann, versucht sie rasch an der Oberfläche zu »erledigen«. Das gelingt ihm jedoch nur insofern, als sie die Oberfläche seines Seelenlebens verlassen und in dessen Tiefe absinken. Dort wirken die so verdrängten Erlebnisse ebenso beschwerend oder noch beschwerender als die schwer genom-menen Erlebnisse, deren Verarbeitung nicht gelang. Sie sind einer Speise vergleichbar, die um so schwerer im Magen und auf der Leber liegt, je weniger sie gekaut wurde. Und der Verstim-mung, die später aus der gekränkten Leber in das Seelenleben aufsteigt, ist dann die Seele um so mehr ausgeliefert, je ober-flächlicher und passiver sich ihre Entwicklung gestaltet hat. Die Mehrzahl der Depressionen mit stärkerer Leberbeteiligung dürfte auf diesem Weg entstehen.

Hier leuchtet neben dem individuellen ein menschheitlicher *Sinn* der Menschheitskrankheit »Depression« auf. Wie die als Gegenbild zur geistigen Intellektualisierung Zeit, so steht nun die zur Vertiefung führende Depres als Gegenbild zur see-lischen Oberflächlichkeit vor uns. Auch dieses Gegenbild sollte zur Mahnung werden, es kann aber auch schon die ersten Schritte zur Überwindung der Oberflächlichkeit, zur Entwick-lung der Verstandes- und Gemütsseele anregen und damit man-chem Menschen vielleicht die depressive Erkrankung erspa-ren.

ZUR THERAPIE

Dem bisher ständig wachsenden Millionenheer der depressiven Kranken ist die Gruppe der Ärzte schon zahlenmäßig nicht mehr gewachsen, ganz zu schweigen von der Gruppe der Psych-iater und Psychotherapeuten. Hier besonders ist – bei leichte-ren Krankheitsfällen – jeder Mensch zur Hilfe aufgefordert. In schwereren Fällen allerdings sollte, wenn irgend möglich, ein Arzt zu Rate gezogen werden.

Vor jeder Hilfe oder Mithilfe muß man sich die Frage stellen, was für eine Depression man vor sich hat. Im Vordergrund steht die Unterscheidung zwischen reaktiven und endogenen For-men. Handelt es sich um eine *vorwiegend endogene Depression* (die ganz reine Form ist selten), so muß man in erster Linie mit *Medikamenten* und *Heileurythmie* von Leber und Herz aus behandeln. Auch massivere Anwendungen, wie sie im allgemeinen Kapitel beschrieben werden, sind in schwereren Fällen unerläßlich. (Darunter vor allem Fieberkuren und Wasseranwendungen.)

Psychopharmaka in Form der antidepressiven Medikamente brauchen bei depressiven Patienten nicht in dem Ausmaß eingesetzt zu werden wie bei schizophrenen. Sie bleiben den schweren Fällen mit Nahrungsverweigerung und erheblicher Selbstmordgefahr vorbehalten, bei denen der Leidensdruck und die Unruhe so stark werden können, daß sie der Patient (und die Umgebung) nicht mehr aushalten. In allen anderen Fällen kann der Kranke mit Hilfe der oben erwähnten Therapie durch seine Depression ohne Psychopharmaka hindurch begleitet werden, wobei auch schon eine Abkürzung von depressiven Phasen und eine vorbeugende Wirkung auf künftige Erkrankungen beobachtet werden konnte. Wird die Depression dagegen durch hohe Dosen von Psychopharmaka zugedeckt, so kommt es nicht zu dem geschilderten Gewinn durch die Krankheit. Man kann zwar auf diese Weise auch Phasen abkürzen, doch kann die erträglich gemachte Depression dabei auch chronisch werden.

Bei der *künstlerischen Therapie* ist das *Plastizieren* so zu gestalten, daß die plastizierenden Kräfte des Lebersystems wieder in Fluß kommen. Oft ist hier das *Malen* besser, das unmittelbar auch die Gefühle wieder in Fluß bringt. Die *Musik* wirkt direkt auf die Umnachtung des Gemütes ein, wobei man im allgemeinen mit Moll beginnt und langsam in Dur hinübermoduliert. (Bei Manie umgekehrt.) Nach *Sprachübungen* verlangt schon die leise, kraftlose Stimme des depressiven Kranken, deren Erkraftung eine Anregung seiner wollenden Ichtätigkeit mit sich bringt.

Auch bei der Behandlung der vorwiegend endogenen Depression ist jedoch das richtige *Verhalten* dem depressiven Kranken gegenüber, ist der Zuspruch, den man ihm angedeihen läßt, von großer Bedeutung. Hier werden aus Unkenntnis oder aus Ungeduld heraus manche Fehler gemacht. An den Kranken gerichtete Appelle, er müsse sich nur Mühe geben, er solle sich doch zusammennehmen, nützen nichts und verschlimmern meistens. Der Kranke macht sich danach noch mehr Vorwürfe, als er es vorher schon tat. Denn er kann, wenn er schwe-

257

rer krank ist, ja wirklich nicht das tun, was er tun will. Sein Wille ist ebenso gelähmt wie im körperlichen Gebiet ein Arm gelähmt ist, dessen Nerven sich stark entzündet haben. Wird man einem solchen Kranken sagen, er brauche sich nur Mühe zu geben, dann könne er seinen Arm bewegen? Man wird im Gegenteil den Arm ruhigstellen, damit die Entzündung abklingen kann, danach wird man langsam mit Bewegungsübungen beginnen. So muß man einen schwer depressiven Kranken auch zunächst ruhigstellen, unter Umständen sogar ins Bett stecken, wo er dann behandelt wird. Geht es ihm besser, so wird man ihm kleine Handlungen, geeignete (ernste, nicht heitere) *Lektüre* anbieten und sehen, wie er darauf reagiert. Anordnungen oder Befehle sind immer unangebracht, der Kranke muß ja gerade lernen, seinen eigenen Willen wieder in Gang zu bringen.

Bei schweren Fällen sollte immer der Arzt die Behandlung leiten. Unter Umständen ist, besonders wenn stärkere Selbstmordgefahr vorliegt, die *Einweisung* in die geschlossene Abteilung einer psychiatrischen Klinik notwendig, wo der Kranke vor sich selbst geschützt und intensiver behandelt werden kann. (In dem Stadium, in dem sich unsere Patientin befand, war dies nicht nötig.) In leichteren Fällen ist die Behandlung in der Sprechstunde besser, wobei versucht werden sollte, den Kranken, wenn irgend möglich, bei seiner Arbeit zu halten.

Entscheidend ist hier wieder die liebevolle Autorität des Helfers. Die Verfassung des mehr oder weniger hilflos gewordenen, schwer depressiven Kranken wiederholt teilweise die Situation eines hilfebedürftigen Kindes im 2. Jahrsiebt. Ein Kind in diesem Alter, in dem die Grundlage für die Bildung seiner Gemütsseele gelegt wird, sehnt sich in seinem Innersten ebenso nach einer liebevollen Autorität wie der gemütskranke Erwachsene.

Diese Art von Autorität bestimmt auch den *Zuspruch* dem schwerer Kranken gegenüber. Man kann einem solchen Kranken seine Selbstvorwürfe und Schuldgefühle ebensowenig ausreden wie einem schizophrenen Kranken seine Wahnideen. Mehr hilft es, wenn man in liebevoll-autoritativer Art dem Kranken immer wieder versichert, dieser Zustand werde vorübergehen, ebenso sicher, wie dort die Sonne am Himmel stehe. In diesem Zusammenhang hat sich auch ein solches Bild bewährt, wie es aus Erkenntnisgründen schon entworfen wurde: Die Sonne, die von der Erde aus verfinstert, aber nie von der Verfinsterung erreicht wird. Überhaupt können Bilder,

wie sie im pädagogischen Rahmen für das zweite Jahrsiebt angebracht sind, auch beim schwerkranken Depressiven wirksam
werden.

Wenn es sich um eine *vorwiegend reaktive Depression* handelt,
durch die der Kranke auf ein trauriges Erlebnis reagiert, so steht
der seelische Zuspruch im Vordergrund. Man wird versuchen,
dem Kranken bei der Verarbeitung seines leidvollen Erlebnisses
zu helfen. Wichtig ist, daß man sich zunächst überhaupt die Zeit
nimmt, ihm ruhig zuzuhören. Das Aussprechen, das Schildern
des Erlebnisses bringt allein schon Befreiung und Besserung.
Das gilt auch für das Aussprechen der Selbstmordgedanken,
nach denen man in behutsamer Art bei schwerer Depressiven
immer fragen sollte. Als therapeutische Autorität kann man
sich, wenn die Selbstmordgefahr nicht zu groß ist, das Versprechen geben lassen, sich nichts anzutun. Bei unserer Patientin
konnte man so verfahren, wobei man sie allerdings häufig in der
Sprechstunde sehen mußte. An ein solches Versprechen kann
sich der Kranke bis zu einem gewissen Grad halten. Der Helfer
muß jedoch wissen, daß die Selbstmordgefährdung dann am
größten ist, wenn der Wille sich noch etwas regen kann, oder
wenn er am Anfang einer Besserung sich schon wieder etwas zu
regen beginnt. Unter Umständen hilft da kein Versprechen
mehr.

Manchmal ist es auch möglich, daß man, zusammen mit dem
Kranken, nach dem persönlichen *Sinn* einer verständlich gewordenen Depression sucht. Die Frage taucht auf:»Was kann ich aus
dieser Depression für die Zukunft lernen?« Wie kann ich einer
neuen Depression vorbeugen – durch eine andere Einstellung
meinem Partner gegenüber – durch ein anderes Verhalten mir
selbst gegenüber?

Zur *Vorbeugung* kann mit einer besseren Verarbeitung von
Erlebnissen begonnen werden, wie etwa durch die schon geschilderte *Besinnungsrückschau* am Abend. Bei entsprechend veranlagten Menschen wird damit an das Bedürfnis angeknüpft, alles
»verstehen« zu wollen. Bei einer schweren Depression dagegen,
bei der noch nicht viel empfunden werden kann, wird man besser
mit der abendlichen *Erlebnisrückschau* beginnen. (Was hat mir
am Tag am ehesten schon ein bißchen Freude gemacht?)

Jede Depression ist nicht nur Aufgabe für den Kranken, sie ist
zugleich Aufgabe für den helfen wollenden Nebenmenschen.
Und sie kann auch nicht nur für den Kranken selbst Sinn bekommen. Jeder Mensch, der versucht, einem depressiven Kranken

zu helfen, kann erfahren, daß er selbst dabei lernt, innerlicher zu erleben und in seiner Entwicklung weiterzukommen, es darf dies nur nicht das Ziel seines Helferwillens sein. Versucht er beim Helfen bewußt zum Wesen des anderen Menschen vorzudringen, so empfängt er Impulse auch für die Entwicklung seiner Bewußtseinsseele. Indem er sich um des andern willen bemüht, behält oder gewinnt seine Bewußtseinsseele die Verbindung zum Herzen und erlebt sich im Zentrum eines größeren Heilungsgeschehens.

Zusammenfassung

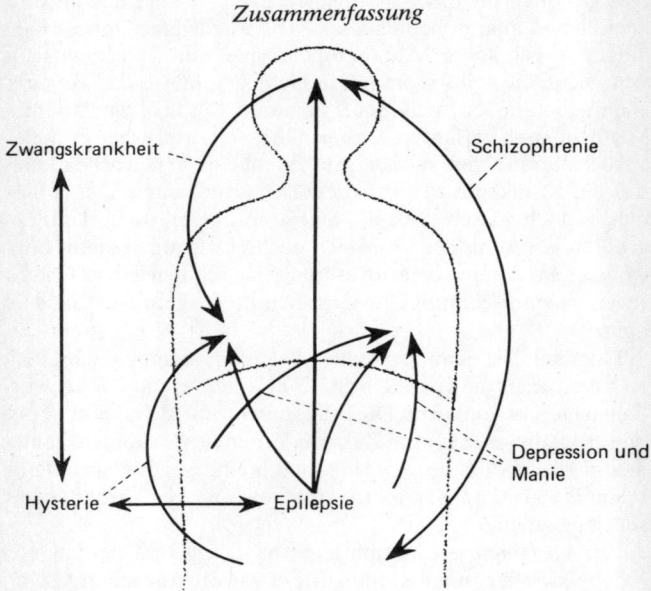

Erläuterung: Die *Zwangskrankheit* wurzelt im Vorstellungsprozeß des *Gehirns* und spielt sich im Bereich der *Lunge* ab, wo dann das feste Element bestimmend wird.

Die Schlüsselworte ihrer Dynamik sind: *Verhärtung* und *Verkrampfung*.

Für die Beziehung zum Lebenslauf ist charakteristisch das Auftreten in den Jahrsiebten 7–28 und eine kindliche Form im Jahrsiebt 0–7, wo auch die später auftretende Krankheit veranlagt werden kann.

Die *Hysterie* steigt aus der Triebhaftigkeit der *Fortpflanzungs-organe* in das Gebiet der *Lunge* auf, wo dann das luftige Element dominiert.

Die Schlüsselworte ihrer Dynamik sind: *Auflösen* und *Verströmen*.

Es ergibt sich eine *vertikale Polarität* zur Zwangskrankheit, eine Polarität zwischen unten und oben.

Für die Beziehung zum Lebenslauf ist charakteristisch das Auftreten in den Jahrsiebten 14–28 und eine kindliche Form im Jahrsiebt 7–14, manchmal nach Veranlagung im Jahrsiebt 0–7.

Die *Epilepsie* hat als Grundlage das *Nieren- und Lebersystem*, wo das luftige und wäßrige Element nicht durchdrungen wird. Andere Organsysteme können beteiligt sein. Immer wirkt das *Gehirn* mit (vgl. die Pfeile, die von dem Wort »Epilepsie« ausgehen).

Die Schlüsselworte ihrer Dynamik sind: *Stagnation* und *Explosion*.

Es ergibt sich, auf die Ebene projiziert, eine *horizontale Polarität* zur Hysterie, eine Polarität zwischen innen und außen.

Für die Beziehung zum Lebenslauf ist charakteristisch das Auftreten im Jahrsiebt 7–14 nach Veranlagung im 1. Jahrsiebt neben kindlichen Formen in den Jahrsiebten 1–14 bis in das 3. Jahrsiebt hinein.

Die *Schizophrenie* entwickelt sich aus dem *Nierensystem* in Polarität zum *Gehirn*, wobei das auflösende Luftelement in Gegensatz zum festen Element tritt. Aus den hier am stärksten auftretenden Polaritäten wird Chaos.

Die Schlüsselworte ihrer Dynamik sind: *Spaltung* und *Durchdringung*.

Für die Beziehung zum Lebenslauf ist charakteristisch das Auftreten in den Jahrsiebten 14–28 nach einer Veranlagung in den Jahrsiebten 0–14.

Depression und Manie beruhen auf dem Wasserorganismus des *Leber-Gallen-Systems*. Sein Schwanken zum festen Element hin wird Grundlage für die Depression, sein Schwanken zum Feuerelement Grundlage für die Manie. In Mitleidenschaft gezogen wird besonders das *Herz*, wo der Krankheitsprozeß kulminiert.

Die Schlüsselworte ihrer Dynamik sind: *Stauung* und *Entla-*

dung. Sie weisen in dieselbe Richtung wie die Schlüsselworte der Epilepsie, deren stärkere Formulierung auf ein massiveres Geschehen hindeuten sollen.

Für die Beziehung zum Lebenslauf ist charakteristisch das Auftreten in den Jahrsiebten vom 21. Jahr an bis ins Alter nach Veranlagung und kindlichen Formen in den Jahrsiebten 0–14.

Die *Gruppierung* der psychiatrischen Krankheitsbilder nach ihrer Organbeziehung ist *dynamisch* gemeint. Das bedeutet: die Krankheitsbilder sind keine fest umrissenen Einheiten. Die Organe mit ihren typischen seelischen Störungen stellen vielmehr Pole dar, von denen seelische Krankheitsprozesse ausstrahlen, sich durchdringen und vermischen. Um ihre verschiedenen Komponenten erkennen und behandeln zu können, ist es jedoch unerläßlich, die organnächsten Krankheitsformen in ihrem urbildhaften Wesen zu erfassen.

Auf den hier skizzierten vier Organsystemen, denen die anderen Organsysteme zugeordnet werden können, hat Friedrich HUSEMANN sein Hauptwerk: »Das Bild des Menschen als Grundlage der Heilkunst« aufgebaut. Ebenfalls als grundlegend erwiesen sich – nach den Hinweisen Rudolf STEINERs – jene Organsysteme für eine erweiterte Psychiatrie (worauf im Psychiatrie-Kapitel des genannten Werkes eingegangen wurde). Auf ihnen basiert eine Psychologie der Organe.[43, 214]

Bei den typischen psychologischen und psychiatrischen Bildern, die sich auf diesem Weg ergaben, ist aber immer daran zu denken, daß das Ich als höhere Instanz über allem Typischen steht. Es ist das Ich, das die Krankheit entstehen ließ, das ihr ein individuelles Gepräge gibt und das sich in individueller Art mit ihr auseinandersetzt. Zum Wesen seelischer Erkrankungen gehört es jedoch, daß das Ich mehr oder weniger in ihnen untergeht. Auch um dem Ich bei seiner Auseinandersetzung mit der Krankheit helfen zu können, muß man sich mit dem Typischen der seelischen Krankheitsprozesse befassen.

VI.

Künstlerische Therapie und Wesensglieder*

Wie schon der Name sagt, soll künstlerische Therapie Behandlung sein, die gezielt auf Krankheit ausgerichtet ist, nicht beliebige Beschäftigung mit Kunst, nicht Zeit ausfüllende »Beschäftigungstherapie«. Jede wahre Therapie ist, wie wir sahen, schon in der Krankheit enthalten, jede Krankheit verlangt nach der für sie bestimmten Behandlung. Dies gilt auch für jede einzelne künstlerische Therapie. Wie die Krankheit, so ist auch sie im Menschen selbst veranlagt und wird aus dem ganzen Menschen geschöpft. Im folgenden soll, anknüpfend an schon gegebene therapeutische Beispiele, eine Zusammenfassung der verschiedenen künstlerischen Therapien skizziert und auf ihre menschenkundlichen Grundlagen eingegangen werden.

Durch jede künstlerische Therapie fühlt man sich, hat man Anfangsschwierigkeiten überwunden, erfrischt und gestärkt. Dasselbe empfindet man nach einem erquickenden *Schlaf*. Die Welt erscheint am Morgen wieder plastischer, farbiger als am Abend zuvor. Manchmal erwacht man sogar mit einem Farbeindruck, oder eine Farbe in der Umgebung leuchtet anders auf als am Abend vorher. Man erwacht mit einer Melodie, einem Klang oder auch nur in einer Moll- oder einer Dur-Stimmung, wie man sie aus der Musik kennt. Ein bekannter Vers taucht am Morgen auf, der plötzlich in einem neuen Licht erscheint, der neu in einem erklingt.

Schöpferische Menschen bringen Anregungen und Inhalte für ihr künstlerisches Schaffen aus der Nacht mit. RAFFAEL z. B. hat von einem unvollendeten Madonnenbild berichtet, das er, aus dem Schlaf auftauchend, plötzlich vollendet vor sich sah. SCHUBERT verdankte dem Schlaf manche Melodie, BRUCKNER einige Symphoniethemen. GOETHE schöpfte Verse aus dem

---

* Dieses VI. Kapitel ging aus einer Überarbeitung und Erweiterung eines Aufsatzes hervor, enthalten in der Festschrift, die zum 50jährigen Jubiläum der Friedrich-Husemann-Klinik am 30. März 1980 herausgegeben wurde.

Schlaf, die er manchmal auch noch während der Nacht hinge-schrieben hat.

Woher wird dies alles mitgebracht? Bestimmte Empfindungen, die sich mit dem Schlaf verbinden, können erste Hinweise zur Beantwortung dieser Frage geben. Die Empfindung des Hinausschwimmens, Hinausschwebens beim Einschlafen, die Empfindung des Fliegens bei manchen Träumen deutet schon darauf hin, daß Seele und Ich während des Schlafes den Leib verlassen und dahin zurückkehren, von wo einst alles irdische Leben ausging: in den Schoß des Kosmos.[79]

Aus seiner Forschung schilderte Rudolf STEINER, wie Seele und Ich des schlafenden Menschen in der Sternenwelt, in den Sphären des Kosmos weilen, über deren Harmonien, die »Sphärenharmonien«, noch der Astronom KEPLER schrieb. Außer diesen Urklängen, so kann man anknüpfen, wirken Urformen, Urfarben, Urworte auf Seele und Ich ein. Am Morgen kann der Mensch etwas davon mitbringen, meist ohne es zu wissen, aber doch erfrischt und neu belebt auch vom Nachklang jener Erlebnisse. Zugleich bildet dieses Geschehen die Grundlage dafür, daß man am Tag einen Sinn für die einzelnen Künste entwickelt sowie die Fähigkeit, das Organ, sie auszuüben.[272] Die mythologische Schilderung der Musen, die aus Himmelshöhen zum Menschen niedersteigen und ihn mit ihrem Kuß beglücken, gibt etwas von jenem kosmischen Geschehen wieder.

Von da aus fällt auch ein Licht auf die Feststellung, daß eigentlich alle Menschen mehr oder weniger künstlerisch begabt seien, ja, künstlerisch kreativ sein könnten.[273] Jeder Mensch kann eben, der eine mehr, der andere weniger, künstlerische Erlebnisse aus dem Schlaf mitbringen, die dann aus seinem Innern aufsteigen und zu Fähigkeiten werden können. Am Morgen haben sich diese Erlebnisse zunächst mit jenem Bereich der Seele verbunden, in dem es bei jedem Menschen immer Nacht ist: mit seinem unterbewußten Seelenleben. Auch aus diesem Schlaf jedoch gibt es ein Erwachen, muß ein Erwachen stattfinden, wenn man Kunst aufnehmen oder hervorbringen will. Dieses Aufwachen aber vollzieht sich nicht von selbst. Es ist ein langsames, stufenweises Aufwachen, das vom Menschen selbst herbeigeführt werden muß, indem er sich mit Kunst beschäftigt, künstlerisch tätig wird. Unterbleibt dieses Bemühen, so meint man, der betreffende Mensch sei künstlerisch nicht begabt.

Aus dieser Situation ergibt sich auch eine Antwort auf die

naheliegende Frage: Warum künstlerische Therapie, wenn doch schon in der Nacht die Seele Kunst in sich aufnimmt? Zunächst ist heute schon dieses Aufnehmen gefährdet. Wenn der Mensch tagsüber vollständig in der irdischen Welt aufgeht, wird er nachts »blind und taub« für die künstlerischen Eindrücke aus dem Kosmos.[272] Schon für das Empfangen solcher Eindrücke, für die künstlerische Be-Gabung in der Nacht ist daher das künstlerische Üben am Tag von Bedeutung.

Jeder Mensch erhält während seines Lebens Geschenke angeboten, besonders in seinen Nächten. Um sie empfangen zu können, muß er sich ihrer würdig erweisen. Dann jedoch muß er auch noch etwas aus ihnen machen, muß er sie sich zu eigen machen, damit sie ihm nicht wieder verlorengehen. Das Goethe-Wort im »Faust«: »Was du ererbt von deinen Vätern hast, erwirb es, um es zu besitzen!« kann man im Hinblick auf die Künste zu der Forderung abwandeln: »Was du geschenkt von deinen Nächten hast, erwirb es, um es zu besitzen!«

Früher war diese Forderung noch nicht so aktuell. Es gab noch mehr geschenkte Genialität, die das ganze Leben hindurch erhalten blieb. Heute verblassen schon geschenkte Erlebnisse leichter als früher, »geschenkte« Genialität geht spätestens Ende der 20er Jahre verloren. Am meisten anzutreffen ist eine solche Genialität heute noch während der Kindheit, in der mehr geschlafen, mehr die Verbindung mit dem Kosmos gepflegt wird als später. Das Kind darf noch von Geschenken leben, es malt, zeichnet »wie im Schlaf«, manchmal in einer ausgesprochen genialen Art, die sich der Erwachsene erst wieder durch Übung erringen muß.

Die einzelnen künstlerischen Erlebnisse werden aus dem Schlaf von verschiedenen Bereichen des menschlichen Wesens empfangen, um dann am Tag wieder aus ihnen aufzusteigen, d. h. herausgeholt zu werden. Und auf diese Bereiche wirken nach dem Aufsteigen die einzelnen künstlerischen Erlebnisse heilend zurück. Im folgenden soll einiges von dieser Rückwirkung berichtet werden, wobei teilweise an Erfahrungen anthroposophisch orientierter Ärzte und Kliniken angeknüpft wird. An erster Stelle sind hier die Erfahrungen und richtunggebenden Ausführungen von M. HAUSCHKA zu nennen.[274] Einige andere Autoren werden – zur ersten Orientierung – im Literaturverzeichnis angeführt. Gesichtspunkte für die künstlerische Therapie seelischer Erkrankungen wurden von Fr. HUSEMANN im Sanatorium Wiesneck erarbeitet, von Frau W. HUSEMANN speziell auf dem Gebiet der Eurythmie. Nach dem Tod von Fr. und W. HUSEMANN wurden diese Gesichtspunkte in der Friedrich Husemann-Klinik von Ärzten und künstlerischen Therapeuten weiter entwickelt und angewendet.[43]

DIE EINZELNEN KÜNSTE

Architektur

Die erste Orientierung für die architektonischen Urformen ergibt sich durch die drei Raumesrichtungen: oben-unten, rechts-links, vorn-hinten. Beim Einschlafen hat man manchmal die Empfindung, daß man sich nach allen Richtungen des Raumes ausdehnt. Beim Aufwachen kann man dagegen erleben, daß man sich aus den verschiedenen Raumesrichtungen wieder in den Leib zusammenzieht, manchmal in den Leib hineinfällt. Unser physischer Leib ist in den Raum hinein gebildet, ist ein Raumesleib. Die Raumerlebnisse unserer Seele während der Nacht, von denen die einfachsten genannt wurden, werden daher in erster Linie von unserem physischen Leib empfangen.

Aus unserem physischen Leib, dem »Haus«, das wir jeden Morgen neu beziehen, schöpfen wir den Sinn für Architektur. Architektur, tags angeschaut, wirkt zurück auf unseren ganzen *physischen Leib* und wird mit dem ganzen physischen Leib wahrgenommen.[275a] Bei unbefriedigenden architektonischen Verhältnissen fühlen wir uns bis in den Leib hinein unbehaglich. Man zieht unwillkürlich den Kopf ein, wenn ein Balkon so angebracht ist, daß man den Eindruck hat, er fällt im nächsten Augenblick herunter. Das kann man empfinden, auch wenn man nicht unter dem Balkon steht und genau weiß, daß die Konstruktion ein Herunterfallen verhindert. Erlebt man intensiv eine griechische Säule, so richtet man sich mit dem ganzen Leibe zusammen mit ihr auf. Mit den Strebepfeilern des gotischen Domes zugleich kann man aus seinem Leib herausstreben.

Solche Eindrücke haben Folgen für den Leib – gesundende oder kränkende. Das intensive Erleben einer griechischen Säule kann die Aufrichtekraft des Leibes verstärken. Das gilt aber auch für die Aufrichtekraft der Seele, ihre »Aufrechtheit« kann auf diese Weise unterstützt werden. So wirken entsprechende architektonische Wahrnehmungen, verbunden mit an-

266

deren Maßnahmen, gesundend auf Haltungsschäden der Seele und des Leibes, besonders einfühlbar, wenn letztere sich in der »Säule« unseres Leibes, in der Wirbelsäule konzentrieren. Im Unterschied zum Säulenerlebnis des griechischen Tempels, das uns aufrecht auf die Erde stellt, verschafft das Erlebnis des gotischen Doms Befreiung von allzu Irdischem, wenn man mit seiner Seele zu tief im Leib, im Alltag steckenbleibt.

Aus diesen Andeutungen geht hervor, daß architektonische Eindrücke, Kunstvorträge und Kunstreisen nicht nur für unsere geistige Bildung, sondern auch für die Gesundheit unseres Leibes und unserer Seele von Bedeutung sind.

Plastik

In Tempeln und Domen stehen jedoch auch Statuen, denen Urformen der Plastik zugrunde liegen. Schon für PLATON kamen solche Urformen in den nach ihm benannten *platonischen Körpern* zum Ausdruck: Im Würfel, im Tetraeder, im Oktaeder, im Ikosaeder und im Pentagondodekaeder. Neben diesen Körpern, mit denen im allgemeinen beim Plastizieren in der Friedrich-Husemann-Klinik begonnen wird, steht die Kugel. Aus ihr kann man dann die Eiform, verschiedene Tierformen, zuletzt das menschliche Antlitz entstehen lassen; die Gestaltung nimmt dabei mehr Bewegung in sich auf. Das Plastizieren von einzelnen Formen des menschlichen Leibes (das Ohr des Nebensitzers) verstärkt die Beziehung zum eigenen Leib, die schon durch die plastizierende Tätigkeit der Hände angeregt wird.

Aus jeder Nacht nimmt der Plastiker in uns, der *Ätherleib* neue plastische Erlebnisse in sich auf. Aus ihnen bildet sich der Sinn für die plastische Kunst. Im Gegensatz zum Knochengerüst, zur »Architektur« unseres physischen Leibes, kommt der Ätherleib vor allem in den Muskeln zum Ausdruck, diese lassen ja auch um das Skelett herum erst die »Plastik« des Leibes entstehen. Eine schlecht geratene künstlerische Plastik, eine schiefe Vase kann daher dazu führen, daß sich die Muskeln des Betrachters verkrampfen. Beim Anblick einer gut geratenen Plastik fühlt man sich in der Plastik seines eigenen Leibes wohler.

Das Plastizieren unterstützt den Ätherleib bei seiner, den Leib aufbauenden, ausbessernden Tätigkeit. Aber auch die Seele, deren Leben ja ebenso wie das Leben des Leibes im Ätherleib wurzelt, erhält neue Formimpulse durch diese Tätigkeit. Besonders angebracht ist das Plastizieren, wenn ein Mensch zu körperlich oder seelisch sich äußernden Auflösungsprozessen neigt. Erstere können z. B. zu Geschwürbildungen, letztere zu seelischer Chaotisierung, zu einem krankhaften Ausfließen der Seele in die Umgebung, schließlich zur Psychose führen. Die strukturbildende Tätigkeit des Plastizierens wirkt dieser Tendenz vom Ätherleib aus entgegen, was besonders für die künstlerische Therapie der *Schizophrenie* und der *Hysterie* von Bedeutung ist. Bei der *Epilepsie* trägt das Fördern der Durchstrukturierung dazu bei, daß die Hindernisse im Organismus besser durchdrungen werden.

Hand in Hand mit dem Plastizieren geht das *Töpfern*. Hier ergibt sich eine besondere Beziehung zur Bildung der menschlichen Organe. Sind die Organe »undicht«, in ihrer Feinstruktur geschädigt worden, so wirkt das Formen von Gefäßen, von Vasen, Schalen oder Töpfen anregend auf den neuen Organaufbau. Durch das abschließende Brennen im Töpferofen wird eine Steigerung dieses Geschehens herbeigeführt, das wieder bis in das Seelenleben seine Auswirkungen hat.

Das *Schnitzen*, bei dem ständig weggenommen wird, was die Form verhüllt, ist eine härtere Tätigkeit, die den Arbeitenden bis in die Knochen hinein engagiert. Es ergibt sich eine menschenkundliche Beziehung zur Knochenbildung: Nach einem ersten »Entwurf« nehmen bei diesem Prozeß bestimmte Zellen solange Knochensubstanz weg, bis die endgültige Struktur und Gestalt des Knochens erreicht ist. So dürfte das Schnitzen fördernd bis in die Knochenbildung wirken, es hilft aber auch dabei mit, daß der Mensch seelisch »mehr Knochen« bekommt.

Beim *Flechten* verschlingen sich die einzelnen Elemente des Aufbaus, die bei der *Aufbaukeramik* eine Vase aufwachsen lassen, zu bestimmten Mustern. Ein zeichnerisches Element wird erkennbar. Auch hier ergibt sich eine Beziehung zum Aufbau des Leibes, bei dem sich ja auch viele Strukturen miteinander verflechten. In der Seele verflechten, stützen und korrigieren sich vor allem die Gedanken. An eine positive Wirkung der flechtenden Tätigkeit – auch innerhalb des Webens – kann gedacht werden, wenn sich die Gedanken verwirren oder wenn ein Gedanke in unberechtigter Weise vorherrscht und zur »fixen Idee« wird.

Beim *Weben* werden in das Fadengerüst Formen, Bilder hineingewebt. Menschenkundlich liegt eine Beziehung zum Fadengerüst des Nervensystems vor, das alle Organe, zuletzt alle Zellen umspinnt und an dem sich die bildenden Kräfte bei ihrer Tätigkeit orientieren. Durch das Weben ergibt sich so eine besondere Wirkung auf das Gestaltung vermittelnde Nervensystem des Leibes, die strukturbildend vom Leib auf die Seele übergeht.

Das *Zeichnen* leitet schon zum Malen über, betont dabei jedoch den Umriß und gehört infolge seiner Wirkung auf körperliches oder seelisches Ausfließen therapeutisch mehr zum Plastizieren. Das Schwarz-Weiß-Zeichnen in *Schraffurtechnik*, das der Pädagogik Rudolf STEINERs entstammt, hält beim Schraffieren die Richtung von rechts oben nach links unten fest. Diese Richtung entspricht der eurythmischen *I*-Gebärde, wenn diese in ihrer klassischen Form mit dem rechten Arm nach oben, mit dem linken nach unten ausgeführt wird. Wie beim eurythmischen *I* wird durch ein solches Sich-Richten das Ich angesprochen, das innerlich und äußerlich die Kräfte des Menschen zusammenfaßt und auf ein Ziel orientiert. Durch das Festhalten der Richtung beim Schraffieren wird dieser Vorgang betont. Hier ergibt sich im Rahmen der bildenden Künste besonders eine *Ich-Stärkung*.

Malerei

Gehen wir mit der fließenden Farbe um, so schöpfen wir dadurch am unmittelbarsten aus den Farb- und Lichterlebnissen unserer Nächte und wirken auf alle Vorgänge in unserem Leibe, die in lebendigem Fließen begriffen sind. Zu betonen ist hier die Wirkung auf das *Blut*, Träger unserer Empfindungen und Gefühle. Die Eindrücke, die wir durch unsere Augen erhalten, werden bis in das Blut hereingetragen. Dort werden sie voll vom Astralleib aufgenommen, der im Element der Luft innerhalb des flüssigen Elementes, d. h. in der inneren Atmung zwischen Blut und Körpersubstanz sein empfindendes Leben entfaltet. Die Seele, die von da aus angesprochen wird, lebt ganz in der Farbe.[274b]

Wie wir sahen, ist es für das Leben der Seele wichtig, daß möglichst viele Sinneseindrücke in lebendige Empfindungen umgesetzt werden; das gilt in erster Linie für Eindrücke durch das Auge, aber auch für andere Sinne. Solche Empfindungen bilden sich vor allem, wenn man die Eindrücke durch die Erinnerung wieder heraufholt. Indem wir farbige Erinnerungen in uns pflegen, sind wir alle innere Maler. Bei jeder Erinnerung

»malt man sich etwas aus«, auch wenn die Phantasie nichts Neues schafft, sondern nur Erinnerungsbilder farbig werden läßt.

Im körperlichen Bereich haben schmutzige Farben, schlechte Farbkompositionen und Bilder bis in die Absonderungen hinein eine üble Auswirkung und verursachen manchmal direkt Übelkeit.[274b] Reine, gut komponierte Farben und Bilder wirken dagegen anregend auf die Bewegung der Säfte, des Blutes und auf die innere Atmung. Die Wirkung erstreckt sich von der Lösung von Verkrampfungen bis zur Impulsierung des Neuaufbaus aus dem Blut. Da unsere Organe ständig abgebaut werden und ständig neu aus dem Blut »gerinnen«, arbeitet so das Malen dem Plastizieren in die Hände, welches dann zur neuen Gestalt des Organs führt.

Seelisch wirkt ein solcher Umgang mit der fließenden Farbe vom Blut aus belebend auf die grau oder kalt gewordenen Empfindungen, wie sie bei manchen stagnierenden oder erstarrten seelischen Erkrankungen zu beobachten sind (vor allem bei *Depressionen* und bei *Epilepsie*). Durch die Belebung der Empfindungen erhalten jedoch auch unsere Vorstellungen neues Leben. Das wirkt entgegen ihrer Verhärtung zu *Zwangsvorstellungen*. Die bildschaffende Aktivität ist ein Gegenprozeß zur Passivität, in der man seinen Zwangsvorstellungen ausgeliefert ist. So schafft das Malen zugleich auch die Vorbedingungen dafür, daß der Mensch wieder neue Eindrücke empfangen und verarbeiten kann. Das ist sowohl bei der »grauen« *Langeweile*, einer Hauptdomäne der Maltherapie, als auch bei der *Zwangskrankheit* erschwert.

In erster Linie kommt hier das Naß-in-naß-Malen mit Wasserfarben in Betracht, aus dem zur Gestaltung einer Blume, einer Landschaft, einer menschlichen Gestalt geschritten wird. Dabei gliedert sich die therapeutische Bedeutung des Malens noch in die einzelnen Farben. *Rot* z. B. wirkt im anregenden Sinn direkt über das Blut, das beruhigende *Blau* wirkt vom Kopf aus dämpfend auf zu starke Blutprozesse, die sich seelisch in Erregung und Aggressivität ausleben.

Das *Schichtmalen*, bei dem eine Farbschicht über die andere gelegt und dazwischen gewartet werden muß, bis die vorhergehende Farbschicht trocken ist, läßt auch durch seine Technik ein Ruheelement erkennen. Der Malende wird – mehr als durch das Naß-in-naß-Malen – angeregt, vom Bild zurückzutreten und zu betrachten, was er bisher gemalt hat. Das wahrnehmende, Bewußtsein vermittelnde Sinnesnervensystem wird hier im Rahmen des Malens stärker betont.

Im Bereich der drei Seelenglieder, die durch die Malerei und die folgenden Künste – im Gegensatz zu Architektur und Plastik – während des Schlafes direkt angesprochen werden, ist es die *Empfindungsseele*, die im Kosmos die malerischen Ureindrücke empfängt. Beim Erwachen teilt sie diese Eindrücke ihrem dunkleren Bruder, dem Empfindungsleib mit, der im physischen Leib zurückgeblieben war und dort nun über die innere Atmung die geschilderten Wirkungen hervorruft.[272] Am Tag läßt das verinnerlichte Empfindungsleben der Empfindungsseele eine primäre Beziehung zur Malerei erkennen. Durch Maltherapie regeneriert sich das Lebensblut dieses Seelengliedes. Bei Entwicklungsstörungen der Empfindungsseele (und des Empfindungsleibes) steht daher neben Heileurythmie Maltherapie an erster Stelle.

Musik

Aus den Sphärenharmonien bringt der Mensch am Morgen jene musikalischen Erlebnisse mit, die in ihm den Sinn für Musik begründen. Alle Musik wirkt primär auf die *Atmung* der Lunge, das erfährt man, wenn man Musik aufnimmt und dabei auch einmal seine Atmung beobachtet. Daß die Atmung mit der Musik mitgeht, von ihr gelöst, beschwingt werden kann, ist aber nur der Anfang eines feineren Vorganges, der sich von der Atmung ins Innere des Organismus fortpflanzt. Hier handelt es sich jedoch nicht um die Verbindung der Atmung mit dem Blut. Die atmende Tätigkeit der Lunge teilt sich noch in anderer, d. h. in rhythmischer Gestalt der Rückenmarks- und Gehirnflüssigkeit mit; diese steigt beim Einatmen der Lunge mit dem in ihr schwimmenden Gehirn in die Höhe, beim Ausatmen sinkt sie wieder herab. Auch das Auf- und Abwogen dieser »Atmung« bis in ihre feineren Schwingungen hinein verändert sich durch musikalische Eindrücke.

Es ergibt sich dadurch nach oben eine Beziehung zum Vorstellen, dem das Gehirn dient und das, farbig geworden durch das Malen, nun durch Musik in Bewegung gerät. Der Gedankengang, den unser Wille vollzieht, kann auf diese Weise beschwingt werden, die begleitenden Gefühle, ohne die sich kein Denken vollzieht, werden von hier aus neu belebt. Hier setzt auch die therapeutische Wirkung hymnischer Musik bei der Zwangskrankheit ein. Nach unten entsteht eine formende Beziehung zum Willen selbst, körperlich zum Stoffwechsel-Glied-maßen-System. Von der Mitte aus wird durch diese Atmung die Blutzirkulation harmonisiert.

Um die spezifische Wirkung auf das Fühlen beurteilen zu können, muß man sich klarmachen, daß die Musik im Vergleich mit allen anderen Künsten die stärkste Verinnerlichung mit sich bringt. Von den der Außen- und Innenwelt zugewandten Empfindungen, die durch das Malen erweckt werden, gelangen wir durch Musik zum in sich kreisenden Fühlen, welches, wie geschildert, das *Gemüt* begründet. Musik lebt primär im menschlichen Gemüt, dessen Innerlichkeit außer durch das Lebersystem eine wesentliche körperliche Grundlage durch den inneren, in sich schwingenden Atemrhythmus der Rückenmarks- und Gehirnflüssigkeit erhält.

Zum In-sich-Bewegen des Gemütes gehört immer das Besinnen, das Nachdenken. Im Gemüt lebt ein ordnendes Verstandeselement ebenso wie in der Musik. In der Musik kommt dieses Element durch die Mathematik zum Ausdruck, welche die ganze Musik durchzieht. Man denke nur an die Verhältniszahlen der harmonisch reinen Intervalle, an die Siebengliederung der Tonleitern. Aber schon der Takt hat eine ordnende Wirkung für das Fließen der Musik, für das Fließen der begleitenden Gefühle und Willensregungen.

Im Gemüt entsteht durch Musik Klärung und Lösung oder Klärung und Festigung, je nachdem, wie das Gemüt »verstimmt« ist. Ist der Mensch krankhaft traurig, hat sich bei ihm die Gemütskrankheit »*Depression*« entwickelt, so hilft ihm eine in Moll gehaltene Musik, die Trauer aus sich herauszusetzen. Das Modulieren zum Dur hinüber bewirkt dann die eigentliche Aufhellung. Ist der Mensch nicht schwermütig, sondern übermütig und nimmt der Übermut in der *Manie* krankhafte Ausmaße an, so hilft ihm Dur-Musik, diese Stimmung zu objektivieren. Das Überführen von Dur in Moll leitet ihn an, besser zu sich zu kommen. Das gilt auch für das Ausfließen bei der *Hysterie*. Die Zerrissenheit des Gemütes, am stärksten bei der *Schizophrenie*, wird durch Dissonanzen objektiviert. Wird eine Dissonanz zur Konsonanz geführt, so wirkt dies weiter heilend auf die seelische Zerrissenheit. Dissonanzreiche Musik jedoch, die nicht künstlerisch gestaltet wird, wie auch unreines Spielen erzeugt Störungen bis in den Kopf hinauf, bis zur Entstehung von Kopfschmerzen. Therapeutische Musik dagegen wirkt nicht nur gesundend auf die Atmung, sondern auch auf die

Funktion des *Gehirns*, was aus der Fortpflanzung des Atem-rhythmus in das Gehirn verständlich wird.

Eine besondere therapeutische Bedeutung erhält die Musik durch das Instrument der *Leier*. Der Klang der Leier, der mehr nach innen als nach außen schwingt, lebt am meisten von allen Klängen in der Atmung der Rückenmarksflüssigkeit. In jenem Bereich tragen wir alle eine Leier in uns: Die Nervenpaare, die vom Rückenmark aus nach beiden Seiten in den Organismus hineinverlaufen, ergeben nicht zufällig das Bild einer nach beiden Seiten sich entfaltenden Leier. Wenn die auf- und absteigende Rückenmarksflüssigkeit an ihnen entlangstreicht, wird »der Nerv in Vibration gebracht«, ähnlich den Saiten einer Leier, wenn die Finger darüberstreichen.[275b] Wenn wir beim Anhören von Musik unseren Leib wie durchrieselt fühlen, steigt etwas davon ins Bewußtsein.

Es wurde schon geschildert, daß die Nerven nicht nur eine wahrnehmende, sondern auch eine gestaltende Aufgabe haben. So wirkt Musik nicht nur beschwingend, über die Nerven ergibt sich auch eine gestaltende Wirkung, die vom Rückenmark auf den ganzen Leib übergeht. Entsprechende Musiktherapie ist daher auch bei den schon erwähnten körperlichen Störungen angebracht, bei denen die Gestaltung Not leidet. Von der Atmung der Rückenmarksflüssigkeit ausgehend, hat die Melodie, das gedankliche Element der Musik, mehr Beziehung zum Kopf, der Rhythmus der musikalischen Bewegung mehr Beziehung zum Gliedmaßensystem. Melodie und Rhythmus werden durch die Harmonie miteinander verbunden, was wieder eine Unterstützung für die Harmoniesuche des menschlichen Gemütes ergibt. Die harmonisierende Wirkung von Musik auf die Blutzirkulation kann auch von hier aus verständlich werden. Dabei handelt es sich also nicht um eine statische, sondern um eine dynamische Harmonie des Gemütes, die ständig neu entsteht. Dadurch hat die Musik auch eine Beziehung zum Herzen.

Auf die Vereinigung von Verstand und Gemüt deutet die Bezeichnung, die STEINER für das »musikalische« Seelenglied des Menschen wählte: *Verstandes- und Gemütsseele*. Ihr sinnendes In-sich-Bewegen kann durch Musik gefördert werden. Zugleich bildet die Verstandes-Gemüts-Seele den Seelenraum, in dem die Musik erklingt und von dem aus sie ihre therapeutischen Wirkungen entfaltet.[276] Während des Schlafes im Kosmos weilend, nimmt dieses Seelenglied die Sphärenharmonien in sich auf, die tags in ihm nachklingen können.[272] Bei Entwicklungsstörungen der Verstandes-Gemüts-Seele ist neben Heileurythmie besonders Musiktherapie hilfreich. Die Musik bekommt so eine besondere Bedeutung für den Stillstand der seelischen Entwicklung, der, wie ausgeführt, zunächst die Verstandes-Gemüts-Seele betrifft.

Sprache und Dichtkunst

»Worte der geistigen Welt«, Urworte, die der Mensch nachts empfangen kann, erwecken in ihm den Sinn für Sprache und Dichtkunst. Nach der stärksten Verinnerlichung durch die Musik führt der Weg wieder nach außen. Das Wort muß aus dem Inneren der Seele und des Leibes in das »Tagesbewußtsein«, in die Welt »durchgebracht« werden.[272] Ein neues Bewußtsein entsteht an der Welt, ein neuer Wille wirkt in die Welt. Das erkennt man an den Vorstellungen, welche die Sprache vermittelt, und an der Willenstätigkeit, die das Sprechen impulsiert.

Erst das Gefühl jedoch schafft die unmittelbare Verbindung zum anderen Menschen, zur Welt. Am stärksten aus dem Zentrum des Menschen, aus seinem *Ich*, wirkt diese Verbindung, wenn die Sprache ihre Quelle im Herzen betont. Durch den Pulsrhythmus greift das Herz rhythmisch in jede Atmung ein. »Der Mensch ... durchdringt seine Worte und Sätze mit demjenigen, was aus dem Herzen quillt.«[277] Das kommt zentral in der körperlichen und seelischen *Wärme* des Sprechens zum Ausdruck.

Spricht der Mensch, so formt er in seiner Ausatmungsluft die Worte. Mit den Worten zugleich zieht jedoch auch die Wärme des Herzinnern in die Welt. Durch die Lunge wird ja nicht nur Kohlensäure ausgeatmet, sondern auch Wärme, die aus dem Herzen mit dem kohlensäurehaltigen Blut in die Lunge geflossen ist. Von dieser Wärme kann sich das Ich beim Sprechen tragen lassen, es kann sie vom Herzen aus in seelische Wärme verwandeln. Der Brustton der Überzeugung, der so eindrucksvoll beim Sprechen Rudolf STEINERs war, hat in der Wärme des Herzens seine Quelle.

Eine solche Sprache, die aus dem Herzen kommt und zu Herzen geht, vermeidet das Überschießen des Willenspoles, wie es sich in der emotionalen Sprache kundtut. Sie vermeidet jedoch auch das einseitig intellektuelle Sprechen vom Kopf aus. Während beim emotionalen Sprechen die Sprache als zu dick empfunden werden kann, wird beim intellektuellen Sprechen die Sprache zu dünn. Das hohle Pathos kombiniert beide Einseitigkeiten, ohne einen Ausgleich herbeizuführen. Es wird dick aufgetragen, innerlich aber klingt es dünn; das gesunde Fühlen in der Mitte kommt nicht mehr mit und wird ausgehöhlt. Zwischen beiden Polen muß das künstlerische Sprechen seinen Weg finden, indem es das abstrakte Vorstellen mit Wärme erfüllt, indem es das triebhafte Wollen durch die Wärme beseelt und besänftigt.

Jedes Sprechen will eigentlich *Gespräch* werden, Gespräch mit dem anderen Ich, dem anderen Menschen, der auch als Lauschender schon stumme Antwort geben kann. Auch wenn Dichtung rezitiert wird, sollte dies immer zu einem stummen Gespräch mit den Hörern führen. Wenn man für sich Dichtung liest, sollte sich ein Gespräch mit dem Dichter ergeben. Schon im *Embryo* findet ein Gespräch, diesmal organischer Natur, statt. Nach neueren Forschungen hört das Kind im Mutterleib die Herztöne der Mutter und gibt eine Art Antwort darauf. Seine »Antwort« ist die Ausbildung der Sprachwerkzeuge, des Kehlkopfes, der dann später in der Ausatmungsluft die Sprache gestaltet. Dessen Muskulatur wird entsprechend dem inneren Bau des Herzmuskels (!) aufgebaut.[278] Die Verbindung von Sprache und Herz wird auch im Organbereich deutlich.

Die therapeutische Wirkung der Sprache, die in Form der von STEINER geschaffenen *Sprachgestaltung* auch in therapeutischer Richtung zur Anwendung kommt, geht aus der Mitte hervor und wirkt über den Atem auf die physische und seelische Mitte des Menschen.[279] Für die Therapie ist am zentralsten die Wirkung auf die Sphäre des *Herzens* und auf das dort tätige Ich. Vom Herzen aus, das auch in seiner physischen Funktion durch Sprachübungen günstig beeinflußt wird, wirkt die Sprachtherapie auf die Atmung zurück, in den Kopf hinauf und in den Stoffwechsel hinunter. Und vom Herzen aus wird dann der Weg in die Welt gesucht. Ein Denken, das zu sehr in sich kreist oder sich verliert, ein gehemmter oder überschießender Wille, ein ängstliches Fühlen, das vor der Welt zurückschreckt, oder ein Fühlen, das in die Welt hinein ausfließt, sie alle können durch Sprachübungen eine unmittelbare Hilfe erfahren. Außer *Gehirnkrankheiten*, die zu Sprachstörungen führen und auf Sprachtherapie reagieren, können sich alle *seelischen Erkrankungen* in Störungen der Sprache auswirken, die nach Sprachtherapie verlangen. Und auch wenn Erkrankungen der Seele die Sprache nicht gröber verändern – in feinerer Weise tun sie es wohl immer –, so wirkt doch die Sprache heilend aus der Mitte, aus dem Ich auf das erkrankte Seelenleben ein und ermöglicht ihm eine neue Verbindung zur Welt.

Durch das Anhören und Sprechen von *Dichtung* lernt der Kranke darüber hinaus, sein Ich wieder für geistige Inhalte zu öffnen. In künstlerischer Form kann er dabei wiederum dasjenige objektivieren, was ihm subjektiv zum Problem wurde. Die am meisten aus dem Inneren der Seele kommende Lyrik hilft ihm, sein Inneres zu offenbaren, wenn dieses sich zu sehr vor der Welt verschlossen hat. Die Bildhaftigkeit der Epik führt ihn weiter in die Welt hinaus und verbindet diese mit seinem Innern, indem sie die vom Ich vollzogene Tätigkeit des Erinnerns anregt und ordnen hilft. Durch die Dramatik wendet sich der Übende in übersetzter Form an andere Persönlichkeiten und lernt so, wieder das Wort an den anderen zu richten, wenn er dies verlernt hat. Er lernt im Rahmen seiner Rolle, sich selber auszusprechen.

Sprache und Dichtung wenden sich innerhalb der Künste am meisten von der Seele aus an das Ich, das aus dem Sprechenden spricht, und an das Bewußtsein, das in der ich-zentrierten Seele lebt. Die *Bewußtseinsseele* bildet das unmittelbar seelische Organ für Sprache und Dichtung, ihre Entwicklung wird auf künstlerischem Gebiet am unmittelbarsten durch Sprache und Dichtung gefördert. Bei Entwicklungsstörungen der Bewußtseinsseele ist daher außer Heileurythmie vor allem Sprachtherapie angebracht.

Gesangstherapie

Diese Therapie hat ihren Wirkensbereich zwischen Sprache und Musik. Wird das Wort gesungen, so taucht das heilende Geschehen tiefer in das Gemüt ein, wird jedoch dann aus dem In-sich-Kreisen des musikalischen Erlebens durch das Wort zur Welt entbunden. Dabei spielt wieder die körperliche und seelische Herzenswärme eine wesentliche Rolle. Der Gesang erleichtert es dem Menschen, auszusprechen, was sein Inneres, was sein Herz erfüllt. Für manche Kranke ist es daher eine Hilfe, wenn sie erst singen und dann künstlerisch sprechen lernen. Das Singen kann eine Überleitung von der Musiktherapie zur Sprachtherapie bilden.

Fragen wir uns, was für nächtliche Erlebnisse in der Eurythmie wieder erstehen, so kommen wir zu folgenden Feststellungen: Zunächst beobachten wir ein architektonisches Element, das in der Raumorientiertheit der Eurythmie, z. B. in den verschiedenen Stellungen und Gruppen zum Ausdruck kommt. Formen im plastischen Sinn entstehen durch die eurythmische Gebärde, die einen Sprachlaut oder einen Ton in der Luft plastiziert. Rudolf STEINER nannte deshalb die von ihm geschaffene Eurythmie auch eine »bewegte Plastik«. Die Farben der Malerei kehren wieder in den Farben der Gewänder, der Schleier, der Bühnenbeleuchtung; im Innern des Eurythmisierenden leben sie in den farbigen Empfindungen, die jede Übung begleiten sollten. Die Klänge der Musik werden sichtbar in der Toneurythmie, die Worte der Sprache in der Lauteurythmie. Jedem Klang, jedem Sprachlaut entspricht eine bestimmte Bewegung, in der sich das entfaltet, was sich angedeutet im Kehlkopf und den übrigen Sprachwerkzeugen beim Sprechen und Singen vollzieht. Durch die Eurythmie werden die unsichtbaren Gebärden des Gesangs und der Sprache, die hinter den angedeuteten Bewegungen der Sprachwerkzeuge wirken, sichtbar gemacht.

Aus den obigen Bemerkungen geht hervor, daß sich in der Eurythmie *alle Künste* zusammenfinden, was teilweise schon bei den anderen Künsten beginnt (z. B. bei den musikalischen Elementen der Malerei, den Klangfarben einer malenden Musik). Zugleich ist der menschliche Organismus, der schon beim Sprechen und Singen anfing, selbst Instrument der künstlerischen Tätigkeit zu werden, bei der Eurythmie ganz zu einem solchen Instrument geworden. Mit jeder Gebärde greift der Eurythmisierende nicht nur in den irdischen Raum, sondern in die Sphären aller Künste, um sich neu mit dem zu verbinden, was er schon im Schlaf als eurythmischen Zusammenklang der Künste erlebt hat.

Auch der Zuschauer einer eurythmischen Darbietung wird dadurch in einer besonderen Weise gefordert. Wer hier als Zuschauer nur zuschaut, der versäumt das Wichtigste. Mit jeder eurythmischen Gebärde sollte man sich so aktiv verbinden, daß man in sie hineinschlüpft, daß man sie mit entstehen läßt. In gewissem Sinn gilt diese Forderung nach Identifizierung für jede Kunst, bei der Eurythmie ist sie jedoch besonders hervorzuheben. Versucht man beim Anschauen von Eurythmie immer wieder dieser Forderung nachzukommen, so dringt man durch das Bild der Bewegung zu ihr selber vor und spürt etwas von dem, was sie aus dem Kosmos mitbringt.

Indem die Eurythmie alle Künste neu in sich aufleben läßt, wird an die Urkunst der Menschheit angeknüpft, wie sie im *Tempeltanz* zum Ausdruck kam. Auch im Tempeltanz waren alle Künste miteinander vereinigt. Innerhalb der Tempelarchitektur mit ihren Statuen entfalteten sich die Gebärden der Tanzenden, die von farbigen Gewändern umhüllt, von Worten und Klängen begleitet wurden. Die Menschen erlebten damals jene Kunst als von Göttern geschaffen, von Priestern gestaltet und geleitet, das eigene Erleben, die eigene Gestaltung traten demgegenüber zurück. Durch die Eurythmie wird vom Menschen aus eine neue Verbindung zum Kosmos geschaffen, ebenso umfassend, wie sie einst vom Tempeltanz gebildet worden war. Aber nun erlebt und gestaltet das individuelle Wesen des Menschen, was es aus den Quellen der Künste in sich aufgenommen hat.

Heileurythmie

Zur Therapie wird die Kunst der Eurythmie in der *Heileurythmie*.[280] Die Verwandlung von Kunst in Therapie ist hier ausgesprochener als bei den bisher geschilderten künstlerischen Therapien. Zwischen Kunsteurythmie und Heileurythmie muß nach STEINER streng unterschieden werden, beides darf man nicht miteinander vermengen. Heileurythmie gehört so eigentlich nicht zur künstlerischen Therapie im engeren Sinn. Die heileurythmische Bewegung lebt zwischen künstlerischer Therapie und medikamentöser Therapie, da sie sich, spezieller als das künstlerische Üben, auf einen Krankheitsprozeß, auf ein krankes Organ konzentriert. Damit wirkt sie ähnlich einem Medikament, nur eben nicht vom Stoffwechsel, sondern von den Gliedmaßen aus. Im Hinblick auf diese Situation sollte deshalb jede heileurythmische Übung vom Arzt verordnet und überwacht werden. Der Mutterboden, aus dem die Heileurythmie hervorgeht, ist jedoch immer die Kunst der Eurythmie, weshalb auch jede Heileurythmistin vor ihrer speziellen heileurythmischen Ausbildung ein ganzes Eurythmiestudium absolviert haben muß.

Die allgemein gesundende Wirkung der Eurythmie wird bei der Heileurythmie durch bestimmte Laut- und Tongebärden, die dann selbst noch intensiviert werden, auf jene Organe und

Organkrankheiten konzentriert, die, ähnlich wie die heilenden Natursubstanzen, in einem Wesenszusammenhang mit ihnen stehen. Die einzelne Lautgebärde spiegelt dabei etwas von dem Urbild des gesunden Organs wider, welches einst durch das schöpferische Urwort, den Logos, wie er am Anfang des Johannes-Evangeliums genannt wird, geschaffen worden ist. Indem eine solche Lautgebärde von den Gliedmaßen aus auf das kranke Organ einwirkt, kann dieses sich an seinem eigenen Urbild orientieren und daran gesund werden. Sichtbar wird dies, abgesehen von der Besserung des Befindens, auch an der Gesundung der vom Organ aus krank gewordenen Gebärde, bei welcher die Heileurythmie ansetzt.

Urbild und Urbewegung des Organs drücken sich in seiner Form und in seiner Funktion aus. So läßt die um den Leib sich zusammenschließende Gebärde des *Konsonanten B* die Formtendenz der gesunden Niere erkennen und unterstützt sie, wenn sie geschwächt ist (wie bei der Senkniere z. B.). Die *B*-Gebärde greift jedoch zugleich die Bewegung der Ausscheidung auf, welche aus der Peripherie des Leibes die aus dem Stoffwechsel ausgeschiedenen Substanzen zum Nierenorgan hin konzentriert, wo der Urin gebildet wird. Das *B* wirkt daher auch auf die Nierenfunktion und regt erkennbar Urinbildung und Ausscheidung an.

Seelisch kann der Mensch von der Niere her außer sich kommen, wenn er sich stark erregt. Die *B*-Gebärde trägt sowohl zur Konzentrierung des Urins als auch der Seele bei, neben der Ausscheidung wird die »Einscheidung« des Astralleibes verstärkt, d. h., der Astralleib wird dabei unterstützt, sich wieder in den Schutz des Leibes zu begeben, wenn er sich durch ein erregendes, schockierendes Erlebnis, das »an die Nieren« ging, aus diesem Schutz zu weit herausbegeben hat. Diese Wirkung erstreckt sich bis zum Außersichsein der *schizophrenen Psychose*.

Gegenüber solchen Konsonanten wird durch Vokale das seelische Erleben selbst angesprochen. Ein Mensch, der in Erregung außer sich geraten ist, verliert nicht nur den Kontakt zu seinem Leib, sondern auch die seelische Verbindung zur Welt. Wenn dies länger dauert, kann er sich seelisch und leiblich in sich verkrampfen. In allen diesen und in anderen Fällen hilft der *Vokal A* der Seele, sich wieder für die Welt zu öffnen, indem sie in gesunder Weise den vermittelnden Leib durchdringt. Einen ersten Anfang davon erleben wir, wenn wir ein *A* hören oder sprechen. *A* ist nicht umsonst der Laut des Staunens, das am Anfang der seelischen Weltbeziehung steht. Durch die eurythmische A-Gebärde, bei der beide ausgestreckte Arme sich öffnen, wird dieses Erlebnis gesteigert und, in einer besonderen Form geübt, auf das Nierensystem und seine physischen und seelischen Probleme konzentriert. Allgemein bewirkt das mit dem A verbundene Erlebnis des Einstrahlens, daß es im Dunkel des Krankseins für die Seele wieder hell werden kann. – In ähnlicher Weise wirken andere Lautgebärden auf andere erkrankte Organsysteme und Organfunktionen ein, deren Störungen den seelischen Erkrankungen zugrunde liegen.

Eurythmie wird von der ich-durchdrungenen Seele aufgenommen und über den Ätherleib in den physischen Leib hineingetragen. Als bewegte Plastik entfaltet sie sich im Bereich des *Ätherleibes*, der, wie wir sahen, zu jeglichem Plastizieren in einem Wesenszusammenhang steht. In jenem Bereich, in dem der Quellort aller aufbauenden, zwischen Leib und Seele vermittelnden Kräfte liegt, vereinigen sich durch die Eurythmie die anderen Künste, die durch die künstlerischen Therapien einzeln angesprochen werden.

Gymnastik

Nach dem Bildekräfteleib kann nun auch der *physische Leib* in neuer Weise Grundlage für die Therapie werden. Auf die bewegte Plastik folgt die »bewegte Architektur« der Gymnastik, die in diesem Sinn auch künstlerische Therapie ist. Therapeutische Erfahrungen liegen vor mit der *Bothmer-Gymnastik*, die seinerzeit für die Waldorfpädagogik entwickelt wurde[281] und seit 20 Jahren in der Friedrich-Husemann-Klinik bei der Behandlung seelischer Erkrankungen angewendet wird. Die vom physischen Leib aufgenommene und auf den physischen Leib wirkende Architektur wird bei dieser Gymnastik vom Menschen selbst erzeugt. Die gymnastischen Bewegungen werden in die drei Raumesrichtungen eingegliedert und bringen diese und ihre Metamorphosen zum Erlebnis. Der Übende, der – besonders durch Heileurythmie – wieder eine gesunde Verbindung zu seinem physischen Leib bekommen hat, erlebt nun durch den physischen Leib hindurch eine neue Verbindung zum Raum, zur räumlichen Außenwelt.

Die hier entwickelte, zur Verordnung führende *Zuordnung* der Künste zu den Wesensgliedern ist nicht die einzige, die von STEINER vorgenommen wurde, wohl aber die am meisten differenzierte. Sie darf jedoch nicht zu einer Fixierung der Künste an die Wesensglieder führen. Jede Kunst wirkt auf den ganzen Menschen, aber von einem bestimmten Bereiche aus. Sie wirkt auch nicht nur auf das schon geborene Wesensglied oder Seelenglied. Gerade künstlerische Betätigung fördert neben den unterentwickelten Gliedern des menschlichen Wesens auch die noch ungeborenen. Sie hat daher, von der vorliegenden Zuordnung aus gesehen, auch bei Kindern und Jugendlichen ihre Bedeutung.

In Krankheitsfällen sollte künstlerische Therapie immer vom Arzt verordnet und begleitet werden. Da eine nicht angebrachte künstlerische Therapie nicht nur nutzlos ist, sondern auch schaden kann, ergibt sich die Notwendigkeit einer möglichst gezielten *Indikation*, wie sie aus der Zusammenschau leiblicher, seelischer und geistiger Phänomene dem Arzt möglich ist. Aus den oben gegebenen Schilderungen können Anhaltspunkte für solche Indikationen gewonnen werden, die dann durch die Zusammenarbeit von Arzt und Therapeut weiter vertieft und konkretisiert werden sollten.

Seelisch ausfließende Patienten z. B. müssen vor allem plastizieren, in sich erstarrte oder verkrampfte Patienten vor allem malen. Bei Kranken, die durch eine akute Psychose außer sich geraten sind, muß erst einigermaßen die neue Inkarnation veranlagt sein, ehe sie wieder eine gesunde Verbindung zur Welt durch Sprachtherapie gewinnen können. Dasselbe gilt sinngemäß für die Gymnastik, die *nach* der Anregung des Inkarnationsprozesses durch Heileurythmie diesen Prozeß in Leib und Seele befestigt. Die Gesangstherapie ist – wie schon bemerkt – meist schon vor einer Sprachtherapie angebracht. – Diese wenigen Beispiele möchten eine weitere Differenzierung für die Indikationsstellung künstlerischer Therapie anregen.

Kann nur *eine* künstlerische Therapie verordnet werden, so kann man versuchen, diese in der Art ausführen zu lassen, wie es die Indikation bei diesem Patienten verlangt. Bei einem ausfließenden Kranken wird man dann das Malen möglichst plastisch gestalten, bei einem verkrampften Kranken das Fließen der Form beim Plastizieren betonen, Musik- und Sprachtherapie können in entsprechenden Fällen mehr eine plastische oder mehr eine malerische Komponente zur Geltung bringen, um nur diese beiden Richtungen zu nennen.

RÜCKBLICK UND AUSBLICK

Wir sind am Ende einer Wanderung angelangt. Mit der Architektur begann die Wanderung in der räumlichen Welt, an der unser physischer Leib Anteil hat. Durch das Plastizieren und andere bildende Künste tauchten wir in den Organismus der Bildekräfte unseres Leibes ein, der mit der Natur verbunden wirkt. Lebten wir bei der Malerei noch von innen her mit der Außenwelt im Zusammenhang, so versenkten wir uns durch die Musik ganz in ein seelisches In-sich-Kreisen. Durch Sprache und Dichtung gewannen wir einen neuen Anschluß an die Außenwelt, der nun vom Ich aus geschaffen wurde. Mit diesem weltverbundenen Ich tauchten wir dann durch die Eurythmie wieder bis in den Bildekräfteorganismus zurück, um zuletzt durch die Gymnastik in neuer Form zum physischen Leib zurückzukehren.

Nach dieser Wanderung dürfen wir die anfangs geäußerte These bestätigt finden: Künstlerisches Üben ist nichts Fremdes, an den Menschen von außen Herangebrachtes, es entspricht vielmehr seinem eigenen Wesen, das sich durch dieses Üben zudem neu aus den Quellen seiner Existenz speist. Diese Quellen beginnen in unseren Nächten zu fließen. Sie ergießen sich in die unterbewußten Bereiche unseres Leibes, unserer Seele, aus denen sie in künstlerischer Form am Tag wieder aufsteigen können. Indem wir uns aufnehmend und übend mit ihnen verbinden, vereinigen wir uns zugleich mit unserem kosmischen Sein.

Damit ist jedoch nicht nur die Zeit unserer Nächte gemeint, sondern auch wieder jene Zeit, in der die Menschheit zusammen mit der Erde viel mehr ein Teil des ganzen Kosmos war, als sie es heute ist. Die Geschichte vom Paradies, vom goldenen Zeitalter gibt etwas davon wieder. In jener frühesten Kindheit der Menschheit, die auch heute noch andeutungsweise in der Kindheit jedes einzelnen Menschen wiederkehrt, gab es noch keine Krankheit, noch keine Schuld. Von dieser Zeit haben die Künste etwas für uns bewahrt.

Wenn wir uns in der Krankheit zu sehr vom Leben des Kosmos, der Natur, entfernt haben, bringt uns künstlerisches Tun einen Abglanz der paradiesischen Urgesundheit und Unschuld zurück. Wenn wir infolge von Krankheit uns seelisch nicht mehr vom Leib lösen können, oder wenn wir, außer uns geraten, die Verbindung zum Leib zu verlieren drohen, dann hilft uns künstlerische Therapie, diese Verbindung in gesunder Weise wieder zu knüpfen. Durch die Therapie wiederholt sich in spezieller Form das gesundende Geschehen, das, aus den Quellen der Nacht, aus den Sphären der Künste fließend, sich jeden Morgen neu vollzieht. So wenden wir uns durch künstlerische Therapie an den gesunden Menschen im kranken und regen in ihm die Vorgänge der Selbstheilung an, die dann in Verbindung mit dem Kosmos die Heilung bewirken.

All dies wird aber nur möglich, wenn wir in geduldigem, regelmäßigem Üben aus den Quellen der künstlerischen Therapie schöpfen. Wie schon bemerkt, erhält der erwachsene Mensch des 20. Jahrhunderts auf die Dauer nichts mehr geschenkt. Er ist von seinem Ich aufgerufen, sich immer neu mit dem Geist des Kosmos und seinen künstlerischen Sphären zu verbinden. Das gilt für den Kranken ebenso wie für den künstlerischen Therapeuten. Wer nicht immer wieder Kunst in sich aufnimmt oder gestaltet, der kann auf die Dauer auch nicht künstlerische Therapie vermitteln, dem entartet die Kunst zur Technik. Nach dem Schöpfen aus den Quellen der Kunst muß jedoch der therapeutisch tätig werdende Künstler innerhalb seiner Tätigkeit sein eigenes künstlerisches Schaffen zum Opfer bringen, um sich ganz auf den Kranken einstellen zu können und seiner Genesung zu dienen. Und diese therapeutische Tätigkeit sollte in möglichst enger Verbindung mit dem behandelnden Arzt vollziehen, um der Krankheit und ihrer Behandlung voll gerecht zu werden.

Das Ziel künstlerischer Therapie ist nicht das Schaffen eines Kunstwerkes. Im Vordergrund steht das heilsame künstlerische Üben, das möglichst in einem bestimmten Rhythmus stattfinden sollte. Durch jedes richtig ausgewählte und durchgeführte künstlerische Üben erschließt sich eine Quelle neuen Lebens für den kranken Menschen.

Und bald nach den ersten Versuchen kann noch etwas anderes von jedem Übenden erlebt werden: die *Schönheit* der Kunst. Durch jede Schönheit scheint etwas hindurch, von dem man empfindet: Das ist mehr als ich, das ist etwas Gesetzmäßiges und zugleich ganz Lebendiges, was hier zu einer Einheit geworden ist. Man erlebt einen Schimmer göttlichen Lebens, eine Spur vom lebendigen Geist. Das braucht nicht darin zu gipfeln, daß man von der Muse geküßt wird. Schon wenn der Hauch ihres Niederschwebens uns streift, können wir eine Andeutung davon empfinden. Und dieser Hauch wird jeder künstlerischen Übung zuteil. Jeder Mensch der Gegenwart kann dabei etwas von der Gnade erleben, die den Kranken vom künstlerischen Tun bis zum Gnadenerlebnis der Heilung begleitet.

VII.
Seelische Entwicklung und geistige Schulung

Wie schon gezeigt wurde, ist der menschliche Lebenslauf auf geistige Entwicklung hin orientiert. Diese Entwicklung wird jedoch nicht mehr von der Welt getragen wie anfangs die seelische Entwicklung. Schon im Verlauf der 20er Jahre erlebt der Mensch Gefährdungen seiner seelischen Entwicklung, schon in dieser Zeit braucht er, von der Welt vermittelt, geistige Impulse. Diese Impulse muß er jedoch selbständig ergreifen, geistige Entwicklung wird durch eigene geistige Schulung im weiteren oder engeren Sinn vollzogen, wofür in den Kapiteln zur Therapie der Entwicklungsstörungen Beispiele angeführt wurden.

Aus dem Menschen, der ein vom Leben Lernender bleiben will, kann ein Schüler des Geistes werden. Indem sich der Geistesschüler für dasjenige zubereitet und öffnet, was sein höheres Ich aus der geistigen Welt hereinträgt, hilft er sich selbst und später der Welt. Wenn sich auch die geistige Entwicklung im allgemeinen erst in den 40er Jahren von der seelischen Entwicklung abhebt, so kann und sollte sie doch schon innerhalb der seelischen Entwicklung einsetzen.

Die von Rudolf STEINER beschriebene geistige Schulung durch Anthroposophie, auf deren Beziehungen zur seelischen Entwicklung hier eingegangen werden soll, unterscheidet sich grundlegend von den heute verbreiteten östlichen Schulungen. Sie unterscheidet sich in erster Linie dadurch, daß sie von jener Stufe der Bewußtseinsentwicklung ausgeht, die bis heute von der an der Sinneswelt erwachten abendländischen Menschheit erreicht worden ist. Dann führt die der Schulung beim einzelnen Menschen zur Steigerung und Erweiterung dieses Bewußtseins. Sie vermittelt dabei im wesentlichen nicht geisteswissenschaftliche Inhalte als Wissensstoff, sondern weist einen Weg des Erkennens, auf dem die Verarbeitung dieser Inhalte eine Verwandlung des Denkens und der anderen Seelenkräfte einleitet. Schon diese Verarbeitung ist daher geistige Schulung und bleibt es für manche, die auch dadurch schon eine große Hilfe für ihre Entwicklung erfahren. – Eine weitere Steigerung bringen die meditativen Übungen, durch die geistige Inhalte selbst gewonnen werden können.

Der Schulungsweg des Geistes wird zu einem *Lebenslauf der geistigen Schulung*, der Beziehungen zum irdischen Lebenslauf und zur seelischen Entwicklung erkennen läßt. Auf die eine Art jener Beziehungen wurde schon eingegangen, einige Entwicklungshilfen durch geistige Schulung oder durch ihre Früchte wurden geschildert. Im Unterschied zu diesem Aspekt soll im folgenden Kapitel auf die Hilfen hingewiesen werden, welche die geistige Schulung ihrerseits durch die sich entwickelnden Seelenglieder erhält, wobei wieder eine bestimmte Gesetzmäßigkeit zu beobachten ist.

Es ist charakteristisch, daß mit geistiger Schulung im anthroposophischen Sinn meistens erst nach der Ich-Geburt des 21. Jahres begonnen wird. Manchmal wird auch schon in den Jahren der Vorbereitung um das 18. Jahr damit angefangen, vorher ist dies selten.

EMPFINDUNGSSEELE UND GEISTIGE SCHULUNG

Nach dem ersten *Auffassen* der Inhalte durch den urteilenden Verstand wird durch die Empfindungsseele ihre lebendige Aufnahme eingeleitet. Die erste Empfindung, durch die sich schon der Empfindungsleib für die Welt aufschließt, ist, wie ausgeführt, das *Staunen*. Wird dieses Staunen nicht entwickelt, so werden geistige Mitteilungen nicht mit dem ganzen Seelenleben aufgenommen, sie können, zusammen mit Ich und Seele, im Kopf steckenbleiben. Aus der Empfindung der Größe einer geistigen Tatsache, über die man nachdenkt, entsteht ferner das Gefühl der *Ehrfurcht*. Durch dieses Gefühl ist man vor dem intellektuellen Hochmut geschützt: nun weiß ich soviel, nun bin ich gescheiter als die anderen. Mit letzterer Überzeugung ist man wieder im Kopf steckengeblieben, wobei man sich aus dieser Situation heraus über die anderen zu erheben versucht – und sich selbst dabei die weitere Entwicklung abschneidet. STEINER, der diese Stufen des Staunens und der Ehrfurcht am Anfang geistiger Schulung schildert, bemerkt zu dem hier gemeinten Hochmut, daß man »dann nur noch den Scharfsinn entwickelt«. Hier hilft nach dem Staunen die Pflege der Ehrfurcht weiter.[282]

Am Anfang geistiger Schulung steht also ein differenziertes Empfindungsleben, das durch die wahrgenommenen Inhalte angesprochen wird. Die Art dieses Erlebens weist sogar bis in die Kindheit zurück. »Der Mensch muß gewissermaßen die Frische und Munterkeit des Kindesalters für die übersinnliche Anschauung mitbringen.«[283] Und erlebt nicht das eben geborene Ich um das 20. Jahr eine zweite Kindheit schon bei seinen ersten Gehversuchen in der neu erschlossenen Welt?

Das Kind nimmt alle seine Eindrücke wie zum ersten Mal in sich auf. Es verarbeitet zwar spätere Eindrücke aufgrund von früheren, es hat vielleicht schon ein Organ für sie gebildet, aber die Aufnahme des Neuen ist doch jedes Mal ein neues, frisches Erlebnis. In derselben Haltung kann man versuchen, geisteswissenschaftliche Inhalte in sich aufzunehmen als etwas grundsätzlich Neues, das man jedes Mal neu verarbeiten sollte.

Die Frucht dieses Bemühens ist jene »*unbefangene Empfänglichkeit*«, deren Erlangung STEINER als eine Grundübung für den Geistesschüler schildert. Zunächst wird dabei von Eindrücken der Empfindungsseele ausgegangen. »Von jedem Luftzug, von jedem Baumblatt, von jedem Lallen eines Kindes« solle man sich Neues sagen lassen. Auf die andere Waagschale sollen dann die »*Erfahrungen der Vergangenheit*« gelegt werden.[284] Hier spielt schon die weitere Seelenentwicklung mit herein, für die das Erinnerungsleben der Empfindungsseele die Basis bildet. Das Ich wird nun zur Erzeugung eines Gleichgewichtes zwischen Neuem und früherer Erfahrung aufgerufen, wohl auch ein Grund, weshalb die Übung in dieser Form erst als fünfte Übung unter den Vorübungen erscheint.

Bei der Aufnahme von geistigen Inhalten findet der Intellekt *Widersprüche*, die man auf diesem Weg gerade bei STEINER immer wieder feststellen kann. Das ist nichts Schlimmes, das man unterdrücken sollte. Man sollte nur, von der Empfindungsseele geleitet, trotz des Widerspruchs, den man zunächst nicht auflösen kann, immer auch das Neue erleben, das sich durch den Widerspruch ergibt. Man wird dann später gerade aus diesem Erleben heraus entdecken, daß man hier einen anderen Aspekt des Gegenstandes vor sich hat, der einem in der Tat etwas Neues sagen kann. Ist man am Widerspruch hängengeblieben, so bleibt man wieder in der an sich notwendigen Antipathie-Haltung des Kopfes befangen. Erst durch ein zeitlich gegliedertes Zusammenarbeiten dieser unterscheidenden Antipathie-Tätigkeit mit dem Sympathie-Prozeß des neuen Erlebens werden erste Schritte eines lebendigen Erkennens möglich. Die Ergänzung zum wachen Wahrnehmen durch das

Denken gibt das unmittelbare Erleben der Empfindungsseele, das zum Erkennen des neuen Aspektes überleitet.

Hier wirkt schon am Anfang der Verstand des nächsten Seelengliedes in die Schulung herein. Doch ist damit der geistige Inhalt verstanden? Bei jeder Aufnahme durch die Empfindungsseele hat man nicht nur zu lernen, einen Widerspruch stehenzulassen, man muß überhaupt darauf verzichten lernen, alles *sofort* verstehen zu wollen. In pädagogischen Zusammenhängen hat STEINER auf die Bedeutung des Unverstandenen hingewiesen. Manches von dem, was dem Kind gelehrt wird, kann und soll es noch gar nicht verstehen, dafür wird es erst später reif werden.[285a] Aber dieses Reifwerden betrifft nicht nur das Kind oder das kindhafte Ich der Empfindungsseele, das die neuen geistigen Mitteilungen empfängt. In den unterbewußten Tiefen einer lebendigen Empfindungsseele liegt das Unverstandene selbst wie ein Keim, der später zu einer ganzen Pflanze heranwächst und zu Früchten ausreift, die man in dem Keim nicht vermutet hat. Würde jeder Keim gleich »verstanden«, verdaut, so würde manches nicht zum Erblühen und Fruchten innerhalb der Seelenentwicklung gelangen.[285b]

Zwei Voraussetzungen dafür müssen allerdings vorliegen: Zum einen muß es sich bei dem Aufgenommenen, noch nicht Verstandenen tatsächlich um einen lebendigen Keim handeln und nicht um eine Imitation aus Stein, d. h. um einen abstrakt bleibenden Gedanken. Zum anderen muß der Boden für den Keim ein lebendiger Boden sein, der auch nach der Jugend weiter gepflegt wird. In diesem Sinn sprach STEINER oft von der Empfindungsseele, auch da, wo er sie nicht nannte. So in seinen Briefen an die Mitglieder, wenn er z. B. schreibt: »Wer sich mit der Schönheit, Größe und Erhabenheit der Natur durchdringt, in dem werden diese zur Quelle der Geistempfindung.«[286] Durch die Bezeichnung »Geistempfindung« wird hier auf die Weiterentwicklung der Empfindungsseele in geistiger Richtung hingewiesen.

Eine sich spiritualisierende Empfindungsseele erfüllt sich mit Gefühlen, die vom Geist durchdrungen sind. Eines von ihnen ist das Gefühl der *Begeisterung*, bei welchem jene Durchdringung dann unmittelbar empfunden werden kann. Voraussetzung dafür ist, daß die sprachliche Formulierung den Tatbestand wiedergibt, d. h., daß es wirklich der Geist ist, der das Gefühl erfüllt. Jedenfalls ist damit nicht jene schwärmerische Begeisterung gemeint, die den klaren Blick trübt und bei anderen Menschen leicht Antipathie erregt. Die Begeisterung durch das Geistempfinden der Empfindungsseele ist kein immer wieder aufflackerndes Strohfeuer, sondern mehr einer erleuchtenden und erwärmenden Flamme zu vergleichen, die dazu beiträgt, daß das Unverstandene im Innern wachsen und reifen kann.

VERSTANDES-GEMÜTS-SEELE UND GEISTIGE SCHULUNG

Durch den nach-denkenden Verstand sollte von Anfang an in aller Klarheit die geistige Mitteilung so wahrgenommen werden, wie sie dasteht, um dann empfindend und denkend verarbeitet zu werden. STEINER wies in diesem Zusammenhang immer wieder auf den »gesunden Menschenverstand« hin, durch den jeder Mensch die Mitteilungen des Geistesforschers verstehen könne. »Man kann sagen, daß die Erkenntnis der geistigen Welt, wenn sie in Ideen mitgeteilt wird, von jedem verstanden werden kann.« Es sei dafür notwendig »der unbefangene, gesunde Menschenverstand, der nur tief genug in die Seele hinein schürfen muß«.[287]

Schon bei »unbefangen« stockt man. Welcher Verstand ist heute noch unbefangen? Und »gesund«? Mit Recht weist G. KÜHLEWIND darauf hin, daß heute noch weniger als zu Lebzeiten STEINERS der Verstand gesund ist.[288] Er zitiert Ausführungen STEINERS, aus denen hervorgeht, daß auch damals schon Einschränkungen hinsichtlich des gesunden Menschenverstandes gemacht werden mußten. Diese gipfeln in der Feststellung: Das Denken, das an das Gehirn gebunden ist, kann die geisteswissenschaftlichen Mitteilungen nicht verstehen.[289] Das Fazit, von STEINER gezogen, ist: »Dieser Menschenverstand, der muß heute erst mit Mühe erworben werden.«[290] Das wird möglich durch die »neuen Begriffe«, welche die Geisteswissenschaft vermittelt, doch müssen diese vom Aufnehmenden nachgebildet, meditativ angeeignet werden.[288]

Man kann das Problem des gesunden Menschenverstandes auch im Zusammenhang mit der menschheitlichen Krise Ende der 20er Jahre sehen, welche die Entwicklung der Verstandes-Gemüts-Seele in Frage stellt. Erst durch die neue Aktivität des Ich beginnt sich, wie wir sahen, die seelische Entwicklung von der zur Konsolidierung, später zum Abbau neigenden körperlichen Entwicklung zu lösen. Das betrifft auch das Denken, das, wenn es sich nicht ablöst, weiter als gehirngebundenes Denken tätig und dann nicht mehr gesund ist (vgl. das Kap. »Psychiatrische und Nerven-Krankheiten des Alters«). So wird heute auch der gesunde Menschenverstand dem Menschen nicht mehr geschenkt. Durch die klare, aber zugleich lebendige, von der Empfindungsseele unterstützte Aufnahme geisteswissenschaftlicher Mitteilungen wird die Vorbedingung auch für die Entwicklung des gesunden Menschenverstandes der Verstandesseele geschaffen, für dessen Unbefangenheit ebenfalls schon durch die Empfindungsseele der Grund gelegt wird.

Für die weitere Verarbeitung des Aufgenommenen durch die ausgebildete Verstandesseele ist dann der andere Aspekt dieses Seelengliedes, der Aspekt des *Gemütes* von größter Bedeutung. Darauf weist auch die Formulierung STEINERs hin: der Verstand muß »tief genug in die Seele hineinschürfen«. Jenem Hineinschürfen antwortet von innen das Gemüt, das in vielen Fällen ebenfalls erst errungen oder mindestens vertieft werden muß. Immer wieder wird von STEINER das Gemüt im Zusammenhang mit der Anthroposophie beschworen. Im ersten Leitsatz heißt es: »Anerkennen kann Anthroposophie nur derjenige, der in ihr findet, was er aus seinem Gemüt heraus suchen muß.«[291] Auch mit ihrer Gemütskomponente klingt die Verstandes-Gemüts-Seele von Anfang an durch die aufnehmende Empfindungsseele hindurch.

Nach der Entwicklung von Staunen und Ehrfurcht charakterisiert STEINER als dritte Stufe der Vorbereitung das »sich in weisheitsvollem Einklang fühlen mit den Weltgesetzen«. Aus dem Zusammenklingen von Gesetzmäßigem mit dem Fühlen lebt die Verstandes-Gemüts-Seele. Aus ihm führt sie zu jener Verinnerlichung und inneren Bewegung, die das meditative Verarbeiten der geistigen Mitteilungen, die das meditative Leben selbst erst ermöglichen. Der seelische Innenraum für die Meditation wird von der Gemütsseele errichtet, an der Eingangspforte wacht ihr Verstand darüber (oder sollte wachen), daß kein ungesund-mystisches Element Einlaß findet.

Tritt dies trotzdem ein, so kann man darin eine Fortsetzung der Gefahr erkennen, die von einem Verharren-Wollen in der Empfindungsseele bei der geistigen Schulung herrührt. Das berauschende *Schwärmen*, zu dem das Leben der festgehaltenen Empfindungsseele entartet, kann im Rahmen einer schwach entwickelten Verstandes-Gemüts-Seele einen mystisch sich abschließenden Charakter annehmen. Eine andere Gefahr für die geistige Schulung besteht in dem schon besprochenen *Verdor-*

ren des Empfindungs- und Gefühlslebens im Bewußtseinslicht der geistigen Schulung. Während die erste Gefahr dem Reich der Emotionen und Triebe entstammt, kommt die zweite Gefahr wieder vom Kopf her. Beide Gefahren weisen darauf hin, wie wichtig die Bildung eines schützenden und reifen-lassenden Innenraums, wie wichtig das Kelchstadium der Verstandes-Gemüts-Seele für die »Blütezeit« der geistigen Schulung ist.

Vor dem Erringen der Wesenserkenntnis durch die Bewußtseinsseele ergibt sich eine weitere Stufe auf der Ebene der Verstandes-Gemüts-Seele. Will man die Anschauung von einem Baum bekommen, so kann man nach STEINER diesen »von den verschiedensten Seiten photographieren«; »je mehr Photographien ich habe, desto eher werde ich der Wirklichkeit des Baumes nahekommen mit meiner Vorstellung«. Man braucht die verschiedenen Ansichten des Baumes, aber man darf sie auch nicht auf einer Platte übereinander photographieren. Man muß zugleich »die Aspekte auseinanderhalten«,[292] sonst verschwimmen die Vorstellungen, und die Begriffe werden unscharf. Im Zurückblicken auf die Organbildung aus Vorstellungen, die sich durch das Vergessen im unterbewußten Seelenleben und im Ätherleib vollzieht, ergibt sich eine Steigerung: aus den einzelnen Vorstellungen werden einzelne Aspekte, die aus einer weiteren denkerischen Verarbeitung hervorgegangen sind. Will auch aus ihnen ein neues Organ entstehen?

Das Auseinanderhalten der Aspekte besorgt der Verstand der Verstandes-Gemüts-Seele, der sie zugleich zusammenhält, miteinander vergleicht und so verbindet. Außerdem ist die Empfindungsseele gehalten, jeden Aspekt lebendig in sich aufzunehmen, damit ihn dann die Gemütsseele tiefer in sich empfangen kann. Das Ich, das in der Verstandes-Gemüts-Seele im atmenden Austausch zwischen Welt und Seeleninneren lebt, kann die verschiedenen, von der Welt gewonnenen Aspekte nacheinander in der Seele bewegen, den einen, den anderen in den Mittelpunkt des Bewußtseins ziehen. Erst die Bewußtseinsseele jedoch kann ihn dort festhalten und verwandeln.

BEWUSSTSEINSSEELE UND GEISTIGE SCHULUNG

Was bisher geschildert wurde, war Vorbereitung, Einleitung einer geistigen Schulung. Auch bei ihr kann man stehenbleiben und hat dann wieder das tragische Erlebnis, daß sich das einmal

Errungene nicht einfach festhalten, sondern nur weiterentwikkeln läßt. Wer nicht immer wieder versucht – auch bei seiner erlebten Lektüre –, sich zur Wirklichkeit des Geistes vorzutasten, der bleibt im Nachdenken geisteswissenschaftlicher Inhalte, in der gemüthaften Verbundenheit mit ihnen stecken und fühlt ihr Leben dahinschwinden. Wieder muß sich jeder rückblickend fragen: Wann gelang es mir, wirklich Geistes-Gegenwart im Denken zu entwickeln, wann waren geistige Gesichtspunkte für mein Handeln maßgebend? Wir stehen auch bei der geistigen Schulung erst am Anfang der Bewußtseinsseelenepoche.

Erst durch die Bewußtseinsseele vollzieht sich die geistige Schulung selbst, die dabei an die Wachheit dieses Seelengliedes anknüpft, sie steigert und erweitert. Während bisher Beziehungen zwischen dem jeweiligen Seelenglied und der geistigen Entwicklung sichtbar wurden, vereinigt sich jetzt die Entwicklung der Bewußtseinsseele mit dem Schulungsweg, ihre Entwicklung zum Geist *ist* Schulung. Die Verstandes-Gemüts-Seele schuf den Seelenraum für das meditative Leben, die tätige Andacht der Bewußtseinsseele erfüllt ihn. Indem diese bei der Meditation alle Seelenkräfte zum Gegenstand in ihrer Mitte heranzieht, läßt sie dann die Vorstellung des Gegenstandes durchsichtig, den Aspekt in der Seelenmitte zum Fenster werden, durch das ein Strahl des Ewigen bewußt von der Seele empfangen werden kann.

Denn für die neue geistige Weltbeziehung, die sich aus der Schulung ergibt, bleibt es nun nicht bei den verschiedenen Aspekten von einem Gegenstand. Inmitten der verschiedenen Ansichten, die man von einem Baum gewonnen hat, steht ja der wirkliche Baum, steht seine geistige Wirklichkeit, der man bisher nur nahegetreten war. Der Begriff des Baumes deutete auf sie, das lebendige Denken tastete nach ihr. Dann tritt eine Steigerung des bisherigen, mehr oder weniger schattenhaften Erkennens ein. Es gehört zu den *Evidenzerlebnissen* der Bewußtseinsseele, wenn nun im Zentrum dieser Seele, im Zentrum der verschiedenen, Organ gewordenen Aspekte etwas vom Wesen des Gegenstandes erscheint, wie ein Blitz einschlagend oder wie ein Licht, das langsam einleuchtet. Die Empfindung stellt sich ein: Das ist Wirklichkeit, die einzige Wirklichkeit, die es im Grunde gibt. Das *Vordenken*, das sich von solchem Lichte speist, kann nun den Gegenstand, kann den Baum noch einmal entstehen lassen, auch wenn dies zunächst nur in Andeutungen möglich wird.

Damit ist nicht ein mystisches, gefühlshaftes Erleben gemeint, das mit einem herabgedämpften Bewußtsein einhergeht. Es handelt sich vielmehr um ein Erleben durch das Denken, dessen Bewußtsein sich gesteigert hat. In seiner »Philosophie der Freiheit« bezeichnet STEINER die Form, in welcher »der Gedankeninhalt im Inneren« auftritt, als »*Intuition*«. »Diese Intuition kann in demjenigen Erleben, das im Denken sich ausgestaltet, in tiefere oder weniger tiefe Untergründe der Wirklichkeit tauchen.«[293] Damit ist auf die Stufen der gedanklich-intuitiven Tätigkeit hingewiesen, welche von der Bewußtseinsseele für die geistige Schulung errichtet werden. Durch diese intuitive Tätigkeit wird der Wille der Bewußtseinsseele im Denken schöpferisch und führt zum Erleben der Evidenz. Die »Charakteristik der Intuition ist zugleich eine solche der Evidenz, der Einsichtigkeit und Durchsichtigkeit« (H. WITZENMANN[294]).

Auch von diesem Licht der Bewußtseinsseele kann schon beim ersten Erarbeiten geisteswissenschaftlicher Inhalte ein Schimmer in der Seele aufleuchten.

Nach einer solchen ersten »*Berührung* der Seele mit der übersinnlichen Welt« steigen »aus den Fluten des Seelenlebens« *Bilder* auf, die »ganz von der Seele selbst gewoben« sind. Sie sind »wie ein Vorhang, welchen sich die Seele vor die übersinnliche Welt hinstellt, wenn sie sich von derselben berührt fühlt«.[295] Solche Bilder, für deren Aufbau und deren Organe, wie schon erwähnt, die eigenen Bildekräfte »Substanz« liefern, können zugleich als Schutz vor der Überwältigung durch das geistige Erlebnis, als Versuch einer ersten Bewältigung empfunden werden.

Einen anderen Aspekt hebt P. E. SCHILLER hervor: »Das rein geistige Erlebnis ist in dem Schüler durchaus vorhanden, doch sind seine Fähigkeiten noch nicht so weit entwickelt, um es in seiner rein geistigen Form bewußt erleben zu können. Für ihn tritt zunächst das aus Vorstellungen des gewöhnlichen Seelenlebens bestehende, mit Farben, Formen, Bewegungen durchzogene Bild allein im Bewußtsein auf.«[296] Dahinter weiß man die geistige Wirklichkeit, von der durch die gedanklich-intuitive Tätigkeit schon etwas in der Seele aufgeleuchtet war. Reicher als damals drückt sie sich nun durch Bilder aus.

Auch auf dem Weg zum »*imaginativen Hellsehen*« ergeben sich so Stufen, die zum Schwellenübertritt in die geistige Welt hinführen, »erste Schritte zur imaginativen Erkenntnis«. Das merkt der sich Schulende daran, daß die abstrakte Gedankenwelt »von einer innerlichen Lebendigkeit durchzogen wird«[297]. Schon wenn man versucht, die Begriffe der Geisteswissenschaft zu Bildern werden zu lassen, wenn man die schon genannte »reale Phantasie« betätigt[146], ist man auf diesem Weg. Dabei tröstet STEINER: »Wenn auch die Bilder zuerst falsch sind, so schadet das nichts. Sie werden berichtigt werden durch die, die uns leiten.« Das befreit natürlich nicht von der Verpflichtung, den Mut zum Bild mit dem Streben nach größtmöglicher Exaktheit und Wahrheit der Bilder zu verbinden.

Weisheit aber, zum Bild verwandelt, wirkt heilend. Die Imagination »dringt bis in den Ätherleib hinein«, der die Gesundung vermittelt.[298] Ist nicht der Bildhunger des modernen Menschen, der seine bequeme Befriedigung im Rausch sucht, im Grund Hunger nach Imagination, Ausdruck der Sehnsucht nach der geistigen Welt, die sich zunächst in dieser Form dem Menschen offenbaren will? Schon durch die Bilder auf dem Weg zur Imagination kann jener Hunger in gegenwartsgemäßer und heilsamer Form gestillt werden; allerdings ist dazu geistige Aktivität und Wachheit notwendig.

Geschaut wird durch die imaginative Erkenntnis anfangs die eigene »Innenwelt«, später bekommt man »Bilder des Kosmos«[297], von denen man nicht nur empfindet: da steigt etwas auf, sondern: da kommt etwas herein. POPPELBAUM nannte, wie schon erwähnt, diese Bilder »ätherische *Wahrbilder*«. In ihnen findet das Streben nach Wahrheit, das die Verstandes-Gemüts-Seele erfüllt, eine erste bildhafte Erfüllung im Bereich der Bewußtseinsseele.

Durch dieses imaginäre Erleben der Bewußtseinsseele stellt sich ein »ungeheuer starkes, subjektives Glücksgefühl ein«, das sich zunächst durch die Steigerung der inneren Aktivität, durch das »aktive Erleben der eigenen Persönlichkeit« ergibt.[299] Sicher spielt auch das Lustgefühl mit hinein, das jedes mit dem Ätherleib zusammenhängende Erlebnis begleitet. Auf einer höheren Stufe kommt glücksspendend das befreiende Erlebnis hinzu, das sich einstellt, wenn vom Zentrum, vom »Ich-Punkt« der Bewußtseinsseele »die Ausweitung in den Weltenäther«, in die ätherische Welt erfolgt. Das bildhafte, zweidimensionale Erleben, das sich im ätherischen Bereich entfaltet, in dem man selber tätig wird, sich selber tastend bewegt, darf die dritte Dimension des irdischen Raumes hinter sich lassen.[299] Das dabei entstehende Glücksgefühl kommt nicht aus der Bewußtseinsseele, sondern strömt in diese ein. Eine Hilfe für den Geistesschüler, dem dieses Gefühl auch gefährlich werden kann, ist die Forderung der Bewußtseinsseele, jederzeit sich dessen bewußt zu sein, daß es sich bei den imaginativen Bildern noch nicht um die geistige Wirklichkeit, sondern eben nur um Bilder von ihr handelt.[297]

VERWANDLUNG DER BEWUSSTSEINSSEELE

In ihrem erweiterten Leben wächst die Bewußtseinsseele über sich hinaus. Indem sie dem höheren Ich und der geistigen Welt entgegenstrebt, sucht sie zugleich nach einer neuen, geistigen Verbindung mit der irdischen Welt. Durch das ursprüngliche Wesen der Bewußtseinsseele ergeben sich dabei Probleme für das *soziale Leben*.

Es wurde schon geschildert, wie in der zweiten Lebenshälfte die vorwiegend nehmende Einstellung mehr und mehr zur rein gebenden werden kann, wie das Erblühen der Bewußtseinsseele zum Fruchten werden will. Das aber liegt nicht im Wesen der Bewußtseinsseele selbst. Denn diese Seele ist ihrem Wesen nach nicht sozial, sondern antisozial. STEINER spricht sogar von »*antisozialen Trieben*«, die sich notwendigerweise mit der Epoche der Bewußtseinsseele einstellen mußten. Taghelle Wachheit ist an sich nicht menschenverbindend, nur im Schlaf sind wir eigentlich von Natur aus soziale Wesen.[180] Um zu seinem vollen Bewußtsein, um zur Entwicklung seines eigenen Wesens zu kommen, muß sich jedoch der Mensch zunächst von den anderen abgrenzen. Diese Notwendigkeit gilt auch für Gemeinschaften von Menschen, die außer dem gemeinschaftlichen Leben immer auch ein individuell abgeschlossenes Dasein gewährleisten sollten. Geschieht dies nicht oder zu wenig, so kann es dadurch schon zu den geschilderten Schwierigkeiten bei der Ausbildung der nach innen tendierenden Verstandes-Gemüts-Seele kommen. Noch mehr Schwierigkeiten ergeben sich für die Entwicklung der von innen schöpferisch werdenden Bewußtseinsseele. Besonders der junge Mensch erschöpft sich, wenn er zuwenig Innenleben bilden kann.

Wie aber wächst die Bewußtseinsseele in sozialer Richtung über sich hinaus und in eine neue Gemeinschaft hinein? Indem sie zunächst aus geistiger Erkenntnis eine »soziale Struktur« schafft, durch die eine »Bändigung der antisozialen Vorstellungsinstinkte« möglich wird.[180] Hier wird die geistgemäße

Ordnung der menschlichen Gesellschaft, zuletzt die »*Dreigliederung des sozialen Organismus*«[299a] auch von der Entwicklungsproblematik der einzelnen Bewußtseinsseele gefordert.

Wie wird eine solche Struktur vom einzelnen Menschen mit Leben erfüllt? Zunächst beherrschen antisoziale Triebe das soziale Leben. Man will sich abgrenzen, das kann zu Antipathie und Kritiksucht führen: die Entwicklung fällt in die Verstandesseele, in die Empfindungsseele zurück. Von der Bewußtseinsseele aus übt man zugleich *Positivität,* eine der Grundübungen für den Geistesschüler. Ich will diesen Menschen positiv finden! Ein solcher Vorsatz kann abstrakt, kann im Kopf steckenbleiben. Wird er dann trotzdem in die Tat umgesetzt, so entsteht der Eindruck einer seelischen Verkrampfung. Die Positivität, ja, schon die ihr vorangehende Toleranz, kommt nicht von Herzen und wirkt fassadenhaft.

STEINER weist hier auf eine Hilfe hin, die aus einer über sich hinauswachsenden Bewußtseinsseele kommt und daher weiterführt. Er rät, aus einer bewußten Steigerung des Interesses für den anderen Menschen heraus, sich *Bilder vom anderen Menschen* zu machen, durch die man von den Pauschalurteilen abkommt: Das ist ein böser, das ist ein guter Mensch! Man wird dadurch in erster Linie mit seinen antisozialen Antipathien besser fertig, aber auch mit seinen antisozial wirkenden Sympathien, welche die unsympathischen Menschen vom sozialen Kontakt ausschließen. Ohne die notwendigen Abgrenzungen aufgeben zu müssen, hat man durch das Bild etwas vom anderen in sich aufgenommen, das freilassend die Möglichkeit gibt, zu ihm in eine neue Beziehung zu treten.

Damit ist nicht eine abstrakte Bestandsaufnahme der Fehler und Vorzüge des anderen in Bildform gemeint. STEINER spricht von Bildern, die damit verbunden sind, daß man »aufsteigt in das imaginative Leben«[182]. Es handelt sich um Wahrbilder, durch die man den positiven Kern des anderen zu erfassen versucht. Nun braucht man sich nicht mehr zur Positivität zu zwingen, weil man das Positive im anderen erlebt oder wenigstens erahnt hat. Man kann bei dieser Übung von dem äußeren Bild des anderen, von seiner Gestalt ausgehen, dann muß man jedoch seine Worte und Taten, seine Auswirkungen im sozialen Leben dazunehmen. Aus den verschiedenen Aspekten tastet man nach dem Wesensbild. Schon bei diesem Tasten erlebt man ein keimendes Gerechtigkeitsgefühl dem anderen Menschen gegenüber, das dann in das irdische Dasein ausstrahlen kann.

Indem die Bewußtseinsseele über sich hinauswächst, verwandelt sie sich selbst. »Was Betonung des Ich ist, tritt zurück; dafür erfüllt sich die Bewußtseinsseele, die früher vorzugsweise zur Kultur des Ich gedient hat, allmählich mit dem, was wir die Imagination nennen.«[300] Die Beziehung der Bewußtseinsseele zum *Gehirn* wird dabei eine freiere, doch besteht auch bei der Imagination – über den frei gewordenen Ätherleib des Gehirns – noch eine solche grundlegende Beziehung. »Die Natur selber stellt das hin als eine reale, als eine sinnlich reale Imagination im Gehirn, was man eigentlich in der imaginativen Erkenntnis auf einem höheren Gebiet erlangt.«[292] Das Gehirn ist das sinnliche, die Imagination das übersinnliche Abbild einer geistigen Realität; das Gemeinsame, das beide miteinander verbindet, ist die abbildende Tätigkeit.

Im weiteren Verlauf der seelischen Entwicklung, aus der sich die geistige Entwicklung erhebt, »verwandelt sich die Bewußtseinsseele in die *Imaginationsseele*«.[300]

VERWANDLUNG DER VERSTANDES-GEMÜTS-SEELE

Wie die Bewußtseinsseele zur Imaginationsseele, so kann die Verstandes-Gemüts-Seele zur *Inspirationsseele* werden.[300]

Durch die *Inspiration* offenbart sich die geistige Welt nicht mehr in Bildern; ihr Wesen, ihre Wesenheiten »sprechen« nun zum Menschen. Während sich bei der Imagination das Denken zu einem geistigen Schauen steigert, wandelt sich bei der Inspiration das *Fühlen* zu einem *geistigen Hören*. Das beginnt damit, daß der Geistesschüler das innere Bild, in das er sich versenkt hat, wieder aus dem Bewußtsein verschwinden läßt und ein leeres Bewußtsein herstellt. Er soll nun alles in sich »*fühlen*«, was er getan hat, um das Bild zu erzeugen.[301] Ähnlich wie bei der Imagination ist auch die Inspiration im Menschen veranlagt. Das inspirative Hellsehen, »das ist nur das zur Helligkeit, zum vollen Bewußtsein heraufgehobene Erleben desjenigen, was bei jedem Menschen unten im Gefühlsleben unbewußt an Inspirationen vorhanden ist.«[302]

Im Gegensatz zum Glückserleben beim Imaginieren verursacht der Verzicht auf die liebgewordenen Bilder, das Herstellen des leeren Bewußtseins einen »umfassenden seelischen Schmerz«. Der Schüler lernt »die Wahrheit kennen, daß alles Dasein zuletzt aus dem Schmerz geboren sein muß«. (Das bestätigten ihm schon die vielen Geburtswehen im Lebenslauf.)

Zur *Leere* als Vorbedingung für die Inspiration tritt dann die *Stille*, die »stiller als still«, »über den Nullpunkt hinweg« geführt werden soll. Erst in dieses »Negativ vom Hören« spricht die geistige Welt hinein.[297]

Jenes Hineinsprechen wird von STEINER mit der Einatmung verglichen, auf die ja auch das Wort »Inspiration« hinweist. Der menschliche Atmungsprozeß kann dadurch verstanden werden, ja, es wird geradezu von STEINER »alles, was mit dem Atmen zusammenhängt«, eine »realisierte, eine in die Sinnenwelt heruntersetzte Inspiration« genannt[292]. P. E. SCHILLER faßt zusammen: »Wie in die durch Ausatmung leergemachte Lunge die Luft eindringt, so dringt bei der Inspiration in die willentlich leergemachte Seele das Wesenhafte ein ... Ausatmend tritt man wieder in das Erdenleben zurück.«[303]

Es ist die Atmosphäre einer sich spiritualisierenden Verstandes-Gemüts-Seele, in die wir durch die Inspiration eintauchen. Wir erleben wieder die Atmung zwischen dem Inneren der Seele und der Welt, nun aber ist es die geistige Welt, zu der die Seele in eine atmende Beziehung tritt. Wir erleben ein sich vergeistigendes Gefühlsleben, das still wird, sich leer macht, nun aber nicht mehr für das Wesen eines anderen Menschen, mit dem man durch das Gemüt verbunden ist, sondern für die Wesen der geistigen Welt. Der Verstand dieser Seele soll dabei auf das »Selbstdenken« verzichten, dann kann, nach einem weiteren Verzicht auf das »gewöhnliche Gemütsleben«, die Inspiration einziehen.[300]

Damit ist nicht ein Verzicht auf eigenes Denken und eine gemüthafte Verarmung im irdischen Leben gemeint. Verstand und Gemüt werden vielmehr Instrumente für ein höheres Leben, das der Mensch in individueller Form verkörpert. Wendet sich der Geistesforscher aus dem höheren wieder dem irdischen Leben zu, so braucht er dort weiter sein eigenes (praktisches) Denken und sein warmes Gemüt, allerdings durchstrahlt von dem, was er sich geistig errungen hat. Das konnte man an der Persönlichkeit Rudolf STEINERS erleben.

Nun steigern sich die sozialen Auswirkungen dessen, was durch das Imaginieren der Bewußtseinsseele begonnen hat. Es können sich *soziale Inspirationen* bilden, welche Neues in das soziale Leben hereinströmen lassen. Und auch bei der Verwandlung der Verstandes-Gemüts-Seele gibt es Stufen, die erst in die Richtung des geschilderten inspirativen Hellsehens führen. So bemerkt STEINER: »Die inspirierten Werke der Kultur sind in die verwandelte Verstandesseele hereininspiriert worden.«[300] Im geistig-seelischen Austausch mit dem anderen Menschen kann man ebenfalls solche Vorstufen erleben, wobei der eine Mensch »inspirierend« auf den anderen wirkt.

VERWANDLUNG DER EMPFINDUNGSSEELE

Durch die *Intuition* erfolgt die unmittelbare Vereinigung des Ich mit dem anderen Wesen, das zuvor durch die Inspiration zu ihm »gesprochen« hat. Nun wird »das *Willenselement* zu einem Erkenntnisorgan«.[304] Was im Willensakt auf einer irdischen Stufe vorgebildet ist: das vollständige Untertauchen des Geistig-Seelischen in das Stoffwechselsystem des eigenen Organismus, das wird zur höchsten Erkenntnisart in der geistigen Welt. Zu dieser Willensdynamik bemerkt dann STEINER: »Das ist das Wesen der intuitiven Erkenntnis.«[292] Bevor diese Erkenntnis einsetzen kann, muß der Geistesschüler wieder auf Vorhergegangenes verzichten: Nach dem Verzicht auf die Bilder wird vom Schüler der Verzicht gefordert auf das »Leben in der eigenen Seelentätigkeit, in welche er sich für die Erwerbung der Inspiration versenkt hat«[305].

Während in der Intuition die Hingabe des Organ gewordenen Willens der Erkenntnis des anderen Wesens dient, ist es die vergeistigte Kraft der *Liebe*, welche der Vereinigung mit dem Wesen ihr Leben schenkt. Die Kraft der Liebe wird zur »Erkenntniskraft«. In der Liebe faßt sich, wie wir sahen, das individuelle Wesen des Menschen zusammen und nimmt zugleich das andere Wesen in sich auf. Nun wird die Liebe zur reinen Ausstrahlung des höheren Ich, das sich ganz mit dem anderen Wesen vereinigt, auch dabei jedoch, wie bei jeder Liebe, das individuelle Wesen nicht verliert. Man gelangt zur Intuition, »indem man in aller Individualisiertheit, aber auch in aller Selbstlosigkeit, das Andere erleben lernt«[304].

Schon der Aspekt: »tiefstes Eintauchen des Geistig-Seelischen beim Willensakt – höchste Erkenntnisart« deutet auf eine große Spannweite des Geschehens. Das wiederholt sich durch den Hinweis STEINERs, daß das erste, das niederste Seelenglied, die *Empfindungsseele*, dem Werden der höchsten Erkenntnisart, der Intuition, dienen und sich selbst dabei zur *Intuitionsseele* verwandeln kann. Aber die Empfindungsseele ist eben nicht nur das niederste Seelenglied, sie ist auch »die reichste Seele«. Die elementaren Kräfte ihrer »inneren Impulse, in-

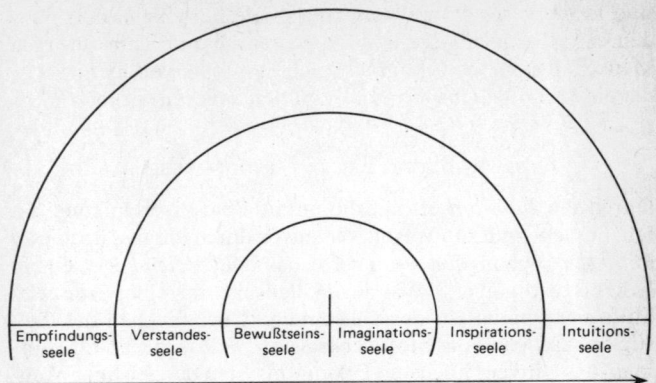

| Empfindungs-seele | Verstandes-seele | Bewußtseins-seele | Imaginations-seele | Inspirations-seele | Intuitions-seele |

neren Leidenschaften und Affekte können sich in Intuitionen verwandeln«.[300] Die instinktive Unmittelbarkeit des empfindungshaften Erlebens der Welt wird bei der Intuition zur Unmittelbarkeit der Wesensvereinigung. Die Empfindungsseele schloß sich für die Welt auf. Ihre Verwandlung beginnt, indem der Mensch »Weltinteressen zu den seinigen macht und dadurch immer mehr und mehr über das persönliche Empfinden hinauskommt«.[300] Das aber kann schon in den zwanziger Jahren vorbereitet werden.

Durch diese letzte Schilderung ist wieder auf *Stufen der Intuition* hingedeutet, die von STEINER besonders betont werden. Der Mensch hat »in der sittlichen Empfindung, im Inhalt des sittlichen Gewissens ein irdisches Abbild desjenigen, welches dann in der Intuition auftritt«[297]; oder: »Der einfachste Gedanke enthält schon Intuition«[306]. Durch diesen letzten Aspekt wird auf den erwähnten Intuitionsbegriff der »Philosophie der Freiheit« hingewiesen. Ein neuer weiter Bogen spannt sich von den intuitiven Erkenntnissen im wesenhaft werdenden Denken der Bewußtseinsseele, die noch vor der Imagination aufleuchten und dem sonnenhaften Geschehen der Intuition auf der dritten Erkenntnisstufe.

VOM LEBENSLAUF DER GEISTIGEN SCHULUNG

Durch die oben wiedergegebene Zeichnung ist eine Übersicht über den Lebenslauf der geistigen Schulung skizziert, die ein Fortschreiten der Seelenentwicklung, aber auch eine Verwand-

300

lung der Seelenglieder bewirken kann. Da jedoch für den Lebenslauf der geistigen Schulung in gesteigerter Form das eigene Ich maßgebend ist, gestaltet er sich wesentlich individueller als der irdische Lebenslauf. Wieviel der sich Schulende erreicht und in welcher Zeit, das hängt in erhöhtem Maß von ihm selbst ab. So kann nach den Schilderungen STEINERs über die Dauer der einzelnen Phasen nichts allgemeines ausgesagt werden. Und noch mehr als bei der seelischen Entwicklung handelt es sich bei den einzelnen Phasen um kein starres Nacheinander. Wie dargestellt wurde, durchdringen sich bei der geistigen Schulung schon die unverwandelten Seelenglieder, wobei aber doch der Akzent jeweils auf einem Seelenglied liegt. Nach STEINER gibt es sogar Menschen, die »fast gleichzeitig mit der imaginativen Erkenntnis die inspirative und die intuitive« üben können. »Aber das darf durchaus nicht so verstanden werden, als ob es irgend jemand geben könnte, dem der Durchgang durch die Imagination zu ersparen wäre.«[307] »Der Weg in die übersinnlichen Welten« ist »für die abendländische Zivilisation« der Weg der Imagination.[308]

Wird dies nicht beachtet und schon vor der Ausbildung des Imaginierens die Inspiration oder Intuition angestrebt, so kann nach STEINER »der Fall eintreten, daß ein Mensch nur bis zur Empfindungsseele entwickelt ist, d. h., daß er ganz und gar seinen persönlichen Begierden, Trieben usw. die Herrschaft läßt. Nehmen wir an, ein solcher Mensch würde hinaufgeschraubt durch okkulte Entwicklung. Die Folge wäre, daß er seine Empfindungsseele umgestaltet in seine Intuitionsseele und er gewisse Intuitionen hätte; aber diese Intuitionen stellten sich als nichts anderes dar, denn als die Umgestaltungen seiner eigenen persönlichen Triebe, Begierden und Instinkte. Ein Mensch, der mit seiner moralischen Entwicklung bis zur Verstandesseele gekommen ist, d. h., der reinliche Begriffe, allgemeinere Begriffe sich angeeignet hat, der in seinem Gemüte umfaßt allgemeine Weltinteressen ..., der wird wenigstens seine Gemütsseele in die Inspirationsseele verwandeln, und er kann zu gewissen Inspirationen kommen, wenn auch noch immer seine hellsichtige Kraft nicht ganz reinlich ist. Erst wenn der Mensch wirklich mit seinem Ich bis zur Bewußtseinsseele vorgedrungen ist, dann entwickelt er zunächst die Umgestaltung seiner Bewußtseinsseele in die Imaginationsseele ...« Dann können »ohne alle Gefahr« die anderen Verwandlungen vollzogen werden.[300] Denn nun wacht das Ich der Bewußtseinsseele über jeder Verwandlung. Damit ist auf die Lebensmitte hingedeutet, von der an die rechtmäßigen Verwandlungen der Seelenglieder möglich werden. Diese Zeit wird überhaupt von STEINER als »die günstigste Zeit« für die »Entfaltung spiritueller Anlagen« bezeichnet[309], ein Prozeß, der sich dann im weiteren Leben fortsetzen kann.

Auch für die ersten Schritte geistiger Schulung, die der *anthroposophische Arzt* versuchen kann, ist die Reihenfolge dieser Schritte von Bedeutung. STEINER hat dem Arzt ans Herz gelegt: Die innere Welt des Organismus, der erkrankten Organe sollten durch Imagination, die Naturreiche und die aus ihnen kommenden Heilmittel sollten durch Inspiration erforscht werden. Imagination und Inspiration fließen bei der Therapie durch Intuition zusammen.[310] Die Vorstufe der Imagination wird für die Erkenntnis der Naturreiche und der Heilmittel nicht besonders erwähnt, ist jedoch nach dem oben Ausgeführten auch hier gegeben.

Vom erkrankten Organ wie von der Heilpflanze, der heilenden Substanz, versucht der Arzt sich zunächst Bilder zu machen, Bilder auf dem Weg zur Imagination. Will er das Heilmittel in seiner lebendigen Wirksamkeit finden, ein vorhandenes neu in dieser Art entdecken, so muß er auf die Bilder verzichten und darauf lauschen, was ihm die Pflanze, die Substanz sagt. Ein subtiles Gefühlserlebnis kann sich einstellen den möglichen Heilmitteln gegenüber, eine Stimmung, die STEINER bei der ausgebildeten Inspiration mit einem musikalischen Erlebnis vergleicht.[311] Das Bild der Krankheit, neu heraufgeholt, kann als stumme Frage, das Heilmittel als innerlich »klingende« Antwort erlebt werden. Man erinnert sich an das auf die Heilung ausgerichtete Novalis-Wort: »Jede Krankheit ist ein musikalisches Problem, die Heilung eine musikalische Auflösung.«[312]

Erwacht aus dieser Stimmung der Heilerwille, so bringt dieser ein neues Element: Der Arzt erlebt sich einen Augenblick lang wie mit dem Kranken und seiner Heilung vereint. Er spürt die intuitive Willensentscheidung: Das ist *das* Heilmittel für *diesen* individuellen Kranken, in *dieser* Potenz, in *dieser* Form der Verabreichung. – Mögen solche Sternstunden selten, mögen sie auch nur Vorstadien künftiger Forschung und Therapie sein, so haben sie doch die Kraft, in den ärztlichen Alltag auszustrahlen und etwas von dem Erleben gegenwärtig sein zu lassen, das sie erfüllt hat.

Trotz der individuellen Gestaltung und teilweisen Durchdringung bleibt also eine gewisse *Gesetzmäßigkeit* auch im Lebenslauf der geistigen Schulung bestehen. Das für die geistige Entwicklung abträgliche Verharren-Wollen auf einer Stufe wurde schon erörtert. Es gibt jedoch, so sahen wir, auch bei der geistigen Schulung ein Überspringen-Wollen von Stufen. Auf die Gefahren, die sich für die Entwicklung zur Bewußtseinsseele dadurch ergaben, wurde ebenfalls schon hingewiesen (das Verdorren im Bewußtseinslicht). – Nach dem oben Ausgeführten sind jedoch noch weitere Folgen möglich. Wird die Stufe der Empfindungsseele oder der Verstandes-Gemüts-Seele bei der geistigen Schulung vernachlässigt, so fehlen nicht nur die Grundlagen für die Entwicklung der Bewußtseinsseele, sondern auch für die Verwandlung der beiden anderen Seelenglieder in die Inspirations- und Intuitionsseele. Auch um diese beginnende Verwandlung zu ermöglichen, sollten Empfindungseele und Verstandes-Gemüts-Seele des Geistesschülers während des ganzen Lebens immer neu belebt werden.

Die Gesetzmäßigkeit im Lebenslauf geistiger Schulung läßt zuletzt noch eine direkte Beziehung zum *irdischen* Lebenslauf erkennen. »In einem gewissen Sinn« ist auch der Geistesschüler »von seinem Lebensalter abhängig«. Für sein übersinnliches Erkennen werden seine »Lebensalter« »Auffassungsorgane«, durch die Inspirationen möglich werden. Diese Inspirationen sind anders, unvollständiger, wenn er jünger, als wenn er älter ist. Er muß warten, bis er ein bestimmtes Lebensalter erreicht hat, um etwas Bestimmtes erforschen zu können.[313] Besonders am Anfang der vierziger Jahre kann die geistige Entwicklung des Menschen einen neuen Impuls erhalten. Außer der Verwandlung seiner Seelenglieder, die schon während seiner seelischen Entwicklung eingeleitet werden kann, eröffnet sich für ihn nunmehr die Möglichkeit, mit der Verwandlung der Glieder seiner leiblichen Entwicklung, zunächst seines Astralleibes, im geistigen Sinn zu beginnen.[314]

Damit ist zum Schluß ein Motiv angeschlagen, das den irdischen Lebenslauf ebenso durchzieht wie den Lebenslauf der geistigen Schulung. Man muß warten lernen, Geduld üben. Ungeduld behindert oder verunmöglicht das Fortschreiten auf jedem Weg menschlicher Entwicklung. Wie man auf eine physische Geburt warten muß, warten sollte, so muß man auf die Geburtsvorgänge der seelischen und geistigen Entwicklung warten können, nachdem man alles zu ihrer Vorbereitung getan hat. Dann kann man es auch als *Gnade* erleben, wenn sich aus der geistig-göttlichen Welt etwas Neues im Leben verkörpern will, das der Entwicklung neue Impulse und der Krankheit Heilung bringt.

Literaturhinweise

1   Fr. Hiebel: Biographik und Essayistik, S. 159. Bern/München 1970.
2   Näheres vgl. H. Poppelbaum: Mensch und Tier, S. 99. Basel 1928.
3   In dem Gedicht »Vermächtnis«.
4   R. Steiner: Theosophie, (a) S. 37/38, Ausg. 1962, Kap. IV, Rudolf-Steiner-Verlag, Dornach, Gesamtausgabe (GA) 9; (b) S. 55f.
5   L. Klages: Vom Wesen des Rhythmus, Kampen/Sylt 1934.
6   R. Steiner: Metamorphosen des Seelenlebens. Der menschliche Charakter, GA 59.
7   W. Hoerner: Zeit und Rhythmus (a) S. 92; (b) S. 112; (c) S. 177, Stuttgart 1978.
8   R. Treichler: Lebensstufen und Seelenentwicklung. Im Anthropos. Mediz. Jahrbuch, Bd. II, Dornach 1951.
9   W. Bühler: Das bewegliche Osterfest, S. 22, Tübingen 1965.
10 H. Thomae, der W. Hellpach referiert, in: Psychologische Probleme des Erwachsenenalters, S. 688ff. Universitas, Juni 1957.
11 R. Steiner: Die Erziehung des Kindes vom Gesichtspunkt der Geisteswissenschaft, S. 15ff., Taschenbuchausg. 1965, GA 34.
12 R. Guardini: Die Lebensalter, S. 11. Würzburg 1959.
13 B. Lievegoed: Lebenskrisen-Lebenschancen, S. 33/34, München 1979.
14 Zit. n. H. Hessenbruch: Von der Bedeutung des Siebenjahresrhythmus beim heranwachsenden Menschen. Dissertation 1938, S. 3.
15 M. Moers: Die Entwicklungsphasen des menschlichen Lebens. Ratingen 1953.
16 H. Künkel: Die Lebensalter, S. 28ff. Braunschweig 1948.
17 G. Sheehy: In der Mitte des Lebens, (a) S. 33; (b) S. 19; (c) S. 381. Frankfurt/M. 1978.
18 Ch. Bühler: Der menschliche Lebenslauf. Leipzig 1933, Neuaufl. Göttingen 1959.
19 R. Oerter: Moderne Entwicklungspsychologie, S. 15. Donauwörth 1976.
20 W. Schraml: Einführung in die moderne Entwicklungspsychologie, S. 14. Stuttgart 1972.
21 H. Hahn: Der Lebenslauf als Kunstwerk. Stuttgart 1966.
22 F. Seitelberger: Handbuch der Kinderheilkunde, VIII, 1, S. 48. Berlin 1969.

23 Fr. Husemann/O. Wolff: Das Bild des Menschen als Grundlage der Heilkunst, Bd. II, 1, S. 22. Stuttgart 1974.

24 W. Bühler: Der Leib als Instrument der Seele, Stuttgart, 8. Aufl. 1981.

25 R. Steiner: Allgemeine Menschenkunde als Grundlage der Pädagogik, 9. und 12. Vortr., GA 293.

26 R. Treichler: Das Volksschulalter in ärztlicher Sicht. Erziehungskunst, S. 213, Juli 1957.

26a H. Driesch: Philosophie des Organischen, S. 139. Stuttgart 1921.

27 R. Steiner: Theosophie, S. 30, vgl. Anm. 4.

28 R. Steiner/I. Wegman: Grundlegendes für eine Erweiterung der Heilkunst nach geisteswissenschaftlichen Erkenntnissen, 1. Kap., GA 27.

29 R. Steiner: Geisteswissenschaft und Medizin, 7. Vortr., GA 312.

30 R. Steiner: Vor dem Tore der Theosophie, 8. Vortr., GA 95.

31 L. Vogel: Der dreigliedrige Mensch, S. 215. Dornach 1967.

32 R. Steiner: Psychosophie, (a) 1. Vortr.; (b) 2. Vortr.; in: Anthroposophie-Psychosophie-Pneumatosophie, GA 115.

33 R. Steiner: Allgemeine Menschenkunde ... 7. Vortr.; vgl. Anm. 25.

34 J. W. Goethe: Bedeutende Fördernis durch ein einziges geistreiches Wort. Naturwissenschaftliche Schriften. Herausgeg. durch R. Steiner, Bd. II, S. 32.

35 E. Fucke, in: R. Steiner: Vom Lebenslauf des Menschen, S. 239. Stuttgart 1980.

36 K. König: Die menschliche Seele, S. 125 ff.; in: Aspekte der Heilpädagogik. Stuttgart 1969.

37 H. Matthiolius: Temperamente; in: Husemann/Wolff: Das Bild des Menschen ..., S. 80, Bd. II, 1; vgl. Anm. 23.

38 W. Holtzapfel: Krankheitsepochen der Kindheit, S. 37. Stuttgart 1978.

39 R. Steiner: Heilpädagogischer Kurs, 4. Vortr., GA 317.

40 R. Steiner: Die gesunde Entwicklung des Leiblich-Physischen als Grundlage der freien Entfaltung des Seelisch-Geistigen, 9. Vortr., GA 303.

41 H. Müller-Wiedemann: Mitte der Kindheit, S. 104 ff. Stuttgart, Aufl. 1980, auch als Fischer Taschenbuch Nr. 5539.

42 R. Steiner: Von Seelenrätseln, S. 235, Ausg. 1917, Kap. IV.6 GA 21.

43 Ausführlicher bei R. Treichler: Grundzüge einer geisteswissenschaftlich orientierten Psychiatrie; in: Husemann/Wolff: Das Bild des Menschen ..., Bd. II,2 (Neue überarbeitete und ergänzte Auflage 1984).

44 R. Steiner: Geisteswissenschaftliche Gesichtspunkte zur Therapie, 4. Vortr., GA 313.

45 W. Holtzapfel: Krankheitsepochen der Kindheit, S. 43 ff.; vgl. Anm. 38.

46 C. G. Jung: Seelenprobleme der Gegenwart, S. 180/181. Olten/

Freiburg 1973. Zum Jugendalter vgl. ferner: E. Spranger: Psychologie des Jugendalters. Heidelberg, Aufl. 1966.

47 R. Steiner: Die gesunde Entwicklung des Leiblich-Physischen..., 13. Vortr.; vgl. Anm. 40.

47a K. Thomas: Abriß der Entwicklungspsychologie, S. 178 ff. Freiburg 1978.

48 R. Steiner: Geisteswissenschaft und Medizin, 19. Vortrag; vgl. Anm. 29.

48a St. Leber: Geschlechtlichkeit und Erziehungsauftrag. Stuttgart 1981.

49 R. Steiner: Heilpädagogischer Kurs, 1. Vortr., GA 317.

50 Husemann/Wolff: Das Bild des Menschen..., Bd. II, 1, S. 45 ff.; vgl. Anm. 23.

51 R. Steiner: Die gesunde Entwicklung des Leiblich-Physischen..., 11. Vortr.; vgl. Anm. 40.

52 O. Wolff: Das Nierensystem; in: Husemann/Wolff, II, 2, S. 537; vgl. Anm. 23.

53 R. Steiner: Menschenerkenntnis und Unterrichtsgestaltung, S. 72, GA 302. Dornach 1951.

54 R. Steiner: Gesundheit und Krankheit im Seelenleben, Vortr. 31. 1. 1907; in: Die Erkenntnis des Übersinnlichen in unserer Zeit..., GA 55.

55 K. König: Die menschliche Seele, S. 104 ff. Dort auch das Zitat von Heidegger auf S. 101. Vgl. Anm. 36.

56 R. Steiner: Rhythmen im Kosmos und im Menschenwesen, Vortr. 6. 6. 1923, GA 350.

57 R. Steiner: Menschenwesen, Menschenschicksal und Weltentwicklung, Vortr. 20. 5. 1923, GA 226.

58 R. Steiner: Allgemeine Menschenkunde... 2. Vortr., vgl. Anm. 25. Zur Phantasie vgl. ferner die umfassende Darstellung von E. Fucke: Die Bedeutung der Phantasie. Stuttgart 1972.

59 K. Fina: Zit. n. Müller-Wiedemann: Mitte der Kindheit, S. 119; vgl. Anm. 41.

60 Müller-Wiedemann: Mitte der Kindheit, S. 152; vg. Anm. 41.

61 S. Freud: Theoretische Schriften, S. 375. Wien 1931.

62 R. Steiner: Geisteswissenschaftliche Behandlung sozialer und pädagogischer Fragen, 9. Vortr., GA 192.

63 R. Steiner: Die Philosophie der Freiheit, Kap. IV und V, GA 4.

64 F. W. Zeylmans van Emmichhoven: Die menschliche Seele, S. 107. Basel 1953.

65 Chr. Lindenberg: Vorstellen, Begehren und Urteilen; in: die Drei 9/1976; (a) S. 434; (b) S. 439.

66 R. Steiner: Psychosophie, 3. Vortr.; vgl. Anm. 32.

67 R. Steiner: Erziehungsfragen im Reifealter, Vortr. 21. 6. 1922. Stuttgart 1958.

68 Zeylmans van Emmichhoven: Die menschliche Seele, S. 64; vgl. Anm. 64.

69 R. Steiner: Theosophie, S. 32; vgl. Anm. 4.

70   R. Steiner: Die Geheimwissenschaft im Umriß, Ausg. 1948, S. 410, GA 13.

71   Ch. Bühler: Der menschliche Lebenslauf, S. 206ff.; vgl. Anm. 18.

72   N. Glas: Das Antlitz offenbart den Menschen, S. 16. Stuttgart 1963.

73   Zit. n. E. Kretschmer: Medizinische Psychologie, S. 8. Stuttgart 1975.

74   Ch. Bühler: Psychologie im Leben unserer Zeit, S. 215 u. 245. Stuttgart/Hamburg 1962.

75   C. G. Jung: Die Beziehungen zwischen dem Ich und dem Unbewußten, S. 98 u. 206, Darmstadt 1938.

76   R. Steiner: Menschenwerden, Weltenseele und Weltengeist, 21. Vortr., GA 206; Das Johannes-Evangelium, 12. Vortr., GA 103; Die Geheimnisse der Schwelle, 6. Vortr.; GA 147.

77   R. Steiner: Wie erlangt man Erkenntnisse der höheren Welten? Ausg. 1922, S. 166, GA 10.

78   Fr. Husemann: Der Mensch und sein Genius, Vortragswerk 1, 1962.

79   Ausführlicher in: R. Treichler: Schlafen und Wachsen als Atmung des Ich; in: Beiträge zu einer Erweiterung der Heilkunst, 1/1970.

80   P. v. d. Heide: Das Wesen des Ichs; in: Therapie seelischer Erkrankungen aus anthroposophischer Sicht, S. 39ff. Stuttgart 1979.

80a Vergl. auch: E. Fromm: Die Kunst des Liebens, S. 39ff. Frankfurt/M./Berlin/Wien 1956.

81   E. Erikson: Identität und Lebenszyklen, S. 124 u. 107. Frankfurt/M. 1979.

82   B. Lievegoed: Lebenskrisen ..., S. 50ff.; vgl. Anm. 13.

83   N. Glas: Jugendzeit und mittleres Lebensalter, S. 6ff. Stuttgart 1960. – D. Lauenstein: Der Lebenslauf und seine Gesetze, S. 56 u. 66ff. Stuttgart 1974.

84   W. Hoerner: Zeit und Rhythmus, S. 209ff.; vgl. Anm. 7.

85   R. Steiner: Esoterische Betrachtungen karmischer Zusammenhänge, I, 1. Vortr. GA 235.

86   B. Lievegoed: Lebenskrisen ..., S. 68ff.; vgl. Anm. 13.

87   Ch. Bühler: Psychologie ..., S. 264; vgl. Anm. 74.

88   H. Hahn: Der Lebenslauf als Kunstwerk, S. 90; vgl. Anm. 21.

89   Fr. Kipp: Die Evolution des Menschen im Hinblick auf seine lange Jugendzeit. Stuttgart 1980.

90   R. Steiner: Das Johannes-Evangelium im Verhältnis zu den drei anderen Evangelien, 2. Vortr., GA 112.

91   R. Steiner: Metamorphosen des Seelenlebens, Die Mission des Zornes; vgl. Anm. 6.

92   R. Steiner: Die Geheimwissenschaft ... S. 33; vgl. Anm. 70.

93   R. Steiner: Anthroposophie, Kap. IV. In: Anthroposophie, Psychosophie, Pneumatosophie; vgl. Anm. 32.

94   H. Künkel: Die Lebensalter, S. 56; vgl. Anm. 16.
95   R. Steiner: Anthroposophische Grundlagen für die Arzneikunst,
     2. Vortr.; in: Physiologisch-Therapeutisches auf der Grundlage
     der Geisteswissenschaft, GA 314.
96   G. Sheehy: In der Mitte des Lebens, S. 143 ff.; vgl. Anm. 17.
97   E. Fucke; in R. Steiner: Vom Lebenslauf des Menschen, S. 241;
     vgl. Anm. 35.
98   Zu den Jahrsiebten in Goethes Leben vgl. Fr. Hiebel: Goethe.
     Berlin 1961; R. Treichler: Metamorphosen in Goethes Lebens-
     lauf, in: die Drei 6/1982.
99   H. Künkel: Die Lebensalter, S. 67; vgl. Anm. 16.
100 R. Steiner: (a) Theosophie, S. 35; (b) Metamorphosen des See-
     lenlebens, Die Mission der Wahrheit; vgl. Anm. 6.
101 R. Steiner: Die Erziehung des Kindes ..., S. 38; vgl. Anm. 11.
102 R. Steiner: Menschliche und menschheitliche Entwicklungs-
     wahrheiten, 1. Vortr., GA 176.
103 R. Steiner: Vom Lebenslauf des Menschen, S. 159; vgl. Anm. 35.
104 E. Bock: Übersetzung des Lukasevangeliums, Kap. II.
105 M. Moers: Die Entwicklungsphasen des menschlichen Lebens,
     S. 60–62; vgl. Anm. 15.
106 Ch. Bühler: Der menschliche Lebenslauf, S. 209.
107 G. Sheehy: In der Mitte des Lebens, S. 251; vgl. Anm. 17.
108 A. L. Vischer: Seelische Wandlungen beim alternden Menschen,
     S. 215. Basel 1944.
109 Ch. Bühler: Psychologie ..., S. 215; vgl. Anm. 74.
110 R. Steiner: Metamorphosen des Seelenlebens, Das Wesen des
     Egoismus; vgl. Anm. 6.
111 Zit. n. Ch. Bühler: Der menschliche Lebenslauf, (a) S. 280; (b)
     S. 301; vgl. Anm. 18.
112 Zit. n. R. Steiner: Goethes Weltanschauung, Ausg. 1918, (a)
     S. 37; (b) S. 96; GA 6.
113 Fr. Schiller: Über die ästhetische Erziehung des Menschen, 12.,
     14. u. 18. Brief.
114 Zu diesen Beispielen vgl. H. E. Lauer: Vom richtigen Altwerden,
     S. 93 ff. Freiburg 1972.
115 R. Steiner: Der irdische und der kosmische Mensch, 4 Vortr.,
     GA 133.
116 M. Bürger: Pathologische Physiologie, S. 619. Leipzig 1956.
117 O. Wolff, in Husemann/Wolff, I, S. 131; vgl. Anm. 23.
118 W. Holtzapfel: Krankheitsepochen der Kindheit, S. 13 ff.
119 R. Steiner: Philosophie und Anthroposophie, S. 415, GA 35.
120 J. C. Hampe: Sterben ist doch ganz anders, S. 12. Stuttgart 1975.
121 R. Steiner: Metamorphosen des Seelenlebens. Die Mission der
     Andacht; vgl. Anm. 6.
122 R. Steiner: Aus dem mitteleuropäischen Geistesleben, Vortr. 13.
     4. 1916, GA 65.
123 H. v. Schroetter: Die Persönlichkeit des Infantilen; in: Infantilis-
     mus. Psychologische Praxis, S. 43, Heft 16. Basel 1955.

124   K. Heymann, in: Infantilismus, S. 9.
125   H. Thomae, in: Infantilismus, S. 40.
126   E. Kretschmer: Medizinische Psychologie, S. 148 u. 163. Stuttgart 1975.
127   W. Th. Winkler, in: Infantilismus, S. 83 ff.; vgl. Anm. 123.
128   R. Steiner: Allgemeine Menschenkunde, 4. Vortr.; vgl. Anm. 25.
129   P. Strunk, in: Lehrbuch der speziellen Kinder- und Jugendpsychiatrie, S. 157 ff. Berlin/Heidelberg/New York 1971.
130   H. Sedlmayr: Verlust der Mitte. Salzburg 1955.
131   I. Lutz: Kinderpsychiatrie, S. 364 ff. Zürich 1972. Zur Drogensucht vgl. ferner P. Kielholz und D. Ladewig: Die Drogenabhängigkeit des modernen Menschen. München 1972.
132   Novalis: Fragment 623.
133   R. Steiner: Geisteswissenschaft und Medizin, 20. Vortr.; vgl. Anm. 29.
134   A. Suchantke, in: Bewußtseinserweiterung durch Drogen? S. 32 ff. Basel 1970.
135   W. Bühler: Meditation als Erkenntnisweg. Bewußtseinserweiterung mit der Droge, S. 30 ff. Stuttgart 1974.
136   H. R. Niederhäuser, in: Bewußtseinserweiterung durch Drogen?, S. 27.
137   W. Bühler: Die Suche nach dem Bild. S. 29 ff. In: Rauschgift, Stuttgart 1980. Die Mitautoren: L. F. C. Mees und W. Schimpeler schildern andere Aspekte der Drogenproblematik. Vergleiche ferner O. Koob: Droge und Suchtentstehung. Soziale Hygiene. Bad Liebenzell 1981.
138   R. Steiner: Geistige Wirkenskräfte im Zusammenleben von alter und junger Generation, 6. Vortr., GA 217.
139   Vgl. hierzu und zu den betreffenden Pflanzen L. F. C. Mees: Rauschmittel – warum? Stuttgart 1975.
140   R. Steiner: Geisteswissenschaftliche Erkenntnis über Natur und Mensch, 8. Vortr., GA 352.
141   K. Heymann, in: Bewußtseinserweiterung durch Drogen, S. 17; vgl. Anm. 134.
142   R. Steiner: Die Geheimwissenschaft ... S. 414; vgl. Anm. 70.
143   B. de Rudder, in: Das Kind und die Zivilisation. Köln 1959.
144   K. Heymann, in: Infantilismus, S. 21; vgl. Anm. 123.
145   H. Baacke/Th. Scheer, in: Infantilismus, S. 94; vgl. Anm. 123.
146   R. Steiner: Die verborgenen Tiefen des Seelenlebens, Ausg. 1946, S. 23–35, Vortr. 23. 11. 1911; in: Menschengeschichte im Licht der Geistesforschung, GA 61.
147   R. Steiner: Geisteswissenschaft und Medizin, 4. Vortr.; vgl. Anm. 29. Grundlegendes zu diesem und anderen Problemen der anthroposophischen Medizin vgl. H. Sieweke: Anthroposophische Medizin. Dornach 1959.
148   B. Lievegoed: Lebenskrisen-Lebenschancen, S. 125 ff.; und K. J. Fintelmann: Die Hibernia-Schule als Modell einer Gesamtschule. Stuttgart 1969.

149 R. Steiner: Die gesunde Entwicklung des Leiblich-Physischen
     ... 12. Vortr.; vgl. Anm. 40.
150 K. Horney: Der neurotische Mensch unserer Zeit, S. 33 ff.
     Stuttgart 1951.
151 F. W. Zeylmans van Emmichhoven: Gespräche über die
     Hygiene der Seele, S. 192. Arlesheim 1957.
152 K. Horney: Der neurotische Mensch ..., S. 88, vgl. Anm. 150.
153 H. Hessenbruch: Angst und Furcht, S. 14. Ahrweiler 1952.
154 R. Steiner: Weltenwunder, Seelenprüfungen und Geistesoffen-
     barungen, 10. Vortr., GA 129.
155 S. Freud: Theoretische Schriften, S. 363; vgl. Anm. 61.
156 R. Steiner: Vom Lebenslauf des Menschen, S. 17; vgl. Anm. 35.
157 K. Horney: Der neurotische Mensch ..., S. 175; vgl. Anm. 150.
158 V. E. Frankl: Anthropologische Grundlagen der Psychothera-
     pie, S. 13 ff. Bern 1975.
159 V. E. Frankl: Die Heimholung der Psychotherapie in der Medi-
     zin. Acta psychotherap. 1962.
160 V. E. Frankl: Anthropologische Grundlagen ... (a) S. 256; (b)
     S. 364 ff.; vgl. Anm. 158.
161 R. Steiner: Die Philosophie der Freiheit, vgl. Anm. 63.
162 R. Steiner: Geisteswissenschaft und Medizin, 16. Vortr.; vgl.
     Anm. 29.
163 R. Steiner: Psychosophie, 4. Vortr.; vgl. Anm. 32.
164 R. Steiner: Individuelle Geistwesen und einheitlicher Welten-
     grund, Vortr., 10. 11. 1917, GA 178.
165 R. Steiner: (a) Die Geheimwissenschaft ..., S. 319 ff.; vgl.
     Anm. 70; (b) Praktische Ausbildung des Denkens, Freiburg i.
     Br. 1958; (c) Nervosität und Ichheit, GA 143.
166 R. Steiner: Wie erlangt man Erkenntnisse der höheren Welten?
     S. 99; vgl. Anm. 77.
167 Martin Luther King: Das Haus der Welt; zit. n. B. Nordmeyer:
     Sternkalender. Dornach 1980.
168 R. Steiner: Geistige Wirkenskräfte ... (Pädagog. Jugendkurs),
     1. Vortr., vgl. Anm. 138.
169 N. Glas: Jugendzeit ..., S. 39/40; vgl. Anm. 83.
170 Unter Mitbenutzung eines Vortrags von N. Glas an der Tagung
     der Gesellschaft anthroposophischer Ärzte, Teinach 1977.
171 J. Lusseyran: Gegen die Verschmutzung des Ich. Stuttgart 1972.
172 G. Sheehy: In der Mitte des Lebens, S. 303; vgl. Anm. 17.
173 J. Bodamer: Der Mensch ohne Ich, S. 105. Freiburg 1958.
174 R. Guardini: Die Lebensalter, S. 40; vgl. Anm. 12.
175 H. E. Lauer: Vom richtigen Altwerden, S. 44; vgl. Anm. 114.
176 R. Steiner: Vom Lebenslauf des Menschen, S. 126; vgl. Anm.
     35.
177 Zu den Phänomenen und zur Häufigkeit vgl. H. Richter/D.
     Beckmann: Herzneurose, S. 19 ff. Stuttgart 1969.
178 Kleinsorge/Klumbies: Psychotherapie in Klinik und Praxis,
     S. 10 ff. München/Berlin 1959.

179 W. Bräutigam, P. Christians: Psychosomatische Medizin, (a) S. 105 ff.; (b) S. 138 ff. Stuttgart 1975.
180 R. Steiner: Die soziale Grundforderung unserer Zeit, 4. Vortr., GA 186.
181 R. Steiner: Initiationserkenntnis, 6. Vortr., GA 227.
182 R. Steiner: Die soziale Grundforderung …, 5. Vortr.; vgl. Anm. 180.
183 Goethes Gespräche mit Eckermann, aus dem Jahr 1928.
184 R. Steiner: Geisteswissenschaftliche Behandlung sozialer und pädagogischer Fragen, 11. Vortr., GA 192.
185 K. Mayer: Zur Psychopathologie vorzeitiger Versagenszustände; in: Zur Psychologie der Lebenskrisen, S. 167. Frankfurt/M. 1962.
186 H. Schreiber: Die Krise in der Mitte des Lebens, S. 141. München 1977.
187 Lievegoed: Lebenskrisen …, S. 75; vgl. Anm. 13.
188 Ch. Bühler: Die Psychologie im Leben unserer Zeit, S. 294; vgl. Anm. 74.
189 F. Dubitscher: Lebensschwierigkeiten und Selbsttötung, S. 12. Stuttgart 1971.
190 G. Sheehy: In der Mitte des Lebens, S. 267/268; vgl. Anm. 17.
191 N. Glas: Jugendzeit … S. 131; vgl. Anm. 83.
192 R. Steiner: Friedrich Nietzsche, S. 178 ff. Ausg. Dornach 1926, GA 5.
193 Siehe Beitrag des Verfassers über Hölderlin in W. Schuchardt: Schicksal in wiederholten Erdenleben, Dornach 1983.
193a W. Blankenburg, im Schweizer Archiv für Neurologie und Psychiatrie 90/2, 1962.
194 R. Treichler: Friedrich Hölderlin – Krankheit und Dichtung; zu dem Buch von P. Bertaux: Friedrich Hölderlin; in: die Drei 7/8/1979.
195 R. Steiner: Die Geheimwissenschaft …, S. 421 (Kap. Der Lebenslauf des Menschen); vgl. Anm. 70.
196 R. Treichler: Vom Wesen der Neurasthenie; in: Anthroposophie und Medizin. Dornach 1963.
197 R. Steiner: Wie erlangt man Erkenntnisse der höheren Welten?, S. 50; vgl. Anm. 77.
198 R. Steiner: Meditative Betrachtungen und Anleitungen zur Vertiefung der Heilkunst, 2. Vortr. (3. 1. 1924), GA 316.
199 W. Bräutigam und P. Christians: Psychosomatische Medizin, S. 179; vgl. Anm. 179. J. Rattner: Psychosomatische Medizin heute, S. 81 ff. Zürich/Stuttgart 1969.
200 R. Steiner, in A. G. Degenaar: Krankheitsfälle, Manuskriptdruck für Ärzte. S. 75.
201 R. Steiner: Die Hygiene als soziale Frage; in: Physiologisch-Therapeutisches…, S. 240; vgl. Anm. 95.
202 R. Steiner: Meditative Betrachtungen… zur Vertiefung der Heilkunst; Osterkurs, 5. Vortr.; vgl. Anm. 198.

203 Zum genauen Wortlaut, der in eine Meditation für Ärzte ausklingt vgl. R. Steiner: Meditative Betrachtungen ...; Weihnachtskurs, 8. Vortr.; vgl. Anm. 198.

204 R. Steiner: Die Ergänzung heutiger Wissenschaften durch Anthroposophie, S. 290ff., GA 73.

205 R. Steiner: Krankheit und Entwicklungsgeschehen, Ausgabe 1947, S. 43, GA 58/59.

206 Z. B. im Heilpädagogischen Kurs, 1. Vortr. (»feiner Leber-Defekt«).

207 R. Steiner: Wie kommt man zum Schauen in der geistigen Welt?, S. 5, Ausg. Dornach 1949, GA 350.

208 R. Steiner: Geisteswissenschaft und Medizin, 13. Vortr.; vgl. Anm. 29.

209 R. Steiner: Die Erneuerung der pädagogisch-didaktischen Kunst durch Geisteswissenschaft (Fragenbeantwortung), GA 301.

209a Vgl. auch R. Steiner/I. Wegman: Grundlegendes ... S. 73/74; vgl. Anm. 28.

210 R. Steiner: Von Seelenrätseln, Kap. IV, 6; vgl. Anm. 42.

211 R. Steiner: Irdische und kosmische Gesetzmäßigkeiten, 4. Vortr.; in: Menschenwerden, Weltenseele und Weltengeist (6. Vortr.), GA 205.

212 R. Steiner: Geisteswissenschaft und Medizin, 17. Vortr.; vgl. Anm. 29.

213 R. Steiner: Krankheit und Entwicklungsgeschehen, S. 58; s. Anm. 205.

214 R. Treichler: Von einer Psychologie der Organe zu einer organischen Behandlung psychischer Störungen; in: Anthroposophisch-medizinisches Jahrbuch. Dornach 1952.

215 R. Steiner: Meditative Betrachtungen ...; Weihnachtskurs, 1. Vortr.; vgl. Anm. 198.

216 K. Jaspers: Strindberg und van Gogh. München 1926.

217 R. Steiner: Offenbarungen des Karma, 5. Vortr., GA 120.

217a Das therapeutische Gespräch. Stuttgart 1980.

218 Weitere Ausf. in: Soziale Hygiene, S. 13–46. Stuttgart 1973.

219 E. Kretschmer: Medizinische Psychologie, S. 209; vgl. Anm. 126.

220 G. Nissen, in: Lehrbuch der speziellen Kinder- und Jugendpsychiatrie, S. 60ff.; vgl. Anm. 129.

221 W. Bräutigam u. a.: Psychosomatische Medizin, S. 160; vgl. Anm. 179.

222 R. Steiner: Zur Therapie; in: Physiologisch-Therapeutisches ..., S. 203; vgl. Anm. 95.

223 R. Steiner: Geisteswissenschaft und Medizin, 11. Vortr.; vgl. Anm. 29.

224 E. Bleuler: Lehrbuch der Psychiatrie, S. 527. Berlin 1975. Neubearbeitet von M. Bleuler.

225 R. Steiner: Heilpädagogischer Kurs, 5. Vortr., GA 317.

226 G. Nissen, in: Lehrbuch der spez. Kinder- und Jugendpsychiatrie, S. 71; vgl. Anm. 129.

227 H. Müller-Wiedemann: Mitte der Kindheit, S. 20 ff.; vgl. Anm. 41.

228 R. Steiner: Der Irrsinn vom Standpunkt der Geisteswissenschaft; in GA 55.

229 V. E. Frankl: Das Menschenbild der Seelenheilkunde, S. 38/39. Stuttgart 1959.

230 R. Steiner/I. Wegman: Grundlegendes zu einer Erweiterung ..., 2. Kap.; vgl. Anm. 28.

231 G. Nissen: Lehrbuch d. spez. Kinder- und Jugendpsychiatrie, S. 76; vgl. Anm. 129.

232 E. Kretschmer: Hysterie, Reflex und Instinkt, S. 34 ff. Stuttgart 1958.

233 W. Holtzapfel: Seelenpflegebedürftige Kinder, S. 79 ff. Dornach 1976.

234 R. Steiner: Geisteswissenschaft und Medizin, 2. Vortr.; vgl. Anm. 29.

235 R. Steiner: Physiologisch-Therapeutisches ..., S. 35; vgl. Anm. 95.

236 R. Steiner: Geisteswissenschaftliche Gesichtspunkte zur Therapie, 9. Vortr.; vgl. Anm. 44.

237 Weitere Ausführungen und Begründungen vgl. R. Treichler: Vom Wesen der Hysterie. Stuttgart 1964. Dort auch weitere Literatur.

238 Zum folgenden Kapitel vgl. W. Bräutigam/P. Christians: Psychosomatische Medizin, S. 245 ff. In seinem Aufsatz: Behandlung der Pubertätsmagersucht (in: Beiträge ... Heft 4/1980) geht J. Bockemühl besonders auf entwicklungspsychologische Gesichtspunkte, darunter vor allem auf die gestörte Atemreife ein. Auch die Therapie wird dort ausführlicher dargestellt, als dies hier möglich ist.

239 Zu den Stoffwechselstörungen bei Epilepsie vgl. H. Selbach: Die cerebralen Anfallsleiden; in: Handbuch der inneren Medizin, Berlin 1953.

240 R. Steiner: Heilpädagogischer Kurs, 3. Vortr., GA 317.

241 W. Schulte: Epilepsie und ihre Randgebiete; in: Klinik und Praxis, S. 155. München 1964.

242 W. Holtzapfel: Seelenpflegebedürftige Kinder, S. 61 ff.; vgl. Anm. 233.

243 H. J. Weitbrecht: Psychiatrie im Umriß, S. 282. Berlin 1973.

244 E. Kretschmer: Körperbau und Charakter, 2. u. 13. Kap. Berlin 1944.

245 R. Steiner: Heilpädagogischer Kurs, 2. Vortr., GA 317.

246 G. Huber/H. Penin; in: Psychiatrie der Gegenwart, S. 644. Berlin 1973.

247 Weitere Ausführungen und Begründungen, vgl. R. Treichler: Vom Wesen der Epilepsie. Neuauflage Stuttgart 1979. Dort auch weitere Literatur.

248 E. Bleuler: Lehrbuch der Psychiatrie, S. 409; vgl. Anm. 224.

249 R. Steiner: Wie erlangt man Erkenntnisse der höheren Welten? S. 183; vgl. Anm. 77.

250 D. Richter: Schizophrenie, Somatische Gesichtspunkte, S. 55. Stuttgart 1957.

251 (a) R. Steiner: Irdische und kosmische Gesetzmäßigkeiten, 3. Vortr.; vgl. Anm. 211. (b) R. Steiner: Stufen der Erkenntnis, S. 25. Dornach 1959, GA 12.

252 R. Steiner: Geisteswissenschaftliche Gesichtspunkte zur Therapie, 6. Vortr.; vgl. Anm. 44.

253 Zit. n. Fortschritte der Neurologie und Psychiatrie, S. 475/9, 1962.

254 M. Bleuler: Die schizophrenen Geistesstörungen, S. 532. Berlin 1972.

255 E. Bleuler: Lehrbuch der Psychiatrie, S. 447; vgl. Anm. 224.

256 E. Kretschmer: Körperbau und Charakter, S. 332 ff.

257 E. Bleuler: Lehrbuch der Psychiatrie, S. 326. Berlin 1930.

258 R. Steiner: Der Mensch als Gedankenwesen; in: Menschenwerden, Weltenseele und Weltengeist, GA 205.

259 R. Laing: Phänomenologie der Erfahrung, S. 122 ff. Frankfurt a. M. 1975.

260 H. Poppelbaum: Im Kampf um ein neues Bewußtsein, S. 79. Freiburg i. Br. 1948.

261 R. Steiner: Wie erlangt man Erkenntnisse der höheren Welten?, S. 112; vgl. Anm. 77.

262 Fr. Husemann: Psychiatrische Fragen vom Gesichtspunkt der Anthroposophie; in: Änigmatisches in Kunst und Wissenschaft, S. 307 ff. Stuttgart 1922.

263 Weitere Ausführungen und Literatur zur Schizophrenie in: R. Treichler: Der schizophrene Prozeß. Neuaufl. Stuttgart 1981. Die letzten Abschnitte sind teilweise jenem Buch entnommen.

264 R. Steiner: Offenbarungen des Karma, 8. Vortr.; vgl. Anm. 217.

265 W. Schulte: Über das Wesen melancholischen Erlebens und die Möglichkeiten der Beeinflussung, S. 83 ff. Stuttgart 1965.

266 Zur Phänomenologie und zum Wesen der Manie vgl. W. Blankenburg: Manie; im Almanach f. Neurologie u. Psychiatrie 1961. Zur Melancholie, insbesondere zum schwernehmenden Charakter vgl. H. Tellenbach: Melancholie. Berlin 1976.

267 H. Kleinsorge/W. Klumbies: Psychotherapie in Klinik und Praxis, S. 108; vgl. Anm. 178.

268 O. Wolff, in: Husemann/Wolff: Das Bild des Menschen ..., II, S. 489 ff.; vgl. Anm. 23.

269 G. Wachsmuth: Erde und Mensch, Kap. VIII. Konstanz 1952. Zum Verhalten der Wesensglieder vgl. auch: R. Treichler: Schlafen und Wachen als Atmung des Ich; vgl. Anm. 79.

270 E. Bleuler: Lehrbuch der Psychiatrie, S. 471. Berlin 1975.

271 Ärztliche Praxis, 28. 12. 1976.

272 R. Steiner: Das Hereinwirken geistiger Wesenheiten in den Menschen, 11. Vortr. (11. 6. 1908), GA 102.

273   J. Beuys: Jeder Mensch ein Künstler. Frankfurt/M. 1975.

274   M. Hauschka: (a) Zur künstlerischen Therapie, Boll 1971; (b)
      Wesen und Aufgaben der Maltherapie; zur künstlerischen Thera-
      pie, Bd. II, Boll 1978. Grundlegendes ferner bei (c) P. v. der
      Heide: Zur künstlerischen Therapie, Bd. III, Boll 1978.

275a Vgl. auch zum folgenden: E. Schwebsch: Zur ästhetischen Erzie-
      hung des Menschen. Stuttgart 1954.

275b R. Steiner: Kunst und Kunsterkenntnis, S. 107ff., GA 271. Ein
      Vortragszyklus, der auch Anhaltspunkte für die anderen, schon
      geschilderten leiblichen Beziehungen der einzelnen Künste ent-
      hält.

276   Zu einer anthroposophisch orientierten Musiktherapie vgl. z. B.
      Fr. Oberkogler: Heilende Kräfte der Musik. Wien 1978.

277   R. Steiner: Die Entstehung und Entwicklung der Eurythmie,
      S. 111. Dornach 1965.

278   G. Clauser: Die vorgeburtliche Entstehung der Sprache als an-
      thropologisches Phänomen. Stuttgart 1971.

279   R. Steiner: Sprachgestaltung und dramatische Kunst, GA 382. –
      König/v. Armin/Herberg: Sprachverständnis und Sprachbe-
      handlung; in: Heilpädagogik aus anthroposophischer Menschen-
      kunde, Bd. 4. Stuttgart 1978. – A. Lorenz-Poschmann: Therapie
      durch Sprachgestaltung. Dornach 1981.

280   R. Steiner: Heileurythmie, GA 315. – M. Kirchner-Bockholt:
      Grundelemente der Heileurythmie. Dornach 1972. – R. Treich-
      ler: Heileurythmie in der Psychiatrie; in: Arzt und Heileuryth-
      mie. Dornach [2]1984.

281   Fr. Graf v. Bothmer: Gymnastische Erziehung (1959). Stuttgart
      1981.

282   R. Steiner: Die Welt der Sinne und die Welt des Geistes,
      1. Vortr., GA 134.

283   R. Steiner: Die gesunde Entwicklung des Leiblich-Physischen als
      Grundlage der freien Entfaltung des Seelisch-Geistigen,
      4. Vortr.; vgl. Anm. 40.

284   R. Steiner: Die Geheimwissenschaft …, S. 325; vgl. Anm. 70.

285   (a) R. Steiner: Die pädagogische Praxis vom Gesichtspunkt gei-
      steswissenschaftlicher Menschenerkenntnis, Vortr. 16. 4. 1923,
      GA 306; (b) R. Steiner: Geisteswissenschaft und die Lebensfor-
      derungen der Gegenwart, S. 40ff. Dornach 1950.

286   R. Steiner: Das lebendige Wesen der Anthroposophie und seine
      Pflege. An die Mitglieder VII, GA 37.

287   R. Steiner: Initiationserkenntnis, 3. Vortr.; vgl. Anm. 181.

288   G. Kühlewind: Die Wahrheit tun, S. 68ff. Stuttgart 1978.

289   R. Steiner: Wie erwirbt man sich Verständnis für die geistige
      Welt?, S. 67, GA 154.

290   R. Steiner: Menschliche und menschheitliche Entwicklungs-
      wahrheiten, 4. Vortr.; vgl. Anm. 102.

291   R. Steiner: Das lebendige Wesen der Anthroposophie, 1. Leit-
      satz; vgl. Anm. 286.

292   R. Steiner: Anthroposophische Grundlagen für die Arzneikunst, 1. Vortr.; in: Physiologisch-Therapeutisches ...; vgl. Anm. 95.

293   R. Steiner: Die Philosophie der Freiheit, S. 97 u. 136; vgl. Anm. 63.

294   H. Witzenmann: Intuition und Beobachtung, S. 25. Stuttgart 1978.

295   R. Steiner: Die Schwelle der geistigen Welt, Ausg. 1935, S. 23/24, GA 17.

296   P. E. Schiller: Der anthroposophische Schulungsweg, S. 68. Dornach 1979.

297   R. Steiner: Initiationserkenntnis, 2. Vortr.; vgl. Anm. 181.

298   R. Steiner: Gesundheit und Krankheit im Seelenleben, Vortr. 14. VI. 1907; in: Die Erkenntnis des Übersinnlichen in unserer Zeit, GA 55.

299   R. Steiner: Initiationserkenntnis, 1. Vortr.; vgl. Anm. 181.

299a R. Steiner: Die Kernpunkte der sozialen Frage, GA 23.

300   R. Steiner: Welche Bedeutung hat die okkulte Entwicklung des Menschen für seine Hüllen und sein Selbst?, 10. Vortr., GA 145.

301   R. Steiner: Die Geheimwissenschaft ..., S. 351; vgl. Anm. 70.

302   R. Steiner: Allgemeine Menschenkunde ..., 6. Vortr.; vgl. Anm. 25.

303   P. E. Schiller: Der anthroposophische Schulungsweg, S. 128; vgl. Anm. 296.

304   R. Steiner: Was wollte das Goetheanum und was soll die Anthroposophie?, S. 230 ff., GA 84.

305   R. Steiner: Die Geheimwissenschaft ..., S. 360; vgl. Anm. 70.

306   R. Steiner: Theosophie, S. 39, Kap. IV; vgl. Anm. 4.

307   R. Steiner: Die Stufen der höheren Erkenntnis, S. 39 ff. Dornach 1959, GA 12.

308   R. Steiner: Grenzen der Naturerkenntnis, 8. Vortr., GA 322.

309   R. Steiner: Der Lebenslauf des Menschen vom geisteswissenschaftlichen Gesichtspunkt. In: Die Erkenntnis des Übersinnlichen ...; vgl. Anm. 298.

310   R. Steiner: Grenzen der Naturerkenntnis, 6. Vortr.; vgl. Anm. 308.

311   R. Steiner: Grenzen der Naturerkenntnis, 5. Vortr.

312   Novalis, Fragment Nr. 1625. (Näher eingegangen wird auf den ärztlichen Aspekt in R. Treichler: Vom inneren Weg des Arztes; in: Beiträge zu einer Erweiterung der Heilkunst 2/1983).

313   R. Steiner: Das Initiatenbewußtsein, S. 137 ff. Ausg. 1960, GA 243.

314   R. Steiner: Die Geheimwissenschaft ... S. 42 ff.; vgl. Anm. 70. R. Treichler: Lebenslauf, Seelenentwicklung und seelische Störungen III. Das Goetheanum, 5. 12. 1976.

Register

Bitte umblättern:

Perspektiven der Anthroposophie

Der anthroposophische Weg

Kurt E. Becker
Anthroposophie – Revolution von innen
Leitlinien im Denken Rudolf Steiners
Band 3336
Der Band zeigt Leitlinien im Denken Rudolf Steiners auf: daß
Denken Handeln ist, ein Tun, das in einem wechselwirkenden
Prozeß an der Wirklichkeit sich entfaltet, ein Werden, das dem
Individuum in einer steten, sich und die Welt in jeweils glei-
chem Maße einbeziehenden Erfahrung die Einsicht in die
Einheit des Universums vermittelt.

Rudolf Steiner:
Der anthroposophische Weg
Herausgegeben von Kurt E. Becker/Friedrich Hiebel/
Hans-Peter Schreiner
Band 5504
Das Buch beantwortet die Fragen: Was ist der Mensch? Woher
kommt er? Wohin geht er? Was bedeutet »Karma«? Was
»Reinkarnation«? Welche Position hat diese Sicht vom Men-
schen im abendländischen Denken?

Walter Abendroth
Rudolf Steiner und die heutige Welt
Ein Beitrag zur Diskussion um die menschliche Zukunft
Band 5513
»An Hand einer scharfen Analyse der modernen Massenge-
sellschaft wird der Wert von Steiners Sicht des Menschen als
ganzheitlichen Wesens hervorgehoben und als Ausweg der
heutigen Situation erkannt.«
Hannoversche Allgemeine Zeitung

Fischer Taschenbuch Verlag

Perspektiven der Anthroposophie

Der anthroposophische Weg

**Rudolf Steiner –
Praktizierte Anthroposophie**
Beiträge für ein humaneres Leben
Herausgegeben von Kurt E. Becker
und Hans-Peter Schreiner
Band 5534

Daß Anthroposophie mehr ist als geistige Erbauung in esoterischen Zirkeln, daß sie eng mit der Lebenspraxis verbunden ist, macht ihre zunehmende Anziehungskraft auf so viele Menschen aus. »Praktizierte« Anthroposophie heißt deshalb heute nicht allein, übersinnliches Schauen zu erlernen, mit Steiners Geisteswissenschaft Eingang in höhere Welten zu finden, es heißt vor allem auch, anthroposophische Erkenntnis auf den Alltag zu übertragen.

»Die Anthroposophie will praktisch verstanden werden und nicht als das ›utopisch-mystische Schwärmen unpraktischer Leute‹.« *Rudolf Steiner, 1924*

Anthroposophie heute
Herausgegeben von Kurt E. Becker
und Hans-Peter Schreiner
Band 5535

Dieses Buch gibt Aufschluß darüber, welches heute die meßbaren Ergebnisse der Anthroposophie sind, es erörtert, was in der Zukunft möglich erscheint, und es beschäftigt sich mit der Frage, welche ganzheitliche »Alternative« die Anthroposophie dem Menschen von heute bietet.

Fischer Taschenbuch Verlag

Perspektiven der Anthroposophie

Medizin/Pädagogik

Fischer Taschenbuch Verlag

Perspektiven der Anthroposophie

Medizin/Pädagogik

Hans Müller-Wiedemann
Mitte der Kindheit
Das neunte bis zwölfte Lebensjahr.
Eine biographische Phänomenologie der kindlichen
Entwicklung.
Band 5539

Stefan Leber
Die Sozialgestalt der Waldorfschule
Ein Beitrag zu den sozialwissenschaftlichen Anschauungen
Rudolf Steiners
Band 5540

Albert Steffen
Kunst als Weg zur Einweihung
Der Künstler als Therapeut
Band 5542

Rudolf Treichler
Die Entwicklung der Seele im Lebenslauf
Stufen, Störungen und Erkrankungen des Seelenlebens
Band 5544

Rudolf Steiner
Aspekte der Waldorf-Pädagogik
Beiträge zur anthroposophischen Erziehungspraxis
Herausgegeben von Edwin Froböse
Band 3334

Fischer Taschenbuch Verlag

Perspektiven der Anthroposophie

Frans Carlgren

Frans Carlgren, 1925 geboren, arbeitet als Lehrer an der Stockholmer »Kristofferschule« und am Rudolf-Steiner-Seminar in Järna. Er gilt als Kenner und Darsteller der Waldorfpädagogik. Seine Arbeiten zu verschiedenen anthroposophischen Themen haben in Schweden z.T. starke öffentliche Beachtung gefunden.

Erziehung zur Freiheit
Die Pädagogik Rudolf Steiners
Berichte aus der internationalen Waldorfschulbewegung
Band 5502
Kein Schultyp wird heute so häufig zitiert und diskutiert wie die Waldorfschule. In diesem Band wird ausführlich berichtet über die erste, seit 60 Jahren funktionierende Gesamtschule: Begründung durch Rudolf Steiner, pädagogische Grundlagen, Lehrplan, Selbstverwaltung der Schule, Praxisberichte vom Kindergarten bis zum Abitur, bildungspolitische Probleme der internationalen Waldorfschulbewegung.

Der anthroposophische Erkenntnisweg
Band 5543
Immer mehr Menschen fühlen heute ein Bedürfnis nach der inneren Ruhe und Seelenstärke, die durch Meditation erreicht werden können. Dieses Buch möchte Entscheidungshilfe bieten, um einen Übungsweg zu finden, der nicht nur die erwünschte Wirkung vermittelt, sondern auch dem modernen Menschen westlicher Zivilisation voll entspricht.

Fischer Taschenbuch Verlag

Perspektiven der Anthroposophie

Stefan Leber
Selbstverwirklichung, Mündigkeit, Sozialität
Eine Einführung in die Idee der Dreigliederung
des sozialen Organismus
Band 5519

Stefan Leber, 1937 geboren, studierte Politologie am Otto-Suhr-Institut. Nach mehrjähriger Tätigkeit an der Waldorfschule Pforzheim wurde er 1973 Vorstandsmitglied des Bundes der Freien Waldorfschulen und in die Leitung des Lehrerseminars berufen. Neben seiner pädagogischen und schulpolitischen Tätigkeit ist er aktiv an der sozialwissenschaftlichen Arbeit der Anthroposophischen Gesellschaft beteiligt.

Die von Rudolf Steiner 1919 formulierte Idee einer Dreigliederung des sozialen Organismus ist zwar politisch nicht wirksam geworden, aber in ihrer konzeptionellen Bedeutung voll erhalten geblieben. Stefan Leber gibt nun nicht nur eine längst fällige Einführung, sondern verbindet die sozialwissenschaftlichen Anschauungen Rudolf Steiners mit der konkreten politischen Situation in den drei Bereichen des Rechtslebens, der Wirtschaft und des Geisteslebens.
»... Erst eine differenzierte Gliederung gesellschaftlicher Vollzüge wird wieder ermöglichen, daß der Mensch in einer gesunden Weise in der Gesellschaft leben und auch an der Gestaltung der ihn umgebenden Sozialverhältnisse teilhaben kann. Dadurch werden überschaubare Entscheidungszusammenhänge geschaffen.«

Fischer Taschenbuch Verlag

Rudolf Steiner
Ausgewählte Werke

Herausgegeben von Kurt E. Becker
und Hans-Peter Schreiner

10 Bände in Kassette.
Die Bände sind auch einzeln lieferbar.

Fischer Taschenbuch Verlag

fi 430/1

RUDOLF STEINER
THEMEN AUS DEM GESAMTWERK

VERLAG FREIES GEISTES-LEBEN

Band 1
Wege der Übung
Ausgew. und hrsg. von Stefan Leber. 2. Auflage, 256 S., kart. DM 12,80

Band 2
Sprechen und Sprache
Ausgew. und hrsg. von Christoph Lindenberg. 2. Auflage, 170 S., kart. DM 10,80

Band 3
Zur Sinneslehre
Ausgew. und hrsg. von Christoph Lindenberg. 2. Auflage, 155 S., kart. DM 10,80

Band 4
Vom Lebenslauf des Menschen
Ausgew. und hrsg. von Erhard Fucke. 2. Auflage, 256 S., kart. DM 12,80

Band 5
Ende und Naturreiche
Ausgew. und hrsg. von Hans Heinze. 2. Auflage, 224 S., kart. DM 11,80

Band 6
Naturgrundlagen der Ernährung
Ausgew. und hrsg. von Kurt Th. Willmann. 171 S., kart. DM 10,80

Band 7
Ernährung und Bewußtsein
Ausgew. und hrsg. von Kurt Th. Willmann. 190 S., kart. DM 10,80

Band 8
Geschichtserkenntnis
Ausgew. und hrsg. von Christoph Lindenberg. 169 S., kart. DM 10,80

Band 9
Wiederverkörperung
Ausgew. und hrsg. von Clara Kreutzer. 214 S., kart. DM 11,80

Band 10
Gesundheit und Krankheit
Ausgew. und hrsg. von Otto Wolff. 192 S., kart. DM 11,80

Band 11
Spirituelle Psychologie
Ausgew. und hrsg. von Markus Treichler. 230 S., kart. 12,80